Arnulf Bojanowski

BERUFSAUSBILDUNG
IN DER JUGENDHILFE

Innovationsprozesse
und Gestaltungsvorschläge

Juni 1988 • VOTUM Verlag

Arnulf Bojanowski, geboren 1951, Studium der Geschichte und der Sozialwissenschaften in Münster, 1978 Magister in Erziehungswissenschaft, 1987 Promotion zum Dr. phil. in Berufspädagogik an der Gesamthochschule Kassel. Seit 1975 in verschiedenen Reformprojekten wissenschaftlich und praktisch engagiert: Kollegschule NW, doppeltqualifizierende Ausbildungsgänge, Heimerziehung, alternative Berufsausbildung, sozialverträgliche Technikgestaltung. Derzeit: Mitarbeiter der Gesellschaft für Ausbildungsforschung und Berufsentwicklung, München.

© VOTUM Verlag GmbH · Münster · Studtstraße 20
Umschlaggestaltung: Heiner Böckmann, Münster
Erfassung: Christa Ries, Hamm
Druck: Druckwerkstatt, Münster
ISBN 3 — 926549 — 13 — 0

Inhaltsübersicht

Einleitung

A

Der Kontext: Der Modellversuch "Berufsausbildung im Jugendhilfebereich"

B

Fallstudie 1: Curriculumentwicklung in Heimwerkstätten.
Auf dem Weg zu einer individuell gestalteten Berufsausbildung

C

Fallstudie 2: Ausbilderfortbildung im Jugendhilfebereich.
Entstehung, Durchführung, Evaluation und Revision eines Fortbildungskonzepts

D

Fallstudie 3: Leben, Wohnen, Arbeiten im Heim. Sozialpädagogik,
Kooperationsproblematik und Selbständigkeitserziehung im Lernortverbund

E

Aus dem Alltag der Innovation: Zur Sicherung und Generalisierung
von Modellversuchserfahrungen

Inhaltsverzeichnis

Teil A

Der Kontext:

Der Modellversuch "Berufsausbildung im Jugendhilfebereich"

Teil B

Fallstudie 1:

Curriculumentwicklung in Heimwerkstätten.

Auf dem Weg zu einer individuell gestalteten Berufsausbildung.

Teil C

Fallstudie 2:

Ausbilderfortbildung im Jugendhilfebereich.
Entstehung, Durchführung, Evaluation und Revision
eines Fortbildungskonzepts

Teil D

Fallstudie 3:
Leben, Wohnen, Arbeiten im Heim.
Sozialpädagogik, Kooperationsproblematik und
Selbständigkeit im Lernortverbund

Teil E
Aus dem Alltag der Innovation:
Zur Sicherung und Generalisierung
von Modellversuchserfahrungen

Literaturverzeichnis

Vorwort

Mit der Planung und Durchführung des in diesem Buch umfassend dargestellten Modellversuchs "Berufsausbildung im Jugendhilfebereich — Curriculumentwicklung und Fortbildung der Ausbilder" konnte der Landeswohlfahrtsverband Hessen die Arbeit in seinen Jugendheimen Karlshof, Wabern, und Staffelberg, Biedenkopf, und den Jugendheimen mit Berufsausbildung freier und gemeinnütziger Träger in Hessen weiter erfolgreich qualifizieren.

Die hessischen Jugendheime verfügen über langjährige Erfahrungen im Bereich der Erziehung und der Berufsausbildung verhaltensauffälliger und lernschwacher Jugendlicher. Wachsende Bildungs- und Sozialisationsdefizite der Jugendlichen — bei gleichzeitig steigenden Anforderungen der Berufsausbildung — führten vermehrt zu vorzeitigen Ausbildungsabbrüchen und erfolglosen Abschlußprüfungen.

In den Jugendheimen sind für die Aufnahme der Jugendlichen und den Beginn einer Berufsausbildung Kriterien der Jugendhilfe maßgebend. Oft muß deshalb die "Berufsreife" noch im Verlauf der Ausbildung vermittelt bzw. erworben werden. Besondere familiäre Belastungen, ausstehende Gerichtsverhandlungen und richterliche Auflagen verschärfen die individuellen Problemlagen der Jugendlichen und jungen Erwachsenen. Hinzu kommen in den letzten Jahren zunehmend Probleme des Arbeitsmarktes, die eine Haltung fördern, die im Jargon der Jugendlichen mit Null-Bock umschrieben wird. Die Einsicht, daß eine mit Erfolg abgeschlossene Berufsausbildung eine wesentliche Voraussetzung ihrer Berufs- und damit Lebensperspektive ist, muß vielen Jugendlichen und jungen Erwachsenen noch vermittelt werden.

Vor diesem Hintergrund wird deutlich, daß eine unvermittelte Konfrontation mit den hohen Anforderungen des dualen Ausbildungssystems diese Heranwachsenden überfordern würde.

Der vom Landeswohlfahrtsverband Hessen geplante und durchgeführte Modellversuch sollte diese Problemlagen zum Ausgangspunkt nehmen und eine individuelle Gestaltung der Berufsausbildung planen und erproben sowie eine darauf bezogene Fortbildungsreihe zur weiteren Qualifizierung der pädagogischen Mitarbeiter in den Einrichtungen der Jugendhilfe Hessens entwickeln.

Das Bundesinstitut für Berufsausbildung und der Hessische Minister für Wirtschaft und Technik förderten den Modellversuch. Die fachliche Betreuung lag beim Bundesinstitut für Berufsbildung, Berlin. Die Wissenschaftliche Begleitung wurde durch die Gesamthochschule — Universität — Kassel, Fachbereich Berufspädagogik sehr praxisbezogen durchgeführt.

Im Namen des Landeswohlfahrtsverbandes Hessen bedanke ich mich herzlich für die finanzielle Unterstützung und die gute fachliche Zusammenarbeit.

Am 01.06.1983 begannen vier Berufspädagogen/innen, zwei Sozialpädagoginnen und ein Koordinator in den Jugendheimen Karlshof und Staffelberg mit der Durchführung des Modellversuchs. Anknüpfend an vorliegende Erfahrungen und Konzepte der Jugendheime und dank eines kontinuierlichen und sehr offenen Erfahrungsaustausches mit Mitarbeitern anderer Modellversuche und Institutionen, insbesondere dem Berliner Modellversuch "Ausbildung Jugendlicher im Jugendhilfebereich", einem Modellversuch im Jugendheim Johannesburg, Börgermoor, und dem Bildungswerk der Hessischen Wirtschaft e.V. wurden recht bald wichtige neue Erkenntnisse im Erziehungs- und Ausbildungsalltag der Einrichtungen erprobt und praktisch umgesetzt.

Bereits im November 1985 konnte so der Landeswohlfahrtsverband Hessen gemeinsam mit dem Bundesinstitut für Berufsbildung einen bundesweiten Erfahrungsaustausch der "Modellversuche für die Berufsausbildung benachteiligter Jugendlicher" durchführen. Die gemeinsam vom Landeswohlfahrtsverband Hessen und dem Bundesinstitut für Berufsbildung veröffentlichte Tagungsbroschüre "Pädagogische Fortbildung" bestätigt nachdrücklich die erfolgreiche Arbeit in dem Modellversuch.

Gemeinsam mit der Internationalen Gesellschaft für Heimerziehung (IGFH) und der Arbeitsgemeinschaft für Erziehungshilfe (AFET) e.V./Bundesvereinigung konnten darüber hinaus verschiedene Fachveranstaltungen zu Fragen der Berufsausbildung in der Jugendhilfe, der Erziehung zur Selbständigkeit und der Existenzsicherung für junge Erwachsene nach Beendigung der Heimerziehung durchgeführt werden.

Das erfolgreich erprobte Konzept der Planung und Durchführung einer "individuell gestalteten Berufsausbildung" und die im Hinblick darauf entwickelten und erprobten Fortbildungslehrgänge für pädagogische Mitarbeiter aus Jugendheimen mit Berufsausbildung veranlaßten die Verbandsversammlung des Landeswohlfahrtsverbandes Hessen zu dem Beschluß, sechs einwöchige Fortbildungslehrgänge auch nach Abschluß des Modellversuchs im Januar 1987 sowohl für Mitarbeiter der verbandseigenen Jugendheime mit Berufsausbildung als auch für Mitarbeiter aus Einrichtungen freier und gemeinnütziger Träger in Hessen durchzuführen.

Meines Erachtens belegen die Ergebnisse des Modellversuchs und ihre Anerkennung in der Fachöffentlichkeit und in der Berufspraxis verschiedener Einrichtungen auch über Hessen hinaus eindrucksvoll die Leistungsfähigkeit eines überörtlichen Trägers der Jugendhilfe.

Mein besonderer Dank gilt dem für die Planung des Modellversuchs und die Projektleitung zuständigen Mitarbeiter des Landeswohlfahrtsverbandes Hessen, Herrn Peter Furth.

Der Landeswohlfahrtsverband Hessen begrüßt es sehr, daß nun das Buch des Herrn Bojanowski: "Berufsausbildung in der Jugendhilfe — Innovationsprozesse und Gestaltungsvorschläge" die Aktivitäten des Modellversuchs "Berufsausbildung im Jugendhilfebereich — Curriculumentwicklung und Fortbildung der Ausbilder" ausführlich dokumentiert.

Dr. Georg Maraun
Erster Beigeordneter des
Landeswohlfahrtsverbandes Hessen

Einleitung

Für einen an einer Hochschule arbeitenden Wissenschaftler erscheint ein *Jugend-heim mit Berufsausbildung* wie ein ferner Kontinent, wie eine terra incognita auf den Landkarten der frühen Neuzeit. ein Jugendheim, was ist das eigentlich? Ein Waisenhaus? Eine Besserungsanstalt? Ein Internat? In meinen Phantasien stellte ich mir, zumal als Nicht-Sozialpädagoge, ein Jugendheim als eine Mischung aus Knast und traditioneller Jugendherberge vor. Und welche Rolle die Berufsausbildung dabei spielt, war mir nicht so recht deutlich: Arbeitserziehung als Beschäftigungstherapie?

Heute betrachte ich es als einen Glücksfall, daß ich Gelegenheit bekam, diese fremde Lebenswelt kennenzulernen. Ermöglicht wurde dies durch die Tätigkeit in einer Forschungsgruppe, die den Auftrag bekam, den Modellversuch "Berufsausbildung im Jugendhilfebereich - Curriculumentwicklung und Fortbildung der Ausbilder" wissenschaftlich zu begleiten. Der Modellversuch sollte in seinem Grundansatz Innovationen in der Berufsausbildung von zwei nordhessischen Jugendheimen (Jugendheim Karlshof, Wabern; Jugendheim Staffelberg, Biedenkopf) anregen.

Ich habe als wissenschaftlicher Begleiter dreieinhalb Jahre lang den Prozeß der Curriculumentwicklung in den beiden Jugendheimen genauer verfolgt und durch empirische Untersuchungen zu erfassen versucht. Weiterhin war ich bei der Fortbildung der Ausbilder dieser Jugendheime (und anderer hessischer Jugendhilfeeinrichtungen) als Teamer und wissenschaftlicher Begleiter beteiligt. Und schließlich habe ich, über die Fragen der Berufsausbildung hinaus, quasi zwangsläufig zwei Jugendheime als komplexe Organisationen erlebt und dort viele Menschen kennengelernt, mit denen ich sonst wohl nie Bekanntschaft geschlossen hätte.

Diese Arbeit handelt auch von diesem Kennenlernen; und ich hoffe, wenigstens etwas von meinem Staunen und von meinem Erfahrungsprozeß mitteilen zu können, auch wenn ich mir manchmal so vorkam wie ein Seefahrer auf der Entdeckung unbekannter Welten. Denn das Eindringen in die "fremde Kultur" eines Jugendheims ist nicht einfach; manchmal hatte ich das Gefühl, nicht Begleitforscher, sondern Ethnologe zu sein, der mühsam die heimlichen Regeln und die symbolischen Systeme zu entschlüsseln versucht. Dabei gilt es, die unterschiedlichen "Kulturen" zu verstehen und sich auf sie einzulassen. Aber auch wenn der Begleitforscher die wechselseitigen Perspektiven berücksichtigt, kann er dies immer nur partiell, wobei seine eigene Rolle in diesem Perspektivenknäuel wohl stets unklar bleibt.

Trotz dieser angedeuteten Schwierigkeit habe ich im Zuge meiner Tätigkeit vielfältige Einblicke in die pädagogische Arbeit eines Jugendheims gewonnen. Und ich habe erfahren: Die Arbeit dort ist oft schwierig und bitter; sie verlangt von einem Erziehenden Kompetenzen, die das übliche Maß überschreiten, will er den Auffälligkeiten eines Jugendlichen oder seinen Lernschwächen gerecht werden. Gleichwohl zeigt sich immer wieder, daß die Ausbildung und die Erziehung in der Jugendhilfe weiterer Anstöße zur Fortentwicklung bedarf. Gewiß, die "alten Klischees stimmen nicht mehr", wie in der "Münsteraner Erklärung" der Internationalen Gesellschaft für Heimerziehung zutreffend ausgeführt wird:

"Der Ruf 'Holt die Kinder aus den Heimen!' war im Anblick hospitalisierter Säuglinge und Kleinkinder mehr als berechtigt und notwendig. Der Aufbruch von Heimjugendlichen, Studenten, Wissenschaftlern und Teilen der liberalen Öffentlichkeit, der als 'Heimkampagne' vor 15 Jahren in die Geschichte der Jugendhilfe eingegangen ist, hat einen langwierigen und konstruktiven Entwicklungsprozeß in Gang gesetzt. Das Bild von den düsteren Heimmauern, den langen Fluren, dem Schlafsaal, von bedrückten Kindergesichtern und militärisch drillenden Erziehern hat in der Realität der Heime keine Grundlage mehr" (Münsteraner Erklärung 1985, S. 1).

Jedoch darf dieser produktive Entwicklungsprozeß nicht als abgeschlossen betrachtet werden. Die Jugendhilfe bedarf weiterhin vielgestaltiger Anstösse und Aktivitäten, die diese Linie einer Verbesserung der stationären Erziehungshilfen fortsetzen. Hierzu ist nun auch die Berufspädagogik dringend gefordert, nicht nur deshalb, weil in den Jugendhilfeeinrichtungen Jugendliche leben und arbeiten, die zugleich auch Auszubildende und Berufsschüler sind, sie also gleichsam in die "Zuständigkeit" der Berufspädagogik fallen, sondern auch, weil die Gestaltung der Ausbildung in den Werkstätten mannigfacher berufspädagogischer Impulse bedarf. Denn dieses Handlungsfeld ist nicht alleinig von der Sozialpädagogik her zu strukturieren; wenn überhaupt kann diese einen konstruktiven Beitrag für die Ausbildung leisten, so wie es sinnfällig am Konzept einer "sozialpädagogisch orientierten Berufsausbildung" demonstriert wird (vgl. Bundesminister für Bildung und Wissenschaft 1985).

Mit diesen Bemerkungen ist die Aufgabe der vorliegenden Arbeit schon umrißhaft kennzeichenbar: Der Text dokumentiert die Aktivitäten eines Modellversuchs, der wichtige Anregungen für die Weiterentwicklung der Berufsausbildung innerhalb traditioneller Heimerziehung gegeben hat. Die sieben Mitarbeiter des Modellversuchs haben dreieinhalb Jahre hauptsächlich in vier Werkstätten (Elektro- und Metallwerkstatt im Jugendheim Staffelberg, Maler/Lackierer- und Schreinerwerkstatt im Jugendheim Karlshof) versucht, die traditionelle Ausbildung aus zum Teil bewährten Formen heraus weiterzuentwickeln, um einen Anschluß an Lernformen zu gewinnen, die den schwierigen Jugendlichen im Heim angemessen sind. Nun können in diesem Text, der schon recht dickleibig ausgefallen ist, nicht alle Aktivitäten des Modellversuchs - neben der Fortbildung der Ausbilder und der Verbesserung des Lernens in den Werkstätten dehnte er sich auf weitere Handlungsfelder aus (z.B. Freizeitangebote) - geschildert werden; es bedarf eines strukturierten Zugangs. Dieser sei mit dem Begriff der "pädagogischen Fallstudie" bezeichnet.

Damit ist die vorliegende Arbeit so zu charakterisieren, daß sie bestimmte Entwicklungsprozesse aus der Realität der Heime und des Modellversuchs "aufbereitet", dabei jedoch strikt die Eigenart jedes einzelnen Feldes beachtet. Typische Fallstudien haben mindestens drei Elemente: "Fallbeobachtung", "Falldarstellung" und "Fallanalyse", etwa so, wie es von Binneberg für die pädagogische Kasuistik gefordert wird (Binneberg 1985, S. 775). Seine Terminologie sei hier als regulative Idee übernommen; die Begriffe selbst tauchen in dieser Form nicht in meinem Text auf. Überträgt man die Begriffe von Binneberg auf diese Arbeit, so sähe das folgendermaßen aus:

- "Fallbeobachtung" - Beobachtung des Modellversuchs und der Jugendheime;

- "Falldarstellung" - Bericht über empirische Untersuchungen, Praxisentwicklungen und weitere Wahrnehmungen:

- "Fallanalyse" - Interpretation und Analyse der verschiedenen Aktivitäten.

Die Fallstudien berichten also über unterschiedliche Prozesse der Weiterentwicklung der Berufsausbildung und der Heimerziehung. Aber nicht allein, denn mit ihnen wird eine spezifische Zielrichtung verfolgt - und insofern gehe ich über das Verständnis von Kasuistik bei Binneberg hinaus: Nicht nur sollen in den einzelnen Studien Beobachtungen mitgeteilt, Probleme dargestellt und schließlich analysiert bzw. interpretiert werden, sondern die Fallstudien sollen explizit auch Impulse und Anregungen für weitere Innovationen in der Berufsausbildung der Jugendhilfe geben. Oder zumindest eingeschränkt: Sie sollen Konturen für Innovationsmöglichkeiten offenlegen, aber so, daß folgenreiches Handeln denkbar wird. Damit könnte jede der (drei) Fallstudien, die deutlich über eine engere Auslegung von typischen "case studies" hinausweisen, gewissermaßen ein "Modell" für ähnliche Probleme und Prozesse in anderen Berufsausbildungsprojekten und -maßnahmen bieten. Entsprechend enthalten die einzelnen Fallstudien oft sehr konkrete Anregungen, die von Trägern, Vereinen oder sonstigen Gruppierungen, die die Berufsausbildung für ihre Klientel verbessern wollen, genutzt werden könnten. Die Fallstudien könnten ebenfalls Akteure in ähnlichen Modellversuchen, Projekten oder Jugendhilfeeinrichtungen schon frühzeitig auf mögliche Konfliktlinien aufmerksam machen, um unnötige Fehler zu vermeiden. Jedoch dürfen diese Überlegungen nicht sozialtechnologisch mißverstanden werden: Die Vorschläge und Entwicklungsperspektiven in den Fallstudien müssen von anderen Handelnden eigenständig und stets neu in das eigene Handeln eingebracht werden. Die Anregungen sollen "operative Orientierungen" geben (Bojanowski/Dedering/Heidegger 1983, S. 15/16), besser: handlungsorientierte Hilfestellungen, die die potentiellen "Anwender" neuartig für sich strukturieren müssen.

So gesehen setzt sich die vorliegende Arbeit nicht mit Theorien im strengen, akademischen Sinne auseinander, da ihre Bezugspunkte die Praxisfelder des Modellversuchs sind und sie von da her ihre Strukturierung gewinnt. Gleichwohl sind auch Theorien, gerade in die Fallanalysen, mit eingeflossen: Es galt, Grundgedanken der Berufs- und Sozialpädagogik heranzuziehen, ebenso Theorien zur Didaktik und zur Curriculumentwicklung sowie Erkenntnisse zum sozialen Wandel von Institutionen.

Damit ist schon in Konturen mein Erkentnisinteresse angedeutet: Zum einen soll - an bestimmten Ausschnitten, eben den drei Fallstudien - der Funktionszusammenhang der Berufsausbildung in der Heimerziehung genauer verdeutlicht werden, so daß auch der aussenstehende Leser tieferen Einblick in eine Lebenswelt gewinnt, die dem öffentlichen Gespräch weitgehend entzogen ist, bzw. dort nur in verzerrt-dämonisierender Form auftaucht. Zum zweiten will ich auf bestimmte Probleme aufmerksam machen, die mit der Berufsausbildung in Jugendheimen verbunden sind, steht doch auch die derzeitige Heimerziehung vor der bohrenden Rückfrage, ob die im Heim ausgebildeten Jugendlichen wirklich ihr Leben eigensinnig in die Hand nehmen können. Zum dritten endlich sollen in dieser Arbeit Lösungswege und Innovationsvorschläge angerissen werden, mit denen die Berufspädagogik konstruktive Beiträge zur "offensiven Jugendhilfe" leistet. Nun bin ich mir der Problematik bewußt, die immer dann entsteht, wenn ein Wissenschaftler mit sich verstärkendem Engagement seine Forschungen vertritt. Ich hoffe dennoch, daß es gelungen ist, im Kern sachliche und im Gehalt angemessene Ergebnisse und Vorschläge - in genügender Offenheit und Vorsicht - wiedergegeben zu haben. In vielen Punkten wurde versucht, die Sicht- und Sprechweise der im Heim Arbeitenden beizubehalten; dies auch, um die Nähe zur Realität nicht zu stark verloren gehen zu lassen. So könnten viele Passagen einen Zugang zur Lebenswelt im Jugendheim und zum Alltag der dortigen Berufsausbildung eröffnen. Die empirischen Untersuchungen, über die berichtet wird, sollen dazu beitragen, daß bestimmte Erkenntnisse nicht lediglich einen subjektiven Eindruck wiedergeben, sondern durch einen strukturierten Zugang besser untermauert sind.

Für die gedankliche Vorbereitung des Begleitforschungsprojekts standen einige wichtige Vorarbeiten zum Problemkreis der Berufsausbildung in der Jugendhilfe als Bezugs- und Orientierungsrahmen zur Verfügung, in erster Linie Untersuchungen und Forschungsberichte anderer wissenschaftlicher Begleitungen im Umkreis des Bundesinstitutes für Berufsausbildung (vgl. Sturzebecher/Klein 1983; Brater u.a.

1983; Alt u.a. 1982; Abel u.a. 1982; Hensge u.a. 1983; Lissel/Lemke/Zielke 1984; Zielke/Hensge/Lemke 1986). Dennoch galt es für die Arbeit im Modellversuch nicht auf "irgendwie 'bewährte' Instrumentarien (Methoden) zurückzugreifen, sondern Methoden zu wählen oder zu erarbeiten, die seinem Untersuchungsgegenstand angemessen sind" (Zielke 1983, S. 2). Entsprechend wurden in Zusammenarbeit mit den Jugendheimen und dem Modellversuch die drei Fallstudien geplant. Diese beziehen sich auf bestimmte Aufgabenfelder des Modellversuchs: a) "Curriculumentwicklung in Heimwerkstätten", b) "Ausbilderfortbildung im Jugendhilfebereich" und c) "Leben, Wohnen und Arbeiten im Heim". Diese entsprechen den Teilen B, C und D der vorliegenden Arbeit. Teil A beleuchtet knapp den Kontext des Modellversuchs (die Jugendheime, die Jugendlichen in der Heimerziehung, etc.). Teil E schließlich ergab sich aus der Fragestellung, wie es gelingen kann, im Rahmen eines singulären Modellversuchs Erfahrungen und Erkenntnisse so im Praxisfeld zu verankern, daß die angetippten Entwicklungsschritte nicht im Sande verlaufen.

Um keine Mißverständnisse entstehen zu lassen bedarf es noch einer einschränkenden Bemerkung. Mit den drei hier vorgestellten Fallstudien wird der Problemkomplex "Berufsausbildung in der Jugendhilfe" nicht vollständig oder systematisch erforscht. Dies erscheint derzeit angesichts des defizitären Standes der Empirie und der theoretischen Durchdringung des gesamten Problemfeldes als zu schwierig. Mit dieser Arbeit wird aber m.E. ein sinnvoller Ausschnitt des Problemfeldes ausgestanzt. Dabei ist wichtig, daß die gewählten Schwerpunkte mit den Beteiligten gemeinsam vereinbart wurden; mit der gewählten Reduktion der Forschungskomplexität wurden also besonders die Relevanzen der Beteiligten aufgenommen und nicht ein wie immer geartetes Forschungsinteresse der Wissenschaft. Ich hoffe, daß "zwischen den Zeilen" der Appell durchklingt, der für mich persönlich das Ergebnis eines eigenen Lernprozesses darstellt: Heimerziehung ist fast immer die letzte Chance für viele Jugendliche, um noch eine (und sei es: partielle) Reintegration in die Gesellschaft zu schaffen. Keine Anstrengung dürfte zu groß sein, um die Bedingungen so zu verbessern, daß dies auch tatsächlich gelingt! In diesem Sinne wünsche ich, daß der Leser auch die manchmal minuziösen Schilderungen über den Kontext von Innovationen oder über gedankliche und praktische Irrwege des Modellversuchs nicht nur als Dokumentation von Abläufen liest, sondern auch als Aufforderung, an Innovationen im Rand- und Kernbereich der Jugendhilfe mitzuarbeiten.

An der Durchführung des Begleitvorhabens waren viele Personen und Institutionen beteiligt: Das Dezernat Erziehungshilfe, die leitenden Mitarbeiter beider Jugendheime, das Fortbildungszentrum Mammolshöhe, die Ausbilder in den Jugendheimen, vor allem die Ausbilder der vier Modellversuchswerkstätten (Manfred Kruse, Helmut

Kunkel, Siegfried Lenz, Willi Platt, Rolf Reichel, Heinz Sprenger), viele Heimjugendliche, die Kollegen in der Wissenschaftlichen Begleitung (Eberhard Schoenfeldt, Meinhard Stach) und die Mitarbeiter des Modellversuchs (Erika Carstensen-Bretheuer, Peter Eversberg, Hilde Galler, Peter Kiesewetter, Reinhard Klose, Klaus Lehning, Birgit Lohrmann, Karin Picker). Ihnen allen möchte ich danken.

Das Buch basiert z.T. auf Berichten, die ich in den letzten Jahren zu verfassen hatte (Wissenschaftliche Begleitung 1984; Wissenschaftliche Begleitung 1985; Wissenschaftliche Begleitung 1986). Es ist eine leicht gekürzte Fassung meiner Dissertation, die unter dem Titel "Berufsausbildung in der Jugendhilfe. Fallstudien zur Weiterentwicklung traditioneller Heimerziehung" vom Fachbereich Berufspädagogik, Polytechnik, Arbeitswissenschaft der Gesamthochschule - Universität - Kassel im Jahre 1987 angenommen wurde. Gutachter der Arbeit waren Prof. Dr. Heinz Dedering und Prof. Dr. Eberhard Schoenfeldt, denen ich für ihre großzügige Unterstützung und ihre hilfreiche Kritik herzlich danke.

Kassel, im Juni 1988   Arnulf Bojanowski

Teil A
Der Kontext:
Der Modellversuch
"Berufsausbildung im Jugendhilfebereich"

Zur Einführung in diesen Teil

Um den Zusammenhang der verschiedenen Fallstudien mit ihren speziellen Fragestellungen zu verdeutlichen, bedarf es vorab einer Erläuterung des Praxisfeldes. Daher wird in diesem Teil der Modellversuch, die beiden Jugendheime, in denen der Modellversuch durchgeführt wurde, die Jugendlichen und die besonderen Bedingungen der Ausbildung im Jugendhilfebereich umrissen. Ein Exkurs zu allgemeinen Fragen der Heimerziehung und eine kurze Begründung des Vorgehens innerhalb des Forschungsprozesses ergänzen diese Skizzen.

1 Der Modellversuch
"Berufsausbildung im Jugendhilfebereich"

Der Modellversuch wurde 1982 durch den Landeswohlfahrtsverband Hessen (LWV) angeregt und dann, nach Antragstellung beim Bundesinstitut für Berufsbildung (BIBB) bzw. beim Bundesministerium für Bildung und Wissenschaft und beim Hessischen Ministerium für Wirtschaft und Technik ins Leben gerufen. Er war im Rahmen der "Modellversuche in der außerschulischen Berufsbildung" des BIBB und im Förderbereich "Berufsvorbereitung und Berufsausbildung jugendlicher Problemgruppen (Lernschwache und Lernbeeinträchtigte)" angesiedelt (vgl. Bundesinstitut 1986, S. 149). Aus übergreifender Sicht des BIBB sollte der Modellversuch dazu beitragen, Erkenntnisse für die Berufsausbildung schwieriger und benachteiligter Jugendlicher zu gewinnen. Aus dem Blickwinkel des Landeswohlfahrtsverbandes Hessen war in erster Linie beabsichtigt, durch den Modellversuch Impulse für zwei Jugendheime einzugeben und die Berufsausbildung der beiden Heime weiterzuentwickeln.

Ein Grundgedanke war dabei, zusätzliche Personen für die Mitarbeit im Heim zu verpflichten, um vermehrte Kapazität für die Verbesserung der Werkstattausbildung zu gewinnen und um vor allem die ins Auge gefaßte Fortbildung durch personelle Kontinuität abzusichern. Entsprechend wurden für die Durchführung des Modellversuchs vier Berufspädagogen als Mitarbeiter in Werkstätten und zwei Sozialpädagoginnen verpflichtet, die in den Werkstätten und dem Wohnbereich die gesamte Lebenssituation der oft lernschwachen und verhaltensauffälligen Jugendlichen verbessern helfen sollten. Die Berufspädagogen arbeiteten in der Metallwerkstatt und der Elektrowerkstatt des Jugendheims Staffelberg, sowie in der Maler-/Lackierer-Werkstatt und der Schreinerwerkstatt im Jugendheim Karlshof. Je eine Sozialpädagogin war in jedem Jugendheim tätig. Darüber hinaus wurde ein Koordinator - im Sinne einer inhaltlichen Verantwortung - damit betraut, die Aktivitäten des Modellversuchs in den Heimen untereinander, mit dem verbandseigenen Fortbildungszentrum Mammolshöhe, mit der Projektleitung des Fachdezernats, mit anderen Modellversuchen und mit dem Bundesinstitut für Berufsbildung abzustimmen.

Neben dem allgemeinen Ansatz, der Heimerziehung neue Impulse zu geben, spielte - abgesehen von den üblichen finanziellen Überlegungen - vor allem das gravierende Problem eine Rolle, wie nämlich die Jugendheime auf ein offenkundig schwieriger werdendes Klientel reagieren könnten. Die Berufsausbildung stand (und steht heute noch!) vor dem Problem, daß die jungen Leute, die viele Lernschwierigkeiten haben, den steigenden Anforderungen des dualen Ausbildungssystems nachkommen müssen, z.B. den Anforderungen, die durch die stärker theoretisch sich ausrichtende Fachtheorie (ehemals Fachkunde) gestellt werden. Trotz langjähriger Erfahrungen in den beiden Jugendheimen war es zunehmend schwieriger geworden, die wachsenden Bildungs- und Sozialisationsdefizite der Jugendlichen aufzuarbeiten und vorzeitigen Ausbildungsabbrüchen und erfolglosen Abschlußprüfungen entgegen zu wirken. Beim Beginn der Berufsausbildung sind für die Jugendlichen Kriterien der Jugendhilfe maßgebend; d.h., daß die Berufsreife oft noch im Verlauf der Ausbildung vermittelt werden muß. Daneben sind viele der Heranwachsenden besonderen familiären Belastungen, Gerichtsverhandlungen oder richterlichen Auflagen und anderen zusätzlichen Spannungslagen ausgesetzt. Die Berufsausbildung im Jugendheim scheint für diese Problemgruppe der einzige Weg zu sein, sie allmählich an die Arbeitswelt heranzuführen, um eine Integration in die Gesellschaft zu ermöglichen. Eine "unvermittelte Konfrontation der Jugendlichen mit den Anforderungen des dualen Ausbildungssystems (würde) in der Regel das 'AUS' für sie bedeuten" (Glandorf/Lehning/Sechtling 1983, S. 140). Der Modellversuch sollte nun mit dazu beitragen, Hilfen zu geben mit dem Ziel, "Ausbildung begreifbar zu machen" (a.a.O.). Es sollte die fachtheoretische und -praktische Ausbildung durch neue sozialpädagogische Handlungsweisen gefördert und intensiviert werden.

Vor diesem Hintergrund wird sogleich deutlich, daß an den Modellversuch eine ganze Reihe hoher Erwartungen gestellt wurden: Durch Weiterentwicklung der Curricula in den Werkstätten und durch die Fortbildung der Ausbilder sollten bisher vom Landeswohlfahrtsverband als Träger der beiden Jugendheime beobachtete Defizite zumindest gemindert, wenn nicht behoben werden. Hinzu kam naturgemäß eine gewisse Skepsis aus den beiden Jugendheimen. Zwar hatte man dort dem Modellversuch zugestimmt, doch blieb die Frage offen, wie weit die neuen Mitarbeiter sich in das bewährte Gefüge einer formalen Organisation einfinden würden. Die positiven Erwartungen seitens des Trägers waren vor allem durch die Anträge zum Modellversuch ausgedrückt und prägten zunächst die Arbeit, bis es gelang, die damit verbundenen Erwartungshaltungen zu relativieren. Die eher negative, oder besser: abwartende Haltung seitens der Praktiker im Jugendheim konnte doch relativ rasch abgebaut werden.

Zum besseren Verständnis der verschiedenen Aufgabenfelder des Modellversuchs sei hier zusammenfassend aus einem Faltblatt zitiert. Mit Aufnahme der Arbeit waren dem Modellversuch zwei Aufgabendimensionen (dort: Interventionsebenen genannt) vorgeschrieben, die dann, wenn auch in einer später erstellten Fassung, so lauteten:

- Curriculumentwicklung: Unter Zugrundelegung des jeweiligen Ausbildungsrahmenplanes werden werkstattspezifische Ausbildungspläne für vier Werkstätten (Holz, Farbe, Elektro, Metall) entwickelt und erprobt. Nicht der Arbeitsauftrag, sondern die Besonderheiten der Jugendlichen, ihre Motivations-, Qualifikations- und Integrationsprobleme bestimmen die Ausbildung. Unsere werkstattspezifischen Ausbildungspläne dienen: a) als Grundlage für die Planung der Arbeiten jedes einzelnen Jugendlichen; b) ermöglichen ein kontinuierliches Festhalten der Lernentwicklung; c) geben dem Jugendlichen eine Orientierungshilfe; d) sind ein Leitfaden für kontinuierliche Ausbildungsgespräche. Auf ihrer Grundlage überlegen die an der Ausbildung Beteiligten gemeinsam, welche Kenntnisse und Fertigkeiten in Projekten erworben werden können und ob andere Lernformen wie Unterweisungen, Lehrgänge, Werkstücke ergänzend eingesetzt werden müssen. So werden die Planung der Ausbildung, die Reflexion über deren Ausführung und die Planung neuer Ausbildungsschritte zum kontinuierlichen Prozeß. Durch Intensivierung der Zusammenarbeit zwischen Ausbildern, Berufspädagogen und Berufsschullehrern wird eine engere Verzahnung zwischen dem fachtheoretischen Unterricht in der Berufsschule und in der Ausbildung in den Werkstätten angestrebt. Individuelle Lernhilfen im fachtheoretischen und sozialpädagogischen Bereich können dann rechtzeitig geplant und durchgeführt werden.

- Fortbildung der Ausbilder: Die Ausbilder des Modellversuchs sollen für den fachpraktischen und fachtheoretischen Teil der Berufsausbildung sozialpädagogische Vorgehensweisen kennen und auch selbst anwenden können. Bei der Vermittlung fachpraktischer und fachtheoretischer Kenntnisse sollen sie didaktisch und methodisch unter Berücksichtigung der besonderen Lernschwierigkeiten der Auszubildenden gezielt und systematisch vorgehen. Mit dieser Zielsetzung finden insgesamt 10 einwöchige Fortbildungsveranstaltungen statt, deren Inhalte im Ausbildungsalltag umgesetzt werden. Die praxisintegrierte Fortbildung, an der neben den Ausbildern Mitarbeiter des Modellversuchs, Erzieher, Erziehungs- und/oder Ausbildungsleiter teilnehmen werden, soll auch bestimmend auf die weiteren Fortbildungswochen im Fortbildungszentrum Mammolshöhe einwirken.

Im Verlaufe des Modellversuchs, eigentlich schon nach einem halben Jahr Erfahrung, weiteten sich die Aufgaben aus, es wurde ein dritter Schwerpunkt hinzugenommen, der hier, ebenfalls in einer dann später geschriebenen Fassung, zur ersten Information aus dem Faltblatt übernommen wird. Ich werde im Teil D, Kapitel 1. auf diese Aufgabenerweiterung noch näher eingehen:

- Vertiefung der Zusammenarbeit von Berufsausbildung und sozialpädagogischer Betreuung/ Leben - Wohnen - Lernen - Arbeiten im Jugendheim: Die Bedeutung der Berufsausbildung für die Betreuung der Jugendlichen und umgekehrt die Notwendigkeit und die Möglichkeit, durch sozialpädagogisches Handeln die Berufsausbildung zu unterstützen, sind unbestritten. Im Rahmen des Modellversuchs soll die Kommunikation und Kooperation zwischen Ausbildern und Erziehern gefördert und verbessert werden. Die Vorbereitung der Jugendlichen auf eine eigenständige Lebensführung nach Beendigung ihrer Erziehung und Förderung im Rahmen der Jugendhilfe erfordert besondere Maßnahmen. Die Bemühungen um ihre Verselbständigung muß mit dem Tag der Aufnahme beginnen. In Zusammenarbeit mit Ausbildern und Erziehern wird ein entsprechendes Programm durchgeführt. Mit anderen Modellversuchen und Maßnahmen zur Förderung der Berufsausbildung von benachteiligten Jugendlichen, insbesondere einigen "Modellversuchen im Förderbereich Berufsvorbereitung und Berufsausbildung jugendlicher Problemgruppen" soll ein ständiger Informations- und Erfahrungsaustausch eingerichtet werden.

2 Die beiden Jugendheime "Karlshof" und "Staffelberg"

Die beiden Jugendheime, die vom Landeswohlfahrtsverband Hessen getragen werden, sind Einrichtungen der öffentlichen Jugendhilfe. Hier werden Jugendliche im Rahmen der freiwilligen Erziehungshilfe und der Fürsorgeerziehung (Jugendwohlfahrtsgesetz, § 62 ff.) betreut und in anerkannten Ausbildungsberufen ausgebildet. Vom Selbstverständnis beider Einrichtungen her hat das Jugendheim den Erziehungsauftrag, Jugendliche, "die mit gesellschaftlichen Normen in Konflikt geraten sind und als verhaltensauffällig bezeichnet werden, einen neuen Zugang in die Gesellschaft zu eröffnen. Die Ursachen der Verhaltensauffälligkeiten sollen gefunden und ein Ausgangspunkt zielorientierter und ständig neu überdachter pädagogischer Arbeit mit jedem einzelnen Jugendlichen werden" (Furth/Lehning 1984, S. 8). Die sachlichen Angaben zu den beiden Jugendheimen in den Tabellen A 2. (a) und A 2. (b) sind einem Sachbericht des Modellversuchs entnommen; diese stützen sich wiederum auf Angaben des Verzeichnisses hessischer Heime, Angaben des Trägers und der jeweiligen Heime (vgl. Furth/Lehning 1984, S. 9/10).

Vom inneren Aufbau her ist jedes Jugendheim, organisationssoziologisch betrachtet, eine formale Organisation, die hierarchisch gegliedert ist. Der Heimleiter und der Verwaltungsleiter bilden gleichsam die Spitze der Einrichtung; der Erziehungsleiter ist zuständig für die Gruppenerziehung; der Ausbildungsleiter für die Werkstätten; der Psychologe für Einzelmaßnahmen und Betreuung. Inzwischen haben sich diese Funktionsdienste noch weiter ausdifferenziert: So gibt es im Jugendheim Karlshof für die

"Nachbetreuung", also für die Betreuung von Heimentlassenen, eine Sozialpädagogin. Neben diesen "Funktionern" sind sodann die Gruppenerzieher zu erwähnen, die im Schichtdienst "auf" der Gruppe (so der durchgängige Sprachgebrauch) Dienst tun; auf jeder Wohngruppe von ca. 8-12 Jugendlichen sind drei Erzieher tätig, von denen einer als Leiter fungiert. Im Ausbildungsbereich finden wir Werkstattleiter, die hauptsächlich für Aufträge, Materialbestellung und Gesamtorganisation zuständig sind und die - formal - die Verantwortung tragen (z.B. Lehrverträge unterschreiben), sodann weitere Ausbilder und schließlich Gesellen. Im Umkreis dieser beiden Hauptfunktionen "Erziehung" (auf der Gruppe) und "Ausbildung" (in der Werkstatt) sind den Heimen eine Reihe weiterer Aufgaben zugewachsen, die von der schulischen Betreuung (Hauptschulkurs; Nachhilfe zum Berufsschulunterricht) über Fördermaßnahmen und Berufsvorbereitungsjahre bis zu Arbeitsamtmaßnahmen (J6-Kurse für Jugendliche aus der Region) reichen.

Tabelle A 2. (a): *Jugendheim Karlshof (Wabern)*

Zahl der Plätze: 102
Zahl der Gruppen: 10
Aufnahmealter: bei Jungen von 14-17; bei Mädchen von 15-17
Betreuungsalter: bei Jungen von 14-20; bei Mädchen von 15-20
Jahr der Inbetrieb- 1886
nahme

Zahl der pädagog. Mitarbeiter:	Ganztags-kräfte	Halbtags-kräfte	Honorar-kräfte
Erzieher	25	-	-
Berufsausbilder	20	1	-
Dipl. Psychologen	1	1	-
Lehrer (im Erziehungsdienst)	-	-	4
Sozialarbeiter/pädagogen	5	-	-

Ausbildungsberufe und Förderbereiche:

Damen-schneiderin	Hauswirt-schafterin	Hauswirtschafts-helferin (§3 BBiG)
Koch	Gärtner	Landwirtschaft
Elektriker	Kfz-Mechaniker	Maurer
Holzverarbeiter (§42HwO/§48BBiG)	Tischler	Maler und Lackierer
Schlosser	Metallbearbeiter	Teilezurichter

Eingliederungslehrgang (LVE)
Grundausbildungslehrgang (GAL)
Berufsvorbereitungsjahr (BVJ) "Holz" und "Metall"
Hauptschulabschlußkurs

Tabelle A 2. (b): *Jugendheim Staffelberg (Biedenkopf):*

Zahl der Plätze: 90
Zahl der Gruppen: 9
Aufnahmealter: Jungen von 14-18 Jahren
Betreuungsalter: Jungen von 14 Jahren bis Ausbildungsabschluß
Jahr der Inbetriebnahme: 1962

Zahl der pädagog. Mitarbeiter:	Ganztags-kräfte	Halbtags-kräfte	Honorar-kräfte
Erzieher	28	-	-
Berufsausbilder	15	-	-
Dipl.-Psychologen	1	-	-
Lehrer (im Erziehungsdienst)	1	-	-
Sozialarbeiter/-pädagogen	4	-	-

Ausbildungsberufe und Förderbereiche:

Tischler	Holzverarbeiter (§42HwO/§48BBiG)	Maler und Lackierer
Elektro-installateur	Elektroanlagen-installateur	Elektroanlagen-elektroniker
Schlosser	Dreher	Maschinenbauer
Teilezurichter	Fräser	Werkzeugmaschinenspaner (§42HwO/§48BBiG)

Schweißkurse gemäß DVS
Förderlehrgang (BFL)
Hauptschulabschlußkurs
J 6-Lehrgang (für Externe)
Schulische Nachversorgung für Hauptschulkursteilnehmer und Berufsschüler

Nun ist ein Jugendheim nicht nur als formale Organisation zu betrachten, sondern auch als eine Einrichtung, die einen sehr speziellen pädagogischen Auftrag hat, nämlich die ihnen durch die Jugendämter zugewiesenen Heranwachsenden zu fördern. Um wenigstens andeutungsweise etwas über das (schriftlich artikulierte) Selbstverständnis der Jugendheime bzw. die pädagogische Konzeption sagen zu können, seien hier aus einem Informationsblatt des Jugendheims Karlshof einige Passagen zitiert. Diese Konzeption stammt aus der Feder des Heimleiters (eine etwas abgewandelte Version findet sich auch in: 100 Jahre Jugendheim Karlshof 1986, S. 55):

"Das Jugendheim Karlshof, am 1.10.1886 durch den Preußischen Staat gegründet, betreut junge Menschen, die wegen Erziehungsschwierigkeiten, Lern- und Leistungsstörungen und gravierender Konflikte mit der Umwelt umfangreicher pädagogischer Hilfe bedürfen. Wir wenden uns insbesondere Jugendlichen zu, die mit ambulant erzieherischen Mitteln nicht zu fördern sind. Das Heim wird schwerpunktmäßig für eine vom Heimatbereich distanzierte Unterbringung in Anspruch genommen. Deshalb sieht es einen Beitrag zur Regionalisierung vorwiegend im Angebot einer sozialpädagogisch orientierten schulischen Nachversorgung, Berufsvorbereitung und Berufsausbildung. Die Jugendlichen der Region, die im Rahmen einer Jugendhilfe-, Sozialhilfe- oder Arbeitsförderungsmaßnahme betreut werden und aufgrund ihrer Problematik an öffentlichen Schulen oder in Ausbildungsbetrieben des freien Arbeitsmarktes nicht adäquat gefördert werden können, finden bei uns Aufnahme. Mit einem differenzierten Angebot an gruppenpädagogischer Betreuung (Wohngruppen unterschiedlicher Prägung und Größe innerhalb des Heimes, Außenwohngruppe, Zimmer für junge Volljährige außerhalb der Einrichtung, Tagesbetreuung) und seinen Ausbildungsstätten für Jugendliche des Heimes und aus der Region, hat sich der Karlshof zu einem sozialpädagogischen Zentrum mit einem breit gefächerten Hilfsangebot entwickelt. Die Verbindung von schulpflichtigen und schulentlassenen Jugendlichen schafft für die jungen Leute, die nach der Schulentlassung im Heim bleiben, einen kontinuierlichen Übergang in die Berufswelt ohne Wechsel des Heimes. Der psychologische Dienst des Heimes unterstützt und ergänzt die pädagogische Arbeit in Gruppe, Schule und Ausbildungswerkstatt durch Beratung und gezielte therapeutische Hilfe... Berufliche und schulische Bildung innerhalb des Karlshofs führen nicht zur Isolation der Jugendlichen von ihrer Umwelt. Über den Freizeitbereich und durch berufsergänzende Praktika im Rahmen außerhalb des Heimes entstehen die notwendigen Kontakte. Die verkehrsgünstige Lage zu den Städten Fritzlar, Homberg und auch Kassel kommt dem sozialintegrativen Bemühen des Heimes entgegen. Die vielfältigen Freizeitangebote innerhalb des Heimes (Turnhalle, Sportplätze, Hobbyräume, Fischteich, Kanugruppe, Töpferwerkstatt etc.) helfen den Jugendlichen, ihre Freizeit zu gestalten und werden gezielt eingesetzt. Die pädagogische Arbeit orientiert sich unter Berücksichtigung allgemeiner Erziehungsziele am Erkenntnisstand der Pädagogik und Sozialwissenschaft. Wir entwickeln hieraus Methoden, die eine individuelle Förderung im sozialen und beruflichen Bereich in gemeinsamer Absprache mit dem Jugendlichen ermöglichen. Dadurch soll er lernen, sein Leben verantwortlich zu gestalten und sich den Erfordernissen unserer Gesellschaft anzupassen."

Diese Konzeptionsbeschreibung (aus dem Jahre 1985) ist schon im Zusammenhang mit dem Modellversuch entstanden; sie gibt einen guten Einblick in das pädagogische Bemühen einer Jugendhilfeeinrichtung. Nun bedarf es allerdings einer Zwischenüberlegung, die durch diesen Text fast von selbst provoziert wird. In der pädagogischen Konzeption wird ohne weiteres davon ausgegangen, daß "eine vom Heimatbereich distanzierte Unterbringung" sinnvoll und notwendig sei. Nun ist ja, besonders seit der nun schon fast historischen Heimkampagne von 1969/1970 (vgl. Bäuerle/Markmann 1974; Almstedt/Munkwitz 1982; Homes 1984) bekannt, daß dieser Grundsatz der Heimerziehung nicht unumstritten ist. Besonders seitens einer kritischen Sozialpädagogik wird oft zu Recht daran erinnert, daß Heimerziehung auch Abgrenzung, Aussonderung und Abrichtung bedeute. Ohne diesen Fragen im Grundsatz nachgehen zu können, sei zumindest exemplarisch die zentrale Ausgangsfrage erörtert: Darf es erlaubt sein, Kinder und Jugendliche aus dem vertrauten Lebenszusammenhang herauszunehmen, um auf sie erzieherisch einzuwirken? Zur Beantwortung seien zwei verschiedene Deutungsmuster zu Rate gezogen, die der folgende Exkurs herausarbeitet.

3 Exkurs:
Das Jugendheim — eine totale Institution?

Das eher kulturkritische Argument zur Beantwortung der oben aufgeworfenen Grundfragen der Heimerziehung weist zumeist darauf hin, daß "Heim", "Knast" und "Irrenanstalt" letztlich eine identische Zielrichtung haben, die bedingungslose Unterwerfung und Entmündigung des Subjekts unter die Kontrollmechanismen einer "totalen" Institution. Der Begriff der totalen (oder totalitären) Institution stammt von Erving Goffman, der ihn aus einer gründlichen Untersuchung von psychiatrischen Anstalten entwickelt hat (Goffman 1972). Damit soll im Sinne der soziologischen Identitätstheorie gemeint sein, daß in extremen Kontexten das Individuum gleichsam in sich die Verpflichtung empfindet, gemäß den Regeln der Institution zu handeln, weil es von ihm erwartet wird:

> "Es geht... um die Tatsache, daß die in den Organisationen gehegte Handlungserwartung eine Vorstellung vom Handelnden impliziert und daß eine Organisation daher als ein Ort angesehen werden kann, an dem Annahmen über die Identität der Beteiligten gehegt werden. Indem es die Schwelle der Anstalt überschreitet, übernimmt das Individuum die Pflicht, sich an der Situation zu beteiligen und sich in ihr entsprechend zu orientieren und anzupassen... Die Beteiligung an einer bestimmten Aktivität und in einem bestimmten Geist bedeutet, daß der Betreffende akzeptiert, ein Mensch zu sein, der in einem bestimmten Milieu zu Hause ist. Jede Organisation setzt also eine Disziplin des Handelns voraus, doch hier interessiert mich die Tatsache, daß jede Organisation auch Disziplin des Seins beinhaltet - eine Verpflichtung, einen bestimmten Charakter zu haben und in einer bestimmten Welt zu leben" (zitiert nach: Reck 1981, S. 95/96).

Die Verknüpfung von Verhaltenserwartung und -entsprechung, die durchaus auch im Jugendheim zu beobachten ist, aber wohl nicht in ausgeprägtester Konfiguration, muß freilich erst in einem allmählichen historischen Prozeß im Individuum selbst entwickelt werden. In dieser Frage lehnen sich alle Kulturkritiker in der Regel an die Thesen von Michel Foucault an, dessen Studien zu "Wahnsinn und Gesellschaft" (Foucault 1969) und "Überwachen und Strafen" (Foucault 1979) in vielen Beispielen zu zeigen versuchen, daß man in der Frühzeit der Moderne eine allmähliche Zunahme und eine Verfeinerung von Überwachungs- und Disziplinierungssystemen beobachten konnte, ausgelöst letztlich durch die Macht. Im Rückgriff auf vielfältiges historisches Material (Anstalts-Chroniken, Fabrik-Reglements, zeitgenössische Schilderungen, theoretische Deutungen aus jener Zeit etc.) untersucht Foucault die verschiedensten Rituale der Bestrafung, der Kontrollierung, der Überwachung, der normierenden Sanktionierung, der Prüfung, also der immer stärker und intensiver werdenden allumfassenden Einflußnahme der "Technologien der Macht" (1979, S. 34) auf den Menschen. Diese gesamte "Technik der Normenkontrolle" (1979, S. 382) über den Körper und die Seele des Menschen, so läßt sich fast bruchlos folgern, verstärkt sich auch im weiteren Fortgang der Moderne, vor allem im 19. und 20. Jahrhundert, in denen dann die Wissenschaften hilfreich dieses Werk vollenden.

Dieses Deutungsmuster gesellschaftlicher Entwicklung, das die Schattenseite des Modernisierungs- und Rationalisierungsprozesses auslotet, könnte also zeigen, daß die von Goffman beobachtete Selbst-Dressur der Verhaltenserwartung gemäß den Regeln der Institution als sich fortzeugender soziologisch-historischer Prozeß der Moderne selbst interpretiert werden kann:

> "Daß das Zellengefängnis mit seinem Zeitrhythmus, seiner Zwangsarbeit, seinen Überwachungs- und Registrierungsinstanzen, seinen Normalitätslehrern, welche die Funktion des Richters fortsetzen und vervielfältigen, zur modernen Strafanlage geworden ist - was ist daran verwunderlich, wenn das Gefängnis den Fabriken, den Schulen, den Kasernen, den Spitälern gleicht, die allesamt den Gefängnissen gleichen?" (Foucault 1979, S. 292).

Und wer wollte leugnen, daß es in vielen Heimen, Knästen, Krankenhäusern und Psychiatrien repressive Elemente gegeben hat und immer noch gibt? (Für die Heimerziehung gibt es hierfür eine Fülle von Belegen; vgl. Brosch 1975; Homes 1981; Meinhof 1971).

Gleichwohl bleibt bei dieser Argumentationslinie ein Unbehagen zurück. Es liegt wohl darin, daß der soziologisch-historische Blick auf die Institutionen die Chancen, die wiederum in der Institutionalisierung liegen, zu wenig beachtet (vgl. insbesondere: Gehlen 1956). Da bietet gerade die Heimerziehung ein produktives Beispiel; wie überhaupt die Gleichsetzung aller Institutionen mit allen, deutlich ausgedrückt in dem oben angegebenen Foucault-Zitat, die Differenzen zwischen den verschiedensten Mechanismen der jeweiligen Einrichtungen vermissen lassen. Gerade die Heimerziehung geht davon aus, daß es, im Sinne der Parteinahme für das Subjekt, ausgegrenzte Bereiche geben muß, um Entwicklung allererst noch möglich werden zu lassen. Die Gedankenlinie, die stets vom reinen Repressionsverdacht ausgeht, vergißt, daß es neben der Heimerziehung eine Vielzahl von pädagogischen Konzepten gab und gibt, die im Anschluß an den Rettungsgedanken des 19. Jahrhunderts eine Absonderung des Subjekts für notwendig erachten, etwa wenn ein Kind der Willkür seiner Eltern hilflos ausgeliefert ist und keine andere Möglichkeit mehr bleibt, es diesem sadistischen Lebenszusammenhang zu entziehen. Wie gesagt, es gibt viele historische Beispiele: Kibbuzerziehung, Landerziehungsheime, Jugendbewegung, sozialistische Jugend, und andere Konzepte, die im Grundsatz darauf abzielen, ein Eigenleben der Jugend zu ermöglichen (vgl. hierzu besonders Raapke 1962, S. 132 ff.). Es wird dabei bewußt in Kauf genommen, daß durch die Einengung der Möglichkeiten des Subjekts erst seine Emanzipation betrieben werden kann. Wenn dem Kind und dem Jugendlichen Wege des Selbstfindens geboten werden und sei es in der Abgegrenztheit des Heims, im Lager der sozialistischen Jugend, im Internat oder im Kibbuz, dann ist es unter geordneten Bedingungen legitim, ihn aus dem vertrauten familiären Kontext zu lösen (vgl. zu diesem Gedankengang Blanke 1985; Trüper/Trüper 1978). Aus diesem Grundgedanken, der letztlich auf den bildungstheoretischen Annahmen beruht, daß in jeglichen Erziehungsprozessen eine Dialektik von Auslieferung und Distanzierung vorhanden ist, erwächst freilich dem Jugendheim eine neue, bisher in der Tat oft unzureichend ausgefüllte Verantwortlichkeit: Ersatz für das Familienleben zu bieten, gezielt auf die Aufgabe der Emanzipationshilfe zu achten, Arbeit und Liebe zurückzugeben, so daß der Jugendliche behutsam neue Lebenserfahrungen machen kann, für den Jugendlichen eine echte Zwischenheimat schaffen, in der er sich wirklich wohlfühlen kann, etc. Mit diesem Ansatz kann eventuell die Gefahr, die in dieser Argumentationslinie liegt, etwas entschärft werden. Eine Gefahr, die von Konservativ-Wohlmeinenden dahingehend gedeutet wird, daß Heimerziehung bewußt absondern soll, um "Ansteckung" zu verhindern; harte Arbeit, Drill, Zucht und eine strenge Hand könnte dann noch einiges wieder bewirken. Dieser konservative Gedanke der Absonderung eines kranken Teils von einem gesunden Körper scheint freilich eine mißverständliche Interpretation der Chancen der Heimerziehung zu sein.

4   Die Jugendlichen in den Jugendheimen

Die Jugendlichen, die in den vier Modellversuchswerkstätten gelernt und gearbeitet haben, sollen hier nur kurz beschrieben werden. Ich hatte keine "Kohorten-Forschung" betrieben; dies war durch den Ansatz des Modellversuchs auch nicht sinnvoll, da der

Modellversuch in eine vorgefundene Situation eingebettet war. Er unterschied sich damit von anderen Modellversuchen, die bspw. mit einer festen Gruppe Jugendlicher beginnen und diese "Kohorte" durch mehrere Jahre begleiten (vgl. z.B. Maiwald 1986; siehe auch die Begründungen und Ergebnisse der Bildungsgangsforschung: Blankertz 1981, Blankertz 1986). Für den hier zur Debatte stehenden Modellversuch konnte dieser Ansatz nicht gewählt werden, da schon zu Beginn der Arbeit Jugendliche in den Werkstätten tätig waren (bspw. Auszubildende im 2. und 3. Lehrjahr), neue Jugendliche kamen herzu, andere stiegen aus (siehe auch Kapitel A 5.). Mit dieser Einfügung in die vorhandenen Abläufe war indessen gewährleistet, daß die Modellversuchsmitarbeiter tatsächlich unter *normalen* Bedingungen der Heimerziehung Innovationen anregen konnten. Ein isolierter Versuch hätte demgegenüber - selbst nach einem möglicherweise positiven Verlauf - mit dem Argument zu kämpfen, daß die Veränderungsvorschläge ja unter völlig unrealistischen Bedingungen entstanden seien.

Dennoch konnte ich eine gewisse Gruppe Jugendlicher und ihre Entwicklungen etwas genauer verfolgen. In Tabelle A 4. sind Angaben zu den Auszubildenden zu finden, die in den vier Werkstätten über einen längeren Zeitraum (ca. 2 bis 3 Jahre) auch von den Mitarbeitern des Modellversuchs betreut wurden.

Tabelle A 4: *Angaben zur Modellversuchspopulation*

Werkstatt	Betreuungszeitraum ca. 2 J	Betreuungszeitraum ca. 3 J.	Gesellenbriefe insges.	Aussteiger insges.	Ausbildung noch nicht beendet
Elektrowerkstatt	2	7	7	-	2
Malerwerkstatt	6	-	1	1	4
Metallwerkstatt	14	6	12	4	4
Schreinerei	-	6	4	-	2
sa.	41	Jugendl.	24	5	12

Zur besseren Charakterisierung der Voraussetzungen und Bedingungen der Jugendlichen ziehe ich hier Forschungen von Sturzebecher und Klein (1983) und Brater u.a. (1983) zu Rate, die kurz wiedergegeben werden sollen. Zusammengefaßt und für unsere Zwecke erst einmal ausreichend lassen sich folgende *sozialstrukturelle* Merkmale bestimmen: "Herkunft aus sozial schwachen Familien; auffällig hohe Geschwisterzahlen; Arbeitslosigkeit der Eltern; Unvollständigkeit der Familien; beengte Wohnverhältnisse; Geldmangel; Drogenprobleme (insbesondere Alkohol); ganz allgemein ein anregungsarmes Milieu" (zusammengefaßt von Zielke/Lissel/Lemke 1985, S. 7; vgl. auch Schurer/Tümmers 1978, S. 41 ff.) Was die *persönliche* Entwicklung angeht, so trifft auf die Modellversuchsjugendlichen in vielen Punkten jene Charakterisierung zu, die Brater u.a. für ungelernte Mädchen getroffen haben:

"Man kann also... schließen, daß sich diese Jugendlichen hinsichtlich ihrer weiteren Entwicklung in einem Teufelskreis bewegen: Ihre Entwicklungsrückstände und Verhaltensschwächen als Resultate ihres abgebrochenen Bildungswegs sind beträchtlich und erfordern erhebliche eigene Anstrengung, vor allem auch Entwicklungsförderung von außen. Die Tragik dieses Geschehens ergibt sich aber daraus, daß jene Entwicklungsrückstände gerade solche inneren Haltungen und Fähigkeiten betreffen, die notwendige Voraussetzung dafür wären, diese persönlichen Lernanstrengungen auf sich zu nehmen und die äußeren Fördermöglichkeiten auch nutzen zu können. Die 'Lernbehinderung' dieser jungen Leute liegt nicht darin, daß sie zu dumm oder einfach nur zu faul wären, oder daß sie Fachliches nicht richtig begreifen würden o.ä. Sie liegt vielmehr darin, *daß ihnen die psychischen Grundlagen und Voraussetzungen dafür, Neues zu lernen, eben gerade aufgrund ihrer abgebrochenen und blockierten Entwicklung fehlen.* Damit aber fehlt ihnen die entscheidende Voraussetzung dafür, aus der eigenen Stagnation herauszukommen und selbst den Anschluß an eine weitere Entwicklung zu finden" (Brater u.a. 1983, S. 93/94).

Mit diesen allgemeinen Bestimmungen mag deutlich werden, daß die Jugendlichen ungünstige soziale und innere Voraussetzungen mitbringen, wenn sie ins Jugendheim kommen. Hier wird auch der Gedanke der "Nachsozialisation" sinnvoll, nämlich zu versuchen, die konstatierten Entwicklungsblockaden und Defizite durch Erziehungsbemühungen und vor allem durch die Ausbildung in den Werkstätten allmählich zu kompensieren. Und bisher scheint kein anderer Vorschlag vernünftiger, als der, über eine berufliche Ausbildung den Jugendlichen die Möglichkeit zu geben, "in systematischer Weise und unter Anleitung Lernerfahrung zu sammeln" (Sturzebecher/Klein 1983, S. 58). "Eine berufliche Ausbildung ist im Katalog der verhaltenskorrigierenden und -stabilisierenden Maßnahmen eines Erziehungsheimes die letzte und vielleicht entscheidendste pädagogische Einwirkungsmöglichkeit auf den verhaltensauffälligen/lernbehinderten Jugendlichen. Sie berührt seine gesamte Persönlichkeit..." (Sturzebecher/Klein 1983, S. 59/60).

Man kann gut die genannten Charakterisierungsversuche auf die Jugendlichen übertragen, mit denen ich im Verlauf des Modellversuchs zu tun hatte. Auch bei "unseren"

Heimjugendlichen waren oft die Vorbedingungen katastrophal, so wie erwähnt. Hinzufügen muß man dessen ungeachtet aber noch das Phänomen, daß ich auch mit Jugendlichen arbeitete, die aus intakten sozialen Zusammenhängen kamen; diese "wohlstandsverwahrlosten" Kinder kamen eher aus Großstädten, ihre Eltern wurden mit ihnen nicht mehr fertig und die traditionelle Alternative für die bürgerliche Schicht, das Internat, war wohl zu teuer. Mit dieser Gruppe von Jugendlichen muß vermutlich die Heimerziehung in Zukunft verstärkt rechnen. Im Hinblick auf die individuelle Entwicklung bleibt eine Beobachtung nachzutragen, die aber die referierten Gedanken von Brater u.a. stützt, nämlich, daß die Jugendlichen schon für den flüchtigen Beobachter viel jünger und "unfertiger" wirkten als ihre Altersgenossen in der Schule oder im Betrieb. Dieser Eindruck hat mich stets darin bestärkt, den Gedanken des "Schonraums Jugendheim" zu verteidigen; in einem normalen Betrieb wären die 17-, 18- oder 19-jährigen sofort untergegangen.

5 Die besonderen Bedingungen der Ausbildung im Jugendhilfebereich

Verfolgt man die gesamte Entwicklung aller Jugendlicher (nicht nur die der Modellversuchspopulation), die im Verlaufe des Modellversuchs - also im Rahmen von 3 - 3 1/2 Jahren - die vier Werkstätten durchlaufen haben, so fallen mehrere Sachverhalte ins Auge:

• Es ist nicht zu übersehen, daß die Voraussetzungen der Jugendlichen heterogen sind. Manche haben schon ein BVJ gemacht, einige haben sogar schon mit einer Lehre im Betrieb begonnen, die sie dann freilich abbrechen mußten. Nun sind dies Bedingungen, mit denen auch der "normale" Ausbilder im Betrieb rechnen muß; hier ist nur davon auszugehen, daß in der Regel die schulischen Voraussetzungen günstiger sind.

• In einigen Werkstätten sind extrem hohe Durchlaufquoten zu verzeichnen. Im Jugendhilfebereich beträgt die Ausbilder-Lehrlings-Relation 1:6. Da für gewöhnlich zwei Ausbilder in einer Werkstatt arbeiten, wäre eine Durchlaufquote von 12 Azubis als Rechengrundlage anzusetzen. Diese ideale Bedingung ist natürlich unrealistisch; da immer mit einer gewissen "Schwundquote" zu rechnen ist, wären 16-17 Azubis realistisch. Für unsere Werkstätten aber sind Zahlen über 25 Azubis zu verzeichnen.

• Zwar erreicht eine ganze Reihe Jugendlicher das Ausbildungsziel, den Facharbeiter- bzw. Gesellenbrief. Doch fällt auf, daß sich das von Werkstatt zu Werkstatt stark unterscheidet. Falls dies kein Zufallergebnis ist, was immer denkbar ist, dann ist zu vermuten, daß sich zwischen den Werkstätten selbst eine Art von "selektiver Hierarchie" ergibt. Dann werden eher vielversprechende Jugendliche in einer Werkstatt untergebracht, von der geglaubt wird, daß die Jugendlichen hier sich bewähren werden; die sowieso "hoffnungslosen Fälle" werden in einer wenig attraktiven Werkstatt untergebracht, bei letzterer Gruppe geht man davon aus, daß sie ohnehin in absehbarer Zeit das Heim verläßt.

● Die Aussteigerquote ist hoch; manchmal haben weit über die Hälfte der Auszubildenden schon nach wenigen Monaten die Ausbildung abgebrochen. Auch hier sind wiederum starke Unterschiede zwischen den Werkstätten zu beobachten. Sogleich muß eingestreut werden, nach allergröbster Analyse des drop-out-Materials, daß nur wenig Gründe dafür sprechen, die Ursache für den Ausstieg allein in der Ausbildung zu suchen. Zu oft tauchen andere Hintergründe auf: "Keine Einsicht und kein Antrieb", "fand sich auf der Gruppe nicht zurecht", "Freundin (!)", "psychische Probleme", "von selbst gegangen", "zu schnell rausgeworfen worden (!)", "Fehlzeiten" - solche und andere Erklärungsversuche aus dem Munde der Erziehenden lassen vermuten, daß es nur selten an der betreffenden Werkstatt liegt, wenn der Jugendliche nicht mehr will.

Ohne Zweifel wirken diese vorsichtigen Befunde auf den ersten Blick erschreckend; vor allem dann, wenn man die gewiß populäre Frage stellte, ob denn nicht der Modellversuch da hätte Abhilfe schaffen sollen. Ich schlage eine andere Interpretation vor: Meines Erachtens bilden die unterschiedlichen Voraussetzungen, die hohen Abbrecherzahlen und die aufs Ganze gesehen doch geringe Abschlußzahl eine normale Situation der Ausbildung in der Heimerziehung ab, so wie sie auch von anderen Einrichtungen und aus früheren Erfahrungen berichtet werden (und da könnte kein Modellversuch rasch substantiell etwas ändern). Das erschreckend Normale dieser Situation zeigt aber überdeutlich, daß und wie sich die Ausbildung im Jugendhilfebereich von der Ausbildung anderer außerbetrieblicher Werkstätten unterscheidet. In Werkstätten der Jugendheime müssen die Ausbilder z.B. tagtäglich darauf gefaßt sein, daß ihnen ein Jugendlicher, mit dem man sich viel Mühe gegeben hatte, entgleitet und die Ausbildung abbricht: Ausbildungs- und Beziehungsarbeit "auf Abruf". Solche Merkmale haben die Ausbilder geprägt; sie gehen oft mit "engagierter Resignation" an ihre Arbeit: "Ich bin mir sicher, der schafft das nie!" - und versuchen dennoch, den Jugendlichen nach bestem Wissen und Können zu fördern. Der Ausbilder kann auch nur selten die Aufnahme eines Jugendlichen verweigern; wird ein Heranwachsender vom Jugendamt dem Heim zugewiesen, dann muß der Ausbilder, so er Platz hat, damit rechnen, daß da wieder jemand kommt, der oft keine Motivation hat oder der vielleicht gar von einem ganz anderen Beruf träumte. Und die meisten Ausbilder haben nur sehr geringe (bis gar keine) Vorkenntnisse über pädagogisch reflektierte Vorgehensweisen; zumeist verlassen sie sich auf ihre Intuition, ihre Lebenserfahrung und auf ihr Erfahrungswissen. Auf einer Tagung des Modellversuchs zur Fortbildung der Ausbilder wurde diese Besonderheit der Ausbilder von einer Arbeitsgruppe folgendermaßen zusammengefaßt:

> "Zunächst wurde deutlich gemacht, daß die Ausbilder in ihrem Bewußtsein und in ihrem Selbstverständnis in erster Linie *Handwerker* sind. Zwar ist es unumgänglich, daß sie auch partiell - en passant - die Rolle des Erziehers oder die Rolle des Sozialpädagogen 'spielen'. Dies aber ist ihnen nur selten unmittelbar bewußt. Sie stehen ihrer erzieherischen Rolle oft sogar mißtrauisch gegenüber und vertrauen manchmal blind dem pädagogischen Wert der handwerklichen Umgangstätigkeit an sich ("Eisen erzieht"). ... Die Ausbilder ... können zumeist nur auf ein recht eng eingegrenztes Bild systematischer Kenntnisse zurückgreifen: den Kenntnissen und Fertigkeiten, die der zu vermittelnde Lehrberuf aus sich heraus gleichsam erzwingt. Dabei handelt es sich fast immer um fachlich-technisches Regelwissen, das eingeübt wurde und im selben Lernmodus weitergegeben wird. In der Lebensgeschichte des Ausbilders gab es nur eine relativ kurze Spanne des systematischen Aneignens von Wissensstoff (zumeist 8 Jahre Volksschule; Berufsschule); die Meisterkurse und AdA-Lehrgänge können kaum etwas vertiefen. Die Ausbilder verfügen damit über ein pädagogisches Wissen, das häufig über das bekannte Jedermannswissen nur unwesentlich hinausgeht, das man bspw. bei der Erziehung der eigenen Kinder erwirbt und braucht. Erst im Umgang mit den Jugendlichen erwarben sie ein - oft unstrukturiertes und diffuses, gleichwohl nachhaltig prägendes - Erfahrungswissen. Dieses Erfahrungswissen konnte dann vielleicht noch durch den einen oder anderen Lehrgang erweitert werden; es hat sich gewiß auch im Laufe der Jahre produktiv vergrößert - freilich auch routinemäßig verfestigt" (Bojanowski 1987, S. 43).

6 Zur Wissenschaftlichen Begleitung des Modellversuchs

Die Wissenschaftliche Begleitung (WBB = Wissenschaftliche Begleitung "Berufsausbildung im Jugendhilfebereich") bestand neben zwei Leitern aus einem hauptamtlichen Mitarbeiter, dem Verfasser dieser Arbeit. Obwohl die WBB personell (und auch sachlich) mit geringer Kapazität ausgestattet war, war allen Beteiligten klar, daß nur durch enge unmittelbare Arbeit vor Ort, gemeinsam mit dem Modellversuchspersonal und den Mitarbeitern der Heime, die Chance bestünde, das Vorhaben durchzuführen. Entsprechend nahm dann die WBB rasch an konstituierenden Sitzungen des Modellversuchs, Klärungstagungen, Vorabspracherunden, etc. teil. Durch Exploration in den Jugendheimen und durch aktive Teilnahme an den Fortbildungsveranstaltungen gelang es doch relativ schnell, ein aussichtsreiches Tableau von Forschungsaktivitäten zu erreichen. Von ihrem Selbstverständnis her und von der Verschränkung der Forschungs- und Innovationstätigkeit her lag es nahe, auf konzeptionelle Erfahrungen Wissenschaftlicher Begleitungen zurückzugreifen, die sich um das Paradigma "handlungsorientierte Begleitforschung" oder "Praxisforschung" gruppieren lassen (vgl. z.B. Schweitzer/Mühlenbrink/Späth 1976; Bauer/Berg/Kuhlen 1975; Kordes 1982). Zwar hat sich in den letzten Jahren das wissenschaftliche Beraten, Betreuen und Begleiten als fast selbstverständliche Dreingabe bei Modellversuchen etabliert, jedoch hatte sich noch kein einheitlicher Forschungstyp entwickelt. Im Gegenteil: Stichpunkte wie Praxisnähe, Handlungsorientierung, Aktivierung und Anregung der Beteiligten, aber auch Versuchskontrolle, Effizienzprüfung und Politikberatung mögen signalisieren, daß die Anforderungen an Wissenschaftliche Begleitungen stets stark differierten. Ohne die vielschichtige Diskussion um Konzept und Funktion von Begleitforschung hier nachzeichnen zu wollen und zu können (vgl. Müller 1978; Gruschka 1976), scheint es notwendig, in geraffter Form wenigstens einige Erläuterungen meines Selbstverständnisses wiederzugeben.

Ich gehe davon aus, daß Wissenschaft zur Fortentwicklung von und in gesellschaftlichen Handlungsfeldern beitragen kann. Der Beitrag der Wissenschaft bestünde darin, stärker abgesicherte (empirische, theoretische) Vorschläge in das Alltagshandeln der Menschen einzuspeisen und zwar in der Hoffnung, daß damit die Menschen "aufgeklärter" - vielleicht sogar besser - miteinander umgehen. Für den Bereich der Naturwissenschaften und der verwissenschaftlichten Technologien (Ingenieurwissenschaften) mag diese Behauptung in einer Hinsicht einleuchtend klingen. Denn zweifellos hat das Eindringen materialisierter Ergebnisse dieser Wissenschaften - wenn auch kaum ihrer selbst - in das Alltagsleben der Menschen inzwischen in "modernen" Gesellschaften zu den uns bekannten atemberaubenden positiven Fortschritten geführt, sei es die gewaltige Hebung des materiellen Lebensstandards, sei es die Verlängerung des Lebensalters, die nahezu vollständige Sicherung der Subsistenz u.a.m. (vgl. für viele andere: Landes 1973). Die Grenzen und Destruktionspotentiale derartigen naturwissenschaftlich-technischen Denkens und Handelns sind freilich inzwischen genauso sichtbar geworden, es wäre naiv, die Schattenseiten der Modernisierung zu leugnen (für andere: Ullrich 1977). Bei den Humanwissenschaften (Pädagogik, Psychologie) ist der Ertrag wohl im Ansatz uneindeutiger. Zunächst einmal wird sich bis heute nicht zeigen lassen, ob diese Wissenschaften tatsächlich im positiven wie negativen Sinne für das Alltagsleben die jeweils in Aussicht genommenen Wirkungen erzeugt haben. Die Hoffnungen auf Sozialtechnologien, aber auch die Befürchtungen vor ihnen, scheinen beide Male nicht zuzutreffen: Niemand wird heute guten Gewissens behaupten dürfen, er könne bspw. eine sozialtechnologisch ausgerichtete Theorie über den Wandel einer Institution so anwenden, daß diese sich auch gemäß der Zielerreichungsvorgabe dieser Theorie wandelt. Das vielbeklagte Scheitern der

Bildungsreformen in der Bundesrepublik, die allesamt letztlich doch wohl Konzept-planungen mit sozialtechnologischem Anspruch waren, bietet für diese These eine Fülle von Belegen (vgl. z.B. für die Berufsausbildung Offe 1975). Umgekehrt muß man freilich, gegen viele Befürchtungen gerade der "akademischen Linken" konsta-tieren, daß Wissenschaften wie Psychologie (z.B. Verhaltenstherapie) oder Soziologie (z.B. Systemtheorie) tatsächlich keineswegs in großem Ausmaß, wie geplant, das Le-ben der Menschen manipulativ geändert haben. Die dem Paradebeispiel, den Mas-senmedien, zugesonnenen manipulativen Tendenzen, hat immer wieder die Kultur-kritiker auf den Plan gerufen (vgl. besonders, alle späteren beeinflussend: Horkhei-mer/Adorno 1971). Bei dem Manipulationsvorwurf wird zumeist vergessen, daß die Medien auch Lernprozesse ermöglichen können, abgesehen davon, daß man die Appa-rate ja auch ausschalten kann. Auch die Furcht von Habermas vor der Systemtheorie Luhmanns als einer gefährlichen Sozialtechnologie scheint von dem Glauben genährt, man könne die Freiheit der Menschen, die doch immerhin noch darin besteht, daß jeder auch anders handeln könne, als er handelt ("Kontingenz"), total rational er-fassen und manipulieren (vgl. Habermas/Luhmann 1972; s. auch: Heidegger 1985, Bojanowski/Dedering/Heidegger 1982).

Wenn aber die Humanwissenschaften mit ihrem Kern schon diffus bzw. uneindeu-tig sind, dann werden auch ihre realen Möglichkeiten fragwürdig, was zweifellos - mag es auch trivial klingen - in ihrem Forschungsgegenstand, dem Menschen selbst begründet ist. Schon bei oberflächlicher Betrachtung zeigt sich, daß im Grunde theo-retische und empirische Erkenntnisse über den Menschen einen spekulativen Kern in sich bergen (müssen?). Dies läßt sich einmal damit erklären, daß Erkenntnisse über "den" Menschen stets historischer Art sind, und damit wohl auch reversibel. Weiter-hin wandern, ganz grob formuliert, gewiß auch Wünsche und Phantasien, wie etwas sein soll, in Erkenntnisprozesse hinein. Dies führt zu dem eigentlich bekannten, aber gut verdrängten Tatbestand, daß verschiedene Theorien über den gleichen Sachverhalt etwas gänzlich anderes behaupten. So postuliert z.B. die Psychoanalyse eine "Triebna-tur" des Menschen, während andere psychologische Theorien wie der Behaviorismus letztlich doch die unendliche Modellierbarkeit des Subjekts unterstellen müssen. Jeder, der die Kontroverslage in den Humanwissenschaften kennt, wird ohne weiteres andere Beispiele finden. Freilich liegt in dieser hier nur angerissenen Schwierigkeit der Hu-manwissenschaften auch eine Chance: Menschliches Handeln, bzw. die Freiheit des Menschen überhaupt, wird sich sozialtechnologisch nicht einholen lassen, weil dieser auch immer anders handeln könnte, als er es tut bzw. supponiert; entsprechend wird menschliches Handeln wohl niemals vollständig durchschaubar sein, es sei denn um den Preis (bisher jedenfalls!) unzulässiger Reduktion des wissenschaftlichen Ansatzes.

Wissenschaftliche Begleitungen haben auf die angedeutete Problemlage unterschiedlich reagiert. Die einen "verdrängen" gleichsam die Grenze humanwissenschaftlicher Erkenntnismethoden und hoffen, die Handlungsvielfalt durch überschaubare Variablen zu reduzieren - gewiß ein sinnvoller Weg, der indes dazu führen könnte, daß über eine falsche Reduktion ungeeignete Variablen miteinander in Bezug gesetzt werden. Die anderen schaffen in der Komplexität der Handlungsvariationen keine Reduktion (Hartmut v. Hentig: AHMAZ - Alles hängt mit allem zusammen). Zunächst sei daraus gefolgert, *daß es vielleicht noch gar keine angemessenen humanwissenschaftlichen Untersuchungsmethoden gibt*, die einen eindeutigen Weg weisen könnten (vgl. hierzu Müller 1978, S. 27 ff.). Vielleicht müssen wir uns derzeit mit "Hilfskrücken" begnügen, von denen wir wissen, daß sie der Kontingenz menschlichen Handelns nur sehr versuchsweise "beikommen" können, da es hier ja, wie gesagt, nicht um das optimale Funktionieren von Maschinen geht, das man testen kann.

Aus all diesen Überlegungen hatte ich oben dafür plädiert, sich an das Paradigma der "handlungsorientierten Begleitforschung" bzw. der "Praxisforschung" anzuschließen. Dieses Plädoyer für einen bestimmten Forschungstyp von Begleitforschung steht in Übereinstimmung mit Entwicklungen in den Sozialwissenschaften, speziell in jenen Bereichen, die in der "Grauzone" von Wissenschaft und Praxis angesiedelt sind. Damit verknüpft ist die Hoffnung, die "Ratlosigkeit der Sozialforscher" (Müller 1978, S. 22), zumal in Begleitforschungsprojekten, die Innovation in ein bestimmtes Feld, hier in Einrichtungen der Jugendhilfe, mit hineintragen und anregen wollen, zu überwinden. Die Entwicklung dieses Forschungstyps führte zu einer gründlichen Revision vieler Annahmen der Methodologie sozialwissenschaftlicher Forschung. Für unseren Diskussionszusammenhang mag eine lose Beschreibung wichtiger Eigenarten genügen (vgl. z.B. Müller 1978; Gruschka 1976; Haag u.a. 1972; Terhart 1981).

So werden in Begleitforschungsprojekten z.B. von vornherein der Verbindung von wissenschaftlicher Erkenntnis und Praxis Rechnung getragen, die begrenzte Reichweite von Aussagen berücksichtigt und auch die nicht geplanten Effekte wissenschaftlicher Forschung versuchsweise mit in den Forschungszusammenhang hineingenommen. Dieser Forschungstyp setzt nicht auf das Isolieren von Variablen, die dann lediglich überprüft werden, sondern hält die Komplexität gesellschaftlicher Handlungsfelder zumindestens in seinem Bewußtsein, freilich ohne die Gewißheit, alles erfaßt haben zu können. Dieser Forschungstyp berücksichtigt weiterhin stärker den Tatbestand, daß menschliches Handeln - wie schon angedeutet - kontingent ist, d.h. daß immer auch anders gehandelt werden könnte; insofern geht es nicht um kausale Erklärungen im Forschungsfeld, was letztlich nur gehen kann, wenn alle Bedingungen als Quasi-Experiment stillgestellt wären, sondern um das Sichtbarmachen komplexer Handlungsfigurationen. Indem handlungsorientierte Begleitforschung sich von der empirisch-analytischen Forschungstradition absetzt - hier wären eben idealtypisch die Bedingungen eines Labors anzusetzen - nimmt sie zwar in Kauf, auf eindeutige Auswertung harter Daten zu verzichten, hat jedoch den Gewinn, den Reichtum (und auch die Widersprüchlichkeit) der Aktivitäten der Beteiligten versuchsweise eingefangen zu haben (vgl. z.B. Bojanowski/Hullen/Wagner 1983, S. 91-112).

Gleichwohl wird Datengewinn nicht aufgegeben. Diese werden jedoch in der Regel - weil singuläre Momentaufnahmen - an die Beteiligten zurückgespiegelt und reformuliert. Damit öffnen sich wiederum diesem Typus von Begleitforschung Möglichkeiten, Innovationsanregungen ins Feld "einzuspeisen". Wichtiges Merkmal derartiger Forschungen ist in der Regel das Einsetzen sogenannter "weicher" Methoden. Es werden also bspw. Interviews, Gespräche, Diskussionsrunden und ähnliche Methoden in Frage kommen, weniger jedoch streng standardisierte Erhebungen oder Tests. Derartige "weiche" Verfahren lassen sich freilich ohne weiteres auch mit dem Erheben "härterer" Informationen kombinieren; allerdings sollte nicht der Anspruch erhoben werden, dieses Vorgehen der empirisch-analytischen Forschungsprogrammatik zuzurechnen. Weiterhin wäre es auch in diesem Fall günstig, die Ergebnisse von Datenerhebungen und die sich darin ausdrückenden Entwicklungen an die Akteure im Feld zurückzugeben, zumindestens aber mit anders gewonnenen Erkenntnissen zu konfrontieren. Damit sei die Hoffnung verknüpft, daß sich im jeweiligen Feld individuellen und gesellschaftlichen Handelns etwas ändere, das dann nicht mehr allein auf vorwissenschaftlichem common-sense ("das haben wir immer so gemacht") beruht, oder auf wohlwollend-jovialen Voraussetzungen ("eine Tracht Prügel hat noch nie jemandem geschadet"), sondern - vielleicht - auf mehr Wissen und Verständnis. Auch die Auswertungsstrategie von Gesprächsprotokollen, Interviewsituationen und Handlungszusammenhängen wird durch derartige Vorgehensweisen geprägt: Zum einen werden hermeneutische Verfahren der Interpretation herangezogen, die die Protokolle, Gesprächsnotizen und Situationserfahrungen zu *verstehen* trachten. Zum anderen wird versucht, die Auswertungen entweder mit den Betroffenen gemeinsam zu machen oder aber die Ergebnisse so zurückzukoppeln, daß die Beteiligten sich darin wiederfinden können. Auch hier käme es darauf an, mit den Beteiligten gemeinsame Lernprozesse zu initiieren, so daß - übrigens nicht selbstverständlich - gleichermaßen klar würde, daß der wissenschaftliche Begleiter von dem Alltagswissen der in dem Forschungsfeld Arbeitenden ebenso etwas lernt. Sein Vorsprung, etwa eine Situation besser deuten zu können oder eine Entwicklung systematischer verfolgt zu haben, müßte freilich genauso akzeptiert werden, wie er umgekehrt dem Praxiswissen der im Feld handelnden entscheidende Relevanz beimißt.

Mit diesem losen Abriß einiger Charakteristika handlungsorientierter Begleitforschung bzw. Praxisforschung, der vor allem grundsätzlich bekannte Forschungsansätze zusammenfassen will, sei die Absicht verbunden, die Vorgehensweisen einzuordnen, die in den nächsten Teilen dieser Arbeit vorgestellt werden. Begleitforschung, die die genannten - und weitere - Wesensmerkmale ernst nimmt, könnte sich damit zu einem Typus von Forschung entwickeln, der das Dilemma der Humanwissenschaften nicht beseitigt, sondern produktiv aufzunehmen sucht und insofern etwas entschärft.

Teil B
Fallstudie 1:
Curriculumentwicklung in Heimwerkstätten.
Auf dem Weg zu einer individuell
gestalteten Berufsausbildung

Zur Einführung in diesen Teil

Dieser Teil B umfaßt vier Kapitel. Im ersten Kapitel werden knapp einige wichtige
Merkmale der Berufsausbildung in den Jugendheimen vor der Zeit des Modellversuchs
aufgegriffen. Das zweite Kapitel will die Prämissen, Bedingungen, Diskussionen und
Kontroversen der Curriculumentwicklung im Modellversuch so aufbereiten, daß auch
der Außenstehende einen Einblick in die Praxis der Entwicklung beruflicher Curricula
gewinnen kann. Im dritten Kapitel wird der Ist-Stand der Curriculumentwicklung
genauer nachgezeichnet. Das vierte Kapitel schließlich will, über den Stand der empirischen Forschung hinaus, einige theoretische Eckpunkte und Bestimmungsmomente
herausarbeiten, die für die Weiterentwicklung der betrieblichen Berufsausbildung -
hier speziell für den Jugendhilfebereich - notwendig wären.

1 Zur Berufsausbildung in den Jugendheimen vor der Zeit des Modellversuchs

1.1 Vorbemerkung

Die Berufsausbildung hat in den beiden den Modellversuch tragenden Heimen eine
langjährige Tradition. Das *Jugendheim Karlshof* kann heute auf 100 Jahre Heimerziehung mit Berufsausbildung zurückschauen. Schon bei der "Königlich-Preußischen
Zwangserziehung" war die Erziehung durch Arbeit nicht Beiwerk, sondern wesentlicher Inhalt der Heimerziehung im Karlshof - mit allen für die heutige Zeit unverständ-
lichen Anteilen wie Drill, Zwang und harte Unterwerfung der dem Heim anvertrauten
Jugendlichen. Hier kann freilich nicht auf die Geschichte der Zwangsarbeitserziehung
und die damit verbundenen kontroversen Einschätzungen der Historiker näher eingegangen werden.[1] Die Geschichte der Berufsausbildung in der Heimerziehung ist noch
nicht geschrieben (vgl. aber auch: Schrapper/Sengling 1985). Auch bei dem *Jugend-*

---

[1]Man denke etwa an die Kontroversfiguren: Die Heime seien ein humaner Versuch, die Schwierigen
zu "retten", versus: brutale Eingliederung der Nichtarbeitswilligen in der damaligen Gesellschaft.
(Vgl. Ahlheim u.a. 1971; Scherpner 1979; siehe auch Teil A, Kapitel 3.)

heim Staffelberg wurden Anfang der 60er Jahre sofort Werkstätten mitgeplant und gebaut, um Heimerziehung und Berufsausbildung miteinander in Beziehung zu setzen. In diesem Fall war ebenfalls ein grundsätzliches Verständnis für die Notwendigkeit einer Berufsausbildung schwieriger Jugendlicher vorhanden.

Im Rahmen dieses Kapitels dieser Arbeit muß ich mich auf die Skizzierung einiger weniger Merkmale der Ausbildung in den beiden Einrichtungen vor Beginn des Modellversuchs beschränken. Ich stütze mich darauf, was mir ältere Ausbilder und Erzieher erzählten und was in verschiedenen Gesprächsrunden zutage trat. Die folgenden Notizen beleuchten das Bedingungsfeld, das Anfang der 80er Jahre einen Modellversuch zu Verbesserung der Berufsausbildung in vier heimeigenen Werkstätten sinnvoll erscheinen ließ. So kann der Ausgangspunkt für die curricularen Innovationen im Ausbildungsbereich der Jugendheime sichtbar werden.

1.2 Allgemeine Merkmale des beruflichen Lernens in den beiden Jugendheimen

Ohne exakt zwischen den beiden Einrichtungen Karlshof und Staffelberg - trotz ihrer unterschiedlichen Traditionen - unterscheiden zu können, läßt sich die traditionelle zentrale Verhaltensfigur in beiden Heimen, wohl bis in die 70er Jahre hinein, mit *"Verwahren"* umschreiben. Eindringlich klingt dies aus einem Interview (einem gelungenen Beispiel für Oral History), das zwei Heimjugendliche im Jahre 1985 mit einem pensionierten Erzieher führten. Herr R. berichtete über das Leben im Jugendheim vor ca. 30 Jahren u.a. folgendes [2]: In der Heimerziehung wurde im Grunde "verordnet"; die Erzieher gaben (und erhielten) "Befehle". "Ausgang (für die Jugendlichen) gab es grundsätzlich nur am Sonntag-Nachmittag. Wenn beim Essen alles ordentlich war, jeder sich umgezogen hatte, die Zimmer mußten in Ordnung sein... Ausgang gab es bis 21.00 Uhr, die Älteren durften bis 22.00 Uhr wegbleiben." Die Jugendlichen durften "grundsätzlich nur zu Weihnachten" nach Hause fahren. Die Arbeitszeiten waren gemäß der damals herrschenden 48-Stunden-Woche geregelt. Auch am Samstag wurde damals selbstverständlich gearbeitet, und zwar von morgens bis abends." Bei 280-300 Jugendlichen gab es 28 Bedienstete im Karlshof." Herr R. weist deutlich und nachdrücklich darauf hin, daß erst die Heimkampagne des Jahres 1969 in vielen der hier angesprochenen Punkten eine entscheidende Wende gebracht hat. Der Charakter des "Verwahrens" galt in modifizierter Form auch für den *Ausbildungsbereich*. Die

---

[2] siehe: "Das Leben, Wohnen und Arbeiten vor 30 Jahren im Karlshof". Oliver und Norbert interviewten Herrn Rummeleit, der zu dieser Zeit Erzieher im Karlshof war. In: Wir über uns, Heft 1, Wabern 1985, S. 8-18

Werkstätten waren bis in die 70er Jahre hinein stark darauf ausgerichtet, für Betriebe des Umlandes bestimmte Produkte zu liefern. Die Ausbildung war zweitrangig, Produktion hatte den größeren Stellenwert. Viele Jugendliche waren damit beschäftigt — zumeist in Serienarbeit — Arbeitsaufträge zu erledigen, vor allem im Metallbereich. Nur wenige Jugendliche bekamen einen Ausbildungsvertrag, und auch nur dann, wenn sie vom Meister persönlich ausgesucht worden waren. Überhaupt spielten die "Beziehungen" zum Meister eine große Rolle, der Jugendliche wurde nur dann in einer Werkstatt untergebracht, wenn der Meister von sich aus damit einverstanden war und es zuließ. Die Atmosphäre in den Werkstätten scheint nicht besonders lerngünstig gewesen zu sein — schon von der Anzahl der Jugendlichen her, die in den Werkstätten arbeiten mußten. Darüber hinaus mußten sich zahlenmäßig nur wenige Meister um sehr viele Jugendliche kümmern. Die Werkstätten kooperierten nur wenig miteinander. Eine Berufsberatung und Berufsfindung durch das Probieren einzelner Berufsbereiche war für einen Jugendlichen nur selten möglich. Es herrschte also eher die *Atmosphäre einer Produktionsstätte mit angegliederter strenger Unterbringung.* Zwischen dem Erziehungsbereich und dem Ausbildungs-/Arbeitsbereich bestanden offenbar nur wenig Kontakte. Es gab wohl auch nur wenig systematische Überlegungen zu einer Verbindung von Leben, Wohnen und Arbeiten. Darüber hinaus - und das gilt wohl noch bis heute - ist ein Jugendheim in seiner Umgebung "gut bekannt": Bei Einbrüchen oder Schlägereien fällt der Verdacht sofort auf das Heim und auf seine dort lebenden Personen. Diese soziale Stigmatisierung macht auch nicht vor den Mitarbeitern halt, die oft verbittert und unzufrieden ihre Arbeit ableisten. Weitere Merkmale der traditionellen Berufsausbildung in der Heimerziehung sind rasch zusammengetragen:

- Wenig geordnete Ausbildungsplanung, sondern Reagieren auf die jeweilige Situation der Aufträge in der Werkstatt,

- schwache Verbindung von Wohnen und Arbeiten, zumeist eine unangefochtene Stellung des Meisters in der Werkstatt, parallel verbunden mit stark disziplinarischen Möglichkeiten des Erziehers,

- neben dem Erledigen von Aufträgen findet sich, vor allem im Metallbereich eine Orientierung an den üblichen Metall-Lehrgängen, die vor mehreren Dekaden von der "Arbeitsstelle Berufliche Bildung" entwickelt wurden (sog. ABB-Lehrgänge): Üben am Werkstück, bis es fertig ist und in die Schrottkiste wandert;

- durch die Trennung von Ausbildung und Produktion wird Arbeit nicht als Anlaß für Ausbildungsprozesse genutzt, sondern bleibt ein Strafinstrument.

Diese nun schon eine Reihe von Jahren zurückliegenden Verhältnisse wären nicht erwähnenswert, wenn nicht jedes soziale Gebilde, also auch ein Heim, seine organisatorische Identität nicht unwesentlich auch seinen Tradierungen verdankt, die oft gar nicht offenkundig sind, gleichwohl aber durch die Köpfe und das Handeln der dort Arbeitenden hindurch fortgeführt werden. Entsprechend sei vermutet, daß gewisse gerade geschilderte Elemente - wenn auch durch die Heimkampagne nachhaltig erschüttert - noch heute in die Heimrealität hineinschlagen. Für die Werkstätten wird dies deutlich am immer noch vorfindbaren *Primat der Auftragsorientierung*: Diejenigen Ausbilder, die lukrative Aufträge einholen und damit dem Heim Einnahmen verschaffen, haben noch heute hohes Ansehen, vor allem bei der Verwaltung eines Heims.

Vor diesem Hintergrund wird zweierlei verständlich: Die Heimkampagne (vgl. Bäuerle/Markmann 1974) Anfang der 70er Jahre war bitter nötig, um die Jugendheime aus der Verhaltensfigur des Verwahrens aufzurütteln. Die Heimkampagne hat aber auch bei allen Beteiligten eine jahrelange "Lähmung" hervorgerufen. Zwar wurden organisatorische Verbesserungen in Angriff genommen (Einzelzimmer, Verbesserung der Betreuung, Senkung der Belegzahlen bzw. Einstellen neuer Mitarbeiter, u.a.m.) und inhaltliche Verbesserungen (Stichwort: Grundrechte und Heimerziehung) erzielt. Berufsausbildung spielte dabei freilich keine Rolle. Dies kam wohl daher, daß die Heimkampagne angesichts der skizzierten Verhältnisse in kritischer Absicht lediglich den repressiven Kern einer Arbeitserziehung herausarbeitete und nicht die produktiven Möglichkeiten von Arbeit als Bildungsmittel (vgl. Bauer 1979) begreifen konnte. So gelang es nicht, gerade in den Heimen mit Berufsausbildung ein integratives Konzept einer Verbindung von Leben und Arbeiten zu entwickeln.

1.3 Ansätze zur Verbesserung der Ausbildung

Erst Ende der 70er Jahre kam es in den Heimen mit heimeigenen Werkstätten zu ersten Ansätzen einer Verbesserung der Ausbildung. In einigen Werkstätten wurden Ausbildungsformen nach dem Vorbild von industriebetrieblichen Lehrwerkstätten eingeführt. Man wollte die überkommenen Formen handwerklich orientierten Lernen durch einige Neuerungen überwinden:

- durch *technische Innovationen* (neue Maschinen, moderne Werkstattausstattungen) sollte der Anschluß an vergleichbare Industriewerkstätten ermöglicht werden;

- durch *Gliederung des Ausbildungsstoffs nach sachsystematischen Elementen*, die zertifiziert werden (Bausteinsystem), wurden Teile industrietypischen Lernens eingebracht;

- schließlich versuchte man mit Ansätzen einer *mediengesteuerten Ausbildung* (eine Tonkassette mit Anweisungen aus dem Mund des Ausbilders nebst erläuterndem Buch - Skizzen und Bilder - soll den Ausbilder entlasten: Tonbuch) eine Form der Rationalisierung der Ausbildung.

Diese und weitere Veränderungen gingen grundsätzlich von der Überlegung einer Erziehung durch Arbeit aus. Man sah die produktiven Möglichkeiten für die Erziehung der Jugendlichen, die die Werkstätten bieten. Interessant war dabei, daß man seitens der Jugendheime (und seitens des Trägers der Jugendheime) auf industrieähnliche Ausbildungsmethoden setzte. Dabei lagen wohl zwei Gedanken zugrunde: Zum einen wollte man versuchen, durch "moderne" Berufe und eine entsprechend modernisierte Berufsausbildung den Jugendlichen bessere Möglichkeiten in einer durch starken Wandel der Arbeitsinhalte und -anforderungen geprägte Berufswelt zu schaffen. Zum zweiten spielte wohl auch der Gedanke einer zukünftigen Attraktivität der Jugendheime angesichts sinkender Belegzahlen eine nicht unwichtige Rolle; man könnte dann durch eine attraktive und zeitgemäße Berufsausbildung für die Ausbildungsplätze im Heim werben und sie sichern.

Beide Argumente sind freilich nicht völlig stichhaltig. Zwar waren die Elemente einer neuen Werkstattdidaktik zweifellos wichtige Versuche, die Berufsausbildung in den Jugendheimen zu verändern und zu verbessern. Sie ging aber von z.T. falschen Voraussetzungen aus, weil sie gerade auf "technische" Innovationen zielte, nicht aber auf eine Pädagogisierung der Ausbildung. So bietet z.B. die Einrichtung industrienaher Werkstätten keine Gewähr dafür, daß sich die Arbeitsmarktchancen für die Jugendlichen erhöhen, angesichts der generellen Schwierigkeiten für junge Leute, heutzutage nach der Ausbildung einen Arbeitsplatz zu finden. Weiterhin mag besonders überraschend der Gedanke einer mediengesteuerten Ausbildung wirken. Damit war wohl die zunächst bedenkenswerte Hoffnung verknüpft, zum einen an den Interessen der Heranwachsenden und ihrer Lebenswelt (Kassetten-Recorder, etc.) anknüpfen zu können, zum anderen, daß mit verstärktem Medieneinsatz der Ausbilder von seiner Arbeit entlastet wird und sich seinen "eigentlichen" Aufgaben zuwenden könne, nämlich die Rolle des kompetenten Beraters für die Jugendlichen zu übernehmen. Freilich wird mit diesen Gedanken die grundlegende Kritik aus der Erziehungswissenschaft (beispielsweise von Herwig Blankertz) verkannt, derzufolge technische Apparate niemals den konkreten pädagogischen Bezug zwischen "Zöglingen" und Erziehenden substituieren können, allenfalls sind sie als Hilfsinstrumente zur Erleichterung des pädagogischen Geschäfts denkbar. Verfolgt man die Geschichte der Versuche, durch technische Mittel Unterricht zu rationalisieren (programmierter Unterricht; Sprachlabore; u.v.m.), so kann man nur Scheitern konstatieren. So gesehen ist diese Phase der Modernisierung durch gewiß interessante Ideen und Adaptionen gekennzeichnet, die aber in sich viel Unabgeschlossenes und Widersprüchliches bergen.

1.4 Implizite Kritik des Trägers an der Ausbildung in den Heimwerkstätten[3]

Die geschilderten Bedingungen und Merkmale einerseits und die ersten Erfahrungen mit einer "Modernisierung" der Werkstätten andererseits waren offenbar ein wichtiger Anstoß für die Einrichtung des Modellversuchs "Berufsausbildung im Jugendhilfebereich". Entsprechend deutliche Hinweise finden sich in dem Modellversuchsantrag, der u.a. folgendes ausführt: "Die Problemstellung für den Modellversuch ergibt sich... daraus, daß in beiden Einrichtungen ohne stringente Ausbildungsplanung überwiegend nach dem Muster der alten Meisterlehre im Handwerk ausgebildet wird und die Ausbilder für diese Aufgabe der Berufsausbildung von verhaltensgestörten Heimjugendlichen nur eine unzureichende Vorbildung (AdA-Lehrgänge) haben" (Antrag A, S. 3). Der Modellversuch sollte durch die Entwicklung der Curricula für die fachpraktische Ausbildung eine Verbesserung dieser Ausbildung bewirken. Zwar wird stets betont, daß "eine langjährige Erfahrung der Berufsausbildung von verhaltensgestörten Jugendlichen in anerkannten Ausbildungsberufen vorhanden ist" (S. 3), aber dennoch schimmert eine deutliche Kritik an der damaligen Form der Ausbildung durch. Dem LWV als Träger der Jugendheime war inzwischen vermutlich deutlich geworden, daß die tatsächliche Situation in allen Werkstätten der Jugendheime nicht einer den Jugendlichen angemessenen Berufsausbildung entsprach. Zusammengefaßt läßt sich die Kritik des Trägers am Ausbildungsbereich - und besonders an den Ausbildern - im Nachzeichnen eines internen Papiers des LWV erfassen:

- "Die Ausbilder in den Jugendheimen haben... nicht nur Schwierigkeiten beim Umgang mit den Verhaltensauffälligkeiten der Jugendlichen. Eine planvolle und systematische Vermittlung von Ausbildungsinhalten, die gerade bei lernbeeinträchtigten verhaltensauffälligen Jugendlichen notwendig ist, findet im Regelfall nicht statt. Die fachpraktischen Fähigkeiten werden mehr zufällig in grober

---

[3] Der Landeswohlfahrtsverband (LWV) läßt sich als eine Großorganisation naturgemäß nicht auf eine einzelne Position festlegen. Man müßte korrekterweise zwischen der Ebene der politisch Verantwortlichen (als Impulsgeber), der Ebene der Verwaltung (als Maßnahmeplaner) und der Ebene der Fachabteilung (Einbringen fachlicher Positionen) unterscheiden. Hier und im laufenden Text sind stets nur Aussagen der zuständigen Fachabteilung gemeint.

Anlehnung an das Berufsbild je nach den gerade vorliegenden Aufträgen in der Werkstatt vermittelt. So ist nicht gesichert, daß alle im Berufsbild vorgesehenen und für die Berufsausbildung notwendigen praktischen Fähigkeiten und Fertigkeiten in der Werkstatt planmäßig vermittelt werden...

- Ein weiteres Strukturproblem der Ausbildung im Heim liegt darin begründet, daß sie die realen Arbeits- und Leistungsanforderungen der freien Wirtschaft nur simulieren kann. Die Ausbildung von verhaltensauffälligen Jugendlichen im Bereich der Jugendhilfe kann sich nicht darauf beschränken, die Jugendlichen auf eine Prüfungssituation vorzubereiten (Gesellenstück, Arbeitsprobe bei der Prüfung), sondern sie muß Jugendliche an die Arbeitsanforderungen in der freien Wirtschaft heranführen...

- Insgesamt muß der pädagogische Ausbildungsstand der Mitarbeiter in den Ausbildungswerkstätten im Bereich der Jugendhilfe in Hessen als wenig zufriedenstellend bezeichnet werden. Dies gilt auch für den berufspädagogischen Bereich, da verhaltensauffällige Jugendliche auch häufig lernbehindert sind und hier intensivere didaktische und methodische Vorüberlegungen und Vorarbeiten zur Vermittlung der Ausbildungsinhalte notwendig sind" (entnommen aus: Bojanowski/Lehning 1987, S. 28/29).

Diese implizite Kritik des Trägers beleuchtet aber nur die eine Seite der Medaille. *Berufsausbildung in der Heimerziehung stand auf lange Sicht vor grundsätzlich neuen Anforderungen und Problemen.* Die Träger mußten auf gesellschaftliche Wandlungsprozesse reagieren, die zum Teil tiefgreifend die Berufsausbildung im Heim prägten. Betrachtet man die allgemeinen gesellschaftlichen Bedingungen für Jugendhilfe und Heimerziehung, so fallen sofort eine Reihe von erschwerenden Rahmenbedingungen auf, die die Ausbildung und Erziehung der Jugendlichen nicht nur einengen, sondern auch auf die Jugendlichen demotivierend wirken. Diese Rahmenbedingungen und Wandlungsprozesse sollen hier stichwortartig beleuchtet werden.

Die *Krise der Arbeitsgesellschaft*, augenfällig festmachbar an der Massenarbeitslosigkeit, zeichnete sich Ende der 70er Jahre und Anfang der 80er Jahre schon deutlich ab. Damit rückte auch die Möglichkeit zukünftiger Arbeitslosigkeit der Heimjugendlichen immer stärker auch in den Mittelpunkt der Diskussion in den Jugendheimen. Neben der Arbeitslosigkeit aber wirkte besonders gravierend die *Krise des Lehrstellenmarktes* in die Jugendheime hinein. Diese Situation hing (und hängt immer noch) eng mit dem außergewöhnlichen demographischen Wandel (geburtenstarke Jahrgänge) zusammen. Die seit einigen Jahren empfindlich klaffende Lücke zwischen Angebot und Nachfrage scheint auch für die nächsten Jahre nur schwer überbrückbar. Die Sonderprogramme der Länder und das Benachteiligtenprogramm der Bundesregierung halfen verstärkt Jugendliche in außerbetriebliche Lehrwerkstätten aufzunehmen und dort auszubilden. Hier entstand eine erste Konkurrenz zu den Werkstätten der heime. Darüber hinaus begannen Alternativprojekte ebenfalls mit der Ausbildung schwieriger Jugendlicher und markierten eine interessante Variante in der Jugendhilfe (z.B.

Wohnraum und Werkstätten selber ausbauen mit gleichzeitig einsetzender Berufsausbildung in Berliner Modellen u.a.m.). Hinzu traten weitere Probleme: Man beobachtete einen zwar immer noch langsamen, dennoch aber spürbaren *technologischen Wandel* in vielen Bereichen (Industrieroboter, Textautomatisation im Büro, u.a.m.). Dieser Wandel hat zwar nicht die wie oft behauptete Beschleunigung, dennoch zeichnet sich ab, daß mittelfristig diese Veränderungen im System der Arbeit neue Polarisierungen der Anforderungen an die Arbeitenden hervorrufen können: "Zwischen den Berufschancen eines Elektoanlageninstallateurs und eines Bäckers, einer Kauffrau und einer Bekleidungsnäherin bestehen beispielsweise extreme Unterschiede, was die aktuelle und perspektivische Arbeitsplatzsituation betrifft" (Petzold 1984, S. 20). Uneindeutig war (und ist) bis heute, ob die neuen Technologien nun Arbeitsplätze verdrängen oder nicht auch neue schaffen; jedenfalls ließen sich dazu damals wie heute keine eindeutigen empirischen Aussagen treffen. Deutlich wurde an diesen Veränderungen, *daß an die Berufsausbildung neue Anforderungen gestellt werden*, daß etwa die Jugendlichen andersartige geistige Leistungen werden erbringen müssen oder daß sie neue Verknüpfungen herstellen müssen oder eigenständig und verantwortungsbewußt arbeiten werden. Diese Tendenz läßt sich beispielsweise an den sich stetig ändernden Rahmenplänen der Berufsschule ablesen: mehr Stoff, höhere Anforderungen, Tendenz zu abstrakteren Lerngegenständen. Auch diese Entwicklungen waren zweifellos eine neue Herausforderung für die Berufsausbildung in der Heimerziehung.

Nun wären diese Tendenzen - auch in ihrem Zusammenspiel - noch kein grundlegendes Problem für den Jugendhilfebereich, wenn nicht noch mindestens drei weitere ungünstige Bedingungen zum ersten Male verstärkt aufgetreten wären. Genannt sei zunächst die - gesellschaftlich gesehen - gewiß positive *Anhebung der allgemeinen Qualifikationsstruktur der Jugend*: Immer mehr Jugendliche machten das Abitur, machten einen höherwertigen Abschluß, schlossen an eine Berufsausbildung ein Hochschulstudium an oder umgekehrt; kurz: sie erweiterten ihre persönlichen und beruflichen Möglichkeiten und Chancen. Für die Jugendlichen im Jugendhilfebereich war das, vor dem Hintergrund der oben skizzierten Bedingungen, insgesamt eine Katastrophe, weil sie unter extrem erschwerten individuellen Bedingungen ewig dieser Steigerung der allgemeinen Qualifikationen nachlaufen mußten: wie im Gleichnis von Hase und Igel. Die weitere Folge dieser allgemeinen Qualifikationsentwicklung ist eine veränderte Struktur der Arbeitnehmerschaft. Unqualifizierte Tätigkeit nimmt ab, der "klassische Hilfsarbeiter" findet - was vordem unproblematisch war - keinen Arbeitsplatz mehr. Neben diese neuen "Qualifikationsnötigungen" trat Mitte der 70er Jahre der wiederum grundsätzlich positive Tatbestand der *Senkung der Volljährigkeit*, mit der der Gesetzgeber auf die wachsende Unabhängigkeit vieler jüngerer Menschen reagierte.

Für die Jugendlichen in der Heimerziehung bedeutete es jedoch, drei Jahre früher erwachsen sein zu müssen. Auch die rechtlichen Regelungen (§ 75a JWG) bedeuteten nichts anderes als ein verlängertes Jugendalter auf Abruf. Schließlich seien noch die *extremen Schwankungen und Reize der jugendkulturellen Sinnangebote* erwähnt, so beispielsweise der verstärkte Konsumismus (besonders ablesbar an der Kleidung), der vertrackt mit einer no-future-Mentalität Hand in Hand ging (und geht).

Diese gesellschaftlichen Bedingungen waren in ihrem ungünstigen Zusammenspiel Anfang der 80er Jahre schärfer ausgeprägt als beispielsweise noch Mitte der 70er Jahre. Die Bedingungen waren komplizierter und undurchschaubarer geworden. Auch bei den Jugendlichen selbst ließen sich veränderte Voraussetzungen beobachten. Ein Hauptargument war stets, daß die *Ausbildungsabbrüche* in den Heimen sehr hoch blieben oder sich sogar vergrößert hatten. Allgemein war festgestellt worden, daß die Jugendlichen im Gegensatz zu früher schwieriger wurden, sie waren verunsicherter, ihre schulischen Leistungen waren gesunken und ihre Leistungsbereitschaft und ihr Durchhaltevermögen schien nicht mehr auf dem Stande wie früher zu sein. Auch das Klientel hatte sich verändert. Neben den Heimjugendlichen, die aus dem *Randgruppenbereich* stammen, kamen Jugendliche, die aus eher durchschnittlichen Familien hervorgingen, denen aber zumeist Zeit und Kraft fehlte, die Kinder wirklich zu erziehen (*"Wohlstandsverwahrlosung"*). Es gab viele Ansatzpunkte dafür, daß den Heimjugendlichen zwar offensiv die Chance geboten wurde, eine Ausbildung zu machen, was ihnen "draußen" wohl gar nicht möglich gewesen wäre, dieser Weg aber von den Jugendlichen zu wenig genutzt und vom Heim her nicht genügend ausgestaltet wurde.

Ohne diese Notizen zu den Wandlungsprozessen hier ausweiten zu wollen, läßt sich festhalten, daß mit ihnen eine Dynamik erzeugt wurde, zu deren Lösungsmöglichkeiten die Einrichtung eines Modellversuchs sehr sinnvoll schien. In einem überschaubaren Rahmen sollten Innovationen versucht werden, mit denen man Institutionen etwas "umbauen" konnte, ohne daß sie gefährdet wurden. Insofern war auch der hier zur Debatte stehende Modellversuch ein wichtiges Instrument des Trägers der Heime, um zu probieren, ob neue Impulse in einer gewachsenen Institution ankommen, wie eine Institution damit leben kann und ob es gelingt, *die Institution den sich wandelnden Bedingungen der Gesellschaft und des Individuums anzupassen.*

1.5   Stand der Ausbildung in den vier Werkstätten vor Beginn des Modellversuchs

Um die Bedingungen und Kritikpunkte zu konkretisieren, sollen nun schlaglichtartig einige Charakteristika der Ausbildung in den vier Werkstätten aufgeführt werden, in denen der Modellversuch angesiedelt wurde. Die Curriculumentwicklung begann mit sehr unterschiedlichen Voraussetzungen. Dementsprechend lassen sich heterogene Entwicklungen in der einzelnen Werkstatt besser erklären. Die Informationen für dieses Kapitel stammen aus einer Interview-Serie mit den Ausbildern der vier Werkstätten und aus einer Vielzahl von Eindrücken und Gesprächen in den Jugendheimen. Bei den Interviews wurden die Gesprächspartner gebeten, aus ihrer Erinnerung heraus über die Ausbildung in den Jahren vor dem Modellversuch zu berichten. Es ging also darum, die Erinnerung der Ausbilder zu aktivieren, so daß aus der Rückschau auch Entwicklungen und Veränderungen sichtbar werden konnten. Entsprechend sind die Berichtsschwerpunkte pro Werkstatt unterschiedlich ausgefallen.

Elektrowerkstatt: Innerhalb der Elektrowerkstatt - so der Bericht - kam es schon relativ früh zu Veränderungen. Wichtig war, daß die Meister von sich aus angefangen hatten, die Ausbildung zu modifizieren. Man entwickelte einen Plan für die Elektroausbildung, in dem die Lerngegenstände sachsystematisch geordnet wurden. Dieser erste Ansatz eines betrieblichen Ausbildungsplans wurde u.a. deshalb eingeführt, um möglicher Kritik an der Heimausbildung durch Kammer oder Innung vorzubeugen. Zusammen mit dem Ausbildungsplan wurden Ausbildungszertifikate eingeführt. Ferner gab es ein internes System von Zwischenprüfungen, damit die Jugendlichen sich auf die offiziellen Prüfungen besser einstellen und diese trainieren konnten. Bis zum Modellversuch mußten die Lehrlinge ein halbes Jahr am ABB-Grundausbildungslehrgang "Metall" teilnehmen, obwohl dies von allen Beteiligten, jedenfalls in solcher Intensität, nicht als sinnvoll angesehen wurde. Die Ausbildung war schon damals durch viele Praxisphasen geprägt, da die Elektroausbilder in mehreren Einrichtungen des LWV die Sicherheitsabnahmen erledigten und die Jugendlichen dort in der Praxis Aufgaben übernehmen konnten wie: Schaltungen fertigmachen, Leitungen legen, etc. Die insgesamt positiven Erfahrungen führten dann dazu, mit Beginn des Modellversuchs die zweijährige Ausbildung zum Energieanlagen-Installateur zu erweitern und im dritten Jahr den Abschluß des Energieanlagen-Elektronikers anzubieten.

Malerwerkstatt: Die entscheidende Erfahrung in der Malerwerkstatt lautete, daß die Jugendlichen in den früheren Jahren vor dem Modellversuch bessere schulische Vorleistungen erbrachten. Die Schulleistungen haben sich dann laufend verschlechtert. Seit langem war es üblich, daß die Jugendlichen bei Außenaufträgen stark mithalfen; in der Regel galt es, Büroräume in der Verwaltung des LWV relativ schnell zu streichen. Dabei schälte sich der Brauch heraus, nur die "starken" Jugendlichen mit nach draußen zu nehmen, weil man naturgemäß mit ihnen besser, schneller und reibungsloser in den Büroräumen die Arbeit fertigstellen konnte. Die "schwächeren" Auszubildenden hatten somit weniger Chancen, die Wirklichkeit des Berufs zu erfahren. Diese Lösung war nicht besonders glücklich, weil die eine Gruppe sehr stark mit Außenaufträgen belastet wurde, die andere Gruppe hingegen so gut wie gar nicht. Eine gezielte Nachhilfe im Rahmen der Werkstatt gab es nur in wenigen Ansätzen. Üblich war die Prüfungsvorbereitung vor den Zwischen- und Abschlußprüfungen. Circa vier bis sechs Wochen vor dem jeweiligen Termin wurde gezielt für die praktische Prüfung an Platten in der Werkstatt geübt und es wurde für die theoretische Prüfung "gebimst". Für die Malerwerkstatt war es wichtig, daß es im Laufe der Jahre gelang, die Zahl der Jugendlichen zu senken. Dies war gerade in dieser Werkstatt bitter nötig, da sich die Auszubildenden immer auch auf verschiedenen Baustellen im Heimgelände aufhalten und der Meister mit ihrer Aufsicht und Unterweisung alleine überfordert ist. Neben der Ausbildung läuft in der Werkstatt der Förderkurs (später: Berufsvorbereitungsjahr); die Jugendlichen erarbeiten an Maltischen erste Grundlagen für ihr Handwerk. Früher wurden Jugendliche "so in die Werkstatt reingesteckt", ohne Rücksprache mit dem Meister, so jedenfalls der Meister im Gespräch. Diese Praxis ist in den letzten Jahren durch mehr Beratung mit dem Psychologen und dem Erziehungsleiter abgebaut worden.

Metallwerkstatt: Ein typisches Merkmal der Ausbildung war, daß die Ausbilder stets Außenaufträge einholten, die schon von Jugendlichen im ersten Lehrjahr ausgeführt wurden. Die Aufträge waren aber nur selten nach pädagogischen Gesichtspunkten ausgewählt worden, sondern es handelte sich zumeist um Serienproduktionen. Darüber hinaus gab es eine ganze Reihe von Schwierigkeiten: Die Jugendlichen im Berufsvorbereitungsjahr/Förderlehrgang lernten an denselben Werkbänken wie die Jugendlichen in der Ausbildung. Dieses "Durcheinander" wurde noch verstärkt durch die Fluktuation der Jugendlichen, die beispielsweise für einen Maschinenlehrgang oder für andere Lehrgänge in andere Metallwerkstätten des Jugendheimes überwechselten. Die Ausbildung verlief nach Auskunft der beiden Ausbilder recht planlos; es bestand kein abgestimmter betrieblicher Ausbildungsplan. Die Ausbilder gingen davon aus, daß man die Inhalte der Ausbildungsordnung ungefähr "im Kopf" hatte und dann den Jugendlichen vermitteln konnte. Dabei kam es vor - wie im normalen (leider oft schlecht ausbildenden) Handwerksbetrieb -, daß bestimmte Ausbildungsanteile gar nicht abgedeckt wurden. Diese Tatsache hat den Jugendlichen oft das Ablegen der Prüfung erschwert. Vielfach fehlte es auch an Absprachen zwischen den Ausbildern, sei es bei den Aufträgen, sei es bei der Fluktuation der Jugendlichen. Erschwert trat im vorliegenden Falle hinzu, daß ein kurz vor der Pensionierung stehender Ausbilder mit zwei recht jungen Ausbildern zusammen arbeitete; hiermit waren zusätzliche Reibungsflächen gegeben. Die Jugendlichen in dem

Förderlehrgang/Berufsvorbereitungsjahr lernten die Einführung in das Metallhandwerk nach dem traditionellen ABB-Grundausbildungslehrgang "Metall", den die Ausbilder selbst als gerade für Heimjugendliche nicht motivierend charakterisierten.

Schreinerwerkstatt: Vor der Zeit des Modellversuchs war die Schreinerei kleiner; damals lernten dort ca. 7 Jugendliche, während es heute 12 sind. Schon immer herrschte hier keine strikte Auftrags- oder Produktionsorientierung; die praktischen Arbeiten wurden gemäß des Standes der Ausbildung vergeben. Einige Jahre lang besuchten die Auszubildenden im ersten Jahr das Berufsgrundschuljahr in der Berufsschule, das allen Auszubildenden im Holzbereich im ersten Jahr empfohlen wird. Diese Regelung war allerdings für die Jugendlichen der Schreinerwerkstatt nicht so sinnvoll, zumal auch die Schule Probleme hatte, mit den oft verhaltensauffälligen Jugendlichen fertig zu werden. Zu jener Zeit gab es noch keine Funktionsstellen für den Ausbildungsleiter. So war jede Werkstatt, wie der Ausbilder berichtet, auf sich alleine angewiesen. Es gab zwar einmal in der Woche Gesamtkonferenzen aller Ausbilder, doch diese waren wenig effektiv und informativ. Nach Beginn des Modellversuchs wurden dann einmal monatlich tagende Bereichskonferenzen eingerichtet. Die Aufnahme eines neuen Jugendlichen hing in der Regel davon ab, ob "die Bude voll war". Es gab so gut wie keine Vorstellungs- oder Beratungsgespräche. Vor der praktischen Ausbildung in der Werkstatt wurden den Jugendlichen die Inhalte des ersten Lehrjahrs kurz erläutert, so daß sie ansatzweise wußten, was sie erwartete. Ebenfalls wurden sie darauf hingewiesen, was in der Werkstatt nicht systematisch erarbeitet werden konnte (Fenster, Kunststoffe, Treppen) und welche überbetrieblichen Lehrgänge zu besuchen seien (Leim-, Oberflächen- und Maschinenlehrgang). Aufs Ganze gesehen sind im Laufe der Jahre nach Auskunft des Ausbilders die Jugendlichen schwächer geworden, so daß eine intensivere pädagogische Arbeit nötig wurde. Vom Gesamtklima der Werkstatt her war man, so seine vorsichtige Einschätzung, früher vielleicht etwas "heftiger" und "härter" als heute.

Bei diesen Erinnerungen der Ausbilder über den früheren Stand der Werkstattausbildung springt ins Auge, *unter welchen völlig verschiedenen Bedingungen die Mitarbeiter des Modellversuchs ihre Arbeit aufnehmen mußten.* Die Unterschiede zwischen den Werkstätten waren sehr groß; man fand alle nur denkbaren Spielarten: Z.B. unstrukturierte Werkstatt, aber innovationsbereit; wenig planvoll und innovationsabgeneigt; unstrukturiert aber ablehnend, etc. Darüber hinaus mußten sich die neuen Mitarbeiter im Heimalltag und den Werkstätten als Personen zurechtfinden und durchsetzen (vgl. E 2.). Keiner der Berufspädagogen hatte vor seiner Tätigkeit im Modellversuch systematische Erfahrungen als Innovateur in einer bestehenden Einrichtung gewonnen. Freilich muß man sich fragen, ob ihnen diese genutzt hätten, da das sozialtechnologische Modell des change-agent längst nicht der sozialen und personalen Komplexität von Innovation in Organisationen genügt. Auch mußten, neben diesem heterogenen Vorbedingungen der einzelnen Werkstätten, die Mitarbeiter des Modellversuchs untereinander eine gemeinsame Strategie der Curriculumentwicklung formulieren, d.h. sie mußten sich selbst einigen und darüber verständigen, was von den Inhaltsvorgaben des Modellversuchsantrags vor dem Hintergrund der auseinanderstrebenden Voraussetzungen der jeweiligen Werkstatt machbar war.

2 Curriculumentwicklung im Modellversuch: Ausgangslage, Prämissen, Konzeptualisierung, Kontroversen

2.1 Zu den Vorgaben

Mit Beginn des Modellversuchs setzte eine intensive Debatte über die Curriculumentwicklung ein, die von den Hauptfragestellungen des Modellversuchsantrags ausging. Betrachtet man die einzelnen Punkte des Antrags, so fällt eine schwierig zu entschlüsselnde Mixtur von emanzipativen und technischen Tendenzen auf: So wird beispielsweise die Projektausbildung durchgängig in einem produktiven Sinne eingeführt, etwa so, daß mit ihr die Individualität des Jugendlichen gefördert und seine Motivation gesteigert werden könnte. Diesem positiven Verweis auf die Projektausbildung korrespondiert die Forderung nach einer inhaltlichen Strukturierung der Berufsausbildung in den jeweiligen Werkstätten der Jugendheime. Beide Male verweisen die so artikulierten Ansprüche auf erhebliche Defizite in der Berufsausbildung in beiden Heimen, wie ich sie in Kapitel 1 angerissen hatte. Demgegenüber wirken die Konkretisierungen widersprüchlich: So sollen z.B. den Jugendlichen Zertifikate für Teil-Lernleistungen bescheinigt werden. Dies wird jedoch schwierig, wenn zugleich die Ausbildung stärker auf Projekte hin orientiert wird. Die Zertifikate sollen einen - sachsystematisch zusammenhängenden - Ausbildungsabschnitt bescheinigen, diese Sachsystematik wird jedoch gerade durch die aktuellen Projekte, die an der Bedürfnislage der Jugendlichen ansetzen, bewußt durchbrochen. Insofern könnte einem Jugendlichen im Falle eines Abbruchs besser bescheinigt werden, daß er in der Zeit seines Heimaufenthaltes dieses Projekt durchgeführt oder jenes Werkstück angefertigt hat und daß er in bestimmten Inhalten unterwiesen worden ist. Der Zertifikatsgedanke konterkariert sonst die Möglichkeiten einer Projektausbildung, die eben nicht um jeden Preis einer sachsystematisch gesetzten Struktur folgen will.

54

Dies kurze Beispiel mag genügen, um die Hintergründe und Prämissen der Ausgangslage des Modellversuchsantrags zu erhellen. Ohne ihn hier übergründlich analysieren zu wollen: in seiner Gesamtanlage finden sich mehrere nicht völlig kompatible Momente, die in - freilich fruchtbarer - Spannung zueinander stehen. Das eine Moment speist sich offenkundig aus dem *Umkreis des Benachteiligtenprogramms*, in dem mit dem Konzept einer sozialpädagogisch orientierten Berufsausbildung stets auch Projektausbildung präferiert wurde (vgl. Bundesminister für Bildung und Wissenschaft 1985, vor allem Handreichung 4: Projektausbildung). Mit dem Hinweis auf Projektausbildung wird aber auch die allgemeine Diskussion über projektorientiertes Lernen in den großen Industriewerkstätten (Zahnrad AG - Friedrichshafen, Daimler-Benz, Peine-Salzgitter) und an die Diskussion der Berufsgrundschule als Produktionsschule (vgl. Wiemann 1979, S. 155 ff.) angeschlossen. Freilich bleibt dieser Hintergrund, wie es in einem Antrag auch gar nicht anders möglich ist, noch relativ unentfaltet. Das zweite Moment bezieht sich stark auf die im Kapitel 1.3. angerissenen Versuche, *die Ausbildung an die industrietypischen Lehrwerkstätten anzugleichen*, in denen - zugespitzt - alle Auszubildenden zur gleichen Zeit und in der gleichen Reihenfolge einen bestimmten Sachverhalt sich aneignen oder auch ein komplexes Werkstück erstellen ("selbstgesteuertes Lernen"). Hier zeigt sich eine andere Seite der angestrebten Projektorientierung: Wenn Projektausbildung nur eine Veränderung der Lern*organisation* mit sich führt, dann zielt sie lediglich auf Optimierung im Sinne einer sachlogischen Umstellung der Lernabläufe, nicht aber auf eine Verbesserung der Lernprozesse bei den Jugendlichen selbst. Das dritte Moment schließlich verweist auf eine *implizite Lerntheorie*, die, auf eine Kurzformel gebracht, darauf setzt, durch gezielte programmierte Instruktionen (Beispiel: Tonbuch) Verhaltensmodifikationen bei den Jugendlichen zu erwirken. Der Anschluß an Grundgedanken aus den späten 60er Jahren ist in diesem Fall am überraschendsten, weil er - trotz der inzwischen erfolgten harten Kritik der Pädagogik - (vgl. besonders Blankertz 1972, S. 84-88) - mit einem optimistischen Tenor vorgetragen wird. Hier ist zu vermuten, daß mit diesem Motiv eine Annäherung an schon vorhandene lerntheoretische Überlegungen in den Jugendheimen versucht wurde.

Die Recherche nach möglichen unterschwelligen Motiven und Prämissen für die Ausgangslage hat eine Tendenz zu Tage befördert, die auch von allgemeinerer Bedeutung sein mag und insofern über diese Fallstudie hinausweist. *Es ist stark zu vermuten, daß mit dem Modellversuch in erster Linie lernorganisatorische Innovationen angestrebt wurden. Die Eingriffe und Umstellungen des Modellversuchs sollten also zu einer möglichst gleichmäßigen und vollständigen Ausnutzung der vorhandenen Ressourcen mit der Perspektive eines Höchstmaßes geglückter Abschlüsse führen;*

weniger steht der Lernprozeß und die Individualität der Jugendlichen im Zentrum.
Modellversuche im pädagogischen Feld verdanken sich solcher Anstöße und Impulse;
und die Beteiligten mußten damit umgehen. Entsprechend haben gewiß auch die auf-
geschlüsselten Motive, die in sich schon schwierig und komplex genug sind, auch die
Curriculumentwicklung im Modellversuch geprägt.

Mit dem Antrag waren vorerst auch die Arbeitsaufträge und Anregungen definiert: Es mußte geprüft werden, inwieweit die geforderte Projektorientierung in den
Werkstätten durchsetzbar und möglich und in welchen Formen sie auszulegen sei. Ferner war der Modellversuch durch die Forderung nach einer Systematisierung der Ausbildungsinhalte nicht nur auf einen berufspädagogischen Ansatz festgelegt, sondern
mußte sich auch intensiv mit den vorhandenen Ausbildungsordnungen, den Ordnungs-
mitteln und Rahmenplänen für die betriebliche Ausbildung und anderen Materialien
der betrieblichen Ausbildung auseinandersetzen und sie neu strukturieren. Sodann
galt es, die lerntheoretischen Prämissen zu überprüfen und in das Gesamtkonzept
einzubauen.

Weiterhin aber, und das betrifft die konkrete Innovation in den Werkstätten,
mußten diese Gedanken, Vorschläge, Anregungen und Arbeitsaufträge erst einmal
mit dem (den) zuständigen Ausbilder/Meister gemeinsam erarbeitet werden. Die Berufspädagogen, die zu 50% praktisch an der Werkbank mit den Jugendlichen arbeiten
sollten, mußten sich auch erst einmal "durchsetzen", sich "Gehör verschaffen", bevor
sie Veränderungsimpulse geben konnten und sie mußten dabei die verschiedenen Traditionen und liebgewonnenen Gewohnheiten der Werkstätten so berücksichtigen, daß
kein "Chaos" ausbrach und latente Verstimmung aufkam. Für den Modellversuch als
ganzen ergab sich darüber hinaus die Schwierigkeit, die schon geschilderten heterogenen Vorbedingungen in den einzelnen Werkstätten mit den in sich widersprüchlichen
Vorgaben des Antrags zu einem tragfähigen Konzept zusammenzufügen.

2.2   Der Beginn in der Werkstatt - erste Konzeptionen

Betrachten wir, bevor wir die Curriculumentwicklung sachlich-inhaltlich näher untersuchen, kurz die *soziale Seite des Hineinfindens der Berufspädagogen in die
Werkstätten.* Zweifellos hing enorm viel davon ab, ob es gelang, in den Werkstätten
ein Klima zu schaffen, in dem Neuerungen überhaupt verankerbar waren. Hinzu kam,
daß die Berufspädagogen unterschiedliche Voraussetzungen hatten. Da das Berufsbild
Berufspädagoge nicht einheitlich existiert, kamen Personen mit sehr unterschiedlichen Qualifikationen zusammen (Ingenieur plus Berufsschullehrer; Lehrer und weit
zurückliegende gewerbliche Lehre; Sozialpädagoge mit lang zurückliegender Lehre;

Lehrerin mit zweitem Staatsexamen und anschließender handwerklicher Ausbildung; später auch eine Meisterin aus dem Berufsfeld). Diese unterschiedlichen Voraussetzungen - abgesehen von den verschiedenen Temperamenten! - prägten naturgemäß die Curriculumentwicklung wie auch die Akzeptanz des einzelnen in der Werkstatt. Ein scheinbarer Nebenaspekt ist dabei nicht nur die Akzeptanz durch den Meister, sondern auch durch den Auszubildenden selbst. Dieser Aspekt konnte in Interviews mit den vier Berufspädagogen aufgehellt werden. Die Fragen dazu lauteten etwa:

● "Wie hat sich die Zusammenarbeit mit dem jeweiligen Ausbilder/Meister in der Werkstatt entwickelt?"

● "Hat sich die Regelung, die Hälfte der Arbeitszeit praktisch in der Werkstatt auszubilden und die andere Hälfte zur Curriculumentwicklung und -dokumentation zu nutzen, bewährt?"

Zunächst wird aus allen Gesprächen deutlich, *wie wichtig die konkrete Einbindung der Berufspädagogen in die Werkstatt war.* Diese Einbindung scheint vollauf gelungen: Alle Berufspädagogen wurden in der Werkstatt, von dem zuständigen Meister und den Jugendlichen akzeptiert. Die Berufspädagogen hatten vor Ort vielfältige Aufgaben übernommen, wie z.B. die Nachhilfe der Jugendlichen, Verbindung zur Berufsschule, Gespräche mit Erziehern und Psychologen bei der Erziehungsplanung, etc. Dieses Praxisengagement wurde übrigens auch von allen Berufspädagogen in den Gesprächen voll vertreten. Und dabei muß man berücksichtigen, daß ein Berufspädagoge in einer paradoxen Situation steckt: Als "Neuer", der nur für drei Jahre eingestellt ist, kann er ruhig einmal etwas Unkonventionelles probieren; dies wird aber, eben weil es nur mit einer höchstens mittelfristigen Perspektive verknüpft ist, von den Meistern oft mit den Bedenken abgelehnt, daß ja nach drei Jahren alles vorbei sei und damit diese Neuerung sich nicht lohne. Unterschiedliches wird über die Form des Eingebunden-Seins berichtet. So kann es der enge Kontakt zum Meister sein, der sich inzwischen entwickelt hat, es kann auch ein volles fachliches Akzeptieren sein, das die wechselseitige Kooperation fördert. In den Interviews erwähnen die Berufspädagogen freilich auch Schwierigkeiten ihrer Arbeit: Ihre starke Einbettung in die Werkstatt erschwert oft das theoretische Arbeiten und das Dokumentieren der Curriculumentwicklung; hierzu sei notwendigerweise Ruhe und Zurückgezogenheit erforderlich, was aber von der Sache her häufig gar nicht gehe, etwa wenn ein Jugendlicher sehr intensiver und zeitlich aufwendiger Betreuung bedarf u.a.m. Dennoch hat sich die Regelung bewährt, neben der Arbeit des Ausbildens die restliche Zeit zur Curriculumentwicklung zu nutzen. Selbst wenn die Zeit nicht jeweils voll eingehalten werden kann (50:50), so lieferte sie doch die notwendigen Legitimationen für die unabdingbaren Schreibtischarbeiten.

War die Einbindung in sozialer Hinsicht also gut und rasch vollzogen, so galt es sachlich-inhaltlich einige Hürden zu nehmen. Manches, was in den Anträgen formuliert wurde, sah schon nach wenigen Wochen Praxis anders aus, abgesehen davon, daß die Modellversuchsmitarbeiter eigenständige und anderslaufende Vorstellungen mit einbrachten. Bedingt durch die Einbindung in die Werkstatt, konfrontiert mit den Anforderungen des Werkstattalltags und zugleich motiviert, konzeptionell die Curriculumentwicklung voranzutreiben, kam es bald zu ersten modellversuchsinternen Diskussionen und Entwürfen. Ein erstes Papier entstand, in dem *Merkmale, Ziele, Erfahrungen und Probleme zur projektorientierten Ausbildung zusammengestellt wurden.*[4]

Im Anschluß an Erfahrungen in verschiedenen Einrichtungen des Benachteiligtenprogramms und aufgrund der ersten Erfahrungen in der Werkstatt wurden Grundsätze für eine Projektausbildung im Modellversuch vorgeschlagen:

- "Projektorientierung zielt auf die konkrete Erstellung eines Produktes. Fertigkeiten, Fähigkeiten und Einstellungen werden nicht an 'Übungsstücken' ('Edelschrott'), sondern an der Herstellung konkreter Gegenstände mit einem gesellschaftlichen Nutzen (Gebrauchs) erworben." (S. 1)

- "Projektorientierte Berufsausbildung strebt die weitgehende Selbstorganisation der Auszubildenden-Gruppe an: nicht mehr alleine die pädagogisch-fachliche Unterweisung, sondern die Mit- und Selbstbestimmung beim Arbeitsprozeß werden angestrebt (aktives Lernen und Handeln)." (S. 1)

- "Positiv könnten Gegenstände sein, die im persönlichen Lebenszusammenhang des Jugendlichen stehen, z.B. Geschenke für die Familie ('seht mal, was ich kann'), Werkzeugschränke - Gestaltung des eigenen Arbeitsplatzes." (S. 2)

Diese und weitere Bestimmungen (so werden z.B. auch Probleme der Über- bzw. Unterforderung der Jugendlichen und die Möglichkeit, durch die Projekte darauf einzugehen, diskutiert) signalisieren ein *"Verständnis im engeren Sinne"* von projektorientierter Curriculumentwicklung. Einerseits werden Ausbildungsprojekte an die "individuellen Voraussetzungen der Jugendlichen" (S. 1) zurückgebunden, um sie angemessen zu fördern. So werden z.B. zu Beginn der Ausbildung kleinere Werkstücke vorgeschlagen, um den Jugendlichen "das Gefühl zu geben, etwas richtig zu können", oder: es sollen Jugendliche mit "unterschiedlichem Leistungsstand" zusammen an einem Produkt arbeiten. Andererseits wird aber stark auf die Ausbildungsordnung

---

[4]siehe: Karin Picker/Erika Carstensen-Bretheuer: Überlegungen zur projektorientierten Ausbildung im Rahmen des Modellversuchs. Merkmale, Ziele, Erfahrungen und Probleme, Wabern 1983. Später wurde dieses Papier umgearbeitet und erweitert und bekam dann den Titel "Die Projektmethode". In diesem Kapitel wird das erste Papier aufgegriffen und zitiert.

zurückverwiesen: "An Projekten sollen Lerninhalte gemäß der Ausbildungsordnung erworben werden" (S. 1) oder: "Bei der Auswahl von Projekten muß darauf geachtet werden, daß die in der Ausbildungsordnung aufgeführten Fähigkeiten und Fertigkeiten erlernt bzw. geübt werden können" (S. 3). Man spürt den Versuch, den Ansatz der Projektorientierung nicht zu weit auszudehnen, sondern - hier durchaus in Übereinstimmung mit dem Modellversuchsantrag (dort S. 5/6) - ihn so zu definieren, daß er tatsächlich für die Belange der Werkstatt brauchbar wird. Freilich wird mit dem starken Bezug auf die Ausbildungsordnung - also mit einem "Projektverständnis im engeren Sinne" - *die Möglichkeit von übergreifenden Projekten zurückgedrängt*, wie sie aus alternativen Ausbildungseinrichtungen und auch Jugendheimen bekannt ist. Dort wird beispielsweise daran gedacht, ein Auto oder einen Omnibus handwerklich auszubauen und dann für eine Fahrt in die Dritte Welt zu verwenden; in andern (oft alternativen Projekten) versucht man, kaufmännische Anteile, wie beispielsweise eine Werbestrategie für eine in der Werkstatt entwickeltes Projekt, mit einzubeziehen. Die zweite Fassung dieses Papiers enthält Erläuterungen und Präzisierungen der Projektmethode. Das Papier war vor allem für die Hand des Ausbilders bestimmt und diente u.a. als Material für die Fortbildungslehrgänge im Modellversuch. In dem Text wird auf die Entstehungsgeschichte der Projektmethode eingegangen und auf das dahintersteckende Menschenbild: *"Ausbildung aller Fähigkeiten des Menschen als da sind: praktische, geistige, soziale, emotionale Fähigkeiten"*. Sodann werden allgemeine Merkmale der Projektmethode beschrieben und diese dann auf den Ausbildungsbereich übertragen und so präzisiert, daß der Ausbilder Hinweise erhält, wie der Verlauf eines Projekts in der Werkstatt aussehen könnte. Dies Papier enthält also neben der Beschreibung dessen was Projektausbildung sei, auch eine substantielle Begründung.

Schon in diesem Stadium der Curriculumentwicklung lassen sich Frontstellungen markieren, unter denen die projektorientierte Berufsausbildung stand. Auf der einen Seite finden wir das Trägerinteresse, das Ausbildungscurriculum so anzulegen, daß aus einer systematischen Struktur der Ausbildungsinhalte die Projekte gleichsam "abfallen" ("industrielehrwerkstatt-orientiertes Projektverständnis"), auf der anderen Seite die Vision eines "Projektverständnisses im weiteren Sinne", demzufolge alles gemeinsam mit den Jugendlichen in umfassender Manier angegangen werden sollte. Wiewohl sich - vorab bemerkt - das "Projektverständnis im engeren Sinne" als für die derzeitige Situation der Berufsausbildung in der Heimerziehung am praktikabelsten erwiesen hat, zeigt sich doch, daß zu Anfang der Curriculumentwicklung auch andere Möglichkeiten im Raum standen. Da diese aber nur zum Teil expliziert wurden, konnten sie dann auch nicht als Alternative oder als zweitbeste Lösung genauer erprobt werden. Hinzu kam, daß schon anfänglich die Zwänge recht hart formuliert waren, eine halbwegs einheitliche Linie der Curriculumentwicklung zu finden. Insofern wäre jeder Modellversuch überfordert, wenn man in ihm alternative oder konkurrierende Entwicklungsmöglichkeiten sehr lange offenhielte, bis sich gleichsam ein optimaler Weg herausschält. Die Schwierigkeiten, die unterschiedlichen Ansatzpunkte miteinander in der Diskussion zu halten, zeigen sich sofort an der nächsten Etappe der Curriculumdiskussion, in der es zwar gelang, einen Konsens zu formulieren, dieser jedoch sofort wieder gefährdet wurde.

2.3 Konsensfindung und Problematisierung

Zu ersten inhaltlichen Festlegungen und Absprachen für die Curriculumentwicklung im Modellversuch kam es auf einer Tagung, an der Verantwortliche aus den Heimen, Ausbilder und die Mitarbeiter des Modellversuchs teilnahmen (vgl. auch Teil C, Kapitel 1.5 "Klärungswoche"). Auf dieser Tagung wurden für die Curriculumentwicklung zentrale inhaltliche Aussagen getroffen. Aus dem Tagungsprotokoll:

- "Die Ausbildungsordnungen bzw. Ausbildungsrahmenpläne, die institutionellen Rahmenbedingungen der beiden Jugendheime, die Kenntnisse und Erfahrungen der Ausbilder in den genannten Werkstätten und die dort schon entwickelten Innovationsansätze, sind der Ausgangspunkt (der Curriculumentwicklung)... "

- "Ausbilder und Berufspädagoge(en)/in erarbeiten zunächst anhand der Ausbildungsrahmenpläne *Ordnungsprinzipien* der Ausbildungsinhalte, d.h. einen eigenen betrieblichen Ausbildungsplan."

- "Die (bei Projekten und produktiven Aufträgen) erlernten Kenntnisse und Fertigkeiten werden mit den Ordnungsprinzipien der Ausbildungsinhalte verglichen. So entsteht für jeden Jugendlichen ein Raster, auf dem sein individueller Ausbildungsstand vermerkt ist."

- "Um eine eigenständige Motivation der Jugendlichen aufzubauen und zu stabilisieren, eine zunehmende Selbständigkeit der Jugendlichen zu erreichen, sollen sie aktiv und eigenverantwortlich bei der Planung und Durchführung von Projekten mitwirken." (Alle Zitate auf den Seiten 2-4 des Protokolls).

Diese Formulierungen *drücken einen ersten allgemeinen inhaltlichen Konsens über die Curriculumentwicklung im Modellversuch aus.* Sie sind insofern bemerkenswert, als hier eine tragfähige Basis für die Weiterentwicklung des betrieblichen Lernens geschaffen wurde: Die Mitarbeiter des Modellversuchs konnten nunmehr beginnen, den betrieblichen Ausbildungsplan zu entwickeln und sie konnten verstärkt Projekte in die Werkstattabläufe einbauen. So gesehen war durch die Tagung eine gewisse Legitimation und Absicherung dessen geschaffen, was zum Teil in den Werkstätten schon lief oder was in Zukunft angepackt werden mußte.

Dennoch blieb die in Kapitel 2.2. geschilderte offene Situation bestehen. Fast parallel zum oben zitierten Tagungsprotokoll wurde trägerseits ein *Diskussionspapier zur Curriculumentwicklung* in die Modellversuchsarbeit eingebracht, mit der Forderung, "ein differenziertes Inhaltsgerüst zu entwickeln und die einzelnen Ausbildungsinhalte in inhaltliche Ausbildungsabschnitte einzuteilen. Diese inhaltlichen Ausbildungsabschnitte stehen dann synonym für den Begriff 'Lernbausteine', der im Antrag verwendet wird und auch handhabbarer erscheint." (S. 4) Auch im weiteren Text ist davon die Rede, die Inhalte der Berufsbildung auf Lernbausteine umzustellen. Damit blieb ein Streitpunkt wiederum ungeklärt: Auf der Tagung war das Inhaltsraster für die Ausbildung, der betriebliche Ausbildungsplan, nämlich deutlich anders akzentuiert worden. Er diene - wie oben zitiert - der "Überprüfung der projektorientierten Ausbildung", so daß der individuelle Ausbildungsstand eines jeden Jugendlichen auf dem Ausbildungsplan vermerkt werden kann; der Plan bildet dann die Grundlage für eine Reflexion aller an der Ausbildung Beteiligten hinsichtlich des Lernentwicklungsstandes und der generellen Entwicklung des Jugendlichen.

Ohne auf die dadurch hervorgerufene - und in der Praxis dann naturgemäß heftig und zugespitzt geführte - Debatte im einzelnen eingehen zu wollen, sollen doch einige Bemerkungen eingestreut werden, die auf's Allgemeine verweisen. Zunächst einmal war die entfachte Debatte für den Modellversuch günstig, weil sie half, *das eigene Selbstverständnis - durch Abgrenzung und Selbstdefinition - zu formulieren.* Hier lassen sich viele Verbindungen zur sozialwissenschaftlichen Debatte des Identitätsbegriffs schlagen (vgl. z.B. Reck 1981). Kurz gesagt: Auch ein so historisch flüchtiges und personenmäßig zufälliges Gebilde wie ein Modellversuch bedarf zur Durchführung seiner Aufgaben in einer gewissen Zeit eines ansatzweise einheitlichen Auftrages. Dieser kann durch Abgrenzung und Kritik, aber auch durch konstruktive Eigenleistungen definiert werden. In der Regel ist beides vorhanden, um die Identität eines Gebildes sichtbar werden zu lassen. Insofern finden wir hier ein wichtiges Element, um auch das Selbstbewußtsein und die Eigenständigkeit des Modellversuchs zu umreißen. Sodann war die Diskussion deshalb exemplarisch, weil hier *aus der Bildungstheorie bekannte Denkfiguren* auftauchen, nämlich die von Wolfgang Klafki herausgearbeitete Unterscheidung von "*materialen*" und "*formalen*" Bildungstheorien (vgl. Klafki 1959; siehe auch Blankertz 1972, S. 36 ff.). Materiale Bildungstheorien neigen dazu, Bildungsinhalte rein vom Inhalt her auszulegen, formale eher, die Entwicklung des Subjekts unter Vernachlässigung der bildenden Inhaltlichkeit ins Zentrum zu rücken. In einer anderen Sprechweise nennt man dies die Spannung zwischen "Logik der Sache" und "Logik des Lerners". In unserem Falle werden einerseits die Strukturen der Lerninhalte des betrieblichen Lernens sehr stark betont, andererseits findet sich der Verweis auf die Individualität des Jugendlichen in seiner jeweils persönlichen Entwicklung. Bildungstheoretisch ist es zur Zeit z.B. in den meisten Schulfächern noch längst nicht gelungen, die "Sache", also den Unterrichtsstoff, didaktisch so auszulegen, daß sie der jeweiligen Entwicklung des Kindes oder des Jugendlichen sich anschmiegt. Vielmehr finden wir auch hier, obwohl der Forschungsstand weiter vorangeschritten ist als der hinsichtlich betrieblichen Lernens (Lernprozesse beim Handeln), noch längst keine befriedigenden Lösungen. Somit verweisen auch die Diskussionen um den Curriculumbegriff auf eine *alteuropäische pädagogische Kontroversfigur*, die nicht gelöst ist; ganz zu schweigen davon, daß die Entwicklung des Handelns bei Menschen generell noch gar nicht gut erforscht ist und man stets mit einer Reihe von Hypothesen und in sich widersprüchlichen Handlungstheorien arbeiten muß (vgl. Stiehl 1985, S. 25 ff.).

Damit lassen sich die Prämissen der Curriculumdebatte im Rahmen des Modellversuchs begrifflich zusammenfassen: *Wurde trägerseits stark eine "sachstrukturzentrierte Curriculumentwicklung" verfolgt, so verfocht der Modellversuch erfolgreich die Position einer "lernentwicklungszentrierten Curriculumentwicklung".* Allgemein könnte man aus dieser so in ihren Prämissen rekonstruierten Debatte lernen, daß es für den Anfang vielleicht günstig sein könnte, die oben skizzierte Problemlage vorab mitaufzunehmen, um die Curriculumentwicklung von vornherein offenzuhalten für neue Ansätze. Ist die Richtschnur aus den Anträgen oder den Arbeitsaufträgen zu eng, dann kann zwar der - gewiß auch produktive - Effekt der "Identitätsfindung" stattfinden, doch zugunsten eines oftmals großen Reibungsverlustes. Wichtig ist noch, wieweit eine ursprüngliche gemeinsame Basis, nämlich der allgemeine von allen Seiten befürwortete Konsens, daß die Ausbildungsstrukturierung und Projektorientierung Zentren der Curriculumentwicklung sein sollen, in verschiedene Richtungen hin ausgelegt wurden. Damit war aber zugleich auch auf die Rückkehr zu einer gemeinsamen Basis hingewiesen.

2.4 Die Curriculumkonstruktion im Modellversuch: Individuell gestaltete Berufsausbildung

Eine nächste Konkretisierungsstufe der Curriculumentwicklung war die Erstellung eines *werkstattspezifischen Ausbildungsplanes*, so wie es in den Vorgaben gefordert war. Denn es mußte sich am Konzept des Ausbildungsplans erweisen, inwieweit es gelingen kann, das oben skizzierte Spannungsverhältnis verschiedener Konzeptionen zu lösen.

Hier entwickelte besonders die *Schreinerwerkstatt* Modelle, die Vorbildcharakter gewannen. Zunächst wurden für den Werkstattplan in der Schreinerwerkstatt die Inhaltsfelder des traditionellen Ausbildungsrahmenplans anhand der realen Möglichkeiten der Werkstatt in enger Zusammenarbeit mit dem Meister überprüft; sodann wurde gefragt, was die Jugendlichen unabdingbar für das Bestehen der Prüfung können müssen, um die stets vorhandene Stoffülle eines solchen Plans zu mindern. Andere Pläne (Berufsgrundbildungsjahr Holz, etc.) wurden zwecks Vergleich mitherangezogen. So entstand ein (vorläufiges) Inhaltsraster der für die Werkstatt relevanten Stoffgebiete. Im Verlaufe seiner Erprobung ergaben sich naturgemäß noch einige kleine Modifikationen und Umstellungen, jedoch war ca.1/2 bis ein 3/4 Jahr nach Anlaufen des Modellversuchs ein erstes Muster für einen werkstattspezifischen Plan erstellt. Dieses Muster wurde hernach von allen Berufspädagogen und Ausbildern des Modellversuchs herangezogen, um jeweils in der eigenen Werkstatt den Plan zu erstellen.

Nun wurde in der Schreinerwerkstatt nicht nur ein neues Inhaltsraster zusammengefügt, sondern die Berufspädagogin entwickelte den Plan in einem entscheidenden Punkt weiter, indem sie den Plan mit einer *Bewertungsskala* koppelte. Dieses wäre nun auf den ersten Blick nichts Neues, als ja aus der üblichen Lehre in Betrieb und Lehrwerkstatt Bewertungsformen beispielsweise nach Prozentpunkten bekannt sind. Demgegenüber wurden für den Tischler-Plan *rein positive* Bewertungen aufgestellt, die jedem Jugendlichen bei der Erfüllung einer Leistung zumindest signalisieren, daß er wenigstens etwas schon geschafft habe. Nach mehreren tastenden Versuchen wurden folgende Bewertungskategorien gefunden:

"Der Jugendliche kann den Arbeitsschritt

A... ohne Hilfestellung nicht ausführen;

B... benötigt Hilfestellung, Ausführung weitgehend sauber und maßhaltig

C... weitgehend selbständig ausführen, Sauberkeit und Maßhaltigkeit kann verbessert werden;

D... weitgehend selbständig ausführen, arbeitet sauber und maßhaltig;

E... selbständig ausführen" (aus Carstensen-Bretheuer/Picker/Lehning 1985, S. 49).

Die Buchstaben A, B, etc. wurden dann *nach intensiven Gesprächen mit den Jugendlichen und dem jeweiligen Ausbilder* in den Plan eingetragen. Es handelt sich hierbei um den Versuch, ein pädagogisches Instrument zu entwickeln, mit dem die Arbeiten der Jugendlichen bewertet werden können, ohne daß die Bewertung von vornherein eine Verurteilung des Jugendlichen bedeutet. Mit der fachlichen Ausgestaltung des Werkstattplans stellte sich sogleich auch die Frage seiner Verbindung zur Projektorientierung. Denn es war klar, daß das Werkstattgeschehen nicht sinnvoll und nicht möglich "strikt entlang eines Plans über die dreijährige Ausbildung hinweg" geführt werden kann (aus den Erläuterungen zum Werkstattplan der Schreinerei). Entsprechend wurde vorgeschlagen, den Werkstattplan für die Dokumentation zu nutzen (siehe hierzu auch Kapitel 2.5). Die Verbindung wurde dann graphisch wie folgt dargestellt:

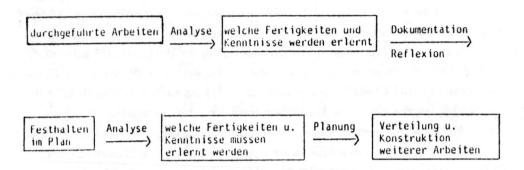

Dann wurde besonders betont, daß der Werkstattplan in erster Linie eine Gedankenstütze für den Ausbilder sei, kein Instrument, an das man sich sklavisch halten soll. Damit war auch ansatzweise die Verbindung von Projektorientierung und Ausbildungsplanung geklärt (siehe dazu auch Kapitel 3.2.3.).

Im Zuge der Konkretisierung der Arbeitsaufträge für die Curriculumentwicklung wurden im Anschluß an die Erstellung des werkstattspezifischen Plans die inzwischen vorangetriebenen Arbeiten von Mitarbeitern des Modellversuchs zusammengefaßt, zu einem *Konzept einer individuell gestalteten Berufsausbildung systematisiert* und später publiziert (siehe Carstensen-Bretheuer u.a. 1985). Der gewählte Begriff deutet auf mehrerlei. Zum einen wird das vom Benachteiligten-Programm der Bundesregierung favorisierte Konzept einer "sozialpädagogisch orientierten Berufsausbildung" implizit kritisiert, weil in dem genannten Konzept nicht erkennbar wurde, wo die Sozialpädagogik genuin ihren Anteil an den Ausbildungsprozessen innerhalb der Werkstatt selbst hat. Die Sozialpädagogik scheint innerhalb des Benachteiligten-Programms zwar eine wichtige Stütz- und Ergänzungsfunktion wahrzunehmen, dennoch ist ihr Einfluß auf das berufliche Handeln selbst, also auf die realen Arbeits- und Lernprozesse in dem Werkstattablauf, unklar geblieben. Zum zweiten wird der von Sturzebecher und Klein eingeführte Begriff der "besonders gestalteten Berufsausbildung", der schon eine deutlich berufspädagogische Akzentsetzung vornimmt, noch einmal präzisiert. Sturzebecher und Klein hatten eine Reihe Merkmale von lernschwachen und verhaltensschwierigen Auszubildenden aufgeführt und dazu die Kennzeichen einer besonderen Berufsausbildung auf einer allgemeinen Ebene erläutert (vgl. Sturzebecher/Klein 1983). Zum dritten wird mit der vom Modellversuch gewählten Begrifflichkeit deutlich die lernentwicklungszentrierte Curriculumentwicklung, die von den Möglichkeiten und subjektiven Voraussetzungen des jeweiligen lernenden Individuums ausgeht, besonders unterstrichen. Individuell gestaltete Berufsausbildung soll damit als eine bewußte Weiterentwicklung der bisherigen didaktischen Ansätze im Benachteiligten-Programm und in sonstigen Modellen zur Ausbildung in der Jugendhilfe aufgefaßt werden.

In dem vom Modellversuch vorgeschlagenen Konzept werden insgesamt vier Handlungsfelder genannt: *Werkstattspezifischer Ausbildungsplan, projektorientierte Berufsausbildung, Ausbildungsgesprächsprotokolle und Nachhilfe.* Auf die Entwicklung der ersten beiden Handlungsfelder ist schon genauer eingegangen worden, bleibt noch über die beiden anderen zu berichten.

Zunächst zu den *Ausbildungsgesprächsprotokollen*: Während der Diskussion um die Beurteilungskriterien auf dem werkstattspezifischen Ausbildungsplan wurde deutlich gemacht, daß auf dem Plan lediglich die fachlichen Leistungen der Jugendlichen in der Werkstatt zu beurteilen seien; nicht solle das Verhalten des jeweiligen Jugendlichen mitbeurteilt werden. Diese Trennung, die von der Sache her auch bei schulischem Lernen stets gefordert wird ("Kopfnoten"), wurde aber oft im Werkstattalltag nicht durchgehalten. Entsprechend wurde dann früher ein Jugendlicher wegen seiner Verhaltensauffälligkeiten auch fachlich sanktioniert. Diesem Mißstand galt es Abhilfe zu schaffen. Während also der Ausbildungsplan die reale Lernentwicklung des Auszubildenden festhält, mußte ein Instrument gesucht werden, mit dem das Verhalten der Jugendlichen besser eingeschätzt werden konnte. Aus dieser Notwendigkeit heraus griffen die Mitarbeiter des Modellversuchs auf die Ausbildungsgesprächsprotokolle eines Berliner Modellversuchs "Ausbildung in anerkannten Ausbildungsberufen im Jugendhilfebereich" (vgl. z.B. Collingro u.a. 1983) zurück, in dem sie entwickelt, aber nur ansatzweise eingesetzt wurden: "Mit den Ausbildungsgesprächsprotokollen wollen wir einem wesentlichen Ziel der Berufsausbildung im Jugendhilfebereich näher kommen, der Hilfe zur Herausbildung, Weiterentwicklung und Stabilisierung der Gesamtpersönlichkeit des Jugendlichen. Die im werkstattspezifischen Ausbildungsplan nicht berücksichtigte Verhaltensbeurteilung wird hier in geeigneter Form vorgenommen, da Verhaltensqualifikationen insbesondere im Lebens- und Wohnbereich der Jugendlichen wie Pünktlichkeit, Selbständigkeit, Kooperationsfähigkeit und eigenverantwortliche Lebensführung ebenso Ziel der Ausbildung sind wie die fachliche Qualifizierung" (Carstensen-Bretheuer u.a. 1985, S. 52). Das Beschreibungsraster, das gemeinsam mit Ausbildern, Erziehern und den Jugendlichen ausgefüllt werden soll, wurde im

Laufe der Erprobung weiterentwickelt und vereinfacht, damit es für alle Beteiligten handhabbar wurde. So wurden die Ausbildungsfahrpläne, die sachlich den Ausbildungsprotokollen zugeordnet sind, später in das entsprechende Formblatt integriert.

Das vierte Handlungsfeld schließlich, die *Nachhilfe*, ergab sich fast zwangsläufig aus den Aktivitäten der Berufspädagogen in den Werkstätten. Zwar war es in allen Werkstätten schon früher ansatzweise üblich, in besonderen Fällen dem Jugendlichen Nachhilfe zu geben, aber eben doch nicht in durchgängig organisierter Form. Da aber alle Jugendlichen in allen Werkstätten nicht nur erhebliche Defizite in der Fachtheorie und in den allgemeinbildenden Fächern aufweisen, sondern auch extrem schulmüde sind und Versagensängste haben, mußte hier speziell angesetzt werden: "Die... Defizite im theoretischen Bereich lassen sich auf drei Ebenen feststellen:

- Wissenslücken im allgemeinbildenden Bereich,
- fehlende kognitive Strategien,
- emotionale Sperren." (Carstensen-Bretheuer u.a. 1985, S. 53).

Im Gespräch mit anderen Ausbildern anderer Jugendheime stellte sich weiterhin heraus, daß fast alle Ausbilder mit diesen gerade skizzierten Schwierigkeiten ihrer Jugendlichen zu kämpfen haben; dementsprechend haben die Ausbilder vielfältig sich Gedanken gemacht, wie man die Auszubildenden individuell fördern kann. Im Teil C, Kapitel 2.4 werde ich über eine Tagung berichten, in der die Ausbilder auf einer Materialbörse die von ihnen entwickelten individuellen Lernhilfen für die Jugendlichen vorstellten. Insofern greift das vierte Handlungsfeld Defiziterfahrungen der Ausbilder auf und versucht sie systematisch in die Ausbildung einzubauen.

Das Konzept der individuell gestalteten Berufsausbildung wurde in einem Text für das Bundesinstitut für Berufsausbildung von drei Modellversuchsmitarbeitern näher erläutert. Seine Grundintentionen wurden in einer Grafik zusammengefaßt (Carstensen-Bretheuer u.a. 1985, S. 47):

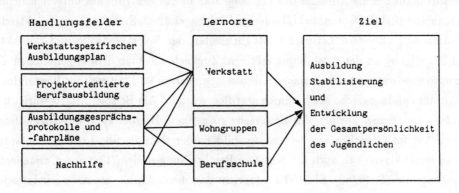

Wenn man die Herausbildung des Konzepts einer individuell gestalteten Berufsausbildung im Nachherein betrachtet, so fällt nicht nur auf, daß der ursprüngliche Ansatz und Arbeitsauftrag an den Modellversuch gründlich weiterentwickelt wurde, sondern daß er sich auch deutlich von den Vorstellungen und impliziten Erwartungen des Trägers, wie oben dargestellt, abhebt. Was mag der Hintergrund dieser Weiterentwicklung gewesen sein? Zunächst einmal ist hier - abstrakt gesprochen - *ein geglücktes Beispiel für das Zusammenspiel von Forschung, Entwicklung und Anwendung* zu finden. Denn die Berufspädagogen waren ja, wie berichtet, durch die 50%-Regelung einmal auf regelmäßige Anwesenheit in der Werkstatt verpflichtet, zum anderen aber auch auf die parallel laufende Reflexion ihrer Werkstattarbeit. Damit konnten sie die darin steckenden Möglichkeiten auch produktiv nutzen. So kam es beispielsweise rasch zur Erstellung von Projektbeschreibungen, die dann durch die Modellversuchswerkstätten "zirkulierten" und Anregungen für eigene Projekte gaben. Darüber hinaus konnte der Berufspädagoge in der Werkstatt sehr rasch mitkriegen, ob ein Innovationsvorschlag auf Interesse bei dem Meister (oder den Meistern) stieß und ob die Jugendlichen entsprechend davon profitierten. Davon einmal abgesehen, vermute ich - aufgrund von Gesprächen mit den Modellversuchsmitarbeitern -, daß das Konzept von einigen *tieferliegenden Motivketten* getragen wird. Drei Motive scheinen besonders bemerkenswert.

Das erste Motiv läßt sich mit den Begriffen des *"offenen Lernens"* und der *"Transparenz"* erfassen. Damit ist eine didaktische Position ausgedrückt, in der den Lernenden die Mitwirkung und Mitbestimmung bei der Ausbildung (in Schule und Beruf) ermöglicht wird. Offenes Lernen will die Jugendlichen befähigen, zum Subjekt ihres Lernprozesses zu werden. Entsprechend wird ein Lernmodell verfolgt, in dem der Lernende "mit seinen Bedürfnissen, Lernvoraussetzungen, Interessen und Situationsbedingungen als Adressat des Lernangebots in das Zentrum des unterrichtlichen Geschehens rückt" (Bojanowski/Dedering/Heidegger 1982, S. 286). Diese didaktische Position will also dem Lernenden Möglichkeiten der Selbstkontrolle und der aktiven Beteiligung an der Ausbildung eröffnen. Zugleich will man dem Jugendlichen die Lernprozesse durchschaubar machen, ihm zeigen, warum und mit welcher Begründung bestimmte pädagogische Maßnahmen ergriffen wurden. Als Beispiel hierzu wären besonders die offenen Formen des Bewertens zu nennen. Hierbei kann der Jugendliche sich selbst im Gespräch mit seinem Ausbilder oder dem Berufspädagogen entsprechend einschätzen (vgl. auch die genauere Beschreibung in dem Text von Carstensen-Bretheuer u.a., S. 49/50). Ebenfalls entspricht das offene Aushängen des werkstattspezifischen Plans in einigen der Modellversuchswerkstätten, auf dem die Bewertungskategorien eingetragen wurden, diesem didaktischen Ansatz. Der Grundgedanke einer "Didaktik des offenen Lernens" wurzelt in einer schulpädagogischen Gegenbewegung (vgl. z.B. Heipcke/Messner 1975) zu einem Trend Anfang der 70er Jahre, in der stark die Erstellung sogenannter geschlossener Curricula favorisiert wurden; diese wiederum beruhten auf einer übersteigerten Erwartung der amerikanischen Curriculumtheorie. Wie gesagt, es war eine Didaktik, die von der Schule ausging; die schulische Berufserziehung wurde davon nur gestreift, die betriebliche so gut wie gar nicht berührt. Hier können wir also einen Versuch entdecken, neue Prinzipien aus dem Bereich des schulischen Lernens für betriebliche Berufsausbildung fruchtbar zu machen.

Als zweites Motiv für die Herausbildung einer individuellen Gestaltung der Berufsausbildung läßt sich der Begriff der *Selbsttätigkeit* entschlüsseln. Die Jugendlichen sollen sich Sachverhalte experimentell aneignen, indem sie sich vorher selbst Gedanken machen und auch erst einmal probieren, bevor der Ausbilder eingreift oder erklärt oder vormacht oder es selbstmacht. Mit der Selbsttätigkeit ist gewiß auch der Gedanke des "learning by doing" verbunden: Man lernt dann am intensivsten, wenn man eigene praktische Erfahrungen macht, an die man dann wiederum andere Lernprozesse anschließen kann. Didaktisch ist das mit der Projektorientierung der Ausbildung ausgedrückt. Wenn dies hier als eigenes Motiv ausgewiesen wird, dann deshalb, weil die Projektorientierung der Ausbildung auch anders verstanden werden kann, beispielsweise als "Selbststeuerung des Lernenden" (vgl. z.B. Kröll u.a. 1984). Hierzu sind in den Lehrwerkstätten der Industrie inzwischen eine Reihe von Modellversuchen durchgeführt worden. Sie kranken aber daran, daß dem Jugendlichen nur in sehr engem

Rahmen Probiermöglichkeiten offengehalten werden. So darf er beispielsweise einen bestimmten (von vornherein festgelegten) Ablauf von Konstruktionsschritten auf seiner Lerntafel nachvollziehen und dort auch ein wenig verändern; doch das Ergebnis seiner Planung sieht dann genauso aus, wie das seines Nebenmannes. In der Curriculumdiskussion des Modellversuchs wurde demgegenüber an der handwerklichen Lehre in ihren besseren Möglichkeiten angeknüpft, in der oft improvisiert werden muß oder neue Situationen bewältigt werden müssen. Insofern ist das Moment der Selbsttätigkeit mit den Erfahrungen in den stark handwerklich arbeitenden Werkstätten der Jugendheime verknüpft.

Das dritte Motiv schließlich bezieht sich auf die pädagogische Kategorie des *"Förderns durch Fordern"*. Der Jugendliche soll zur Auseinandersetzung gezwungen werden, er soll angeregt, ja provoziert werden, sich selbst seine Gedanken zu machen und selbständig seine Wege zu verfolgen. Er soll eher einmal überfordert werden, damit er sich wirklich anstrengt und die angegangene Sache zum guten Ende bringt. Der Heranwachsende soll nicht mit "Samthandschuhen" angefaßt werden, nicht "in Watte gepackt" werden - andererseits soll damit nicht einem Klima der Repression das Wort geredet werden. Gerade bei Jugendlichen in der Heimerziehung besteht oft die Tendenz, sie zu schonen, "weil es ihnen ja sowieso so schlimm ergangen ist". Doch daraus entsteht oft neues Problem: Indem man den Jugendlichen schont und ihn nicht fordert, sondern oft zu einfühlsam auf seine Probleme eingeht ("er hat es ja so schwer"), wagt man es nicht, ihn mit Aufgaben zu belasten. Damit aber hält man den Jugendlichen in seiner deprimierenden Situation, ja bestärkt ihn darin, wie schwierig er es doch habe. Hier hilft oft der klare Hinweis, daß dennoch gearbeitet werden müsse; es dürfen keine Leerlaufsituationen geschaffen werden, sondern stets müssen Aufgaben formuliert und an ihn herangetragen werden, die ihn anregen und ihn ermuntern, etwas Neues anzupacken bzw. die Aufgabe zu beenden. Dies bedeutet, sich mit dem Jugendlichen reiben zu wollen, die Auseinandersetzung und auch den "Streit" mit ihm zu suchen, ihn zu fordern, ihn immer wieder voranzutreiben und ihm helfen, seine eigenen Grenzen zu entdecken bzw. ihm auch bestimmte Grenzen aufzeigen. - Diese pädagogischen Prinzipien können hier nur etwas zögernd dargestellt werden, weil sie sich etwas altväterlich lesen. Darüber hinaus können sie - im Sinne von Beispielen - nicht den Reichtum der realen Handlungen im Werkstattgeschehen wiedergeben; in dieser Dichte und Konzentration werden sie wohl auch nicht immer in der Werkstatt realisiert werden können. Doch davon abgesehen zeigt sich deutlich, in welche Richtung die Diskussion, die beispielsweise von Sturzebecher und Klein unter dem Stichwort "Schonraum Ausbildung versus Lebensnähe" angedeutet wurde, weiter geführt werden muß (Sturzebecher/Klein 1983, S. 267-271).

Diese drei Motive - es sind, wenn man so will, ein *curriculumtheoretisches Motiv, ein lerntheoretisches Motiv und ein lehrtheoretisches Motiv* - haben m.E. entscheidend die Formulierung und die Durchführung des Konzepts beeinflußt. Nun sind die in dem Konzept und in den Motiven versteckten Theorien mit ihren Ausprägungen nicht unumstritten. Andere Modellversuchsmitglieder hätten andere Konstruktionen versucht. Man könnte diskutieren, ob andere Kriterien nicht ebenfalls sinnvoll gewesen wären. Andere Alternativen standen jedoch nur an wenigen Schlüsselsituationen der Entwicklung überhaupt zur Debatte. Insofern liefe eine andere Akzentsetzung an der Praxis und der Theorie des Modellversuchs vorbei. In Kenntnis dieser Sachlage erscheint das entwickelte Konzept durchaus stimmig und in sich gut begründet. Nun kommt es darauf an, auf welchem Wege das Curriculum-Konzept legitimiert wurde, d.h., wie es abgesichert wurde. Dies soll exemplarisch anhand der Diskussion in der Arbeitsgruppe "Ausbildungscurriculum" aufgezeigt werden. Anhand der dort geführten Debatten kann nachvollzogen werden, welche zentralen Themen und Kontroversen besprochen wurden. Dabei sei unterstellt, daß die dortigen Themen exemplarische Diskussionspunkte darstellen, die auch von anderer Seite geltend gemacht worden wären.

2.5 Zum Diskussionsprozeß in der Arbeitsgruppe "Ausbildungscurriculum"[5]

Die Arbeitsgruppe "Ausbildungscurriculum" entstand aufgrund einer Anregung der "Klärungswoche". Damals wurde festgelegt, daß zu jedem der drei definierten Schwerpunkte des Modellversuchs ("Fortbildung der Ausbilder", "Curriculumentwicklung", "Leben-Wohnen-Arbeiten im Jugendheim") eine eigene Arbeitsgruppe eingerichtet werden solle. Entsprechend dieser Anregung sollten an der Arbeitsgruppe "Ausbildungscurriculum" nicht nur - neben der Projektleitung - die vier Berufspädagogen, der Koordinator und die Wissenschaftliche Begleitung, sondern auch die beiden Sozialpädagoginnen und die Ausbildungsleiter beider Jugendheime teilnehmen. Damit war diese Arbeitsgruppe nicht nur zahlenmäßig recht groß, sondern sie bildete das Gremium, in dem alle zentralen Entwicklungen des Modellversuchs besprochen werden konnten. Besonders wichtig war, daß auch die beiden Ausbildungsleiter nahezu regelmäßig teilnahmen. Sie konnten somit verfolgen, welche Konzepte und Ideen im Modellversuch durchgesprochen wurden und sie konnten auch leichter gewonnen werden, bestimmte Entwicklungen und Innovationen im Heim zu fördern.

---

[5] Alle nicht eigens ausgewiesenen Zitate stammen aus internen Modellversuchsprotokollen.

Zentrale Themenbereiche

Einen großen Raum nehmen die Aussprachen über die *Projektausbildung* ein. Alle Berufspädagogen hatten Projekte in den Werkstätten angeregt und dokumentiert. Als Grundlage der Projektorientierung diente das in Kapitel 2.2 erwähnte (und später modifizierte) Papier zur "Projektmethode" von Mitarbeitern des Modellversuchs. Man ging in der Diskussion in der Arbeitsgruppe zunächst davon aus, die von den Jugendlichen durchgeführten Projekte zu dokumentieren: "Die Projekte werden im einzelnen angeführt und den ihnen entsprechenden Fertigkeiten und Kenntnissen zugeordnet, wobei durch Farben gekennzeichnet wird, ob die Fertigkeiten vorausgesetzt oder in dem Projekt erlernt werden sollten." Später einigte man sich auf ein handhabbareres Verfahren. Die entsprechende Formulierung lautete dann: "Mit den Projekten bzw. deren Beschreibung werden Schlüsselpunkte der Ausbildung aufbereitet. Alle Projekte werden auf den werkstattspezifischen Ausbildungsplan zurückbezogen." Zwischendurch wurden die schon erstellten Projektbeschreibungen auf Gemeinsamkeiten durchgesehen und ein Vorschlag für eine vorläufige Gliederung beschlossen. Alle Projektbeschreibungen sollten dementsprechend die Gliederungspunkte "Planung" (Projektidee, Projektplanung, zu erlernende Fertigkeiten und Kenntnisse, soziale Voraussetzungen etc.), "Durchführung" (Projektverlauf, Abweichungen, Planen, Kalkulieren, etc.) und "Reflexion" (wahlweise bezogen auf fachliche und soziale Lernziele oder Motivationsverlauf oder extrafunktionale Qualifikationen, u.a.m.) enthalten. Insgesamt gesehen verlief die Diskussion in diesem Bereich nicht stark kontrovers, da die Grundlagen schon vorher allgemein akzeptiert worden waren. Vor allem wurden Erfahrungen ausgetauscht. Die Berichtsstruktur erwies sich wohl für alle Beteiligten als hilfreich, um die Projektdokumentationen zu erstellen.

Der zweite große Themenbereich, die Besprechung der *werkstattspezifischen Pläne*, zieht sich durch alle Sitzungen. Alle Werkstattpläne wurden ausführlich erörtert; man gab Anregungen für Veränderungen und tauschte Erfahrung mit seiner Handhabung aus. Als Ausgangspunkt der Konstruktion der Werkstattpläne wurde in der ersten Sitzung der Arbeitsgruppe formuliert, daß die Ausbildungsinhalte laut Berufsbildungsgesetz durch die Rahmenpläne vorgegeben sind, an die man sich halten müsse. "Die betrieblichen Pläne müssen auf dieser Grundlage erstellt werden, wobei die Schwerpunktsetzung und die gegebenenfalls feinere Gliederung den Werkstätten freigestellt werden. Modifikationen ergeben sich für die Werkstätten, in denen der Modellversuch arbeitet, durch deren jeweilige institutionelle Rahmenbedingungen ... Verhaltensqualifikationen bzw. extrafunktionale Qualifikationen sollten nicht in diesem Plan festgehalten werden." Als nächstes wurde anhand des Erfahrungsberichts über den Werkstattplan der Schreinerei, der - wie oben berichtet - als erster vorgestellt worden war, deutlich gemacht, daß die Jugendlichen in drei Qualifikationsbereichen angesprochen werden müssen: Dem Bereich der berufsfeldspezifischen Qualifikationen (Kenntnisse und Fertigkeiten), Zusatzqualifikationen (z.B. Führerschein) und extrafunktionale Qualifikationen (Sauberkeit, Pünktlichkeit u.a.m.). Davon tauchen im Werkstattplan naturgemäß nur die berufsfeldspezifischen Qualifikationen auf. Zu den extrafunktionalen Qualifikationen, eine längere Debatte, wird ausgeführt: "Extrafunktionale Qualifikationen umfassen Anpassungsleistungen wie Ordnung, Sauberkeit, Pünktlichkeit, aber auch Verhaltensweisen und Umfeldwissen wie Verantwortungsbewußtsein, Planungsverhalten, Selbständigkeit, Wissen über Arbeitnehmerrechte, mit anderen Worten 'mündige Bürger'. Extrafunktionale Qualifikationen sind nicht prozeßunabhängig, gerade im Jugendheim müssen sie als Lernziel formuliert und angestrebt werden." Danach wird festgelegt, wie weit Ausbildungsplanung und Projektorientierung aufeinander verweisen: "Der werkstattspezifische Ausbildungsplan steckt den verbindlichen Rahmen für eine projektorientierte Berufsausbildung ab. Auf seiner Grundlage überlegen die an der Ausbildung Beteiligten gemeinsam, welche Kenntnisse und Fertigkeiten in Projekten erworben werden oder ob andere Lernformen, wie Unterweisungen, Lehrgänge, Werkstücke, ergänzend eingesetzt werden müssen." Diese Formulierung tauchte schon einmal in früheren Zusammenhängen auf. In den Sitzungen wurden die einzelnen Pläne durchgesprochen; die Berufspädagogen berichteten dabei über ihre Erfahrungen bei der Anwendung des Plans. Die Intensität des Gedankenaustauschs zeigte, daß mit den Werkstattplänen eine wichtige Innovation zur Debatte stand. Sollte eine individuell gestaltete Berufsausbildung wirklich in den Werkstätten Eingang finden, dann galt es ja zuerst, die Inhaltsfelder gemäß den Anforderungen der Werkstatt neu zu gruppieren. Entsprechend dauerte die Konstruktion einiger Pläne auch eine gewisse Zeit.

Es fällt auf, daß von den vier Handlungsfeldern einer individuell gestalteten Berufsausbildung vor allem die Bereiche Projektausbildung und Werkstattplan intensiver besprochen wurden. Die Ausbildungsprotokolle und auch die Nachhilfe scheinen demgegenüber keine so wichtige Rolle gespielt zu haben. Dies erklärt sich wohl so, daß die Ausbildungsgesprächsprotokolle in den Modellversuchs-Werkstätten offenbar schon weitgehend akzeptiert waren, so daß darüber nur am Rande gesprochen werden mußte. Damit war auch der Gedanke, die Verhaltensbeurteilung von der fachlichen Beurteilung zu trennen, voll akzeptiert. Die Nachhilfe kam auf der zweiten Sitzung in einem Bericht über einen Besuch in dem Jugendheim Börgermoor zur Sprache; hier wurde hauptsächlich über die dortigen Stütz- und Fördermaßnahmen gesprochen.

Kontroverse Themen

Aus dem Meinungsaustausch über die einzelnen Werkstattpläne entstanden drei Kontroversen. Die erste Kontroverse bezog sich auf *mögliche Bewertungssysteme.* Vor allem an dem Vorschlag, positive Bewertungskategorien einzuführen (siehe Kapitel 2.4 dieses Berichts) entzündete sich die Kritik. Zunächst freilich wurde festgehalten: "Die Kriterien (müssen) so gestaltet sein, daß sie für den Jugendlichen durchschaubar sind und sich für ihn Konsequenzen daraus ergeben können. Eine bloße Note sagt nicht aus, warum ein bestimmter Leistungsstand nicht erreicht ist. Dabei spielen zwei Kriterien eine wesentliche Rolle:

- Grad der Genauigkeit, wobei zu Beginn der Ausbildung Genauigkeit vor Zeit geht.

- fachliches Können und Selbständigkeit, d.h. den Anforderungen entsprechende Ausführung."

Wie dies nun auszufüllen sei, wurde von Werkstatt zu Werkstatt sehr unterschiedlich gehandhabt: es lagen anfangs vier verschiedene Bewertungssysteme vor, die kontrovers diskutiert wurden. Die Spannung der vorgelegten Bewertungssysteme war recht weit. So plädierte auf der einen Seite ein Berufspädagoge für die eher traditionelle Bewertung mit Prozentpunkten. 20% hieße beispielsweise, daß die Arbeitsanforderungen noch besser erfüllt werden können, 100% entspräche dann der Arbeitsanforderung an einen Gesellen/Facharbeiter und wäre in angemessener Arbeitszeit abgeschlossen. Demgegenüber lautet die Position auf der Gegenseite: "Der Lernfortschritt verläuft bei jedem Jugendlichen individuell. Aus diesem Grund können standardisierte Bewertungskategorien m.E. dem Jugendlichen nicht in vollem Umfang gerecht werden". Später wird Einigkeit darüber erzielt, daß Bewertungskategorien erarbeitet werden sollen, die den Stand der Lernentwicklung, der Selbständigkeit und des fachlichen Könnens wiedergeben. *Will man die Extrempositionen charakterisieren, so könnte man von "einer stärker verbalisierenden Einschätzung der Lernentwicklung" versus "stärker notenmäßig bewertenden Beurteilung der Leistung" sprechen.* Es konnte zwischen den verschiedenen Extrempositionen keine echte Einigung erzielt werden. Man plädierte dafür, die verschiedenen Systeme einzeln auszuprobieren. Im Laufe der Zeit indes näherten sich die Positionen an: "Die Kategorien zur Beschreibung des Lernentwicklungsstandes sind Verbalisierungsnötigungen". Es hatte sich nämlich herausgestellt, daß es sich in allen Bewertungsgesprächen in der Werkstatt als sehr günstig erwies, wenn ausführlich über die jeweilige Einschätzung des Jugendlichen "verbalisiert" wurde. Entsprechend setzte sich in der Praxis die Position durch, über das Gespräch mit den Jugendlichen anhand der Kategorien A, B, C, D, E (vgl. zur Beschreibung

Kapitel 2.4) eine allmähliche Einschätzung seiner Lernentwicklung zu gewinnen, den Jugendlichen selbst auf seinen Stand aufmerksam zu machen und ihm damit Ansporn zu geben.

Die zweite Kontroverse bezog sich auf die *innere Ausgestaltung der Werkstattpläne*. In dem Plan der Schlosserwerkstatt waren zusätzlich diejenigen Kenntnisse in paralleler Anordnung aufgeführt, die im Berufsschulunterricht verlangt werden. Dies wurde damit begründet, daß die Jugendlichen so auch beispielsweise bei der Erledigung von Hausarbeiten oder bei der Nachhilfe möglichst parallel an die Berufsschulinhalte, d.h. die notwendige Fachtheorie, herangeführt werden könnten. Im Meinungsaustausch werden mehrere Kritikpunkte vorgetragen: a. Durch die "parallele Darstellung" von Kenntnissen und Fertigkeiten auf der einen Seite und dem Berufsschulstoff auf der anderen Seite in dem Plan wird "etwas behauptet, was nicht Realität ist". Es werde nie gelingen, den Berufsschulstoff zum jeweiligen Lernen und Arbeiten in der Werkstatt parallel zu schalten. Darüber hinaus ist der Betrieb sowieso für die theoretische Unterweisung zuständig; die Inhaltsbereiche bräuchten dann aber nicht mehr im Werkstattplan zu erscheinen, da dafür ja die Rahmenpläne vorhanden seien. b. "Die Reihenfolge der Auflistung von Kenntnissen und Fertigkeiten suggeriert, daß erst Kenntnisse erlernt werden müssen, bevor ein Projekt begonnen wird." Damit bezieht sich die Kontroverse auf ein anderes Lernverständnis: In dem Plan sieht es so aus, als müssen die Jugendlichen erst sich bestimmte Kenntnisse aneignen, bevor sie diese praktisch anwenden können (Fertigkeiten): Umgekehrt lassen sich aber auch theoretische Zusammenhänge beim praktischen Tun erkennen und es entsteht ein "Interesse an theoretischen Zusammenhängen".

Die Gegenposition macht deutlich, daß mit dem Verzeichnis der Berufsschulinhalte auf dem Werkstattplan nicht eine genaue Abstimmung von Berufsschule und Werkstatt angestrebt werde, da dies ja in der Tat niemals möglich sein wird, sondern, dem Ausbilder eine Übersicht über die notwendigen fachtheoretischen Kenntnisse zu geben; so könnte gezielter auf Stärken und Schwächen eingegangen werden. In drei Werkstattplänen bleibt es dann beim Aufführen der Fertigkeiten und Kenntnisse, die unmittelbar in der Werkstatt verlangt werden; mit dem Schlosserplan wurde erprobt, ob die Kombination von Berufsschulstoff mit Kenntnissen und Fertigkeiten des Werkstattlernens handhabbar, pädagogisch sinnvoll und für die Jugendlichen einsichtig ist.

Das dritte kontroverse Thema schließlich bezog sich darauf, ob das *öffentliche Aufhängen des Plans* - wie in der Schreinerwerkstatt - in allen Werkstätten durchführbar ist. Die eine Position lautete: "Die Konkurrenz der Jugendlichen wird gefördert (Held der Arbeit); der Datenschutz muß berücksichtigt werden ... in der E-Werkstatt wird der Plan von vornherein verschlossen gehalten, in der Schlosserei hat ein Jugendlicher Bedenken gegen das Aushängen geäußert." Demgegenüber werden die Erfahrungen mit dem öffentlichen Plan dahingehend geltend gemacht, daß von den Jugendlichen und Ausbildern in zwei Werkstätten "bisher keine Bedenken geäußert wurden". Die pädagogischen Gründe lauteten zusammengefaßt: "Die Beurteilung ist keine Verurteilung, sondern lediglich ein Festhalten des Lernentwicklungsstandes; der Plan stellt, wie in einer der letzten Arbeitsgruppen festgestellt, durch das Aushängen eine 'Gesprächsnötigung' über die Ausbildung zwischen Jugendlichem und Ausbilder dar. Es kommt darauf an, wie man sich argumentativ mit den Jugendlichen auseinandersetzt und wie der Ausbilder selbst den Plan begreift. Wenn der Plan nicht ausgehängt wird, sondern im Aktenkoffer verschwindet, gerät er in Vergessenheit und wird nicht mehr als Grundlage zur Planung verwendet." Offenbar schlagen hier verschiedene Auffassungen aus den einzelnen Werkstätten und unterschiedlichen Praktiken des Bewertens und des Beurteilens an den jeweiligen Jugendheimen durch. So gibt es in einem Heim einen Tageszettel, auf dem tägliche Beurteilungen vorgenommen werden; insofern wehrt man sich hier stärker gegen die Öffentlichkeit. Es wird in diesem Punkt keine Einigkeit erzielt. In zwei Werkstätten hängt der Plan und auf ihm werden Beurteilungskategorien von A bis E eingetragen; in der dritten Werkstatt hängt der Plan zwar öffentlich, aber ohne Bewertungseintragungen; in der vierten Werkstatt schließlich blieb der Plan verschlossen; der Berufspädagoge trug mit dem (den) Jugendlichen die Bewertungskategorien ein. - Eine Befragung der Wissenschaftlichen Begleitung über *Einschätzungen der Jugendlichen* hinsichtlich Öffentlichkeit bzw. Nichtöffentlichkeit in den Werkstätten führte zu dem Ergebnis, daß die Jugendlichen sich entsprechend der jeweils herrschenden Praxis äußerten. Da sich die Frage der Öffentlichkeit inzwischen fast zu einer Machtfrage hochgeschaukelt hatte, bleibt zu vermuten, daß die Meister in diesem Fall ihre Jugendlichen "geimpft" hatten, unbedingt den Status quo zu verteidigen. Vielleicht hatten sie auch nicht genügend für den Plan geworben oder ihn angemessen erläutert? Oder aber die Jugendlichen waren von der jeweils herrschenden Praxis so überzeugt, daß sie sich andere Möglichkeiten gar nicht vorstellen konnten.

Der Durchgang durch die wichtigsten zentralen Themen und Kontroversen kann verdeutlichen, welche Aufgaben die Arbeitsgruppe "Ausbildungscurriculum" im Rahmen des Modellversuchs wahrzunehmen hatte. Zwei Funktionen sind besonders bemerkenswert. Die eine Funktion der Arbeitsgruppe lag darin, daß sie half, dem *Prozeß der Selbstverständigung voran zu treiben*. Der Modellversuch betrat gewissermaßen Neuland, er mußte verschiedene Vorschläge und Vorbilder mit der eigenen Praxis und mit eigenen theoretischen Vorstellungen in Einklang bringen. Diese waren notwendigerweise heterogen - nicht nur im Hinblick auf die schon verschiedentlich angedeuteten Unterschiede in den Vorbedingungen jeder Werkstatt und den Vorerfahrungen der Berufspädagogen, sondern auch hinsichtlich des jeweiligen Berufsfeldes und des jeweiligen Jugendheims. Im nachhinein ist es fast bewunderswert, daß es gelang, diese Heterogenität wenigstens ein Stück weit zu thematisieren und sich damit wechselseitig darüber aufzuklären, wie trotz schwieriger Bedingungen in allen Werkstätten gewisse Innovationen durchzusetzen sind. Selbstverständigung meint aber auch, daß es gelang, das Konzept einer individuell gestalteten Berufsausbildung aus theoretischen Überlegungen und praktischen Erfahrungen heraus auf seine innere Stimmigkeit hin abzuklopfen und im Streit und Disput einer *ersten Bewährungskontrolle* zu unterwerfen. Damit waren die jeweils entwickelten Projektbeschreibungen, Ausbildungspläne und sonstigen Aktivitäten vor allen Mitarbeitern des Modellversuchs offengelegt, darüber hinaus auch für die Projektleitung, die Ausbildungsleiter und die Wissenschaftliche Begleitung nachvollziehbar gemacht. Man konnte zwanglos Einigkeit und Konsens erzielen. Ich halte dieses Forum darum für so wichtig, weil hier die Mitarbeiter trotz aller unterschiedlichen Bedingungen, mit denen sie zu kämpfen hatten, und trotz ihrer unterschiedlichen Temperamente selbst voneinander lernen konnten - auch wenn das für alle Beteiligten manchmal persönlich als bedrückend oder als mühselig empfunden sein mag. Eine produktive Fortführung der in der Arbeitsgruppe verhandelten Inhaltsbereiche setzte dann zum Ende des Modellversuchs ein. Die Aktivitäten verlagerten sich auf die konkrete Kooperationsebene im Heim, z.B. dadurch, daß die Mitarbeiter des Modellversuchs begannen, Ergebnisse der Arbeit in andere Werkstätten und Heime zu übertragen (vgl. Teil D, Kapitel 3; Teil E, Kapitel 3).

Der oben angeführte Aspekt des Offenlegens der Ergebnisse der Curriculumarbeit verweist auf eine weitere, ebenfalls nicht unwesentliche Funktion der Arbeitsgruppe, ihre *Legitimationsfunktion*. Gerade im Hinblick auf die Übertragung von Erfahrungen mit den neuentwickelten Werkstattcurricula in anderen Werkstätten der Jugendheime bedurfte es (und bedarf es weiterhin) der aktiven Mitarbeit der Ausbildungsleiter. Denn nur sie können verantwortlich in den Werkstätten darauf dringen, daß bestimmte Neuerungen auch tatsächlich übernommen werden. Und dazu mußten sie aber vorab darüber eingeweiht sein, was denn der Modellversuch inhaltlich plant und diskutiert und welche Gründe und Argumente dafür ausschlaggebend waren. Nachträglich ist zu konstatieren, daß diese Einbindung nur partiell geglückt ist, überhaupt sich nach einer gewissen Zeit auch in der Arbeitsgruppe "Ausbildungscurriculum", die früher schon einmal erwähnte "Konkurrenz der Jugendheime" in modifizierter Form niederschlug. Das lief selbst bei den Mitarbeitern des Modellversuchs ab und signalisiert einen Geburtsfehler des Ansatzes, nämlich parallel und gleichzeitig in beiden Heimen Neuerungen zu versuchen. Aus heutiger Sicht wäre es wohl organisatorisch leichter gewesen, in einem einzigen Jugendheim anzufangen. Wie dem auch sei, ich möchte die Legitimationsfunktion nicht gering bewerten, weil in der Arbeitsgruppe der Modellversuch als ganzer sich artikulierte und damit gegenüber den Heimen und der Projektleitung seine Stimme deutlich machen konnte. In den Protokollen der Arbeitsgruppe konnte er seine Position "festklopfen" und damit durch den Verweis auf die intensiven Diskussionen auch dem Außenstehenden erläutern, warum bestimmte Entscheidungen so und nicht anders gefallen sind, und mit welchen Argumenten diese Entscheidungen sinnvoll waren. Legitimation soll auch heißen, daß hier Grundgedanken und Ideen von einzelnen in einem größeren Rahmen geprüft werden konnten und damit ein argumentativer Verfahrensweg gefunden wurde, auf breiterer Ebene Konsens zu erzielen. Insofern liegt hier ein Mikromodell vor, wie unterschiedliche Auffassungen im sozialen Feld argumentativ ein Stück weit ausgeglichen werden können, so daß daraus folgenreiches Handeln entsteht.

3 Der Ist-Stand der Curriculumentwicklung in den vier Werkstätten des Modellversuchs

3.1 Vorbemerkung

Zur Darstellung der Gesamtsituation der Curriculumentwicklung stütze ich mich - neben einer Auswertung verschiedener Curriculumdokumente und einer Auswertung der laufenden Gespräche und Beobachtungen in den Werkstätten (mit Ausbildern, Berufspädagogen und Sozialpädagoginnen) - vor allem auf längere Befragungen im Rahmen von Gruppen- und Einzelgesprächen. Dazu wurden mit Ausbildern und Berufspädagogen ausführliche Interviews geführt, in denen dann hauptsächlich die vier Handlungsfelder einer individuell gestalteten Berufsausbildung (vgl. Kapitel 2.4) und ihre jeweilige Verankerung in der Werkstatt durchgesprochen wurden. Diese Interviews bilden nun die Grundlage für das kommende Kapitel 3.2. In den Interviews ging es darum, die Entwicklung der Werkstatt, angefangen mit der Zeit vor dem Modellversuch, genauer zu verfolgen. Entsprechend richteten sich die Fragen (vgl. Tabelle B 3.1) - das klassische Muster "Vergangenheit - Gegenwart - Zukunft" aufnehmend - auf die frühere Situation in der Werkstatt, auf die Anfänge des Modellversuchs, auf den Jetzt-Stand und schließlich auf die Entwicklungsperspektiven; hierin dem Gedanken folgend, daß historische Entwicklung und das Erzählen darüber ("Narrativität") in einem wechselseitigen Bedingungsverhältnis stehen (vgl. Blankertz 1983). Systematisch sind die Antworten zur "Vergangenheit" im Kapitel 1.5 dieses Teils verortet. Die Ergebnisse der Interviews wurden z.T. durch vorliegende schriftliche Materialien ergänzt, erweitert und auch gegebenenfalls behutsam zurechtgerückt, wenn in einem der Gespräche ein Sachverhalt "geschönt" worden war. Ich habe dann aus eigener Kenntnis der Sachlage oder durch Rückfrage an andere Mitarbeiter oder Modellversuchskollegen versucht, den tatsächlichen Sachstand wiederzugeben. Nun ist es schwierig, den Beweis dafür anzutreten, daß die Ergenisse auch wirklich dem Entwicklungsstand entsprechen (- bekanntlich ein grundsätzliches Dilemma solcher Form der Begleitforschung). In diesem Fall habe ich die verschriftlichten Ergebnisse an alle Beteiligten zurückgespiegelt, im Sinne einer mehrperspektivischen subjektbezogenen Kontrolle, und dann in Gesprächen überprüft, ob ich halbwegs "richtig liege". Die von den Beteiligten angeregten Korrekturen und Ergänzungen sind dann in die hier wiedergegebene Fassung eingeflossen (vgl. für solche Vorgehensweisen einer "Kontrolle durch Rückspiegelung" z.B. Bojanowski 1984, S. 137 ff.). Somit bietet das Kapitel 3.2. ein - so hoffe ich - halbwegs ungeschminktes Bild der "curricularen Verhältnisse" in den vier Modellversuchswerkstätten.

Die in Kapitel 3.3. essayartig zusammengestellten Aussagen von Jugendlichen mögen das Bild ergänzen und lebendiger erscheinen lassen. Die Angaben der Auszubildenden stammen aus Gruppengesprächen, in denen sie über ihre Erfahrungen aus dem Werkstattalltag berichteten. In diesen Gesprächen kamen vielerlei Aspekte (Lernen in der Werkstatt, Projektausbildung, Nachhilfe, etc.) zur Sprache, die oft weit über die Fragestellungen des Wissenschaftlichen Begleiters hinausgingen. Ich habe dann die Tonbandaufzeichnungen nicht systematisch ausgewertet, sondern daraus einen eher subjektiven Gesamteindruck zusammengestellt. Ich tue dies deswegen, weil ich meine, daß die "Güte" eines curricularen Produkts nur sehr bedingt durch "Abnehmerbefragungen" eingeholt werden kann, zumal wenn es sich um punktuelle Gesprächsrunden handelt. Aus der Gesamtschulforschung ist diese Schwierigkeit bekannt und es scheint mir nicht redlich, die schon früh artikulierte Kritik an dererlei Forschung zu unterschlagen (vgl. z.B. Stössel 1975, S. 744). Deswegen messe ich persönlich den Befunden aus den Gruppengesprächen nur eine partielle Bedeutung bei; die Gespräche müssen stets in den gesamten Prozeß der Curriculumentwicklung und in den vorher dargelegten Ist-Stand der Werkstätten eingebettet werden, sonst ergäbe sich ein schiefes Bild. Erst wenn es gelänge, auch in der Jugendhilfe langfristig angelegte Forschung zu betreiben, etwa eine "Kohorte" von Jugendlichen über lange Zeit, auch nach der Heimentlassung zu begleiten, wäre diese Aussage zu revidieren. - Die Tabelle B 3.1 gibt einen Überblick über die Daten und Fragestellungen der Gruppendiskussionen.

Tabelle B 3.1: *Zu den Befragungen und Gruppendiskussionen*

Ausbilder-Interviews:

März 1986	Ausbilder u. Berufspädagoge	Elektrowerkstatt
März 1986	Ausbilder	Malerwerkstatt
März 1986	Ausbilder u. Berufspädagoge	Metallwerkstatt
März 1986	Ausbilder u. Berufspädagogin	Schreinerwerkstatt

Leitfaden

- Wie war die Situation der Werkstatt vor der Zeit des Modellversuchs?

- Wie waren die Anfänge der gemeinsamen Arbeit von Ausbilder und Berufspädagoge/in?

- Wie ist der Stand der Curriculumentwicklung, bezogen auf Ausbildungsplanung, Projektorientierung, Ausbildungsgesprächsprotokolle und Nachhilfe?

- Wie wird es in der Werkstatt nach dem Modellversuch weitergehen?

Gruppendiskussionen mit den Jugendlichen

Oktober 1985	9 Jugendliche	Schreinerwerkstatt
Oktober 1985	14 Jugendliche	Malerwerkstatt
Oktober 1985	8 Jugendliche	Elektrowerkstatt

- Einführung in die Gruppendiskussion

- Erläutert bitte ausführlich Tätigkeiten und Arbeitsaufträge, die Ihr in der letzten Zeit erledigt habt!

- Sind die entsprechenden Arbeiten selbständig vorgenommen worden oder mit Hilfe des Meisters/anderer Auszubildender?

- Wie wirkt sich der Ausbildungsplan im Werkstattalltag aus? Geht Ihr manchmal ran? Kennt Ihr die Funktion?

- Hat sich was in der Werkstatt in den letzten Jahren für Euch geändert?

- Welche Schwierigkeiten und Probleme tauchen denn regelmäßig so bei Euch auf?

- Soll der Ausbildungsplan öffentlich in der Werkstatt aushängen oder in der Schublade bleiben?

Im Kapitel 3.4 schließlich greife ich gleichsam einen externen "Filter" auf, hier einen Text aus dem Bundesinstitut für Berufsausbildung, um die Entwicklung der Curricula im Modellversuch an einer anderen Instanz zu "messen". Natürlich geht es dabei nicht um eine abschließende Bewertung, sondern allenfalls um einen anderen Bezugspunkt, von dem aus die Curriculumentwicklung des Modellversuchs beleuchtet werden kann.

3.2   Die entwickelten Curriculummaterialien im Werkstattalltag

Werkstattspezifische Ausbildungspläne

Aus allen vier Werkstätten werden vielfältige Erfahrungen im Umgang mit den Plänen berichtet. In der *Elektrowerkstatt* wird nach Beschluß der Ausbilder (und aufgrund heiminterner Vorschriften) der Plan nicht öffentlich ausgehängt. Jeder Jugendliche hat aber ein eigenes Exemplar des Plans in seiner Mappe. Bei dem Jugendlichen wird dann einzeln eingetragen, welche Werkstücke/Projekte er absolviert hat. Der Auszubildende hat dabei den Plan vor sich und es wird dann mit dem Ausbilder oder dem Berufspädagogen durchgegangen, welche Selbsteinschätzung der Jugendliche von sich hat. Im Gespräch kommt es oft zu einer Selbst-Korrektur des Jugendlichen. Nach Einschätzung der Ausbilder ist dies Gespräch anhand der fachlichen Inhalte ein bedeutsamer Ausgleich zur sonstigen Unterhaltung an der Werkbank oder auch bei der Arbeit. Man habe viele Möglichkeiten, dem Jugendlichen klarzumachen, wo seine Lücken sind, und man kann anhand der Bewertungskategorien A-E den jeweiligen fachlichen Leistungsstand gut erörtern. Dabei sei der Plan auch eine Anregung für die Auszubildenden, selbst einmal nachzufragen, ob und wann bestimmte Inhalte noch dazu kommen werden.

Der Plan in der *Malerwerkstatt* lehnt sich in seiner Konstruktion eng an den Plan der Schreinerei an; entsprechend sind auch die Bewertungskategorien formuliert. Der Plan hängt öffentlich im Werkstattbüro aus, das für die Ausbilder und Jugendlichen ständiger Treff und Gesprächsraum ist. Inzwischen wurden erstmals die Bewertungen für die Auszubildenden in den Plan eingetragen. Dies geschah, indem man mit dem Jugendlichen über seine eigene Einschätzung seines Lernstandes sprach und man sich dann auf eine der Kategorien einigte. Wichtig war nach Meinung der Ausbilder der heilsame Zwang für den Jugendlichen, eine genauere Selbsteinschätzung zu finden. Der offenhängende werkstattspezifische Plan wurde anfangs von einigen der Auszubildenden abgelehnt, heute hingegen sei er voll akzeptiert. Freilich kommt es nur selten vor, daß wirklich einmal ein Jugendlicher längere Zeit die auf dem Plan festgelegten Inhalte studiert. Der befragte Ausbilder selbst sieht in dem Plan kein besonders wirksames Hilfsinstrument. Jedoch nütze er auf jeden Fall dem "jüngeren Meister", weil dieser damit an die noch zu lernenden Inhalte erinnert werde. Als "gestandener Meister" hingegen brauche man ihn eigentlich nicht, da man doch alles im Kopf habe.

Der werkstattspezifische Plan der *Metallwerkstatt* hängt seit längerer Zeit in der Werkstatt aus, jedoch dürfen keine Bewertungen eingetragen werden, da dies gemäß der Bestimmungen im Heim nicht gewünscht wird (siehe auch Kapitel 2.5). Jedoch sollen die Projekte, Werkstücke und sonstigen Aufträge, die jeder Jugendliche im Laufe seiner Ausbildung absolviert hat, hier festgehalten werden. Auf jeden Fall wird der Plan als ein sinnvolles Hilfsmittel eingeschätzt, mit dem Gespräche über die Ausbildungsinhalte möglich werden. Eine Erfahrung der Ausbilder bestand darin, daß die Jugendlichen ihre Kenntnisse überschätzten und erst aufgrund der Gespräche vor dem Plan eine realistischere Einschätzung gewannen. Auch können die Auszubildenden, wenn sie den Plan betrachten, selbst feststellen, was sie schon gelernt haben, bzw. welche Stoffe sie im Laufe der Ausbildung noch werden bearbeiten müssen. Dies freilich findet - so die Gesprächsteilnehmer - nicht sehr häufig statt. Man will in Zukunft verstärkt auf die im Plan eingetragenen Inhalte und die Dokumentation der geleisteten Arbeiten im Gespräch mit dem Jugendlichen eingehen, gerade weil man gespürt habe, daß mit dem Plan ein gut verwendbares Hilfsmittel entwickelt worden sei; jedoch sei man, aufs Ganze gesehen "noch ziemlich in der Erprobung".

In der *Schreinerwerkstatt*, die mit der Entwicklung der werkstattspezifischen Pläne begann, gehört der Plan inzwischen zum Alltag. Er wird von Ausbilder oder Berufspädagogin regelmäßig geführt; somit ergeben sich kontinuierliche Gesprächsanlässe in der Werkstatt. Die Jugendlichen haben verschiedene Umgangsstrategien für den Plan entwickelt. Die Berufspädagogin berichtet: "So verglichen sie ihre Leistungen mit den Leistungen anderer Jugendlicher in der Werkstatt oder ihren Leistungsstand in Relation zu den Anforderungen des gesamten Plans; sie gaben sich u.E. zu schlechte Beurteilungen aufgrund mangelnden Selbstvertrauens oder weil sie nicht später an vorher guten Leistungen gemessen werden wollten. Sie versuchten sich auch an ihrer weiteren Ausbildungsplanung zu beteiligen und wählten sich unter dem Aspekt, welche Einzelbereiche daran geübt werden konnten, neue Arbeiten aus" (Carstensen-Bretheuer u.a. 1985, S. 50). Die mit viel Verve geführte Debatte um die Öffentlichkeit des Plans spielt in der Schreinerei überhaupt keine Rolle. Dort machte man die Erfahrung, daß die Auszubildenden nach anfänglicher Neugier den Plan als selbstverständlich akzeptierten. So kommt es durchweg nicht vor, daß - wie von anderer Seite befürchtet - die Jugendlichen untereinander in ungute Konkurrenz verfallen und z.B. ihren jeweiligen Lernstand vergleichen. Das sei schon deshalb kaum möglich, weil jeder Auszubildende mal ein "A" und manchmal ein "E" habe. Auch mache der Plan längst nicht so viel Arbeit wie in Diskussionen manchmal befürchtet wird, man müsse, so die Ausbilder, "dran bleiben" und halbwegs regelmäßig die Bewertungskategorien und die absolvierten Projekte eintragen.

Der Gesamteindruck aus diesen Bericht-Skizzen korrespondiert in weiten Strecken mit eigenen Beobachtungen des Wissenschaftlichen Begleiters über die Impulse, die von der Ausbildungsplanung in den Werkstattalltag hineinstrahlten. *Zusammengefaßt meine Einschätzung:* Mit dem Bereitstellen werkstattspezifischer Ausbildungspläne wurden nahezu unbekannte Formen der Ausbildungsplanung in vielen Bereichen der Werkstatt durchgesetzt. Die Öffentlichkeit des Plans kann offenbar den Ausbildern und den Auszubildenden helfen, einen - wann immer nötig - strukturierten Überblick über alle notwendigen fachlichen Inhalte der Ausbildung zu gewinnen. Besonders die Auszubildenden können damit neuartig an die notwendige Fachlichkeit herangeführt werden. Durch die - qua Bewertungskategorien - in den Werkstätten stattfindenden Gespräche wird es für einen Großteil der Ausbilder leichter, den Lernentwicklungsstand der einzelnen Auszubildenden nachzuhalten und den Jugendlichen damit produktiv zu konfrontieren. Während der Ausbildung kann somit kontinuierlich, gezielt und der Lebenssituation des einzelnen Heranwachsenden angemessen eingegriffen werden. Damit sind günstige Bedingungen geschaffen, daß auch die Planung weiterer Ausbildungsschritte eines Jugendlichen besser, als dies früher der Fall war, gehandhabt wird.

Projektorientierte Berufsausbildung

Auch für den Bereich der Projektausbildung soll zunächst aus den Gesprächen mit den Ausbildern und den Berufspädagogen berichtet werden. Beginnen wir wiederum mit der *Elektrowerkstatt.* Dort war von vornherein die Projektausbildung wohl recht unproblematisch, weil man schon früher - wie in Kapitel 1.5 dargetan - längere Praxisphasen kannte und die Auszubildenden eigenständig Werkstücke herstellten. Mit der verstärkten Projektorientierung konnte dann die vorherrschende "Ausbilderzentriertheit" aufgebrochen werden, dies freilich mit der Einschränkung, daß bei vielen Projekten (z.B. "Durchgangsprüfer", "Arbeitstischlampe") die Grundlagen und Ideen vom Ausbilder vorgegeben wurden. Sonst aber seien die Auszubildenden an der Planung und Durchführung beteiligt und engagiert; so testen sie beispielsweise die hergestellten Geräte in eigener Verantwortung. - Es wird betont, daß freilich neben der Projektorientierung immer noch eine Vielzahl von anderen Lernformen steht. So gebe es immer auch Übungsstücke; bei der Prüfungsvorbereitung etwa müssen Verdrahtungen geübt werden oder auch Vorformen von Serienproduktionen, u.a. deshalb, weil die

Jugendlichen in der späteren Praxis damit konfrontiert sind.

In der *Malerei* habe es im Grunde "immer schon" Projekte gegeben, da die Jugendlichen ja oft konkrete Aufträge hatten erledigen müssen. Bei den vom Modellversuch dokumentierten Projekten sei das "Gärtnerhaus" das beste, weil hier die Jugendlichen wirklich recht selbständig arbeiten konnten. Auch bei dem Projekt "Wandgestaltung im Speisesaal" konnten die Auszubildenden ihre Vorstellungen mit einbringen und sie auch realisieren. Aber es gäbe gewisse Grenzen der Projektorientierung, nämlich dann, wenn "der Fachmann im Ausbilder" gegen eine bestimmte Arbeitsausführung protestiere, wenn also die Jugendlichen bestimmte fachliche Standards unterschreiten würden. Grundsätzlich, so der befragte Ausbilder, sei er nicht gegen die Projektorientierung, da sie die Selbständigkeit fördere; man müsse aber bedenken, daß sich gerade im Malerhandwerk ein Großteil der Arbeiten wiederholt, daher müsse bei den Auszubildenden in erster Linie auf die Fachlichkeit und auf das Durchhaltevermögen geachtet werden.

Die Projektausbildung ist nach Auskunft der Ausbilder und des Berufspädagogen in der *Metallwerkstatt* inzwischen fester Bestandteil der Ausbildung geworden. So fertige jeder Auszubildende im ersten Lehrjahr beispielsweise einen Kerzenständer oder einen Anschlagwinkel, Gegenstände, die dann vom Jugendlichen auch später weiterverwendet werden können. Spätestens im 3. Lehrjahr haben alle Jugendlichen mehrere Projekte absolviert und auch einige für sie interessante Außenaufträge durchgeführt. Dabei kommt es den Ausbildern darauf an, daß die Jugendlichen neben den rein fachlichen Qualifikationen auch etwas anderes lernen: So müssen sie z.B. lernen, wenn sie ein Geländer einbauen, sich mit dem Auftraggeber "rumzuzanken"; sie müssen also die Bedingungen vor Ort einschätzen können, dort aktuell etwas ändern, das soziale Gefüge verstehen, u.a.m. Durch die Ausrichtung auf Projekte seien aber auf jeden Fall in der Schlosserwerkstatt die vorher gängigen Übungsphasen reduziert, selbst wenn immer noch ein gewisser Anteil notwendig sei, um in bestimmten Bereichen eine Handgeläufigkeit zu erreichen.

Auch in der *Schreinerei* ist die Projektorientierung der Ausbildung gut verankert, dies auch deswegen, weil - wie berichtet - schon vor der Zeit des Modellversuchs alle Jugendlichen eigenständige Werkstücke anfertigten und sich so Kenntnisse und Fertigkeiten aneigneten. Bei der Auswahl von Werkstücken und Projekten werden inzwischen die Jugendlichen stärker miteinbezogen, sie können für sich erst einmal ausprobieren, welchen Realisierungsweg sie für sinnvoll erachten und welchen sie gehen wollen. Immer werde seitens der Ausbilder darauf geachtet, daß die Auszubildenden sich eine Stückliste zusammenstellen und eine Planskizze anfertigen, denn sie sollen auch lernen, ihren Arbeitsablauf eigenständig zu strukturieren. Es wird nicht verschwiegen, daß es auch immer wieder vorkommen kann, daß ein Jugendlicher unselbständig seinen Arbeitsprozeß angeht und nicht weiter kommt. In diesem Falle bedarf er naturgemäß intensiver fachlicher Unterstützung.

Auch diese Bericht-Skizzen entsprechen in vielen Punkten den Beobachtungen, die der Wissenschaftliche Begleiter bei seinen Werkstattbesuchen und aus seinen Gesprächen gewinnen konnte. *Zusammengefaßt:* Die Projektorientierung konnte deshalb gut Fuß fassen, weil sie an Vorerfahrungen und Vorarbeiten in allen vier Werkstätten anknüpfen konnte. Mit der Projektorientierung ist es in allen Werkstätten gelungen, die Jugendlichen bei der Auswahl und Durchführung von Arbeiten substantiell zu beteiligen. Die Auszubildenden konnten vermehrt ihre eigenen Vorstellungen in den Ausbildungsprozeß einbringen, u.a. deswegen, weil sie Produkte herstellten, an denen ein Gebrauchswert erkennbar war (Außenauftrag, Schrank für eine Gruppe, Zeichenbrett, u.a.m.). Somit erhöhen sich die Chancen, daß die Auszubildenden durch die Fähigkeit, einen Arbeitsablauf zu stukturieren und durch den Erwerb extrafunktionaler Qualifikationen insgesamt ein Mehr an Selbständigkeit erwerben. Projektorientierung stößt dort an seine Grenzen, wo beispielsweise Übungen unabweislich sind. Damit wird die Projektorientierung zu einem bedeutsamen Merkmal der Ausbildung in den Werkstätten, wird aber stets flankiert von einer Vielzahl sonstiger Unterweisungsformen.

Exkurs: Die Projekte im Rahmen der Ausbildungsplanung

Ein wichtiges Element der Curriculumentwicklung im Modellversuch war die Erstellung von *Projektbeschreibungen*, die besonders von den Berufspädagogen, oft in Zusammenarbeit mit den Ausbildern und einer Sozialpädagogin erstellt wurden. (Einen Überblick über die im Modellversuch erarbeiteten Projektbeschreibungen gibt Tabelle B 3.2.3). Hier können nun nicht die umfassenden Arbeiten der Berufspädagogen referiert oder gar bewertet werden. Vielmehr will ich lediglich skizzieren, welche Funktion die Projektbeschreibungen allgemein wahrnehmen können; sodann soll der etwas spezielleren Frage nachgegangen werden, wie die Projektbeschreibungen im Rahmen der Ausbildungsplanung einzuordnen sind.

Allgemein gesehen erfüllen die Projektbeschreibungen zwei Aufgaben. *Zunächst dokumentieren sie wichtige vom Modellversuch durchgeführte Projekte.* Dazu sind sie zumeist so aufgebaut, daß ein Auftrag oder eine Projektidee erläutert wird, sodann werden Voraussetzungen und zu erwerbende Kenntnisse und Fertigkeiten umrissen, schließlich wird über die Durchführung berichtet und in einer Abschlußpassage das Projekt nachbereitet (siehe auch zur Projektgliederung Kapitel 2.5).

Tabelle B 3.2.3: *Projekte/Projektbeschreibungen*

Tischlerausbildung	*Bauschlosserausbildung*
Zeichenbrett	Metallbuchstaben zur Kennzeichnung d.
Werkzeugschrank	Wohngruppen im Jugendheim Staffelberg
Raumteiler	Konstruktion und Bau einer Stapelkarre
Haustür	Werkzeugschrank
Fotolabor (gemeins.	Treppengeländer
mit Malern)	Schlauchwagen
Schrank für eine Wohngruppe	Balkongeländer
Ausbau der Schreinerei	Fahrradanhänger
Dachstuhl	
Sekretär	
Maler- und Lackierer-	*Elektroausbildung*
ausbildung	
Gartenhaus	Durchgangsprüfer
Wandmalerei für eine	Arbeitsplatzbeleuchtung
Wohngruppe	Temperaturregler
Zünfteschrank	Meßgerät mit digitaler Anzeige
Schloßrenovierung	Batterieladegerät
Malerarbeiten in der	
Schreinerei	

Diese Gliederung ist aber so offen, daß verschiedene Darstellungsformen möglich sind. Neben dieser Funktion sind die Projektbeschreibungen so angelegt, *daß sie Hilfe und Anregungen für andere Ausbildungswerkstätten und Ausbilder enthalten.* Sie dokumentieren stets den Ablauf eines bestimmten, singulären Projekts, das in dieser Form nicht wiederholt werden soll oder kann. Damit fordern sie "zur Veränderung, Weiterentwicklung und Modifikation" auf, wie es in dem allgemeinen Vorwort zu allen Handreichungen heißt. Entsprechend wurden inzwischen einige Projekte als Anregung in dem vom Bundesminister für Bildung und Wissenschaft herausgegebenen Heft zur sozialpädagogisch orientierten Berufsausbildung (Heft 41) als "Ausbildungsmaterial für den Projektansatz" angeführt (vgl. Bundesminister für Bildung und Wissenschaft 1985, S. 64). Ohne Zweifel erfüllen die von dem Modellversuch erstellten Projektbeschreibungen diesen Zweck einer Anregung in vollem Maße. Man spürt beim Lesen, daß sie aus der Praxis heraus entwickelt wurden und in vielen Punkten eine realistische Einschätzung enthalten, zumal Schwierigkeiten mit der Sache oder bei den

Jugendlichen nicht verschwiegen, sondern reflektiert werden, so daß der Praktiker, der etwas ähnliches durchführen will, schon in mancherlei Punkten vorbereitend auf mögliche Problemstellen aufmerksam gemacht wird.

Nun wird aus den oben wiedergegebenen Berichten der Ausbilder und Berufspägagogen und auch aus den Texten selbst ein Problem nicht recht deutlich, daß gleichwohl für die Berufsausbildung und die Didaktik des betrieblichen Lernens von wesentlicher Bedeutung ist, nämlich *der Zusammenhang von Ausbildungsplanung und Projektorientierung*. Ohne ins Detail gehen zu können, möchte ich hierzu einige Bemerkungen machen. Zur Verdeutlichung gebe ich noch einmal die Formulierung aus dem Vorwort zu den Handreichungen wieder, die den Zusammenhang von Projektorientierung und Planung der Ausbildung herstellen sollen:

> "Der werkstattspezifische Ausbildungsplan ist in unseren vier Werkstätten (Elektro, Farbe, Holz, Metall) der verbindliche Rahmen für die Projektorientierung der Ausbildung. Auf seiner Grundlage überlegen die an der Ausbildung Beteiligten gemeinsam, welche Kenntnisse und Fertigkeiten in Projekten erworben werden können oder ob andere Lernformen wie Unterweisungen, Lehrgänge (und) Werkstücke ergänzend eingesetzt werden müssen. So werden die Planung der Ausbildung, die Reflexion über deren Ausführung und die Planung neuer Ausbildungsschritte zum kontinuierlichen Prozeß. Das Resultat ist eine individuell gestaltete Berufsausbildung... (Hier folgt die Tab. B 2.4 (a), die schon in Kapitel 2.4 dieses Teils abgedruckt wurde. A. B.). Mit den Projekten bzw. deren Beschreibung werden Schlüsselpunkte der Ausbildung aufbereitet. Alle Projekte werden auf den werkstattspezifischen Ausbildungsplan zurückbezogen. "

Eine nähere Betrachtung der Projektmaterialien zeigt, - auch vor dem Hintergrund von Beobachtungen und Gesprächen in den Werkstätten - daß mit dem Text und der hier wiedergegebenen Grafik aus dem Vorwort eigentlich eher ein idealtypischer Weg skizziert worden ist. Nach meinen Erfahrungen sind mindestens drei Ansätze zu finden. (1) Es kommt m.E. oft vor, daß das Projekt bzw. die Projektidee oder der Auftrag am Anfang steht, sodann erst überlegt wird, inwieweit mit dem geplanten Projekt auch bestimmte Anteile aus dem verbindlichen Ausbildungsplan abgedeckt werden können. Genauso kann es auch sein, daß ein Jugendlicher eine bestimmte Sache gerne verfolgen möchte; in diesem Fall wird man ihn schon wegen seiner Motiviertheit nicht davon abhalten, dies auch zu tun. Hier steckt also das Projekt im Zentrum, vom Projektansatz her wird gefragt, welche Kenntnisse und Fertigkeiten mit dem Ausbildungsprojekt sinnvoll vermittelt werden können. (2) Der zweite Weg sähe so aus wie in der Grafik geschildert. Es wird von den Ausbildern überlegt, welchen Auftrag man dem Jugendlichen bei seinem derzeitigen Lernentwicklungsstand anvertrauen könne. Erst fragt man nach den Möglichkeiten und Voraussetzungen des Auszubildenden, dann wird ein Projekt so eingebaut, daß der Jugendliche gezielt gefördert werden kann. (3) Nun kommen aber auch Mischformen vor: Es bietet sich ein Auftrag an, der ein interessantes Projekt werden könne; dann wird überlegt, was die Jugendlichen daran lernen könnten und wer aus der Gruppe dafür in Frage kommt. In diesem Falle wägt der Meister ab, ob der Auftrag derzeit pädagogisch sinnvoll in die Werkstattabläufe eingebaut werden kann.

Alle drei Wege scheinen mir sinnvoll zu sein, solange der Rückbezug auf die systematische Struktur der Ausbildungsinhalte, also auf den Werkstattplan, voll gewährleistet ist und solange der Auszubildende mit vielfältigen und verschiedenen Aufträgen betraut wird, also nicht sehr lange eine einzige Sache bearbeiten muß. Nicht vertretbar scheint mir ein vierter Weg zu sein, der wohl in den übrigen Werkstätten weit verbreitet ist, nämlich aufgrund von Aufträgen irgendeinen Auszubildenden ("der hat ja gerade sowieso nichts zu tun") rauszugreifen und ihm den Auftrag in die Hand zu drücken. Nach meinen Erfahrungen hat allererst die Nötigung des Modellversuchsansatzes, die Projekte systematisch auf den Lernentwicklungsstand eines jeden Heranwachsenden und auf die Inhalte des Werkstattplans zu beziehen, entscheidend mit dazu beigetragen, daß man im Ausbildungsbereich folgenreich über die Qualität der Ausbildung und über die Lernwirksamkeit von bestimmten ausbildungsbezogenen Tätigkeiten nachdenken mußte.

Ausbildungsgesprächsprotokolle

Die Ausbildungsgesprächsprotokolle sollen, wie berichtet (Kapitel 2.4) eine verbesserte Einschätzung des Verhaltens der Jugendlichen erlauben. Hier nun die Berichte aus den Werkstätten: Aus der *Elektrowerkstatt* wird berichtet, daß die Ausbildungsgesprächsprotokolle dort fest verankert seien. Sie sind darüber hinaus in die allgemeine Erziehungsplanung des Jugendheims integriert und werden also auch über die Werkstatt hinaus von anderen Erziehenden im Heim verwandt. Nach Einschätzung der Ausbilder können die Ausbildungsgesprächsprotokolle erste Hinweise für neue Entwicklungen bei den Jugendlichen geben.

In der *Malerwerkstatt* werden die Ausbildungsgesprächsprotokolle zwar durchgeführt, aber sie haben nach Auskunft des Meisters "nicht viel gebracht". Sie seien freilich für das momentane Aufnehmen der Situation eines Jugendlichen schon etwas hilfreich. Diese Einschätzung beruht wohl auch auf dem Problem, daß dem Meister die Ausbildungsgesprächsprotokolle seiner Jugendlichen nicht vorlagen.

Recht gut laufen die Ausbildungsgesprächsprotokolle demgegenüber in der *Metallwerkstatt*. Man handhabt das Gespräch bei den Ausbildungsgesprächsprotokollen so, daß erst der Jugendliche seine Einschätzung nennt und dann die Ausbilder dazu ihre Meinung sagen. Danach wird ein Ergebnis gemeinsam formuliert und dann auf einem Blatt festgehalten. Das Ganze nimmt nicht sehr viel Zeit in Anspruch. Der Vorteil wird darin gesehen, daß die Heranwachsenden selbständig ihre eigene Meinung artikulieren und daß man somit in ein an dem Verhalten des Jugendlichen strukturiertes Gespräch eintreten könne. Weiterhin dient das Ausbildungsgesprächsprotokoll den Erziehern als Information; auch im Bereich der Metallwerkstatt wird betont, daß das Ausbildungsgesprächsprotokoll in die allgemeine Erziehungsplanung des Heims einbezogen worden ist.

In der *Schreinerwerkstatt* sind die Ausbildungsprotokolle schon kurz nach Beginn des Modellversuchs erfolgreich eingeführt worden. Alle halbe Jahre wird das Gespräch mit den Jugendlichen geführt und dann das Protokoll gemeinsam ausgefüllt. Die Jugendlichen hatten die Ausbildungsgesprächsprotokolle schon im Anfang recht positiv aufgenommen; einige benutzen sogar das Protokoll, um ihren Eltern oder ihrem zuständigen Sozialarbeiter beim Jugendamt zu dokumentieren, welchen Fortschritt sie gemacht haben. Zufrieden sind die Ausbilder in der Schreinerwerkstatt noch nicht mit der Beteiligung der Erzieher, die immer wieder aufgefordert werden müssen, sich substantiell in diese Form der Ausbildungsplanung einzubinden.

Das Gesamt der inzwischen von Modellversuch ausgefüllten Protokollformulare konnte zwar nicht vom Wissenschaftlichen Begleiter ausgewertet werden, jedoch läßt schon ein kursorisches Untersuchen etlicher Blätter erkennen, daß hier in der Tat Entwicklungen und Veränderungen sichtbar gemacht werden können. Insofern entsprechen auch meine Kenntnisse der Ausbildungsgesprächsprotokolle den hier niedergelegten Skizzen. *Zusammengefaßt:* Die Berichte zeigen deutlich, daß die Ausbildungsgesprächsprotokolle ein wichtiges Hilfsinstrument für die Ausbildung sein können. In den Werkstätten des Modellversuchs sind die Ausbildungsgesprächsprotokolle offenbar so weit verankert, daß mit ihnen regelmäßig die allgemeine Situation und die Verhaltensentwicklung eines Heranwachsenden erfaßt und für die Planung der weiteren Ausbildungsschritte in der Werkstatt fruchtbar gemacht werden kann. Hilfreich ist dabei wohl, daß der Jugendliche selbst gehalten ist, seine eigene Diagnose mitzuformulieren; damit sind offenbar gute Ansatzmöglichkeiten gegeben, mit dem Jugendlichen gezielt ins Gespräch zu kommen, ihn anhand der vorstrukturierenden Gesprächskategorien auf Fehlentwicklungen hinzuweisen und mit ihm gemeinsam Änderungsschritte zu planen. Problematisch bleibt, daß vielfach die übrigen Erziehenden im Heim nicht recht mitziehen und den Wert der Ausbildungsprotokolle oft unterschätzen.

Nachhilfe

In der *Elektrowerkstatt* lag die Nachhilfe hauptsächlich in den Händen des Berufspädagogen. Er besprach mit den Jugendlichen die Fachtheorie, vor allem jene Bereiche, die in der Schule Schwierigkeiten bereiten. Das sieht dann so aus: "An jedem

Donnerstag vormittag führen Ausbilder der E-Werkstatt mit den Jugendlichen aus dem 1. und 2. Ausbildungsjahr die Nachbereitung des Berufsschulunterrichts durch... Bei der Nachbereitung handelt es sich nicht um die Wiederholung des Unterrichtsstoffes durch die Ausbilder, sondern die Jugendlichen erarbeiten gemeinsam fachkundliche Inhalte. Die Ausbilder versuchen durch gezielte Fragen die unterschiedlichen Aspekte des jeweiligen Stoffgebietes zu ergründen. Für den Unterricht 'Fachrechnen' werden die Hausaufgaben vorgelegt und nach Bedarf als Schwachstellen oder grundsätzlich besprochen... Die restlichen Aufgaben sollen als Hausaufgabe im Wohnbereich erledigt werden. Die gesamten Aufgaben werden am folgenden Donnerstag auf inhaltliche Richtigkeit geprüft" (aus einem Blatt zum Thema: Nachbereitung des Berufsschulunterrichts). Für diesen Unterricht werden unterschiedliche Gruppierungsformen erprobt, manchmal wird ein schwächerer Auszubildender mit einem stärkeren unterrichtet, so daß sie voneinander lernen können; für manche Jugendliche ist aber allein der Einzelunterricht sinnvoll. Die Ausbilder sind immer wieder überrascht von unterschiedlichen Lernverhalten und -strategien ihrer Jugendlichen; man müsse darauf stets individuell eingehen. Wichtig sei die Kontinuität der Nachhilfe. Stets sollten die Klassenarbeiten vor- und nachbereitet werden; vor der Prüfung wird unter Prüfungsbedingungen an den Prüfungsbögen gearbeitet.

In der *Malerwerkstatt* ist die Nachhilfe seit Beginn des Modellversuchs besser organisiert. Durch den Berufspädagogen (später: die Berufspädagogin) konnte sehr gezielt für einzelne Jugendliche ein Stütz- und Förderunterricht eingerichtet werden, so daß man den Zwischenprüfungen halbwegs gelassen entgegen sieht. Probleme werde es nach der Zeit des Modellversuchs geben (wenn die Berufspädagogin weg ist), da durch die Außenaufträge den übrigen Meistern kaum Zeit bleiben wird, die Nachhilfemaßnahmen angemessen fortzusetzen.

In der *Metallwerkstatt* fand einmal wöchentlich Nachhilfe statt, zumeist in Einzelarbeit mit dem Jugendlichen. Da die Heterogenität der Auszubildenden in der Schlosserei sehr groß ist, ("ganz Schwache" - "Clevere") müsse man die Nachhilfe konsequent individuell gestalten. Wichtig sei die Kontinuität der Nachhilfe ("Dranbleiben"). Die Nachhilfe sei leider ein recht fließendes Gebilde, das sich nur schwer einschätzen läßt. Man müsse immer wieder neue Formen finden, die der jeweiligen Lernsituation der Jugendlichen gerecht werden.

In der *Schreinerei* sieht die Nachhilfe so aus: Jeden Montag werden von der Berufspädagogin an die Auszubildenden Aufgaben verteilt, die bis zum Freitag der Woche zu lösen sind. Die Jugendlichen sollen zunächst selbständig versuchen, die Aufgaben zu schaffen und sich erkennbar anstrengen. Entsteht dabei der Wunsch nach Nachhilfe, wird ein individueller Unterricht gegeben, je nach den Voraussetzungen differenziert (Einzel- oder Gruppenunterricht). Die "Theorie" bereitet aber stets Kopfzerbrechen, weil viele Jugendliche nur schwierig an die geforderten Aufgaben der Fachtheorie "ranzukriegen" sind. Dazu kommt, daß die Jugendlichen ihre Hausaufgaben nicht "auf der Gruppe" machen, obwohl sie selbst wissen, daß sie in der Fachtheorie große Defizite haben. Und auch die Erzieher kümmern sich viel zu wenig um das notwendige Erledigen der Hausaufgaben.

Mein Eindruck ist, daß die Nachhilfe von allen Beteiligten als wichtig und sinnvoll angesehen wird. *Zusammengefaßt:* In der Nachhilfe können die Jugendlichen gezielt - z.B. bei der Prüfungsvorbereitung - in der Fachtheorie, in der sie fast alle Schwierigkeiten haben, gefördert werden. Dabei bietet sich Einzelunterricht an; gelegentlich scheint auch das Lernen in einer kleinen Gruppe von zwei und höchstens drei Auszubildenden sinnvoll zu sein. Wichtig ist wohl, daß die Nachhilfe möglichst kontinuierlich erfolgt, nicht nur als Maßnahme, wenn's brennt. Bisher haben sich nach meinem Eindruck noch keine endgültigen oder vorbildhaften Modelle herausgebildet. Schwierigkeiten bereiten das fehlende Engagement der übrigen Erziehenden im Heim, die sich zu wenig kümmern, und die Motivation der Jugendlichen, die oft viel zu spät die Notwendigkeit gezielter Hilfen einsehen. Wichtig bleibt, daß der Ausbilder sich im Rahmen halbwegs fester Organisationsformen verstärkt für die Nachhilfe verantwortlich fühlt, entweder dadurch, daß er sie selbst übernimmt oder daß er eng mit den übrigen für die Nachhilfe im Heim Verantwortlichen zusammenarbeitet.

3.3 Impressionen aus den Gruppendiskussionen mit den Jugendlichen

Die Gruppendiskussionen mit den Jugendlichen drehten sich in der Regel um Ablauf und Erfahrungen im Werkstattalltag. Angesprochen wurden dabei die Tätigkeiten, die die Jugendlichen in den letzten Wochen und Monaten gemacht haben, an welchen Projekten sie beteiligt waren, sodann, welche Meinungen sie zur Projektausbildung hatten und was sie dabei gelernt hatten; weiterhin ging es um die Rolle der Berufsschule, um die Nachhilfe, um das Berichtheftführen, etc. Mir war dabei wichtig, daß die Jugendlichen aus ihrem Alltag *"erzählten".* Über das Erzählen sollten die Jugendlichen selbst auf einige Punkte kommen, die für sie bedeutsam waren; darüber hinaus wollte ich einen konzentrierten Eindruck der Atmosphäre in den Werkstätten gewinnen. Sodann schien mir die von Werner Mangold referierte These sinnvoll zu sein, daß in Gruppengesprächen unter dem "Eindruck freimütiger und offenherziger Diskussionsbeiträge einiger Teilnehmer auch stärker gehemmte Versuchspersonen zu 'offeneren' Äußerungen ermutigt würden" (Mangold 1973, S. 230). Alle Gespräche,

90

entweder in der Meisterbude oder im Pausenraum, fanden stets zusammen mit dem Ausbilder oder dem Berufspädagogen statt, aber immer in sehr offener und locker geführter Form. Entsprechend wurde in den Gesprächen viel gelacht und es kam manches zur Sprache, das eben nur in solchen Runden halb scherzhaft und halb ernsthaft angesprochen werden kann. Manchmal freilich mußte man den Jugendlichen auch einiges mühselig "aus der Nase ziehen", bis sie bereit waren, bestimmte Tätigkeiten und Abläufe genauer zu erzählen. Aber gerade bei der Thematisierung der Fachlichkeit kam es auch zu spannenden Berichten und genauen Beschreibungen.

Den Einstieg in die Gruppendiskussion markierte stets die *Bitte um ausführliche Beschreibungen der Tätigkeiten der Jugendlichen aus der letzten Zeit*, dies auch deshalb, damit die Auszubildenden bei ihnen gut bekannten Sachverhalten beginnen konnten. Immer wieder überraschte die Genauigkeit, mit der ein Auszubildender, wenn er erstmal "Feuer gefangen hatte", seine Tätigkeiten umreißen konnte. Fast allen fällt es relativ leicht, sich zu erinnern und dem Außenstehenden ein doch recht plastisches Bild der jeweiligen Tätigkeit zu vermitteln. Ich wähle aus den Tonbandaufzeichnungen relativ willkürlich zwei charakteristische Beispiele aus, die für eine Reihe anderer Beschreibungen stehen mögen:

- "Schaltschrank, Heizungsregelung, war ganz gut... Ich habe verdrahtet, oder auch versucht, durch den Schaltplan durchzublicken, wie es funktioniert: Ein Teil war gezeichnet, ein Teil noch unvollständig, da haben wir noch Änderungen gehabt, probiert, dann lief halt was nicht, da haben wir das wieder geändert und probiert. Dann schließlich wurde installiert und angeschlossen. War halt ein gutes Projekt, gute Arbeit, hat auch Spaß gemacht." (Jugendlicher Elektrowerkstatt).

- "Das war jetzt für jemanden, der einen Blendrahmen mit 'ner Tür bestellt hatte... Also zuerst mußte ich einen Blendrahmen erstellen, für die Zapfen. Nein, zuerst einen Brettaufriß vor der Verbindung von der Tür... Dann habe ich eben dann Holz zugeschnitten, dann die Verbindungen ausgearbeitet, also mit der Kettenfräse die Schlitze gemacht. Dann mit der Fräse habe ich dann die Zapfen angeschlitzt, dann mit der Hand abgesetzt, zusammengepaßt, verleimt, zum Abstand Holz auf die Unterseite genagelt. Und dann habe ich die Tür geholt, gemessen, gefälzt, mit der Kette das Schloß eingefräst, Schloß eingeschraubt..." (Jugendlicher Schreinerei).

Aus vielen der Erzählungen der Jugendlichen klingt Kompetenz durch, manchmal sogar Spaß an der Fachlichkeit. Natürlich gab es auch Berichte, in denen der Jugendliche mit entsprechender Miene seinen Unwillen über die Ausbildung und die damit verbundenen Tätigkeiten kundtat. Mir fällt auf, daß vor allem jene Auszubildenden, die schon länger lernen, meistens jene aus dem zweiten Lehrjahr, mit einem gewissen Stolz artikulieren und erzählen. Man hat was gelernt, man kann was, einiges hat auch Spaß gemacht; wenn was schief gegangen war, ließ es sich noch geradebiegen, etc. Aus Kenntnis dieser Sachlage artikuliert sich dann auch lebhafte Kritik an den

Werkstattabläufen, etwa wenn ein Jugendlicher sich beklagt, daß er eine begonnene Arbeit nicht zu Ende führen durfte oder konnte. Eine andere Kritik: Ein Gerät wird gebaut, und dann stellt sich heraus, daß der erwartete oder vom Meister behauptete Gebrauchswert doch nicht so groß ist; entsprechend groß ist die Enttäuschung oder der Unwillen. Dem wird übrigens dann auch entgegengehalten, daß man, vom damaligen Wissens- und Könnensstand her, wenigstens zum erstenmal ein gebrauchsfähiges Gerät zusammenbauen konnte.

Sehr schnell richtete sich das Gespräch auf die *Frage nach der Projektorientierung in der Werkstatt*. Wichtig war mir nicht nur die Frage, wie ein Jugendlicher seine Arbeit erledigt, sondern auch, wie er dabei seine *eigene Selbständigkeit* einschätzt. "Hast Du das alleine oder ohne große Hilfen geschafft?" - so lautete in der Regel meine Frage. Das Spektrum der Erfahrungen reicht weit. Es gibt Jugendliche, die schon mal alleine losgeschickt werden, um einen Außenauftrag zu erledigen; in diesem Fall kann davon ausgegangen werden, daß sie es auch alleine schaffen. Dann kommt es auch vor, daß ein Auszubildender oder mehrere Auszubildende einen Vorschlag hinsichtlich eines zukünftigen Projekts machen:

- "Ja, die Ideen selber, die kamen eigentlich von uns... Also das war so: Zuerst sollten wir nur in der Küche eigentlich was ausbessern. Da war so'n riesengroßes Loch, und das sollten wir zumachen. Nur ausbessern. Auf jeden Fall plötzlich kam dann einer an: Jetzt machen wir dies und das noch mit und plötzlich haben wir gesagt, jetzt machen wir alles mit. Ja gut. Dann kam die Überlegung, wie man die eine große Wand macht. Und dann mit S. (dem Heimleiter), und alle mit dabei, da kamen wir auf die Idee, daß wir da Farbabstufungen reinbringen." (Jugendlicher Malerei).

In der Regel kommt der Auftrag oder die Idee vom Meister bzw. ist durch Außenauftrag vorgegeben. So erklären sich viele Aussagen der Jugendlichen, die etwa so lauten wie: "Dann habe ich... gemacht", "Dann mußte ich... machen". Selbständigkeit wird im großen und ganzen eher im engeren Sinne gesehen, etwa darin, wie man im Rahmen eines Auftrags oder eines Projekts ein bestimmtes Problem löst. So heben mehrere Jugendliche hervor, daß sie, wenn sie etwas nicht wissen, erst einmal den "Kollegen nebenan" fragen; wenn man tatsächlich nicht weiterkommt, wird beim Meister nachgefragt. Andere wichtige Hilfen für den Gewinn von Selbständigkeit sind schon fertige Geräte oder Gegenstände ("Muster"), die als Vorbild dienen; oder auch halbfertige Skizzen, die vom Auszubildenden vervollkommnet werden müsssen und dann in die Praxis umgesetzt werden. Auch ist es wohl üblich und selbstverständlich, daß man "zwei- bis dreimal probieren kann", bis man die gebotene Handfertigkeit erreicht. Der Grad der gewonnenen Selbständigkeit hängt nach Einschätzung der Jugendlichen sehr stark auch von der Übung und der Erfahrung ab. So berichteten zwei Elektro-Auszubildende, daß sie zuerst einen Schaltschrank mit der Hilfestellung des

Ausbilders bauten; später mußten sie in einer Schule einen zweiten, kleineren Schaltschrank einbauen: "Da konnte man das auch" - und zwar ohne Unterstützung durch den Meister, wie sie sagten. Sicherheit im Umgang erwirbt man offenbar erst nach längerem Ausüben bestimmter Tätigkeiten: "Selbständig wird man nach der 5. Tür" - so ein Auszubildender aus der Malerei ironisch-verärgert. Hier zeigt sich deutlich, daß die Jugendlichen selbst Grenzen der Projektorientierung ahnen; sie spüren, daß man, zwar unwillig, bestimmte Handfertigkeiten und Fingerkniffe sich langsam und oft mühselig aneignen muß. Ohnehin fällt einer ganzen Reihe von ihnen das eigenständige Planen der Tätigkeit, z.B. bei der Herstellung eines Gegenstandes, nicht immer leicht. Die Meister müssen die Jugendlichen anhalten, zuerst vor dem Loslegen eine Zeichnung anzufertigen oder eine Stückliste anzulegen; jedenfalls war dies den Jugendlichen nicht voll bewußt, daß Projektorientierung auch eine Planung der eigenen Tätigkeit meint. Die Forderung nach Selbständigkeit stößt überdies noch an andere Grenzen, auf die ein Jugendlicher in einer nachdenklichen Gesprächspassage aufmerksam macht:

- "Da gibt es Leute, die machen was und es sieht auch bombig aus und es funktioniert auch. Das sind halt die, die können es schon; und dann gibt's auch Leute, die sind noch nicht so gut, und die schwitzen so und das macht ihnen dann aber nicht so viel Spaß. Also dann stellt man fest, daß man halt nicht so viel Phantasie hat und deshalb auch nichts selbständig tun würde..." (Jugendlicher Elektrowerkstatt).

Hier werden Schwierigkeiten der Projektorientierung angetippt, die ohne Zweifel gerade bei Jugendlichen zu finden sind, die in vielen Lebenslagen versagt haben und in ihrem Selbstwertgefühl schwach sind. Man sollte sich nicht der Illusion hingeben, daß die Jugendlichen in den Heimwerkstätten unentwegt in der Lage wären, selber ihre Projekte definieren zu können. Projektorientierung in der Jugendhilfe ist gewiß möglich; aber sie bedarf, so kann man jedenfalls die Aussagen der Jugendlichen deuten, auch vieler Hilfen, Anstöße und gezielter Unterstützung durch die Erziehenden.

Ein weiteres, wichtiges Gesprächsthema bezog sich auf die *werkstattspezifischen Ausbildungspläne*. Die Auszubildenden wissen in Umrissen, welche Bedeutung und Funktion diese Pläne, die ja größtenteil in der Werkstatt öffentlich aushängen, für sie haben. Sie haben auf jeden Fall mitgekriegt, daß hier alle für die Ausbildung notwendigen Inhaltsbereiche wiedergegeben sind. Einige der Auszubildenden haben festgestellt, daß nicht alles, was im Plan vermerkt ist, in der Werkstatt erledigt werden kann. Damit war ihnen die Notwendigkeit von überbetrieblichen Lehrgängen und Unterweisungen leichter einsichtig. Man geht manchmal an den Plan "ran" und guckt sich die dort niedergelegten Inhalte an. Zwar stehe das auch im Berichtsheft drin, "aber da wird man ja doof bei". Die Ausbildungsordnung im Berichtsheft ist offenbar einfach zu unübersichtlich und den Jugendlichen nicht nahezubringen. Jedoch ist der

Plan für viele etwas Alltägliches geworden: "Da guckt keiner mehr hin". Offenbar ist es nur in Ansätzen gelungen, den Jugendlichen klarzumachen, daß der Ausbildungsplan eigentlich all das enthält, was sie in der Werkstatt lernen müssen. Vielleicht ist es wirklich schwierig, Heranwachsenden ein Gefühl zu vermitteln, was sie im Verlaufe von drei Jahren erwartet, angesicht des typischen Adoleszenzproblems, eine realistische Zeitperspektive zu entwickeln. Hier wäre bestimmt noch einiges zu verstärken, da es gewiß eine Chance wäre, wenn man den Auszubildenden regelmäßig verdeutlichte, was sie schon geschafft haben und was noch zu erledigen sei. Damit könnte auch die Ernsthaftigkeit der Ausbildung im kontinuierlichen Gespräch mit den Jugendlichen vor dem Plan verstärkt werden. Echte Bedeutung gewinnt der Plan freilich dann, wenn es ums *Eintragen der Bewertungskategorien* geht. Da erinnern sich etliche der Gesprächsteilnehmer sofort und nehmen engagiert Stellung. Das Muster des Bewertens hat sich in allen Werkstätten ähnlich eingespielt und wird von den Auszubildenden ähnlich berichtet. Stets wird wohl die eigene artikulierte Selbsteinschätzung vom Meister und vom Berufspädagogen aufgegriffen und befragt, meistens wird sie akzeptiert. Manchem Jugendlichen ist das Gespräch über die Bewertungskategorien selbstverständlich geworden: sie wissen, daß sie nach ihrem jeweiligen Stand der Kenntnisse und Fertigkeiten eingeordnet werden und führen dementsprechend das Gespräch. Eigentlich stehe, so ein Auszubildender, "die Bewertung ja nach Ausführung der Arbeit schon fest", aber, und das sei positiv, es werde *erklärt*, warum man nur eine bestimmte Stufe (A oder B etc.) erreicht habe. Damit wird der Plan, so ein Jugendlicher etwas erstaunt, auch eine "Kontrolle für uns selbst". Auffallend war, daß zwar einige Jugendliche untereinander Konkurrenz empfinden ("Manchmal, wenn ich den Plan angucke, kommt es zum Vergleich und zum Gestichel"); dies spielte aber in den Berichten keine große Rolle. Offenbar hat der Modellversuch gerade in diesem Punkt, nämlich in dem Gespräch über den Entwicklungsstand des Heranwachsenden, nachhaltigen Eindruck hinterlassen. Die Jugendlichen wissen sowieso, daß ihre Arbeit, wie auch immer, bewertet werden muß, und sie wissen auch, daß dies in letzter Instanz nur der Ausbilder oder der Berufspädagoge entscheiden kann, denn nur er hat den Wissensvorsprung und die Kompetenz, um ein verbindliches Urteil zu fällen. Indem aber "erklärt" wird, fühlt sich der Auszubildende miteinbezogen; er kann seine Einschätzung geben, die er wohl in Antizipation der Beurteilung des Meisters formuliert hat. So kann sich unter wechselseitiger Akzeptanz der Rollen relativ zwanglos eine produktive Einigung über den jeweiligen Lernentwicklungsstand ergeben und darüber hinaus sich eine Arbeitsperspektive für den Jugendlichen eröffnen. Hier gewahrt man, welche wichtige pädagogische Aufgabe dem Ausbilder zufällt: Wird er nicht voll in seiner Kompetenz akzeptiert, bricht dieses wechselseitige Aufeinander-verwiesen-sein zusammen;

das Gespräch über die Noten würde zur Arena gegenseitiger Schuldzuweisungen.

Streifen wir abschließend noch einige weitere Gesprächsthemen: Die *Nachhilfe* wird von den Jugendlichen als sinnvoll empfunden und sie wird "rege genutzt". Die Jugendlichen kennen zwei Formen der Nachhilfe: Die eine ist der vom Nachhilfelehrer erteilte Unterricht in den allgemeinen Fächern; hierüber berichtete ein Jugendlicher sehr lange im positiven Sinn. Die zweite Form ist die vom Modellversuch eingerichtete Nachhilfe, in der die Fachtheorie verstärkt aufgearbeitet wird. Auf Nachfragen betonen einige Jugendliche, daß sie die fachtheoretischen Unterweisungen, die oft direkt am Arbeitsplatz stattfinden, als sehr sinnvoll empfinden, da hier unmittelbar am Problem erklärt werden könne. Aber Nachhilfe sei "immer verschwommen". Also man weiß oft auch nicht, ob jetzt gerade Nachhilfe stattfindet und ob sie für einen jetzt nicht notwendig wäre. Ein Jugendlicher berichtet, eine Zeitlang seien regelmäßig Zettel mit Aufgaben verteilt worden, die dann zu lösen waren; dies habe er als sinnvoll empfunden, trotz der zusätzlichen Arbeit.

Die *Haltungen zur Berufsschule* klingen nicht so negativ, wie man vermuten könnte. Zwar finden sich einige heftige Voten gegen die Schule: "Ich bin schon ewig und zwei Tage in der Schule"; "Ich bin kein Theoretiker, ich bin Praktiker". Aber einige Auszubildende sagen auch, daß die Berufsschule etwas Notwendiges und Ergänzendes sei. Manchmal sei die Schule sogar eine willkommene Abwechslung zum Praktischen; dabei erstaunte die Einsicht, daß es wohl nie einen totalen Gleichlauf von Theorie und Praxis geben könne. Mir kommt es vor, als spielten die Auszubildenden ihre Probleme mit der Berufsschule souverän herunter, denn es ist bekannt, daß sie alle enorme Probleme mit dem dort Verlangten haben und auch das Gefühl haben, nicht mitzukommen. Davon war jedoch nur selten die Rede. Stigmatisiert fühlten sich eigentlich nur wenige; es gibt wohl nicht mehr die Praxis, daß "die aus dem Heim da" pauschal abgelehnt werden. Doch hängt wohl sehr viel vom Lehrer ab, inwieweit man Lust hat, die Schule zu bejahen und regelmäßig hinzugehen.

Die *Berichtsheftführung* schließlich, ein leidiges Thema, bereitet wohl allen Auszubildenden Schwierigkeiten: "Man hinkt hinterher"; "wenn man Zeit und Lust hat..." Zwar hat sich in den Werkstätten, zum Teil durch ein System von Punkten (Belohnungssystem) eingebürgert, daß vermehrt auf das Berichtsheftführen geachtet wird, so zum Beispiel durch den Berufspädagogen, doch sollte man sich keine großen Illusionen machen. Das Führen der Berichtshefte wird aber auch dann schwierig, wenn ein Auszubildender längere Zeit an der gleichen oder an einer ähnlichen Arbeit sitzt: "Was ich gearbeitet habe, schreibe ich dann lieber nicht rein" - so ein Jugendlicher. Hier artikuliert sich auch eine Kritik an monotonen Tätigkeiten in der Werkstatt. Es käme dann darauf an, mit den Jugendlichen anhand des Berichtshefts einen bestimmten Sachverhalt zu vertiefen, was wohl nur selten geschieht. In dieser Hinsicht unterscheiden sich die Modellversuchswerkstätten wohl nur in geringem Maße von den übrigen Werkstätten in den Jugendheimen.

Ich möchte den zwiespältigen Eindruck, den diese Gruppengespräche bei mir hinterlassen haben, nicht leugnen. Zu groß war das Spektrum der Temperamente, vom "Motzer" bis zum "Überangepaßten", zu unterschiedlich die Artikulationsfähigkeit der Jugendlichen; zu schwierig war es, manche Beiträge wirklich zu verstehen und einzuordnen. Zwiespältig bleibt der Eindruck, weil mir die Auszubildenden manchmal zu altklug und zu kompetent vorkamen, viel klüger, als ich sie sonst wahrnehme und es mir sonst von den Ausbildern, den Berufspädagogen, den Sozialpädagogen und sonstigen Erziehenden im Heim berichtet wird. Der sich nachdenklich gebende, Fragen und Einwürfe geschickt konternde und auf sie eingehende Jugendliche - war er mir nicht als sehr schwierig und manchmal kaum ansprechbar geschildert worden? Und entsprach dies nicht auch meinen vorherigen Beobachtungen? So muß ich die hier zusammengetragenen Befunde auch für mich relativieren. Es gibt nur sehr wenig Festes und wenn dieser Text gelesen wird, werden die Jugendlichen vielleicht schon wieder einen neuen Entwicklungsweg geschritten sein. Und dennoch: Etwas *Allgemeines* scheint doch durch all' dieses ach so Fließende hindurch. Bestimmt haben die Modellversuchsjugendlichen gespürt, daß wir, sei es in der Werkstatt, sei es bei den Gruppendiskussionen, versucht haben, sie wirklich als Personen mit eigenen Meinungen, Positionen und Auffassungen ernstzunehmen und uns mit ihnen auseinanderzusetzen. Dies wird gewiß - irgendwie - in ihrer weiteren Lebensgeschichte auch Bestand haben.

3.4 Die Einbettung der Curriculumentwicklung in die pädagogischen Prinzipien einer jugendgemäßen Berufsausbildung

Mit dieser Auswertung und der knapp gehaltenen Interpretation der Gruppengespräche mit den Jugendlichen sei kurz innegehalten, um sich des Fortschritts, den die Curriculumentwicklung des Modellversuchs gebracht hat, in einer zusammenfassenden Reflexion zu vergewissern. Die Mitarbeiter des Modellversuchs hatten, wie gezeigt, eine ganze Reihe von impliziten Entscheidungen, konstruktiven Gestaltungsvorschlägen und realen Innovationen in den Alltag der Werkstätten eingebracht. Eine Untersuchung wie diese, die den Gehalt einer Innovation über theoretisch-rekonstruktive und offene empirische Verfahren einzufangen versucht, dürfte sich eigentlich nicht einem Urteil und auch einer Kritik der Entwicklung entschlagen. Dies zumindestens sind in der Regel die Wünsche und Anforderungen, die an eine Wissenschaftliche Begleitung gestellt werden. Hier soll nun dies in der Form geleistet werden, daß eine "neutrale" Instanz genommen wird, die helfen kann, die Fülle der Befunde und Erfahrungen zu sichten, zu ordnen und damit eine Bewertung zu erleichtern. Ich greife dazu auf einen Grundlagentext des Bundesinstituts für Berufsausbildung zurück, in dem Ansätze einer Didaktik der Berufsausbildung benachteiligter Jugendlicher (Zielke 1986) vorgestellt werden. Der Text beruht auf "Erfahrungen und Überlegungen aus dem vom Bundesinstitut für Berufsbildung betreuten Modellversuchen" (a.a.O., S. 204); er versucht eine erste Systematisierung der die Berufsausbildung von benachteiligten Jugendlichen entscheidenden und prägenden Merkmale. Dietmar Zielke schlägt in dem Text sechs Prinzipien einer "jugendgemäßen Berufsausbildung" (a.a.O:, S. 210) vor, die als "Handlungsregulative und Filter für vorgängige Erfahrungen" (a.a.O., S. 212) dienen können. Es handelt sich um die folgenden Prinzipien: 1. *"Grundbedürfnisse"* (a.a.O., S. 210), 2. *"Situationsbezug"* (a.a.O., S. 211), 3. *"Aktivität"* (a.a.O., S. 211), 4. *"Selbständigkeit"* (a.a.O., S. 211), 5. *"Ernstcharakter"* (a.a.O., S. 212), 6. *"Ganzheitlichkeit von Lernprozessen"*.[6] Die sechs Prinzipen scheinen mir eine gute Ausgangslage für eine zusammenfassende vorläufige Bewertung zu bieten, vor allem deshalb, weil Zielke von einer, wie angedeutet, jugendmäßigen Seite an die Berufsausbildung herangeht, ein Ansatz, der über weite Strecken mit dem im Kapitel 2 herausgearbeiteten Konzept einer lernentwicklungsorientierten und der Individualität des Heranwachsenden sich anpassenden Berufsausbildung übereinstimmt. Freilich setzen die von Zielke herausgearbeiteten pädagogischen Prinzipien durchaus andere Schwerpunkte, als dies im Modellversuch der Fall war. Daher kann ein resümierender Durchgang durch die von Zielke vorgeschlagenen Kategorien Anregungen für eine erneute Betrachtung geben.

Zu 1.: Dies Prinzip taucht ansatzweise in dem Alltag der Modellversuchswerkstätten wieder auf, etwa durch die Projektorientierung, die neue soziale Kontakte ermöglicht. Dies z.B., wenn eine neue Lerngruppe sich zusammenschließt, um gemeinsam ein Projekt durchzuführen. Auch hat die Praxis offenbar Lernformen hervorgebracht, die es erlauben, neugierig zu sein; der Heranwachsende kann auch von anderen lernen, er kann in der Gruppe nachfragen, wenn er etwas nicht verstanden hat. Immer ist ergänzend der Meister da, der einspringen kann, um Motivation zu stiften. Schließlich scheint das offene Bewerten, in das wiederum eigene Einschätzungen hineinfließen

---

[6]Dieses Prinzip wird in der Endfassung des Textes von Dietmar Zielke nicht mehr aufgeführt, es stammt noch aus einer Manuskriptfassung. Ich halte aber dieses Prinzip für sehr wichtig, weil es grundsätzlich darauf aufmerksam macht, daß zwischen verschiedenen Anforderungen wie Theorie und Praxis sinnstiftende Bezüge hergestellt werden. Insofern ist zu bedauern, daß dieser Punkt in der Endfassung des Textes nicht mehr als eigenständiges pädagogisches Prinzip auftaucht.

können, ein Ansatzpunkt zu sein, um sich selbst besser kennenzulernen. Der Jugendliche kann "Fragen stellen" und sich gegen "Beschuldigungen und Geringschätzung verwahren".

Zu 2.: Dies Prinzip findet sich wohl am stärksten in dem Ansatz der Ausbildungsplanung wieder. Denn zufolge den Berichten der Jugendlichen ermöglicht der werkstattspezifische Plan tatsächlich, die persönliche Situation des Jugendlichen ein Stück weit zu erfassen, da hier versucht wird, seinen jeweiligen fachlichen Stand nachzuhalten und daran anzuknüpfen. Auch durch das von den Jugendlichen hervorgehobene "Erklären" der Bewertung scheint ein Rückbezug auf die persönliche Situation des Auszubildenden durchaus möglich. Nach meinen Erfahrungen gelingt es auch oft im Rahmen der Zusammenarbeit von Ausbildern und Erziehern, daß die Ausbilder z.B. auf eine aktuell bedrückende Lebenssituation mitfühlend Rücksicht nehmen, ohne freilich den Auszubildenden ungut zu "hätscheln" (siehe hierzu auch Kapitel 2.4).

Zu 3.: Das Prinzip ist schon durch die Ausbildungsberufe der in den Heimen angesiedelten Berufe voll angesprochen; es sind ja Berufe, in denen praktisch-handwerklich gearbeitet und kein "Schulbuchwissen" gepaukt wird. Durch die in die Werkstätten einbezogene Nachhilfe scheint die Möglichkeit gegeben, daß Verbales bzw. Schriftliches oft mit dem Praktischen unmittelbar in Verbindung gebracht wird. Die Forderung nach Aktivität im Bereich der Werkstätten ist auch dahingehend angesprochen, als nach meinem Dafürhalten wenig "Leerlaufsituationen" eintreten, in denen die Jugendlichen nur rumhängen, ohne gefordert zu werden.

Zu 4.: Diese Prinzip verweist auf die Projektorientierung. Diese erlaubt es ansatzweise, daß die Auszubildenden - ich brachte oben das Beispiel der Ideenfindung - ihre Gedanken einbringen und in eigener Regie ausführen können. Offenbar ist es auch weitgehend möglich, Fehler zu machen, um daraus zu lernen; man denke an die Notiz, zwei- bis dreimal probieren sei schon üblich. Durch die handwerkliche Orientierung der Ausbildung ist es sowieso leichter gegeben, daß der Auszubildende improvisieren muß, wobei er dann im gegebenen Rahmen auch eigene Entscheidungen fällen kann. Grenzen sind sicherlich durch die eigenen Möglichkeiten - Stichwort: "Phantasie" - gesetzt, ganz davon abgesehen, daß dies Prinzip sehr zerbrechlich ist und immer wieder aufs Neue hergestellt werden muß.

Zu 5.: Dieses Prinzip verweist auf fast alle Tätigkeiten in den Werkstätten. Z.B. ist wohl tatsächlich der "Edelschrott" zurückgedrängt. Die Jugendlichen wissen, daß die Werkstatt auf Außenaufträge angewiesen ist und daß man auch daran gemessen wird. Sie wissen aber auch, daß sie sich Zeit lasen können, daß sie nicht unter Druck stehen, alles rasch fertigzukriegen. Das Arbeiten in der Werkstatt ist glaubhaft keine Spielwiese, sondern ein Übfeld, eine Vorbereitungsphase auf den "Ernstfall Leben".

Zu 6.: Dieses Prinzip endlich weist abermals auf die Projektorientierung in den Werkstätten hin. Die Auszubildenden sind nach ihren eigenen Berichten an vielen Arbeiten so beteiligt, daß sie mitkriegen, von wem der Auftrag stammt; sie packen selbst mit an, bringen das Produkt in ihre endgültige Gestalt und installieren schließlich noch vor Ort das fertige Ergebnis. Damit wird ihnen oft deutlich, wie ein Arbeitsprozeß von der Bestellung bis zur Installation läuft. Auch durch das Bemühen, Projekte mit wirklichem Gebrauchswert zu entwickeln, sind Produkte entstanden, die in den Werkstätten regelmäßig benutzt werden (Werkzeugschrank, elektrische Prüfgeräte, etc.). Daß es dabei auch von der Sache her gesetzte Schwierigkeiten gibt, soll nicht heruntergespielt werden, wie die kritischen Bemerkungen zu den Übungsanteilen oder zur Ausbildung überhaupt deutlich gezeigt haben.

Ohne dieses Aufeinanderbeziehen der Modellversuchsergebnisse mit den Prinzipien einer jugendmäßigen Berufsausbildung überdehnen zu wollen, zeigt doch schon der lose Durchgang, daß der Modellversuch ein Stück praktische und theoretische Innovationsarbeit geleistet hat. Gleichwohl ist damit nicht Zufriedenheit angesagt! Das Konzept einer individuell gestalteten Berufsausbildung muß praxisnah *und* theoretisch weiterentwickelt werden. Hier nur zwei Beispiele aktueller und notwendiger Fortführung aus der Praxis: So sollte man sich in den Jugendheimen verstärkt über *Betriebspraktika* Gedanken machen, um die Jugendlichen möglichst früh mit einer anderen Realität vertraut zu machen (hier kann auf Erfahrungen anderer Modellversuche zurückgegriffen werden: Maiwald 1986; Schröer u.a. 1986). Eine zweite praxisbezogene Weiterentwicklung, um die man sich bisher noch zu wenig gekümmert hat, ist die *Verbindung zur Berufsschule*. Zwar wurde im Modellversuch ein sogenannter "Kontaktbogen" angefertigt, aber es wurde die grundsätzliche Bedeutung der Verbindung zur Berufsschule bisher nur unzureichend bedacht und weiterverfolgt. Diese beiden Handlungsfelder könnten wohl ohne weiteres zusätzlich in das in Kapitel 2.4 abgedruckte Schema Tab. B 2.4 (b) eingebaut werden, ohne daß es seine Handhabbarkeit für die Praxis-Innovation verlöre. Überhaupt sollte das Kategorienschema einer individuell gestalteten Berufsausbildung so offen wie möglich gehalten werden und nicht als ein Raster mißverstanden werden.

Viele offene Fragen stehen an. Im folgenden werden - natürlich mit dem Hintergrund der empirischen Untersuchungen - weiterführende Diskussionslinien angerissen, die bewußt einen Anschluß an theoretische Konzepte und Überlegungen suchen.

4 Ausgewählte Diskussionslinien zur Weiterentwicklung einer Didaktik beruflichen Lernens im Jugendhilfebereich

4.1 Vorbemerkung zur Einordnung dieses Kapitels

Die im Modellversuch geführte Diskussion um eine weiterentwickelte Didaktik des betrieblichen und beruflichen Lernens hat sich theoriegeleitet und aus der Praxis heraus entwickelt. Die in dieser Arbeit versuchte "Bewährungskontrolle" des Konzepts mag das verdeutlicht haben. Jedenfalls ist es in meinen Augen vielfältig gelungen, bisherige Desiderata des betrieblichen Lernens gezielt aufzugreifen, neu zu fassen und zu begründen und in einer plausiblen Weise aufeinander zu beziehen. In einem gemeinsamen Lern- und Handlungsprozeß wurden grundlegende Kategorien und Praxiselemente so arrangiert, daß das Ausbilden in der Werkstatt tatsächlich in Zukunft besser ablaufen könnte. Gleichwohl ist aber der Gestaltungsprozeß einer Didaktik des beruflichen Lernens noch nicht abgeschlossen. Es bedarf noch einiger systematischer Anstrengungen, um die entwickelten Ansätze theoretisch und praxisorientiert weiterzuentwickeln und zu fundieren. In diesem Kapitel sei ein Stück weitergegangen und versucht, im Anschluß an die allgemeine Didaktikdiskussion weitere Fundierungen zu versuchen.

Zunächst gilt es, auf Vorarbeiten zu verweisen. Die in diesem Kapitel vorgestellten Diskussionslinien schließen an die schon entwickelten Konturen, Begründungen und Konkretisierungen "Zur Planung und Durchführung der Berufsausbildung benachteiligter Jugendlicher" (Zielke/Hensge/Lemke 1986) an. In diesem Sammelband des BIBB haben vor allem die Autoren Sturzebecher und Klein in einem Beitrag in vorbildlicher Weise - in Rekurs auf die Didaktik der Berliner Schule - demonstriert, wie die bisherige Diskussion systematisch weitergeführt werden könnte. An diese Ausführung sei angeschlossen, mit dem Ziel, einige Konkretisierungen, Modifikationen und Ergänzungen vorzunehmen. Ich gehe deswegen so vor, weil ich die Bezugspunktwahl von Sturzebecher und Klein sehr fruchtbar fand; von dem vorgeschlagenen Tableau didaktischer Entscheidungen möchte ich noch einige konstruktive theoriegeleitete Schneisen schlagen. Nach dem derzeitigen Stand der Diskussion, in der pragmatisch vorgegangen werden muß (Zielke 1986, S. 204) verbietet es sich indes, die im Modellversuch sich herauskristallisiert habenden didaktischen Erfahrungen vorschnell in ein Gesamtkonzept einzustellen. Ich schlage vielmehr vor, neben dem Rückgriff auf die Berliner Schule von Heimann, Otto und Schulz auch Erkenntnisse anderer didaktischer Konzepte zu berücksichtigen und auf die Fragestellung des beruflichen Lernens im Jugendhilfebereich zu übertragen. Dazu greife ich auf eine Anfang der 80er Jahre zusammenfassende (und abschließende) Debatte über didaktische Theorien zurück, die damals im Rahmen der Zeitschrifft Westermanns Pädagogische Beiträge geführt wurde (vgl. Klafki 1980; Schulz 1980, von Cube 1980; Möller 1980; Winkel 1980; Abschlußdiskussion 1980). Die in diesen Beiträgen wiedergegebenen Positionen und Kontroversen markieren m.E. einen gesicherten Stand der heutigen Theoriebildung. Sichtet man diese verschiedenen didaktischen Entwürfe in ihrer neueren Gestalt, so ergeben sich vielfältige Konvergenzen zwischen bildungstheoretischen, lerntheoretischen und kritisch-kommunikativen Ansätzen der Didaktik. Für eine unverkürzte Didaktik beruflichen Lernens im Jugendhilfebereich wären diese als Strukturierungshilfe, also mit zu dem Ansatz der lern-/lehrtheoretischen Didaktik der Berliner Schule mit heranzuziehen. Im kühnen Vorgriff auf eine möglicherweise integrative Theorie der Didaktik beruflichen Lernens im Jugendhilfebereich schlage ich nun einige weiterführende Diskussionspunkte vor, die m.E. in den bisherigen Diskussionszusammenhang eingebaut werden müßten. Sturzebecher und Klein bearbeiteten im Rekurs auf die Berliner Schule alle sechs "klassischen" Felder der "Strukturanalyse des Unterrichts":

• Anthropogene Voraussetzungen: In diesem Bereich haben Sturzebecher und Klein schon eine Reihe wichtiger Vorarbeiten geleistet (Sturzebecher/Klein 1983, S. 32-60; vgl. auch Brater u.a. 1983, S. 24-90). Notwendig scheint indes eine Vertiefung und Zuspitzung angesichts der Problemlagen der Jugendlichen im Bereich der Heimerziehung. Es bedarf noch einer stärkeren didaktischen Überlegung, wie die jeweils unterschiedlichen individuellen Entwicklungen der Heimjugendlichen pädagogisch im Werkstattalltag berücksichtigt werden können. Daher bedarf es einer Weiterführung der Diskusssion hinsichtlich des Ansatzes bei der Individualität des Jugendlichen in seiner Entwicklung (Kapitel 4.2).

• Sozial-kulturelle Voraussetzungen: Diese Dimension wird von Sturzebecher und Klein unter den Stichworten "Regelausbildung" versus "Sonderausbildung" ausführlich diskutiert (Sturzebecher/Klein 1986, S. 28-31). In diesem Text wird diese Fragestellung unter einer besonderen Erfahrung des Modellversuchs anders akzentuiert und weitergeführt. Es geht nicht alleine um die besonderen Bedingungen des Lernens in außerbetrieblichen Einrichtungen, sondern es geht auch um die Leitbilder, an denen sich das gesamte Ausbildungsgeschehen der verschiedenen Werkstätten eines Jugendheims orientieren soll. Dazu greife ich das Spannungsfeld von industrieller und handwerklicher Orientierung auf, und versuchen zu begründen, auch vor den Erfahrungen, die in Kapitel 1 dieses Teil B niedergelegt wurden, warum eine handwerkliche Orientierung für die Berufsausbildung im Jugendhilfebereich sinnvoll sei

(Kapitel 4.4.).

• Intentionalität und Thematik: Mit Recht argumentieren Sturzebecher und Klein, daß die Vorgaben dieses Bereichs "relativ fixiert sind" (Sturzebecher/Klein 1986, S. 31), da die jeweiligen Rahmenbedingungen der Berufsausbildung (Ausbildungsordnung, Rahmenpläne, Zeitvorgaben, etc.) erst einmal strikt vorgegeben sind. Mir scheint, daß diese Debatte unter einer neuen Fragestellung, die eher aus der bildungstheoretischen Didaktik kommt, weitergeführt werden sollte (s.u.).

• Methodik und Medien: Diese werden als "vergleichsweise variabel" bezeichnet (Sturzebecher/Klein 1986, S. 31); die Autoren bringen hierzu aus der Praxis der Werkstätten des Jugendheims Johannesburg eine Fülle von Beispielen und zeigen, wie die Seite der verschiedenen Methoden ausdifferenziert werden können. Neben dieser von Sturzebecher und Klein eher "sozial" akzentuierten Ausdifferenzierung der Methodik sei eine andere Zugangsweise gewählt, nämlich die "sachliche" Veränderung des Arbeitsablaufes unter dem Stichwort "Gestaltung des Arbeitsarrangements in den Werkstätten" (Kapitel 4.6).

Soweit also eine Weiterentwicklung von Positionen im Anschluß an die Didaktik der Berliner Schule und in Fortführung der Überlegungen von Sturzebecher und Klein. Da aber der hier gewählte Ansatz in manchen Punkten nicht ausreicht, um die Berufsausbildung im Jugendhilfebereich besser zu begründen, sei vorgeschlagen, aus den bildungstheoretischen Überlegungen von Klafki zumindest drei Anfragen an den Unterricht auf unsere Problemstellung zu übertragen. In diesem Zusammenhang muß natürlich auf eine Darstellung des bildungstheoretischen Konzepts verzichtet werden (vgl. Klafki 1980); wichtig ist, daß das Verständnis der didaktischen Analyse der Berliner Schule hier erweitert wird zugunsten einer Anfrage an die Bildungsbedeutung pädagogischer Maßnahmen. Damit sei signalisiert, daß Didaktik auch grundsätzlichere Anfragen stellen darf, beispielsweise an die *Bildungsbedeutsamkeit eines Berufes für einen lernbehinderten Jugendlichen*. Gleichzeitig soll aufmerksam gemacht werden, daß eine Didaktik im Jugendhilfeberich als kritisch-konstruktive auf die Gestaltung des gesamten Lernzusammenhangs in einem umfassenden Sinne einwirken solle. Wie gesagt, in Anlehnung an diesen didaktischen Ansatz seien drei Erweiterungen im Sinne der Begründungsproblematik (Klafki 1980, S. 33) versucht:

• Exemplarische Bedeutung: Diese Kategorie sei dazu genutzt, sich grundsätzlich über anzustrebende Ziele und Intentionen der Berufsausbildung im Jugendheim zu verständigen und der allseitige Nutzung von Lernangelegenheiten innerhalb des Lernortverbundes Jugendheim daraufhin zu untersuchen, wie weit sie für die Entwicklung von Qualifikationen verwendet werden können. Es geht hier also darum, umfassend zu prüfen, inwieweit die verschiedenen Instanzen eines Jugendheims pädagogisch wirksam werden können (Kapitel 4.3).

• Gegenwartsbedeutung: Klafki fragt hier nach den "Sinnbeziehungen und Bedeutungssetzungen" für Kinder und Jugendliche in ihrer Alltagswelt (Klafki 1980, S. 33). Übertragen auf die allgemeine Frage unserer Didaktikdiskussion scheint darin auch eine Anfrage an die tatsächliche Bedeutung der Berufe und die Berufsausbildung für die Jugendlichen zu stecken. Dieses sei unter der Frage der Eignung von entwicklungsfördernden Berufen versucht (Kapitel 4.5).

• Zukunftsbedeutung: Hiermit fordert Klafki eine Erörterung beispielsweise von "gesellschaftlichen Alternativen im Unterricht" (Klafki 1980, S. 34). Diese Frage der Zukunftsbedeutung und der Alternativen provoziert natürlich zu einer Anfrage an die Berufsausbildung und ihre Zukunft überhaupt. So bedarf es einer Erörterung, welche Perspektiven die Ausbildung im Jugendhilfebereich für die Jugendlichen, unter anderem angesichts der schwierigen Arbeitsmarktsituation, enthält. Dabei gilt es, vor allem auf die Herausforderungen durch die neuen Technologien einzugehen und gleichzeitig zu prüfen, ob nicht auch traditionelle Handwerksberufe in sich neue Perspektiven ("alte Techniken") bergen (Kapitel 4.7).

Noch einmal: Es wird also keine neue Systematik vorgeschlagen, sondern lediglich eine Ergänzung und Erweiterung der Diskussion um einige Punkte, die dazu beitragen sollen, die bisherigen Konzepte von Planung und Durchführung der Berufsausbildung benachteiligter Jugendlicher zu transformieren.

4.2 Ansatz beim jugendlichen Individuum in seiner Entwicklung

In Jugendheimen ist eine Gruppe Jugendlicher untergebracht, die sehr spezielle Merkmale und Eigentümlichkeiten aufweist. Zur Darstellung ziehe ich Untersuchungen von Sturzebecher und Klein zu Rate, die eine größere Population von Heimjugendlichen näher untersucht und für unsere Zwecke hinreichend charakterisiert haben (Sturzebecher/Klein 1983, S. 121-141). Die Autoren greifen für eine theoretische Eingrenzung auf sonderpädagogische Abgrenzungs- und Definitionsversuche zurück, die im Modellversuch und in dieser Studie ebenfalls verwandt werden. Sie unterscheiden zwischen Auffälligkeiten im *sozialen Verhaltensbereich* und Auffälligkeiten im *Lern- und Leistungsbereich* (Sturzebecher/Klein 1983, S. 32-36).

• Auffälligkeiten im sozialen Bereich: "Bezogen auf einen Heimaufenthalt bzw. auf die berufliche Erstausbildung im Heim beschreibt der Begriff der Verhaltensauffälligkeit ein überdauerndes negatives Sozialverhalten in pädagogischen Situationen, das gegen Ausbilder und Erzieher, gleichrangige Gruppenmitglieder, Gruppennormen,

103

Sachobjekte und/oder gegen sich selbst aktualisiert wird und das Gruppenleben beeinträchtigt" (Sturzebecher/Klein 1983, S. 34/35). Für eine Berufsausbildung heißt das z.B., daß der Jugendliche Schwierigkeiten hat, Normen des Ausbildungsbetriebs, wie Arbeitstugenden, anzuerkennen oder einzuhalten; der Jugendliche ist oft aggressiv und renitent gegenüber seinen Arbeitskollegen und gegenüber den Ausbildern; weiterhin ist zu beobachten, daß der verhaltensauffällige Jugendliche wenig Durchhaltevermögen entwickelt oder nach sofortiger Bedürfnisbefriedigung verlangt; oft ist er auch unselbständig und nahezu unfähig, Verantwortung zu übernehmen oder sich die Folgen des eigenen Tuns bewußt zu machen. Mit diesen vorsichtigen Beschreibungen soll angedeutet sein, daß die Jugendlichen tatsächlich schwierig sind und Schwierigkeiten mit sich selbst und anderen Menschen haben. Es handelt sich hierbei nicht nur um Zuschreibungen oder um "Stigmatisierungen"; es wäre vielmehr unzulässig, die objektiv vorhandene Problemsituation des Jugendlichen zu leugnen.

• Auffälligkeiten im Lern- und Leistungsbereich: Sturzebecher und Klein umreißen dieses Problemfeld der Heimjugendlichen mit einem Begriffsversuch des Sonderpädagogen Kanter. Der Begriff der Lernstörung/Lernbehinderung umfaßt "Einschränkungen, Hemmungen und Erschwernisse beim Erwerb von Kenntnissen und Fertigkeiten. Lehrbemühungen stoßen in den verschiedenen Lernphasen oft auf Schwierigkeiten. Beim Aufnahmeprozeß (Perzeption), beim Speicherungsprozeß (Kurz-, Langzeitgedächtnis), beim Verarbeitungsprozeß (Integrations- und Abstraktionsvorgänge) und beim Wiedergabeprozeß (Erinnerung, Reproduktion)... ergeben sich also Probleme" (Sturzebecher/Klein 1983, S. 35). Gemäß der seit alters üblichen Unterscheidung differenzieren die beiden Autoren drei Dimensionen: a) Die kognitive Dimension ist z.B. gekennzeichnet durch Konzentrationsstörungen, Gedächtnisprobleme und Instruktionsschwierigkeiten. b) In der motorischen Dimension findet sich z.B. oft Unruhe, die mit Ungeduld gepaart ist, was die im handwerklich-praktischen Bereich notwendige Präzision, Genauigkeit, Sorgfalt und Sauberkeit erschwert. Diese Unruhe geht häufig einher mit Ablenkbarkeit und Konzentrationsstörungen, mit der Folge, daß sich das Arbeitstempo verlangsamt. c) Die affektiv-emotionale Dimension ist z.B. gekennzeichnet durch mangelnde Leistungsmotivation, geringe Ausdauer, schwaches Durchhaltevermögen, sowie eine falsche Selbsteinschätzung.

Diese Kurzcharakteristik der Heimjugendlichen verdeutlicht hinreichend, daß der Jugendliche in seiner Entwicklung behindert und gestört ist, daß ihm Entfaltungschancen gegeben werden müssen, die es ihm erlauben, sich und seine Person zu finden. Jeder Jugendliche hatte sehr verschiedene Lerngeschichten hinter sich (vgl. Köhler 1983), seine ihn geprägt habenden Lebenserfahrungen sind denkbar unterschiedlich. Vor diesem Hintergrund fordern beispielsweise Christa Sprenger und Bodo Voigt: "Die sozialen, materiellen und psychischen Probleme der Jugendlichen sind oft so gravierend, daß vermutlich für einen Teil der prinzipiell Ausbildungsfähigen jeweils individuell und gruppenweise spezifizierte Betreuungsformen nötig wären" (Sprenger/Voigt 1985, S. 126). Hier zeigt sich deutlich, daß die Überlegungen des Modellversuchs, eine "individuell" gestaltete Berufsausbildung zu favorisieren, durch andere Überlegungen gestützt werden. Freilich müßte man noch viele Schritte weitergehen, *weil die Berufspädagogik in sich selbst bisher kaum den Aspekt der Persönlichkeitsentwicklung in den Blick genommen hat.* Eigene Untersuchungen zeigten, daß beispielsweise Berufsschullehrer über Entwicklungsprozesse (Phasentheorien, Entwicklungspsychologie) von Jugendlichen im Jugendalter nur völlig unzureichend oder gar nicht informiert sind (Bojanowski/Hullen/Wagner 1983). Zu vermuten ist, daß die Ausbilder trotz der vorgeschriebenen Inhalte in der Ausbildereignungsverordnung über Jugendentwicklung so gut wie keine Informationen haben. Gerade in diesem Punkt steht die Forschung noch am Anfang (vgl. Bojanowski/Hullen/Wagner 1983, S. 49-51). Hieraus resultiert die Forderung: "Langfristig muß eine entwicklungsadäquate Curriculumentwicklung betrieben werden, die entwicklungslogische Abläufe im Schülersubjekt mit den historisch überkommenen Lehrinhalten und -fächern sowie das kontingente Moment der Persönlichkeitsentwicklung mit der sachlogischen Struktur von Lehrinhalten fruchtbar aufeinander bezieht" (Bojanowski/Dedering/Heidegger 1983, S. 44). Das damit angedeutete Forschungsprogramm kann an dieser Stelle nur durch Verweis auf weiterführende theoretische Ansatzpunkte angedeutet werden. Hinweise finden sich in der Bildungsgangsforschung im Umkreis der Blankertz-Gruppe (z.B. zusammenfassend Meyer/Schenk 1987; Blankertz 1986), in den Begründungsversuchen in Anschluß an die Pädagogik Rudolf Steiners und der Waldorfpädagogik (Fintelmann 1979; Fucke 1981, Brater/Herz 1986), in den Forschungen des Max-Planck-Institutes für Bildungsforschung (hier z.B. Hoff/Lappe/Lempert 1983; Hoff 1986) sowie in den Untersuchungen von Girmes-Stein 1983, Dedering 1986, Heidegger 1985. Freilich werden sich weitergehende Perspektiven nur dann ergeben, wenn es gelingt, im *Alltag der Werkstätten* eine *Praxis des Ausbildens* zu entwickeln, die sich um die *individuelle Entfaltung des einzelnen* bemüht.

4.3 Allseitige Nutzung von Lerngelegenheiten für die Entwicklung von Qualifikationen

Um der Forderung einer umfassenden Entwicklung des Jugendlichen näher zu kommen, bedarf es einer genauen Verständigung über die anzustrebenden *Ziele* der Ausbildung im Jugendhilfebereich und die einzusetzenden *Mittel*. Zunächst muß geprüft werden, welche Qualifikationsdimensionen anzustreben sind. Dabei muß einerseits an den "objektiven" Anforderungen festgehalten werden, wie sie durch die Grundlagen der Ausbildungsberufe gegeben sind. Andererseits aber muß die Ausbildung so angelegt sein, daß die Heimjugendlichen in die Lage versetzt werden, ihr Leben eigenständig zu gestalten. Hier läßt sich zwanglos an die von Wolfgang Lempert skizzierten Aufgaben der Berufsausbildung anschließen: "berufliche Tüchtigkeit" und "berufliche Autonomie" als Zielkategorien auch der Berufsausbildung im Jugendhilfebereich (vgl. Lempert 1974). Für die Bestimmungen von Qualifikationen lassen sich ebenso Modellversuchserfahrungen einbringen. Dort war man sich von Anfang an darüber im klaren, daß die Anforderungen an eine Berufsausbildung durch zeitliche Umstrukturierungen und durch inhaltliche Innovationen so umzubauen sind, daß auch das Ziel einer beruflichen Autonomie nicht verlorengehen darf. Gleichwohl ist das Ziel der beruflichen Autonomie nicht leicht zu verwirklichen. Betrachten wir zunächst die Qualifikationsdimensionen zur Entwicklung von "beruflicher Tüchtigkeit" und "beruflicher Autonomie":

● *Vermittlung der notwendigen fachpraktischen und fachtheoretischen Qualifikationen:* Hier hat der Modellversuch insbesondere den Gedanken eingebracht, die Ausbildungsplanung so zu benutzen, daß sie auch als Instrument für die Ausbildung eingebracht werden kann. Verallgemeinert: Jegliche Ausbildung im Jugendhilfebereich sollte versuchen, systematisierte Formen der Ausbildungsplanung so einzusetzen, daß sie nicht lediglich der Kontrolle des Lernentwicklungsstandes dienen, sondern auch als Gesprächsanlaß, bei dem der Auszubildende sich umfassend mit den Ausbildern über seinen jeweiligen Lernstand verständigt. Diese Weiterentwicklung der Ausbildungsplanung scheint mir allererst den Anschluß der Betriebspädagogik an die allgemeine Didaktik zu sichern: Nicht allein die "Sache", also das fertiggestellte "Ding" ist der Bewertungsmaßstab, wie des bei der üblichen Form der Ausbildung gang und gäbe ist, sondern die Besonderheit des Lernstandes des Jugendlichen im Verhältnis zur "Sache" während des Lernprozesses. Der zweite Grundgedanke des Modellversuchs, die Projektorientierung, diente ebenfalls (zu einem großen Teil) der Vermittlung fachpraktischer und -theoretischer Qualifikationen.

● *Extrafunktionale Qualifikationen:* Mit extrafunktionalen Qualifikationen sei zusammenfassend gemeint, daß Wissensvoraussetzungen und Verhaltensdispositionen wie "Umstellungsbereitschaft, Flexibilität, Anpassungsfähigkeit, Verantwortung, aber auch technische Intelligenz, technische Sensibilität, Wahrnehmungs- und Reaktionsfähigkeit" (Baethge 1974, S. 483) systematisch entwickelt und geschult werden sollen. Solche Verhaltens- und Wissensdispositionen ergeben sich aber nicht von selbst, sondern bedürfen der pädagogischen Reflexion. So war für diesen Bereich einerseits

106

die Projektorientierung von großer Bedeutung. Ich hatte versucht zu zeigen, daß sich durch die Projektorientierung nicht nur die Fähigkeiten und Fertigkeiten der Jugendlichen verbessern können, sondern daß auch durch das selbständige Bearbeiten eines Gegenstandes oder eines Werkstückes der Auszubildende die Möglichkeit erhält, seine eigenen Lernwege zu entdecken und etwas auszuprobieren; natürlich kommt es dabei zu Fehlern und falschen Lösungen, aber der Weg von "trial and error" scheint mir als Wesenselement des Projektes ein wichtiger Punkt zu sein, um auch zusätzliche neue, extrafunktionale Qualifikationen anzuregen. Durch die Ausbildungsgesprächsprotokolle sollte darüberhinaus versucht werden, auch im Verhaltensbereich bestimmte Qualifikationsanregungen vorzunehmen.

Diese pädagogische Reflexion muß das gesamte Ausbildungsgeschehen umreißen. Dies soll an einem Beispiel erläutert werden: "Eine vollkommen durchstrukturierte Ausbildung, in der jeder Ausbildungsschritt festgelegt ist, Arbeitsmittel und -material stets in geeigneter Weise vorhanden sind, in der die Aufgabe des Ausbilders darin besteht, die Arbeitsaufgabe zu erklären und deren Erfüllung zu überwachen, kann sicher die beruflichen Fertigkeiten und Kenntnisse sowie die berufsnotwendigen Arbeitstugenden und Verhaltensweisen vermitteln. Derart 'glatte' Ausbildungserfahrungen vermitteln dem Jugendlichen jedoch den Eindruck, daß alles ohne sein Zutun, ohne seine Person bereits vorgegeben ist und er in diesem System funktionieren muß oder nicht, er kann es jedoch nicht beeinflussen" (Picker/Carstensen-Bretheuer/Bojanowski 1985, S. 4). Offenbar sollte auch die Organisation der Werkstatt unter dem Aspekt der Gewinnung von mehr Selbständigkeit und Autonomie pädagogisch reflektiert werden. Hierzu sei der Begriff der *Lerngelegenheit* vorgeschlagen. Der Ausbilder muß allseitig versuchen, alle möglichen Lerngelegenheiten innerhalb der Werkstatt und in ihrem Umkreis aufzuspüren, um den Jugendlichen Raum zur Selbsterfahrung zu geben. Es genügt also nicht, auf die Ausbildungsordnung und die zu lernenden Inhalte zu verweisen, sondern der Ausbilder ist als Pädagoge gefragt.

Nun ist, vor dem Hintergrund der Erörterungen in Kapitel 4.2, der Ansatz, berufliche Autonomie zu fördern, schwierig, weil die qualifikatorischen Voraussetzungen der Jugendlichen oft sehr ungünstig sind. Zusammengefaßt: "a) Die Jugendlichen sind im Gegensatz zum Nicht-Heim-Kind aus ihrer Umgebung herausgenommen worden und müssen unter letztlich familien-unähnlichen Bedingungen aufwachsen. Ihre Eltern konnten ihrem Erziehungsauftrag nicht gerecht werden. Bei Randgruppeneltern sind oft die wirtschaftlichen Verhältnisse die Ursache. Bei den sonstigen durchschnittlichen Familien fehlt zumeist Zeit und Kraft, die Kinder zu erziehen ('Wohlstandsverwahrlosung'). b) Die Kinder und Jugendlichen sind ohne Kontinuität und Orientierungen herangewachsen. Weder waren sie einen längeren und damit lebensgeschichtlich bedeutsamen Zeitraum mit ein und derselben Person zusammen, noch waren die Forderungen, die an die Jugendlichen gestellt wurden, in sich klar und kontinuierlich formuliert. Die Jugendlichen haben entsprechend gelernt, sich 'durchzumogeln'. Ihnen fehlte die Möglichkeit zur Identifikation mit einem Älteren! c) Unsere Jugendlichen sind zumeist *lernunwillig* und *schulmüde*. Sie brauchen einen Großteil ihrer seelischen Energien, um überhaupt die aktuelle Gegenwart zu bewältigen. Zudem bot die Schule zuwenig positive Anregungen, um neue Denkfähigkeiten zu entwickeln. d) Die Jugendlichen kommen als *Gescheiterte* ins Heim. Sie haben trotz aller zur Schau getragenen 'Coolness' keine tragfähigen Lebens- und Überlebenstechniken entwickelt. Sie selbst gehen fast immer ahnungslos mit dieser Situation um". (Picker/Carstensen-Bretheuer/Bojanowski 1985, S. 1/2). Diese Charakterisierungen, die noch einmal an den Beschreibungen des Kapitel 4.2 anschließen, stimmen deutlich mit Charakterisierungen aus der berufspädagogischen Diskussion überein, in der z.B. Unterschichtkinder als "kognitiv so wenig entwickelt und persönlich so wenig stabilisiert (gelten), daß (sie) auch einer anspruchslosen Ausbildung für einen gewerblichen Beruf nicht gewachsen (erscheinen)" (Lempert/Franzke 1976, S. 128). Insgesamt muß man bei diesen Jugendlichen, die sich auch mit der Gruppe der Jungarbeiter vergleichen lassen, konstatieren, daß ihr "intellektueller und moralischer Entwicklungsstand, sowie deren Lern- und Leistungsmotivation für eine Lehre nicht ausreichen" (Lempert/Franzke 1976, S. 139). Diese Übereinstimmungen zeigen deutlich, daß Jugendliche in der Heimerziehung faktisch *entwicklungsverzögert* sind. Oft kommt es einem so vor, wenn man in Heimwerkstätten hineinschaut, daß die 17, 18 oder 19jährigen wie Jugendliche im Alter von 15 und 16 wirken. Ohne diesen Gedanken hier vollends ausführen zu können, will mir scheinen, daß es oft schon ein großer Fortschritt für die Entwicklung des Einzelnen wäre, wenn er die Stufe der beruflichen Tüchtigkeit erreichen könnte. Schon alleine die Möglichkeit, den Jugendlichen rollenkonforme Verhaltensweisen zu überantworten, wie Ordnung, Pünktlichkeit, mit denen er im Arbeitsleben bestehen kann, wäre für viele der hier zur Debatte stehenden Heranwachsenden ein großer individueller Fortschritt, der ihnen einen Anschluß an die gesellschaftliche Integration ermöglichte. Diese Notizen sollen nicht von der Diskussion um mehr berufliche Autonomie ablenken, sondern sie soll darauf aufmerksam machen, daß gerade bei den Jugendlichen im Jugendhilfebereich, bedingt durch die Entwicklungsverzögerungen, kleine Schritte der Persönlichkeitsentwicklung anzusetzen sind. Auf der Ebene der berufspädagogischen Forschung sind bisher wenig empirisch fundierte Erfahrungen vorhanden, die darauf hindeuten, daß auch Entwicklungsverzögerungen im biographischen Verlauf kompensiert werden können. Hier gälte es weiterzuarbeiten.

4.4 Entscheidung für handwerkliche Orientierung der Ausbildung

Um Lerngelegenheiten optimal verwirklichen zu können, bedarf es einer Entscheidung hinsichtlich der Gesamtorientierung der Ausbildung. Dieses Entscheidungsfeld ist deshalb von so großer Bedeutung, weil damit eine grundsätzliche Leitlinie der Ausbildung im Jugendhilfebereich zur Debatte steht. Ich hatte oben im Kapitel 1 dieses Teils B schon angedeutet, daß in den Werkstätten der beiden Jugendheime in sich widersprüchliche Entwicklungen zu konstatieren waren, Entwicklungen zwischen handwerklicher und industrietypischer Orientierung. Betrachten wir vorab knapp die jeweiligen Konzepte von betrieblicher Ausbildung:

• *Handwerkliche Ausbildung:* Handwerkliche Ausbildung ist die älteste Form von beruflicher Bildung. Diese gestaltete sich als "Meisterlehre" oder "Beistellehre" überwiegend im Rahmen der betrieblichen Produktion nach dem Prinzip "Vormachen - Nachmachen". Der Auszubildende leistete Hilfestellungen und lernte überwiegend durch "abgucken" sowie durch Versuch und Irrtum. Didaktische Begründungszusammenhänge, wie von der Schule her bekannt, waren nicht vorhanden bzw. sind unüblich. Die Begründung wurde allein durch die Nützlichkeit der Tätigkeit und im Betriebszweck gesehen (vgl. Bojanowski/Dedering/Heidegger 1983, S. 183-185). Diese Form der Ausbildung, die zwar improvisatorische Anteile enthielt, aber gleichwohl eingeengt war, war solange möglich, wie Betriebe nicht spezialisiert waren, so daß tatsächlich alle für den Ausbildungsberuf notwendigen Qualifikationen vermittelt wurden. Mit zunehmender Spezialisierung der Betriebe konnte dies nicht gewährleistet werden, zumal die rechtliche Situation sich seit 1969 durch die Ausbildungsordnungen und das Berufsbildungsgesetz gewandelt hat. Dadurch sind der Ausbildungsbetrieb und der Ausbildende verpflichtet, die Ausbildung planmäßig, zeitlich und sachlich gegliedert, so durchzuführen, daß das Ausbildungsziel erreicht wird. Somit wird von jedem Ausbildungsbetrieb eine didaktische Strukturierung erwartet, die sie in Einklang mit der Produktion bringen müssen. Die Formulierung dieser Ansprüche an die Ausbildung der Handwerksbetriebe, die weiter in der Meisterlehre verhaftet sind, brachte die Handwerksausbildung faktisch in Verruf. Ausbildung in den Lehrwerkstätten der Industrie wurden als das "Non-plus-Ultra" angesehen, da in diesen Werkstätten offenkundig der einzige Zweck die Ausbildung war. Die produktive Seite handwerklichen Lernens blieben verschüttet.

• *Ausbildung in Lehrwerkstätten:* Ausbildung, die sozusagen "nebenbei" stattfindet, ist in Industriebetrieben mit stark zergliederten Produktionsprozessen nicht möglich. Aufgrund dessen entwickelten sich spezielle Lehrwerkstätten, um dem betrieblichen

Nachwuchs die notwendigen Qualifikationen - neben normativen Tugenden - zu vermitteln. Dieser Ansatz begann schon in den 70er Jahren des 19. Jahrhunderts mit den sogenannten Eisenbahnreparaturwerkstätten (vgl. Georg/Kunze 1981, S. 54 ff.). Dabei entstand eine aufeinander aufbauende Systematik der Lerninhalte, die in einer zeitlichen Abfolge vermittelt und geübt wurden. Diese Form der Ausbildung wird durch die am Arbeitsplatz (training on the job) ergänzt, um den Übergang von der Ausbildung zum Arbeiten im Großbetrieb zu schaffen. Aber auch hier entstehen didaktische Begründungszusammenhänge auf der Grundlage betrieblicher Erfordernisse und der Anforderungen des Berufsbildes und nicht unter Rückgriff auf übergeordnete allgemeine Ziele, wie sie z.B. für die Schule gelten. Ausgehend vom festgelegten Berufsbild werden Lernziele deduziert, die in einzelnen Schritten anhand von Übungsstücken erlernt werden. Hierbei entsteht die sogenannte "Edelschrottproduktion"; Zweck der Tätigkeit ist nicht das Produkt, sondern das Erlernen der Tätigkeit. Dies ist jedoch ein jeder beruflichen Realität widersprechender Erfahrungsraum, so daß hier hinsichtlich der Realitätsferne ähnliche Probleme wie in der Schule auftreten. Es fehlt das Erleben des Berufs als Ganzem, da nicht in sich zusammenhängende Produkte erstellt werden, sondern nur Teile des Ganzen geübt werden. Diese Form der Ausbildung in Lehrwerkstätten mit ihrem systematischen Aufbau wurde eine zweite wichtige Leitidee für berufspädagogische Vorstellungen von betrieblicher Ausbildung.Die meisten außerbetrieblichen Ausbildungsstätten und sogar alternative Projekte übernahmen diese Ausbildungsform. Als berühmt-berüchtigtes Beispiel der Orientierung kann der sogenannte ABB-Lehrgang Metall herangezogen werden, der seit alters her in mannigfacher Variation, aber niemals grundlegend in Frage gestellt, in allen Lehrwerkstätten zur Einführung in den Metallbereich genommen wurde - auch in den Werkstätten der Jugendheime (siehe hierzu Kapitel 1.5 dieses Teils B).

Aufgrund vielfältiger unguter Erfahrungen mit derart systematischen Lehrgängen näherten sich seit einigen Jahren - bezogen auf die Lehrwerkstätten in der Heimerziehung - beide Konzepte einander an. So wurde verstärkt versucht, auch Elemente der Handwerksausbildung in eher industrietypische Lehrwerkstätten hineinzunehmen. Solche Tendenzen waren auch in den großen Lehrwerkstätten der Industrie zu beobachten (z.B. Ford; Peine-Salzgitter; vgl. Kröll u.a. 1984; Rottluff 1986); dort wurden neue Konzepte angegangen, indem man sinnhafte Produkte herstellte und Versuche ganzheitlichen Lernens im Sinne projektorientierter Ansätze erprobte. Solche Entwicklungen speisten sich zumeist nicht aus menschenfreundlichen Überlegungen, etwa die Persönlichkeit des zukünftigen Facharbeiters zu fördern, sondern aus qualifikatorischen Nötigungen, die im Zuge der technologischen Entwicklung als notwendig erachtet wurden (Zusammenhangsdenken, Selbständigkeit bei Überwachungstätigkeiten, Improvisationstätigkeit, Reparieren können, u.a.m.). Die gesamten neueren Entwicklungen in diesem Bereich wurden auf den Hochschultagen Berufliche Bildung '84 zusammenhängend diskutiert (vgl. Passe-Tietjen/Stiehl 1985). Die Berichte aus den Modellversuchen "Peine-Salzgitter" (Koch/Schneider 1985), "Ford" (Weissker 1985), "Melsungen" (Helbig 1985) und den Juniorenfirmen (Kutt 1985) zeigen eine deutliche Tendenz, die Handlungsfähigkeiten der Jugendlichen zu erweitern, ganzheitliche Arbeits- und Ausbildungszusammenhänge einzubauen und die Ausbildung entsprechend solcher Grundgedanken umzugestalten. Diese Entwicklungsprozesse lassen sich nun nicht bruchlos auf die Berufsausbildung in der Heimerziehung übertragen; sie zeigen indes, daß man auch in den industriebetrieblichen Lehrwerkstätten davon abgeht, die Ausbildung in einer schematischen Form ablaufen zu lassen. Die Besonderheiten der Jugendlichen in den Werkstätten der Heime zwingen dazu, diese Entwicklung gleichsam zuzuspitzen. Die Modellversuchserfahrung lautet, daß es sinnvoller sei, nicht die Entwicklung der Industriebetriebslehrwerkstätten abzuwarten, sondern vielmehr von der schon bestehenden handwerklichen Orientierung, so wie sie sich in ihren besseren Möglichkeiten zumeist darstellt, auszugehen und von diesem Blickwinkel her die Ausbildung neu zu strukturieren. Erst durch die positiven Elemente einer handwerklichen Ausbildung können die Eigenarten eines jeden Jugendlichen besser zur Geltung kommen, können die unterschiedlichen Lernformen und -geschwindigkeiten der Jugendlichen angemessen aufgegriffen und gefördert werden. Diese Entscheidung für handwerkliche Orientierung ist freilich auch eine sinnvolle Entscheidung im Hinblick auf die späteren Arbeitsmöglichkeiten der Heimjugendlichen! Zumindest ist zu vermuten, daß viele nicht unbedingt in ihren Facharbeiterberufen arbeiten werden, sondern sich vielfältig durchs Leben schlagen (müssen). Diese Aussage entspricht den (artikulierten) Erfahrungen der Ausbilder, Erzieher und Funktionsträger der Jugendheime. In solchen "grauen" Arbeitsfeldern bedarf es dann aber nicht nur der klassischen Qualifikationen, sondern auch normativer Tugenden wie Pünktlichkeit, Zuverlässigkeit etc., und darüber hinaus ganz anderer Fähigkeiten, beispielsweise der Fähigkeit, an einer Baustelle nicht nur Fenster einzusetzen, sondern auch Wände zu verputzen, Tapeten zu kleben, das Zimmer zu reinigen, u.a.m. Solche "Querqualifikationen" scheinen wichtige Hilfen für eine eigenständige Lebensbewältigung zu sein. Es sei vermutet, daß durch die improvisatorischen Elemente jeglicher handwerklicher Ausbildung gerade solche Qualifikationen stärker geschult und entwickelt werden als in den stark systematisierten Abläufen der industrietypischen Lehrwerkstätten.

Grundsätzlich soll die hier angerissene Entscheidung für eine Orientierung an weiterentwickelten Handwerksberufen eine Zielrichtung signalisieren, die sich bewußt von der lehrgangsmäßigen Form der Unterweisung abhebt. Die Erfahrungen des Modellversuchs lassen es angeraten erscheinen, die Projektmethode, die viele Verbindungen zur handwerklichen Lehre aufweist, zu verstärken, damit der Auszubildende durch einzelne Arbeitsaufträge in seinen jeweiligen Lernfähigkeiten gefördert werden kann. Das heißt, die klassische Form des Außenauftrags auf jeden Fall beizubehalten, denn nur an konkreten Gegenständen läßt sich die Sinnhaftigkeit des praktischen und des theoretischen Lernens am besten erhärten. Mit dieser Entscheidung sollen auch zukünftige Entwicklungen in den Jugendheimen daraufhin befragt werden, ob nicht eine Neuorientierung in Richtung handwerkliche Orientierung sinnvoll sei.

4.5 Zur Frage der Eignung von entwicklungsfördernden Ausbildungsberufen

Im Modellversuch wurde oft die Erfahrung diskutiert, daß die Jugendlichen in die ihnen angebotenen Ausbildungsberufe nicht recht "paßten"; nicht nur, daß die Jugendlichen den Beruf ablehnten, weil sie etwa einen "Traumberuf" oder einen, freilich unerreichbaren, gleichwohl realistischen Beruf im Auge hatten, sondern auch, daß die objektiven Anforderungen der Ausbildungs- und Arbeitsinhalte des jeweiligen Berufes für den Jugendlichen nicht angemessen schienen. Das hängt einerseits mit der in den Heimen offengebliebenen Frage von Handwerk und Industrie zusammen, die wir gerade erörtert hatten. Andererseits aber waren die Ausbildungsberufe eher nicht nach pädagogischen Überlegungen ausgewählt worden, sondern sie siedelten sich durch Zufälle oder aus ökonomischen Gründen in den Heimen an, bedingt durch den historischen Prozeß (vgl. z.B.: 100 Jahre Jugendheim Karlshof 1986). Entsprechend wurden dann auch im Prinzip sinnvolle Berufe abgeschafft, die durchaus auf Entwicklungsförderung ausgerichtet waren. Für viele gerade lernschwache Jugendliche böten aber handwerklich-praktische Berufe nach unserem Wissens- und Erfahrungsstand bessere Möglichkeiten, die Heranwachsenden optimal an die Arbeitswelt heranzuführen. Einmal ist damit die Frage der Motivation angesprochen. Abgesehen von den bekannten Phänomenen der allgemeinen Schulmüdigkeit vom 13. bis zum 16. Lebensjahr (vgl. z.B. Bojanowski/Dedering/Heidegger 1983, S. 62) haben die Heimjugendlichen zumeist traumatische Schul- und Lernerfahrungen gemacht. Es bedarf unabdingbar eines Wechsels des Lernmediums! Daraus resultierte eine der Forderungen, die Ausbildung müsse *schulunähnliche Situationen* schaffen. Nun steht aber gerade bei Ausbildungsberufen mit hohen fachtheoretischen Anforderungen zu befürchten, daß in ihnen die negativen Lernerfahrungen der Jugendlichen aus der Schule verlängert und vertieft werden. Praxisorientierte Aufgaben in einem eher praktisch-handwerklichen Beruf könnten da kompensierend wirken und neue Motivationen stiften. Jedoch geht

112

es nicht nur um Motivation. Vielmehr scheint mir der Wert der praktischen Arbeit noch gar nicht hinlänglich und weitreichend genug diskutiert zu sein. Ich will hier nur zwei Diskussionslinien etwas weiter verfolgen.

Zum einen sei vermutet, daß durch praktische Arbeit ein Bereich geschult wird, der bei den Heimjugendlichen oftmals nur unzureichend angesprochen worden ist; ich meinenverkrampft hiermit den Bereich des praktisch-körperlichen Handelns, den man innerhalb der psychologischen Sprechweise auch den psychomotorischen Bereich nennt. Wir beobachteten bei sehr vielen Jugendlichen z.B. eine Unfähigkeit, stillzusitzen, oder sich zu konzentrieren, oder eine einmal angefangene Aufgabe ein bißchen geduldig weiter zu verfolgen; gleichermaßen wirkten viele Jugendliche oftmals verkrampft, motorisch sehr ungeschickt, "hippelig", für etwas "kniffligere" Aufgaben überfordert, und andere Merkmale mehr. Das heißt, daß sie wenig Erfahrung im Umgang mit ihrer eigenen Sensomotorik gesammelt haben. Und nun gibt es keine andere Lösung, dies zu üben, als die, einfach anzufangen, etwas Praktisches zu machen! Ich vermute, ohne dies grundsätzlich belegen zu können, daß diese Schulung der praktischen Impulse leichter durch praktische Aufgaben gelöst werden können. (Als Anregungen hierzu greife ich auf Erfahrungen der Waldorfpädagogik zurück; vgl. Fucke 1981; Brater u.a. 1982; Brater u.a. 1986). Über die in dieser Vermutung steckenden menschenkundlichen bzw. anthropologischen Prämissen kann an dieser Stelle nicht weiter nachgedacht werden; wir vermuten aber, daß in Aufgaben, die sofort gleichsam durch Zupacken gelöst werden können und müssen, eine Art "Anruf" steckt, der sich grundlegend von theorieorientierten Aufgaben (Fachbegriffe lernen; Rechenaufgaben lösen; etc.) unterscheidet. Hier lassen sich Verbindungen zum Aufforderungscharakter von Spielzeugen schlagen, die bei kleineren Kindern beobachtet werden (vgl. Redl/Wineman 1984, S. 87; vgl. auch das Spannungsverhältnis von "Vorstellung" und "Handeln" bei Heidegger 1985, S. 300 ff.). Und es gälte, diese Aufgaben nicht nur methodisch, etwa durch Projekt- oder Werkstückorientierung, sondern auch inhaltlich didaktisch so zu reflektieren, daß man die Berufe im Jugendhilfebereich neu überprüft, ob sie gewissermaßen in sich einen "Anruf aus sich heraus" bergen, der für die Jugendlichen eine gleichsam innere Verlockung hervorruft, es mit der in dem Ausbildungsinhalt steckenden Aufgabe einmal zu probieren.

Die zweite Vermutung, die ich hier aufwerfen will, lautet, daß durch eine Verstärkung der praktisch-tätigen Seite beim jugendlichen Lerner gleichsam ein neues "Zugpferd" für motivationale, moralische und kognitive Selbstentwicklung gefunden werden kann. Damit soll gemeint sein, daß gerade bei den oft entwicklungsverlangsamten Jugendlichen in der Heimerziehung überlegt werden müßte, inwieweit nicht durch die motorisch-praktischen Anforderungen eines handwerklichen Ausbildungsberufes auch die gesamte kognitive, moralische und soziale Entwicklung nachhaltig gleichsam "nachgefördert" werden könnte. Verschiedenste theoretische Annahmen und Konzepte stehen für diesen Gedanken Pate: "Klassische" Berufsbildungstheorie (Kerschensteiner 1957), Aneignungstheorie und Kritische Psychologie (Holzkamp 1973), Handlungsregulationstheorie (Volpert 1985), Waldorfpädagogik (Fucke 1981), Kognitive Entwicklungstheorie (Piaget 1976) sowie die neueren Diskusssionen zum Thema "Handlungslernen" (zusammenfassend Stiehl 1985). Die These lautet also: Der gesamte physisch-motorische Prozeß einer geordneten Verausgabung von Körperkraft könnte - unter bestimmten didaktisch-methodischen Grundabsicherungen - dem Jugendlichen allererst dazu verhelfen, zu seinem eigenen Ich zu gelangen: "Arbeit setzt... immer voraus, daß eine Aufgabe entdeckt, ein spontaner Handlungsvollzug zum Überlegen unterbrochen wurde; daß Entscheidungen über Vorgehensweisen getroffen, daß bestehende Zustände verändert, daß die menschlichen Kräfte intelligent und geschickt eingesetzt werden, daß nichts blind vollzogen, sondern der ganze Vorgang jederzeit immer auch wieder unterbrochen und neu gestaltet werden kann, daß Ideen gebildet werden und am Ende etwas Neues, das es bis dahin noch nicht gab, entstanden ist. Alles das sind Ich-Leistungen, d.h. Bestätigung der schöpferischen, subjekthaften, selbständigen Kräfte und Möglichkeiten des Menschen, der sich in der Arbeit als einer erfährt, der etwas Neues beginnen, der Prozesse in Gang setzen (oder sie verhindern) kann, der in der Welt wirksam ist, der Spuren hinterläßt, mit denen sich andere auseinandersetzen müssen. So können aus der Arbeit unmittelbar Selbstgefühl und Selbstbewußtsein, 'Produktionsstolz' und Ich -Identität erwachsen bzw. erfahren werden" (Brater u.a. 1986, S. 39). Ohne diese Überlegung verabsolutieren zu wollen, ist zu vermuten, daß dieser gleichsam "rehabilitative" Prozeß der Arbeit zu wenig in die Auswahl von Berufen im Jugendhilfebereich eingeflossen ist. Derzeit kann aus diesem Gedanken nur die Aufforderung formuliert werden, die im Jugendhilfebereich angebotenen Berufe neu zu überprüfen und ihre praxisorientierte Lernwirksamkeit genauer zu untersuchen. "Der Elektrobereich etwa kann... problematisch sein, weil er zu ausschließlich den 'Kopf' oder die Feinmotorik, Geduld usw. beansprucht, ähnliche Einseitigkeiten können bei einfachen Montagearbeiten gegeben sein... " (Brater u.a. 1986, S. 85). Natürlich darf der Gedanke der praktischen Arbeit als innerpsychisches "Zugpferd" zur Stabilisierung auch anderer Bereiche im Inneren des Menschen nicht überdehnt werden; gleichzeitig notwendig sind gewiß auch theorieorientierte, das Denken fördernde Angebote, Auseinandersetzungen mit dem Jugendlichen um Recht und Unrecht, um moralische Fragen aufzuwerfen und gewiß auch soziale Erlebnisse, beispielsweise gemeinsames Produzieren oder Freizeitaktivitäten, um neue Erfahrungen auch in der Sozialität machen zu lassen; hier sei nur der Gedanke ausgesprochen, daß der bisher vernachlässigte motorische Bereich ein wichtiges Hilfsinstrument sein kann. Bekanntlich ist die Debatte hierüber uralt. Sie begann bei Pestalozzi im frühen 19. Jahrhundert, wurde von Kerschensteiner aufgegriffen und ist bis in die heutige Zeit weitergeführt worden (vgl. Odenbach 1963; eine Kurzcharakterisierung findet sich bei Bojanowski/Werner 1987, S. 16/17). Die produktiven Effekte rein praktischen Arbeitens sind historisch oft diskreditiert worden; es kommt offenkundig auf die "Art der gewählten Arbeit selbst (an) und ihrer Organisation" (Fucke 1981, S. 139). Im Modellversuch sind hierzu eine Reihe gelungener Arbeiten vorzuweisen, ablesbar beispielsweise an den Projekten (vgl. Tabelle B 3.2.3). Daher sei vorgeschlagen, ausgehend von den praktischen Erfahrungen und den hier skizzierten Gedanken eine Neuorientierung der Berufe in den Jugendheimen zu versuchen.

4.6 Konsequente Gestaltung des Arbeitsarrangements in den Werkstätten

Mit der oben begründeten Entscheidung für einen handwerklichen Beruf und der Empfehlung, praktisch-handarbeitsintensive Ausbildungsberufe auszuwählen, ist noch eine weitere Konsequenz verbunden, nämlich die methodische Ausgestaltung des Ausbildungsalltags. Hier können wir in vielen Punkten an Vorarbeiten anknüpfen; so haben Sturzebecher und Klein für die soziale Seite des methodischen Vorgehens eine Reihe von Vorschlägen unterbreitet. Sie schlagen beispielsweise eine Differenzierung der Ausbildungsziele und Inhalte vor, sie betonen, auf die Selbsttätigkeit und das praktische Tun zu achten; eine gezielte Abfolge von Unterweisungsschritten ist ebenso notwendig wie die Auswahl von Realgegenständen für die Ausbildung; weiterhin heben sie das Schaffen eines pädagogischen Bezugs hervor oder zeigen, in welchem Rahmen Verstärkungen sinnvoll seien (Sturzebecher/Klein 1986, S. 39-64). Ähnlich lautende Vorschläge und Anregungen werden von Roland Maiwald aufgrund der Erfahrung eines Rüsselsheimer Modellversuchs referiert (Maiwald 1986, S. 81-88). Es gibt aber auch auf der sachlich-fachlichen Seite Möglichkeiten, den Ausbildungsalltag angemessener und den Jugendlichen individuell fördernder zu gestalten (vgl. z.B. Kleinschmitt 1984, S. 50 ff.).

Ausgangspunkt sollte der Gedanke sein, "ob und inwieweit die lernrelevanten Anforderungen einer Arbeit... für einen bestimmten Betreuten... tatsächlich zum Tragen kommen" (Brater u.a. 1986, S. 174). Die aus dem Modellversuch einer Rehabilitationswerkstätte gewonnenen Erfahrungen für eine Umgestaltung des Arbeitsarrangements, die von der Forschungsgruppe um Brater gewonnen wurden, sind eine wichtige Anregung, um auch Werkstätten im Jugendhilfebereich pädagogisch fortzuentwickeln. Im hier zur Debatte stehenden eigenen Modellversuch hatten wir dafür den Kürzel der "pädagogischen Arbeitsgestaltung" geprägt; hier sei vorgeschlagen, dem dahinterstehenden Problem vermehrt Aufmerksamkeit zu schenken. Brater u.a. diskutieren das "Arbeitsarrangement", wie sie es nennen, unter den Gesichtspunkten "Technologie", "Arbeitsteilung" und "Formalisierungsgrad".

- *"Technologie"* meint z.B. die Frage, "ob eine Arbeit mit der Hand oder mit der Maschine getan wird, vielleicht noch, welche Maschinen dafür eingesetzt werden" (Brater u.a. 1986, S. 176). Diese Frage stellt sich bei vielen Arbeitsgängen auch in den Werkstätten der Jugendhilfe, und der Ausbilder tut gut daran, immer wieder von den individuellen Merkmalen des Jugendlichen auszugehen und zu prüfen, welche Technologie für ihn gerade sinnvoll ist. Ebenso ist hier das Funktionsträgerteam gefragt, bzw. der Ausbildungsleiter, in dessen Hand ja auch Anschaffungen und pädagogische Gestaltung der Werkstatt liegen. Es muß im Zusammenhang des Werkstattablaufes dann zu pädagogisch akzentuierten Diskussionen über die Lernintensität der jeweiligen Arbeit kommen. So kann es ebenso falsch sein, einen Jugendlichen zu lange bestimmte Übungen von Hand machen zu lassen, wie ihm sofort zu signalisieren, daß eine bestimmte Handarbeit später automatisch durch Maschinen ersetzt wird. Die Entscheidung wird der Ausbilder nur aufgrund seiner Erfahrung und seiner Kenntnis des Jugendlichen und der notwendigen Technologie fällen können; diese Entscheidung sollte aber *bewußt* und in Kenntnis der dahinter liegenden Problematik erfolgen. Sie muß auch soweit revidierbar sein, daß noch andere Lernwege möglich werden. Insofern bietet die Kategorie "Technologie" vielfältige Gestaltungsmöglichkeiten für den Ausbilder, selbst oder mit dem Jugendlichen gemeinsam, zu entscheiden und zu prüfen, welche Maschinen zu einem bestimmten Zeitpunkt lernwirksam sein können oder nicht.

- *"Arbeitsteilung":* Hier müßte überlegt werden, gerade wenn es um produktive Arbeit geht, wie die Arbeit verteilt wird. In mehreren Werkstätten der Jugendhilfe beobachten wir, daß Jugendliche mit repetitiven Aufgaben (Stanzen, tausend Stücke eines Teils anfertigen, etc.) betraut wurden. Arbeitsteilung kann "die potentiell gegebenen Lernchancen einer Arbeit vollkommen verändern, ja ins Gegenteil verkehren" (Brater u.a. 1986, S. 175). Und es gilt zu vermuten, daß man sich innerhalb der Ausbildung zu wenig Gedanken darüber macht, wie und ob man eine Arbeit zergliedern soll oder ob man einen Jugendlichen mit der immer gleichen Aufgabe betrauen soll. Im Prinzip sind Elemente repetitiver Teilarbeit als Übungsanteile nicht von vornherein abzulehnen, da sie auch in der Wirklichkeit des Arbeitslebens immer wieder vorkommen. Aber es kommt auf die Abwägung an und auch hier wieder auf die bewußte Entscheidung, in welcher Form Arbeitsteilung probiert wird. Sie kann ja auch für die

Werkstatt insofern eine produktive Seite zeigen, als sie Kooperationselemente enthält, und den Jugendlichen somit klarwerden kann, wie auch eine hochkomplexe Arbeit gemeinsam geschafft werden kann. Freilich gelten diese Überlegungen auch nur dann, wenn der Ausbilder die grundlegenden Lernmöglichkeiten, die in jeglicher Form von Arbeit in der Ausbildung steckt, bewußt reflektiert.

● *"Formalisierungsgrad":* Zu jeder formellen Institution, also auch zu einer Lehrwerkstätte, "gehören klare Rollendefinitionen, fixierte Kompetenzstrukturen und Entscheidungswege, exakt abgegrenzte 'Zuständigkeiten', vorgegebene Nahtstellen der Arbeitsteilung, detailliert ausgearbeitete Verfahrensregeln und -pläne, aber auch professionelle Regeln und Ausführungsnormen, schließlich motivationale 'Entlastungen' (Belohnungen und Bestrafungen)" (Brater u.a. 1986, S. 182). Die bewußte Handhabung formaler Elemente kann den einzelnen Jugendlichen entlasten, weil damit Unüberschaubarkeit reduziert wird, sie kann jedoch auch die pädagogische Arbeit behindern, wenn beispielsweise sinnvolle Kooperationsformen durch das Festlegen klar fixierter Rollen nicht möglich gemacht werden. Auch hier ist es wiederum entscheidend, daß Funktionsträger und Ausbilder klären, welchen Grad der Formalisierung die Werkstattabläufe notwendig brauchen und wie sich dieser Formalisierungsgrad auf die Persönlichkeitsentwicklung des Jugendlichen auswirken könnte. Hier wäre beispielsweise zu prüfen, ob es nicht sinnvoll wäre, in einer Werkstatt eine Berufsvorbereitung von der Ausbildung stärker zu trennen, um keine Verwischung der Arbeitsaufgaben entstehen zu lassen. Oder ein anderes Beispiel: Vielleicht ist es sinnvoll, zu überlegen, ob nicht in einer größeren Werkstatt für den Jugendlichen ein "Ansprechausbilder" eingeführt wird, an den er sich in möglichst allen Fragen zu wenden hat, auch dies, um die Unüberschaubarkeit von verschiedenen Rollenzuweisungen zu überwinden. Dabei ist natürlich zu bedenken, ob damit die pädagogische Arbeit in einer Werkstatt nicht auch erschwert werden könnte.

Diese drei Vorschläge zu einer Weiterentwicklung des Arbeitsarrangements können nur erste Anregungen geben. Hiermit sei vorgeschlagen, auch im Rahmen von Fortbildungsveranstaltungen für die Ausbilder der Jugendheime verstärkt solche Fragestellungen in den Blick zu nehmen.

4.7 Perspektiven der Ausbildung: Alte Techniken — neue Technologien

Nach diesem Durchgang durch die verschiedenartige Ausdifferenzierung der Fragestellung, wie eine Didaktik des beruflichen Lernens sich konkretisieren könnte, darf eine Erörterung über die Zukunft der Berufsarbeit bzw. über die Zukunftsbedeutung der

Ausbildung im Jugendhilfebereich nicht vergessen werden. Naturgemäß lassen sich hier nur sehr vorsichtige Aussagen machen, zumal ich für die Berufe der Jugendheime Kriterien wie: entwicklungsfördernd oder handwerklich orientiert für vordringlich erachte. Darüber hinaus scheint mir die grundsätzliche Kritik an der Form des Ausbildungsberufes, wie sie mancherorts geübt wird, nicht sinnvoll zu sein, da wir z.Z. keine durchsetzungsfähigen und vernünftigen Alternativen benennen können, auch nicht für den Jugendhilfebereich, der ganz besonders von den jeweiligen gesellschaftlichen Verhältnissen und Entwicklungen abhängt (interessante Ansätze finden sich beispielsweise bei Dedering 1979). Dessen unbeschadet wäre aus entwicklungspsychologischer Sicht zu fragen, ob nicht moderne Gesellschaften neue "Initiationsriten" für die Aufnahme der Jugendlichen in das Arbeitsleben entwickeln können (wie beispielsweise in England oder den USA). Für Deutschland gibt es wohl derzeit keine angemessenen Alternativen. Aber dennoch muß gefragt werden, ob in den zur Zeit angebotenen Berufen echte Perspektiven stecken. Zwar ist es wohl unwahrscheinlich, daß die Jugendlichen in den Werkstätten sich schon beispielsweise zu Anfang einer Lehre lebhaft mit Zukunftsvorstellungen auseinandersetzen, um nachträglich oder en passant die eigene Berufswahl zu begründen. Hier vermuten wir, daß erst einmal die konkreten Arbeitsaufgaben genügend Faszination enthalten. Gleichwohl bedarf es, auch vor dem Hintergrund solcher Prämissen, einer Reflexion über die mögliche Zukunftsbedeutung der von den Jugendlichen gewählten und im Jugendhilfebereich angebotenen Ausbildungsberufe.

Ganz generell ist davon auszugehen, daß besonders die neuen Technologien die Ausbildung verändern werden. Dazu übernehme ich aus einem internen Modellversuchspapier einige Argumente (zusammengestellt nach Alex 1983; Laur-Ernst 1983):

1. Veränderung betrieblicher Strukturen durch neue Technologien: Durch die zunehmende Automatisierung werden - wie schon bisher - Einsparungen an Arbeitskräften im Produktionsbereich bei Maschinenbedienungs-, Wartungs-, Lager- und Transportpersonal erwartet. Mit einem zunehmenden Bedarf rechnet man in den Einsatzbereichen: Installationsaufgaben, Wartungsaufgaben, Meß- und Regeltechnik, Informationstechnik. Allgemein wird durch die technische Entwicklung, vor allem durch die Mikroelektronik eine Stagnation oder ein Abbau der Belegschaften in größeren Produktionseinheiten und eine Zunahme in kleineren Betrieben erwartet. 2. Veränderung der Qualifikationsanforderungen: Die technische Entwicklung führt auch zu einer zunehmenden Veränderung der Tätigkeitsprofile, in deren Folge Qualifikationskomponenten wie z.B. Disponibilität, Systemdenken, Kommunikationsfähigkeit, in den Vordergrund rücken und solche, wie z.B. manuelle Fertigkeiten, handwerkliches Geschick, Materialgefühl an Bedeutung verlieren. Durch die Mikroelektronik findet eine Annäherung

unterschiedlicher Berufstätigkeiten auf der Ebene des 'Werkzeuggebrauchs' mit dem Computer als universelles Werkzeug statt. Aufgrund der veränderten Tätigkeitsprofile werden berufsübergreifende Qualifikationen erforderlich, ein überlappendes, traditionelle Kompetenzschneidungen überwindendes Wissen wird gebraucht.

Wie auf diese Herausforderung der neuen Technologien reagieren? Generell sei hier die Auffassung vertreten, daß diese Entwicklung auch einige Berufe im Heimbereich tangieren wird. Entsprechend wurde im Modellversuch früh darauf aufmerksam gemacht und der Grundgedanke vertreten, daß sich gerade neue Qualifikationsbereiche am ehesten durch eine Ausbildung erschließen lassen, die auf Selbständigkeit setzt. So kann z.B. die projektorientierte Ausbildung unabhängig von der technischen Ausstattung der Werkstätten als gute Grundlage für das Erlernen von berufsübergreifenden, planerischen und abstrakten Qualifikationen dienen. Dies allerdings geht nur, wenn in den Werkstätten wirklich viel konsequenter als bisher auf die Eigenständigkeit des Jugendlichen und das eigenständige Ausprobieren verschiedener Lösungen geachtet wird. Insofern ist hier ein grundsätzlicher Ansatzpunkt auch für den Umgang mit neuen Technologien gegeben.

Aus diesen vorläufigen Überlegungen lassen sich noch einige weitere Konsequenzen benennen. So wurde für Berufe, die sehr deutlich von den neuen Technologien erfaßt werden, überlegt, ob nicht in ihnen Ansatzpunkte von Programmiertechnik (Programmieren, Bedienen) und auch von neuen geometrischen Kenntnissen vermittelt werden sollten. Technologisch ist das Problem nicht gravierend, da hier ähnlich wie an den konventionellen Maschinen gearbeitet wird (auch in der Literatur gibt es inzwischen erste Hinweise darüber, daß Un- oder Angelernte mit dem Computer vertraut gemacht werden können: CLAUS-Konzept (vgl. Krogoll/Pohl/Wanner 1986). Insgesamt aber sollte überlegt werden, da die Jugendlichen besonders im geometrischen Bereich große Schwierigkeiten haben, die Ausbildungszeit zu verlängern. Entweder sollte eine Vorschaltphase eingebaut werden, die die Jugendlichen im mathematisch-geometrischen Bereich vorbereitet, oder aber man sollte überlegen, im Rahmen der Weiterbildung den Jugendlichen nachgängig die Inhalte zu vermitteln; schließlich ist auch denkbar, gezielt ein oder zwei Lehrgänge einzubauen. Auf jeden Fall scheint es geboten zu sein, sich zwar mit den CNC-Techniken auseinanderzusetzen, jedoch sollte auf keinen Fall eine Modernisierung in dem Sinne betrieben werden, daß die gesamte Ausbildung sich auf diese Entwicklung hin ausrichtet.

Nun gibt es auch andere Berufe, die relativ wenig von den neuen Technologien berührt werden (Gärtner, Schreiner, Maler, etc.). Gleichwohl sollte auch hier überlegt werden, einen Lehrgang einzubauen, in dem Kenntnisse des Computers vermittelt werden. Aber auch hier müßte eine verstärkte Projektorientierung im Mittelpunkt stehen. Ein Grundgedanke in vielen anderen Berufen lautet aber, nicht so sehr auf die Herausforderung der neuen Technologien zu reagieren, sondern sich neue Arbeitsfelder zu schaffen, Stichwort: alte Techniken in erweiterten Berufen. Hier gilt es, langfristige Überlegungen anzustellen. So gab es im Schwalm-Eder-Kreis (Nordhessen) einen Modellversuch, in dem junge Mädchen in den Malerberuf eingeführt wurden. Sie lernten dabei nicht nur die vorgegebenen Inhalte der Ausbildungsordnung, sondern mußten sich auch mit Restaurationsarbeiten, Lehmbau, etc. beschäftigen. M.E. sind hier für den gesamten Bereich der Jugendhilfe noch viele Felder zu besetzen, beispielsweise für den Baubereich die Bausanierung, für die Gärtner der biologisch-dynamische Landbau. An dieser Stelle können dazu nur wenige Hinweise gegeben werden; es sei aber vermutet, daß es eine Fülle gesellschaftlich sinnvoller und notwendiger Arbeit gibt, die derzeit noch gar nicht entdeckt ist: "Dies ist z.B. der gesamte Bereich der rationellen Energieverwendung (Nutzung regenerativer Energiequellen, Energiesparmaßnahmen), die Dorferneuerung, Stadtteilsanierung, der Umweltschutz, Recycling und der Sozialbereich" (Schlegel 1985, S. 68). Für diesen Text ist z.Z. nur vorzuschlagen, daß auch die Jugendhilfe sich verstärkt an der Diskussion um neue Arbeitsplätze, wie sie zum Teil im alternativen Bereich, aber auch forciert vom Deutschen Paritätischen Wohlfahrtsverband (z.B. in Nordrhein-Westfalen) angegangen wird, beteiligt (siehe Deutscher Paritätischer Wohlfahrtsverband 1985; Ansätze bei Glandorf/Schneider 1987).

Teil C
Fallstudie 2:
Ausbilderfortbildung im Jugendhilfebereich.
Entstehung, Durchführung, Evaluation und Revision eines Fortbildungskonzepts

Zur Einführung in diesen Teil

Teil C gliedert sich in vier Kapitel: Im 1. Kapitel wird der Hintergrund und der Entstehungsprozeß des Fortbildungscurriculums im Spannungsfeld von "Legitimation" und "Begründung" aufgezeigt. In Kapitel 2. werden dann die einzelnen Fortbildungsveranstaltungen aus Sichtweise der Lehrgangsdozenten ausführlich beschrieben; diese "Prozeß-Dokumentation" ist bewußt etwas ausführlicher gehalten, um auch dem Außenstehenden einen Einblick in die Verläufe einer Langzeitfortbildung zu geben. Das nächste Kapitel 3. gibt einen Einblick in die verschiedenen Untersuchungen, mit denen ich die Einschätzungen der Teilnehmer zu den Fortbildungsveranstaltungen zu erfassen suchte. Das 4. Kapitel schließlich resümiert stichwortartig die Ergebnisse des gesamten Prozesses der Langzeitfortbildung und gibt einen Ausblick auf das revidierte Curriculum.

1 Zum Entstehungs- und Begründungszusammenhang des Fortbildungskonzepts

1.1 Vorbemerkung

In der Anfangsphase des Modellversuchs stellte sich die Aufgabe, für die Fortbildungswochen ein inhaltlich tragfähiges Konzept zu entwickeln. In diesem Kapitel werden nun die Bedingungen, unter denen das Fortbildungskonzept entstand, sowie Meinungen, Urteile und Erfahrungen der damals maßgeblich einflußnehmenden Akteure nachgezeichnet. Die Ausgangssituation des Fortbildungskonzepts war dadurch gekennzeichnet, daß bei seiner Zusammenstellung eine Reihe unterschiedlicher Erfahrungen verschiedener Personen berücksichtigt und daß verschiedenste Ansätze, Untersuchungen und Vorerfahrungen aus anderen Bereichen integriert werden mußten. Um die Entstehung des Konzepts herauszuarbeiten, werden im folgenden zum einen das vorhandene schriftliche Material (vor allem Protokolle und interne Arbeitspapiere) ausgewertet, zum anderen wird auf Mitschriften und interne Protokollnotizen zurückgegriffen, um "latente" Interessen auszuschärfen.

Allen Beteiligten war bewußt, daß mit der Entwicklung eines Fortbildungskonzeptes für die Ausbilder in der Jugendhilfe ein schwieriges Handlungsfeld erschlossen werden mußte. Hinzu kam, daß zu diesem Bereich der Fortbildung von Ausbildern wenig empirische Erfahrungen oder curriculare Konzeptionen vorlagen. Daher galt es, zunächst einmal die wechselseitigen Vorstellungen zusammenzutragen und aufeinander zu beziehen. Um diesen Vorgang im nachhinein transparent zu machen, werden die unterschiedlichen Positionen, die anfangs zunächst kräftig aufeinander prallten, zum besseren Verständnis oft etwas idealtypisch ausgeschärft. Auch wenn sich inzwischen viele Standpunkte längst nicht mehr so scharf unterscheiden lassen, mag das Referieren der verschiedenen Positionen, der Versuch, die unterschiedlichen Standpunkte zuzuordnen und der dann gefundene Kompromiß von allgemeinerem Interesse insofern sein, als hier gleichsam typische Problemzonen und Interessensgebiete von Curriculumkonstruktion, am Beispiel von Ausbilderfortbildungen, dargelegt werden.

1.2 Zu den Vorerfahrungen im Landeswohlfahrtsverband

Mitte der 70er Jahre wurden im Fortbildungszentrum (FZM) des LWV, das seit etwa 10 Jahren existierte, erste Erfahrungen mit der Fortbildung von Ausbildern aus den Jugendheimen des LWV und anderer hessischer Heime gesammelt. Die damals angebotenen Kurse führten die AdA-Lehrgänge (AdA = Ausbildung der Ausbilder) fort, die seinerzeit im Zuge der Ausbildereignungsverordnung durchgeführt werden mußten. Es handelte sich zu jener Zeit um 3 x 3 einwöchige Veranstaltungen mit variierenden Inhalten:

- Lehrgang A (1978) hatte den Schwerpunkt: "Verhaltensauffälligkeiten der Jugendlichen". Es wurde in der Regel mit einzelnen Fällen von Problemjugendlichen, oft anhand von filmischen Aufzeichnungen, gearbeitet. Offenbar kam es auf dieser Tagung zu heftigen Diskussionen über Normen und Werte der einzelnen Ausbilder. Oft sollen seitens der Ausbilder "konservative" Auffassungen geäußert worden sein; aber auch häufig "gradlinige" Positionen hinsichtlich der Erziehung und Ausbildung der ihnen anvertrauten Jugendlichen. Der Lehrgang endete mit der Formulierung von Praxisaufgaben, die im Heim diskutiert werden und später auf der Tagung weitergeführt werden sollten.

- Im Lehrgang B - vier Monate später - ging es um neue Modelle des Belohnens der Jugendlichen, um das Problem des Strafens, um Gesprächsverhalten, Motivationsstiftung, Reflexion der Rolle des Ausbilders und Übungen zur Selbst- und Fremdwahrnehmung. Ziel blieb, den Ausbildern den Umgang mit schwierigen Jugendlichen zu erleichtern.

- Lehrgang C schließlich hatte Konflikte im Heim zum Thema, die wiederum an Fällen und durch Rollenspiele vertieft wurden. Hier soll es, so der Bericht aus dem Fortbildungszentrum, stärker um das Lösen praktischer Probleme gegangen sein.

Die zu jener Zeit gewonnenen Erfahrungen wurden nur protokolliert, aber nicht systematisch aufgearbeitet. Sie sind indes insofern von nicht unerheblicher Bedeutung, als man sich stets explizit oder implizit auf jene Erfahrungen zurückbezog. Dies galt auch für die Mitarbeiter des Modellversuchs, die durch Sichtung und Auswertung des Erfahrungsmaterials und durch die Rückmeldung der an den damaligen Fortbildungen beteiligten Ausbilder wichtige Informationen erhielten. Dieser gesamte Erfahrungshintergrund ging also nachhaltig in die Konstruktion des Fortbildungscurriculums ein. Besonders die Teamer im FZM, die ja damals die Lehrgänge mitkonzipiert und auch durchgeführt hatten, griffen oft auf jene Erfahrungen zurück. Schlaglichtartig - und vielleicht etwas überscharf zusammengefaßt - lassen sich jene fortbildungsdidaktischen Erfahrungen folgendermaßen charakterisieren:

- Die Ausbilder müssen (erst einmal) das Lernen lernen.

- Die Teilnehmer sollten stets konkrete Inhalte und Texte erarbeiten; dabei kommt es darauf an, daß sie diese Inhalte weitgehend verstehen und anzuwenden wissen.

- Begriffe, die gebraucht werden, müssen (stets) definiert und erklärt werden; diese Definitionen und Begriffserklärungen sollten dann mitgeschrieben werden.

- Die einzelnen Teilnehmer sollten überhaupt stets Protokolle und/oder Mitschriften anfertigen.

- Auf den Fortbildungen sollten möglichst Texte verteilt werden, die dann von allen oder einzeln gelesen bzw. vorgelesen werden sollten.

- Die Teilnehmer müssen lernen, sich auf den Fortbildungen zu artikulieren.

- Es ist grundsätzlich schwierig, eine rein teilnehmer-zentrierte Fortbildung zu veranstalten, weil die Ausbilder wiederum einiges von den Teamern erhoffen.

- So erwarten die Teilnehmer letztlich doch Rezepte; wenn man ihnen sage, daß es die nicht gebe, dann erntet man Enttäuschung.

Diese Position der Mitarbeiter des FZM beruht zu einem gewissen Teil auch auf Erfahrungen aus der Weiterbildung von Psychiatriepersonal, das zum Abschluß des

"Staatlich geprüften Fachkrankenpflegers" geführt wurde. Vor dem Hintergrund dieser Erfahrungen (z.B.: Zwang zur Einhaltung eines vorgegebenen Stoff- und Stundenplans) schimmert, insgesamt gesehen, ein Verständnis von Fortbildung durch, das auf eine eher *schulmäßige Stofferarbeitung* und -durchdringung zielt. Zugespitzt: Die Ausbilder wurden eher in der Rolle eines Schülers oder Lerners gesehen, dabei wurde das berufspraktische Wissen und der Stolz eines selbstbewußten, d.h. einer sich seiner Rolle als Handwerker bewußten Person zu schwach betont.

Die Vertreter des Dezernats Erziehungshilfe des LWV artikulierten sich in vielen Positionen ähnlich, forderten aber stets auch die Berücksichtigung der Lebenserfahrungen und der Lebensgeschichten der zu beteiligenden Ausbilder, dies freilich zumeist an dem Interesse als Heimträger orientiert, die Ausbildung in den Jugendheimen zeitgemäß zu verändern, um die Heime auch in Zukunft für die Klientel und die Jugendämter "attraktiv" zu halten. Die Argumente und Überlegungen lassen sich wie folgt - wiederum überscharf - zusammenfassen:

- Die Wertvorstellungen der Ausbilder müssen allmählich "aufgebrochen" werden; dies haben aber die bisherigen Fortbildungen nicht geschafft.

- Es gilt, fachlich die Ausbilder auf einen neuen Stand zu bringen.

- Entsprechend sollen i.d.R. die innovationsorientierten, durchsetzungsfähigen und selbstbewußten Ausbilder an den Fortbildungen teilnehmen.

- Die Ausbilder sollen damit konfrontiert werden, daß an sie die Erwartung gerichtet wird, sie sollen ihre Ausbildung an den Problemen der Jugendlichen orientieren.

- Der Modellversuch und das FZM sollen ein Konzept formulieren, das die Erwartungen der Teilnehmer aufnehmen kann, aber auch inhaltliche Vorgaben enthält.

- Unter dem Aspekt der Fortbildungsdidaktik sollen die Ausbilder eine Ausgangslektüre bekommen, die für sie Arbeitsgrundlage bildet und mit der sie dann auch später weiterarbeiten können.

Diese Position unterscheidet sich insofern von der der Teamer des FZM, als hier die Ausbilder stärker gefordert werden. Sie sollen neue Sachverhalte lernen, damit sie diese zwecks Verbesserung der Berufsausbildung im Jugendheim einbringen können. Insgesamt schimmert eine *"modernisierungsorientierte"* Position durch, die deutlich

124

sieht, daß die Veränderungen von den Menschen selbst getragen werden müssen; ambivalent bleibt die Position insofern, als sie zu wenig auf die Ausbilder als Subjekte der Innovation selbst reflektiert.

Ohne den gesamten damaligen Diskussionsprozeß hier im einzelnen nachzeichnen zu können und zu wollen, sei eine allgemeine Feststellung getroffen: Seitens des LWV herrschten relativ klare Vorstellungen über das Ziel der Ausbilderfortbildung. Man hatte einige - wenig grundsätzlich negative - Erfahrungen mit der Fortbildung der Heim-Ausbilder gesammelt. Es sollten - relativ streng - inhaltliche Bereiche angesprochen werden, die bis in eine detaillierte Stundenaufteilung während der Lehrgänge aufgegliedert werden sollten. Fortbildungsdidaktisch gesehen sollte, allerdings in aufgelockerter Form, ein bestimmtes Programm "schulmäßig" erarbeitet werden. Man ist grundsätzlich an "Modernisierung" der Ausbildung interessiert.

1.3 Die Erhebung der Sozialpädagoginnen und die Vorstellungen des Modellversuchs

Die damals gewonnenen neuen Mitarbeiter des Modellversuchs brachten naturgemäß eigene Vorstellungen mit ein. Entsprechend wurde vereinbart, daß "um die bisherigen Fortbildungserfahrungen der Ausbilder stärker einbeziehen zu können, die Sozialpädagoginnen einen Bericht über die Erfahrungen, Einschätzungen und Fortbildungsinteressen der Ausbilder erstellen" (internes Protokoll des Modellversuchs). Weiterhin sollten die Ideen und Erfahrungen der neuen Mitarbeiter in die Planungsgespäche eingebracht werden. Aus diesem Auftrag heraus erstellten die beiden Sozialpädagoginnen, zu deren Aufgabe die Planung und Durchführung der Fortbildung gehörte, in Zusammenarbeit mit dem Koordinator des Modellversuchs ein Papier, das eine wichtige Bezugsgrundlage für die weiteren Planungsarbeiten und Fortbildungskonzepte bildete (Galler/Picker 1983). Durch eine qualitativ orientierte Befragung der Ausbilder in beiden Heimen gelang es ihnen, einen allgemeinen Überblick über die Fortbildungserfahrungen der Ausbilder auszuloten. Die zentrale Erkenntnis der Befragung war zunächst eine doch recht harte Kritik an den oben erwähnten Fortbildungen. Die Reserviertheit der Ausbilder wird deutlich, wenn man sich Bemerkungen vor Augen hält, wie: "Wenn schon Fortbildung, dann wollen wir auch etwas von Euch lernen und nicht, daß die Referenten von uns lernen wollten", oder: "Fortbildung muß wirklichkeitsnahe sein". Diese negativen Erfahrungen beziehen sich zum Teil auf jegliches Fortbilden; es finden sich Formulierungen wie "endlose Vorträge", "langes Sitzen", "Referenten vermitteln nur Bücherwissen", "die Referenten haben keine praktischen Erfahrungen", etc. Die verschiedenen Kritikpunkte lassen sich dahingehend zusammenfassen, daß die Ausbilder wohl den Eindruck hatten, die Referenten wollten etwas von ihnen wissen und - sehr wichtig! - es herrschte bei den Ausbildern der Eindruck einer Kontrolle der Fortbildungsteilnehmer durch die Teamer am FZM ("Wird meine Beteiligung beurteilt?"). Neben diesen negativen Eindrücken werden jedoch auch etliche produktive Momente hervorgehoben, wie "Erfahrungsaustausch mit Kollegen", "Betriebsbesichtigungen", "Gesprächsführung", "Selbst- und Fremdwahrnehmung", etc. Betont wird, daß insbesondere der letzte Lehrgang C sich schon stärker an der Ausbildungsrealität ausrichtete und inhaltlich klarer strukturiert war.

Neben dieser Skizze der positiven wie negativen Erfahrungen schälen die Autorinnen einige Erwartungen und Themenvorschläge der befragten Ausbilder heraus. Einmal geht es ihnen offenkundig um die Weiterentwicklung der fachpraktischen Kompetenzen, zum anderen um die Weiterentwicklung der Kompetenzen als Ausbilder durch "Erfahrungsaustausch", "neue Ideen", "Einsatz von Lernhilfen und Medien", "Fragetechnik", "gemeinsame Fortbildung mit Heimerziehern", "Fallbeispiele", u.ä.m. Schließlich finden sich Wünsche, Probleme des Werkstattalltags wie das "Alleingelassensein", oder "Entscheidungsbefugnisse", "Arbeitsverweigerung" und dergleichen mehr näher zu besprechen. Zusammenfassend stellen die Autorinnen die These auf, "alle pädagogischen Fortbildungsinhalte sollten... so eng wie möglich der Ausbildung, d.h. dem Werkstatt- und Heimalltag zugeordnet werden können". Daneben wird der Gedanke eingebracht, auf alle Fälle dem Wunsch nach mehr fachlicher Fortbildung Rechnung zu tragen. - Mit dieser Erhebung wird eine Schwerpunktverlagerung deutlich, die - neben der Tatsache, daß die artikulierte Kritik an der Mammolshöhe für die damaligen Teamer gewiß bitter war - verstärkt auf alltägliche Probleme der Ausbildung in der Werkstatt zielte.

Die Kritik aus den Werkstätten ergänzte sich in vielen Punkten mit den Vorkenntnissen der damals neuen Modellversuchsmitarbeiter. Diese hatten vielfältige Erfahrungen gesammelt und zwar entweder als Teamer bei Gewerkschaftslehrgängen, oder als Erwachsenenbildner an Volkshochschulen und Seminaren der Bundesanstalt für Arbeit, oder als Fortbildner bei der Erzieherausbildung, oder bei der Curriculumentwicklung in Schule und Berufsausbildung. Ferner waren die beiden Sozialpädagoginnen und der die Erhebung mit unterstützende Koordinator vom ersten Tag an in die Abläufe des Heimes eingebunden und konnten damit genauer auch die impliziten Wünsche und Kritiken der Ausbilder erfahren. Hinzu kommen noch zwei weitere bedenkenswerte Sachverhalte: Durch die Antragstellung für den Modellversuch war von vornherein eine starke berufspädagogische Komponente und eine starke Orientierung an den Werkstätten gesetzt. Entsprechend waren auch die neugewonnenen Mitarbeiter in dieser Diskussionsphase daran interessiert, ihre beginnende Verankerung in den Werkstätten auszubauen und zu vertiefen. Es lag also auf der Hand, hier erst einmal anzusetzen. Sodann war auch die Sichtweise der Modellversuchsmitarbeiter von vornherein anders strukturiert: Im Gegensatz zu den Teamern in der "fernen" Mammolshöhe, die die Ausbilder gelegentlich auch als unwillig und zurückhaltend erlebten (faktisch in einer "Schülerrolle"), bekamen die Modellversuchsmitarbeiter viel stärker die pädagogischen Balance-Akte einiger Ausbilder im Umgang mit den schwierigen Jugendlichen mit. Hieraus resultierte eine doch etwas anders akzentuierte Einschätzung hinsichtlich der pädagogischen Kompetenz und dem Handlungsgeschick der Meister. Dieser Eindruck wurde durch die Berufspädagogen, die ja unmittelbar in der Werkstatt mit dem Meister zusammenarbeiteten und dessen Stärken und Schwächen tagtäglich sehen konnten, gewiß noch positiv verstärkt. Aus dem Umkreis dieser Erfahrungen resultierte dann die Tendenz, die Ausbilder auf den Fortbildungen als aktiv Handelnde zu betrachten und nicht in erster Linie als zu Belehrende. Die (oft begründete) "praktische Arroganz" der Ausbilder wurde damit zum produktiven Reibungspunkt für die Teamer. Die neugierig fragende, nach Begründungszusammenhängen des Ausbilderhandelns suchende Einstellung der Teamer mag gewiß auch mit der relativen Unsicherheit zusammenhängen, mit der die "Neulinge" ihr Arbeitsfeld betraten.

Wie dem auch sei, unter Weglassung weiterer Positionen und Meinungen läßt sich folgende allgemeine Aussage treffen: Der Modellversuch tendierte stärker zu praktischen Problemen des Werkstatt- und Heimalltags. Die Ausbilder waren explizit in das Fortbildungsgeschehen einzubeziehen. Die Schwerpunktwochen im FZM waren für verschiedene Erfahrungen offenzuhalten. Die Ausbilder sollten "autonomer" die Fortbildung nach ihren Vorstellungen mitgestalten. Die Ausbilder sollten in ihren Fähigkeiten, nämlich intuitiv handeln zu können, verstärkt werden.

1.4   Zur inhaltlichen Begründung des Fortbildungskonzepts

Neben den "sozialen" Schwierigkeiten, wie sie sich in den skizzierten unterschiedlichen Positionen niederschlugen, müssen auch die sachlich-inhaltlichen Probleme der Konzeptentwicklung mitbedacht werden. Diese Frage des Begründungszusammenhangs, also des Anschlusses an Theorien, Konzepte und Modelle (vgl. Heidegger 1985, S. 380-384) stellt sich auf mehreren Problemebenen. Ein Ausgangspunkt für eine systematische Verankerung des Fortbildungskonzepts bildet die Sichtung von Literatur zur *Ausbilderforschung* überhaupt. Die Defizite in diesem Bereich sind offenbar groß:

"Trotz der großen ausbildungspädagogischen Bedeutung der Ausbilder auf der einen und trotz ihrer ungeklärten und uneinheitlichen betrieblichen Einbindung auf der anderen Seite sind die Berufsbedingungen und Arbeitssituationen betrieblicher Ausbilder weder hinreichend theoretisch durchdrungen, noch liegen Resultate systematisch-empirischer Erhebungen vor; dies gilt besonders hinsichtlich der Erarbeitung betriebsspezifischer institutioneller wie informeller Strukturen" (Baethge/Müller/Pätzold 1980, S. 12).

Entsprechend dieser These sind in der Tat nur wenige empirisch gehaltvolle Studien zu den Ausbildern zu finden (z.B. Kutt u.a. 1980; Michelsen 1979; Arnold 1982), ganz zu schweigen davon, daß die Ergebnisse und Erkenntnisse dieser Studien nicht bruchlos auf die spezielle Zielgruppe der Heimausbilder übertragen werden können. Die einzige für Zwecke der Konzeptentwicklung heranziehbare Studie stammt von Sturzebecher und Klein (1983); in dem Kapitel "Die Ausbilder" berichten sie einige Befunde ihrer damaligen Erhebungen (Sturzebecher/Klein 1983, S. 231-247). Zusammengefaßt: Die Ausbilder des Jugendheims Johannesburg sind in der Regel durchschnittlich 12 Jahre in der Einrichtung tätig; sie hatten nicht den ausdrücklichen Wunsch im Jugendhilfebereich oder im Jugendheim zu arbeiten; sie haben sich im Laufe der Jahre sukzessive ein pädagogisches Verhaltensrepertoire im Umgang mit den schwierigen Jugendlichen aufgebaut; sie haben in der Regel eine pädagogische Einstellung, die man eher mit "Kontrolle und Lenkung" umschreiben kann, ein Tatbestand, der aber als notwendig benannt wird, um die Jugendlichen überhaupt noch für eine Berufsausbildung zu motivieren. Diese Befunde deckten sich in vieler Hinsicht mit den Grunderfahrungen der Modellversuchsmitarbeiter.

In engem Zusammenhang mit der Frage nach dem Stand der Ausbilder und der Ausbilderforschung steht die Problematik der *Ausbilderqualifizierung* (vgl. Lipsmeier 1974; Schulz/Tilch 1975; Kutt/Tilch 1980). Die herkömmliche Kritik an der Ausbilderqualifizierung erstreckt sich zumeist nur auf die Kürze der gesamten Lernzeit. Daß die Problematik tiefer liegt, zeigt die Kritik eines Dozenten aus den AdA-Lehrgängen:

> "Die Teilnehmer sind Handwerksgesellen, die aus der betrieblichen Praxis kommen, d.h. in der betrieblichen Arbeit haben sie in den seltensten Fällen theoretische Probleme zu wälzen. Hinzu kommt, daß sie oftmals kaum in der Lage sind, sich einen bestimmten Lernstoff selbständig anzueignen, da sie es nie gelernt haben. Ähnlich sieht es aus mit der schriftlichen Ausdrucksfähigkeit. Der Handwerksgeselle hat in den seltensten Fällen bei seiner Berufstätigkeit schriftliche Arbeiten zu verrichten. Fähigkeiten, die nicht geübt werden, verkümmern... Ebenso ist eine Unsicherheit im sprachlichen Ausdruck festzustellen. Ein großer Teil der Kursteilnehmer ist nahezu unfähig, eigene Gedanken vor einer größeren Gruppe zu formulieren und darzustellen... Da... diese der Aktivierung dienenden Methoden viel Zeit in Anspruch nehmen, sind wir, bedingt durch diese mehrjährigen negativen Erfahrungen, dazu übergegangen, den reinen Lehrstoff überwiegend frontal zu vermitteln und den Teilnehmern zusätzliche Informationen über Arbeitsblätter zu geben" (Kühnel 1987, S. 10).

Macht dieses Zitat darauf aufmerksam, daß bei den Teilnehmern selbst vielfältige Lernschwierigkeiten und -blockaden vorhanden sind, so zeigt die allgemeine Kritik an der Ausbilderqualifizierung, daß aufs ganze gesehen die AdA-Kurse in sich wenig Lernchancen bergen. Die Kritik wird prägnant folgendermaßen zusammengefaßt:

- "Es herrscht eine kaum überschaubare Vielfalt lernorganisatorischer Typen bei der Ausbilderqualifizierung vor. Dabei bestehen in den Stundenanteilen, die für die Vermittlung von arbeits- und berufspädagogischen Kenntnissen gemäß AEVO zur Verfügung stehen, zum Teil erhebliche Differenzen.

- Die Qualifizierungsmaßnahmen sind durch eine erstaunliche Methodenarmut gekennzeichnet. Dozentengebundene Vermittlungsformen wie Lehrvorträge oder Lehrgespräche stehen im Vordergrund. Das gilt auch für die Vermittlung didaktisch-methodischer Kenntnisse und Fähigkeiten. Teilnehmerorientierung und praktische Anwendung sind Ausnahmen. Der kritisierte starre Methodeneinsatz schränkt die Lernmöglichkeiten der Ausbilder ein, da sie sich lediglich auf die kognitive Ebene des Wissenserwerbs richten, die Verhaltens- und Sozialebene dagegen weitgehend ausklammern.

- Der Theorie-Praxis-Bezug ist ungelöst. Die Kenntnisvermittlung bleibt auf abstraktem Niveau stehen, die Übertragung des Wissens auf die Berufswirklichkeit und Ausbildungspraxis wird nicht angebahnt und überfordert den einzelnen Ausbilder in seiner Transferleistung.

- Die Lehrgangsangebote sind vorwiegend stoff- und themenzentriert. Die Vermittlung orientiert sich eng an den Prüfungsanforderungen. Der berufspädagogische Sinn der Inhalte tritt zurück, indem sie vor allem zu überprüfbarem Wissen abgewertet werden" (Dröge/Neumann/Scheel 1985, S. 46).

Was *empirische Untersuchungen und Vorbilder* für die zu konzipierende Ausbilder-Fortbildung anging, war ein gewisser Vergleich mit zwei Modellversuchen möglich: Zum einen konnte man sich auf das Modellvorhaben "Fachbezogene sonderpädagogische Qualifizierung von Berufsausbildern für lernbeeinträchtigte Jugendliche" des Christlichen Jugenddorfwerkes Deutschland e.V. beziehen (vgl. Cramer 1984); zum anderen lagen erste Erfahrungen mit einer pädagogisch-psychologisch orientierten Weiterbildung für Ausbilder von schwierigen Jugendlichen aus dem Berufsamt Berlin vor (Hoge 1982 a). Beide Modellversuche konnten in gewissem Sinne für die Strukturierung von Inhaltskomplexen und didaktisch-methodischen Vorschlägen herangezogen werden; sie waren jedoch nicht als Langzeitfortbildung wie der hier zur Debatte stehende Modellversuch konzipiert. Aus diesem Grunde war es nur in Ansätzen möglich, Erfahrungen für einen längerfristigen Verlauf von Ausbilderfortbildung zu übertragen.

Schließlich sichtete man *Kursangebote verschiedenster Träger* von Fortbildungen für Ausbilder, Sozialpädagogen und Lehrer benachteiligter Jugendlicher. Es zeigte sich aber, daß diese Lehrgänge in der Regel eine Reihe von Defiziten aufweisen. Sie sind oft adressatenunspezifisch angelegt, sprechen also beispielsweise gleichermaßen Lehrer, Sozialpädagogen, Ausbilder und Erzieher in Heimen oder Berufsausbildungsmaßnahmen an. Hier war zu befürchten, daß die genuin berufspädagogischen Problemstellungen des Unterweisens in der Werkstatt zu kurz kommen, da in solchen Lehrgängen in der Regel alle Probleme des schwierigen Jugendlichen erörtert werden. Sie ermöglichen gewiß den Erfahrungsaustausch zwischen den verschiedenen pädagogisch Tätigen, leisten aber nicht die Zentrierung auf didaktisch-methodische Umgangweisen im arbeitsbezogenen Handeln mit den Jugendlichen; sie sind damit für die Ausbilder zu breit angelegt. Die angebotenen Kurse wirken darüber hinaus oft inhaltlich beliebig; offenkundig fehlen curriculare Kriterien, die diese Lehrgänge strukturieren. Weiterhin läßt sich in den Skizzen der zentralen Inhalte und Lernziele einzelner von Trägern angebotener Lehrgänge zumeist nicht erkennen, ob diese sich an die Probleme vor Ort anschließen und ob sie wiederum innovativ zur Lösung von spezifischen Problemen in der jeweiligen Werkstatt wirken. Es sei vermutet, daß viele derartige Fortbildungskurse ohne Anbindung und Vertiefung an eine spezielle Situation eines Heimes oder einer Jugendhilfeeinrichtung letztlich resonanzlos bleiben.

Resümiert man diesen Durchgang durch die verschiedenen Vorbilder, theoretischen Konzepte, Modelle und Erfahrungen, so bleibt der Eindruck, daß der Modellversuch seinen eigenen Weg finden mußte. Es gab keine echten Vorbilder, sondern immer nur Orientierungspunkte, die hilfreich zur Strukturierung des Konzepts beitragen konnten.

1.5   Konsensfindung in "Vorrunde" und "Klärungswoche"

Um das Fortbildungskonzept weiter zu konkretisieren, um die verschiedenen "Positionen" zu diskutieren und um die unterschiedlichen Konzeptionen zu integrieren, wurde eine "Vorrunde" einberufen, an der die Teamer des FZM, ein Vertreter des zuständigen Dezernats des LWV, die Sozialpädagoginnen und der Koordinator des Modellversuchs, die Wissenschaftliche Begleitung sowie die Leiter und Ausbildungsleiter der beiden Jugendheime teilnahmen. Auf dieser "Vorrunde" wurden eine Fülle von organisatorischen Problemen besprochen, die hier nicht wiederholt werden sollen (vgl. Wissenschaftliche Begleitung 1985, S. 21/22). Naturgemäß gestaltete sich der Problembereich der Abfolge der Tagungsthemen und ihrer inhaltlichen Füllung am schwierigsten. Zur Strukturierung der Diskussion waren große Themenkataloge erstellt worden, die das mögliche Thema der jeweiligen Lehrgangswoche nebst erwägenswerten möglichen Inhaltsfüllungen enthielten. Daneben gab es Auflistungen von denkbaren Dauerthemen. Die verschiedenen, hier im Bericht schon erwähnten Vorpapiere lagen allen Beteiligten vor bzw. wurden verteilt. Da sich curriculumtheoretisch gesehen jegliche deduktiven Modelle als insuffizient und praktisch als undurchführbar erwiesen haben, scheint der Weg erst mal akzeptabel; es bedarf kriteriengeleiteter offener Verfahren, in denen möglichst viel Sachverstand und Vorwissen Eingang findet. Nun mag es reizvoll sein, die verschiedenen Phasen des Gesprächs über die Wandzeitungen,

130

die wechselnden Stimmungen ("schaffen wir's?"), das Auf- und Abflackern von Zu-ordnungsaktivitäten und Diskussionen, kurz: den Verlauf eines kreativen Prozesses nachzuzeichnen. Für diese Rekonstruktion seien aber nur wiederum einige zentrale Diskussionspunkte aufgeführt. (Bemerkenswert an dem Einigungsprozeß war übrigens, daß die ursprünglichen Konfliktlinien nur selten in "reiner Form" auftraten, sondern sich vielfältig mischten):

• Teilnehmerzentrierung und Inhaltsstruktur: Gegen eine zu große Teilnehmerzen-trierung sprachen die Erfahrungen der Teamer aus dem FZM und die Erhebung der Sozialpädagoginnen, weil die Ausbilder selbst gesagt hatten, daß sie etwas Neues ler-nen wollten. Aber: Eine zu genaue inhaltliche Festlegung der Themen nebst Verteilung auf Fächer und Stunden, wie ursprünglich wohl intendiert, erschien auch nicht günstig, weil dann die Eigenaktivitäten der Fortbildungsteilnehmer während des Ablaufs einer Woche zu sehr eingeengt würden. Also bedurfte es eines offenen Rahmens, in dem "erfahrungsbezogenes Lernen... im Anschluß an handfeste Informationseingaben in den Kurs erfolgt" (Ergebnisprotokoll der "Vorrunde").

• Verstärkte Fachlichkeit oder mehr Pädagogik? Die Praxis des FZM zeigte, daß die Ausbilder oft nach pädagogischen "Rezepten" verlangten, die ihnen aber nicht ge-geben werden konnten, was wiederum den Sinn von pädagogischer Reflexion in Frage stellte, mit der Tendenz, dann wenigstens fachlich (im Sinne eines Mehr an beruf-lichem Wissen und Können) etwas zu erfahren. Entsprechendes klang jedenfalls in der Erhebung des Modellversuchs durch. Hierzu wurde eine zukunftsweisende Lösung gefunden, nämlich eine "fachtechnische Fortbildung" pro Jahr einzurichten, die, los-gelöst vom LWV und von FZM, einmal im Jahr von den Ausbildern wahrgenommen werden kann. So kann der Bedarf nach neuen Entwicklungen im Berufsfeld gedeckt werden und es entsteht ein Freiraum für die pädagogischen Fragen. Damit war auch das Problem gelöst, inwieweit die Fortbildungen spezielle fachdidaktische Ansätze (also Probleme der Strukturierung und Vermittlung von Inhalten/Methoden eines Be-rufs/Berufsfeldes, losgelöst von allgemeinen berufspädagogischen Fragen) ansprechen sollten: Dieses sollte letztlich in den Jugendheimen geleistet werden, die Fortbildung in der Mammolshöhe könnte darauf nicht eigens eingehen.

• Zum Verhältnis von Berufspädagogik und Sozialpädagogik: Hier ging es um die Frage, woran sich die Inhalte der Fortbildungen orientieren sollten, also um die Frage einer pädagogischen Leitfigur. Eine stärkere Ausrichtung auf Berufspädagogik hätte die Probleme des Werkstattalltags ins Zentrum gerückt, eine sozialpädagogi-sche Orientierung hätte stärker die Frage von Verhalten, sozialem Training, Wahr-nehmung, etc. in den Blick genommen. Der gefundene Konsens geht von einer inte-gralen Verschränkung sozial- und berufspädagogischer Vorgehensweisen aus: In allen

131

Lehrgangswochen sollten "sozialpädagogische und allgemeinberufspädagogische Fragestellungen" Eingang finden (Ergebnisprotokoll der "Vorrunde"). Dies sollte auch in der Themenformulierung der Lehrgangswochen berücksichtigt werden. Dieses Kriterium war deswegen besonders geglückt, weil es aus der Fülle möglicher Themenkreise und -inhalte für die Abfolge von Lehrgängen Auswahlmöglichkeiten schuf. So ließen sich echte Inhaltsschwerpunkte für einzelne Wochen bilden und davon abgegrenzt, Dauerthemen, die zwar allgemein gewünscht waren, einführen.

Für den nächsten Problembereich, die Verbindung von heimexterner Fortbildung (im FZM) und heiminterner Weitergabe und Diskussion, sollten *Praxisaufgaben* auf den wöchentlichen bzw. zweiwöchentlichen Modellversuchsbesprechungen (*Praxisgespräche*) erörtert werden, zugleich mit der Besprechung und Entwicklung von Projekten und Lehrgängen der Werkstätten. In diesem Rahmen einer integrierten Mitarbeiterfortbildung könnten Konflikte aus der Einrichtung kontinuierlich diskutiert werden; Neugelerntes aus dem FZM werde leichter in den Alltag übertragen. "Unter dem Titel 'Praxisgespräche im Modellversuch/integrierte Mitarbeiterfortbildung' sollen pro Einrichtung 14-tägige zweistündige Arbeitssitzungen mit folgendem Teilnehmerkreis stattfinden: Ausbilder, Vertreter aus dem Wohnbereich, Modellversuchsmitarbeiter, ein Mitarbeiter der Leitung (Kerngruppe)". Die Inhalte der Fortbildungstagungen sollen "in die praktische Arbeit vor Ort umgesetzt werden, Probleme und Fragen der Ausbilder und Erzieher sollen behandelt werden" (Protokolle der Vorrunde). Mit dieser Konkretisierung wird davon ausgegangen, daß die Ausbilder, unterstützt vom Modellversuch, nicht nur in ihren eigenen Werkstätten Innovationen versuchen - so wie in Teil B skizziert - sondern auch in das ganze Heim hineinwirken. Zum zweiten sollen auch Erzieher teilnehmen, so daß gemeinsam Heimprobleme besprochen werden können. Zum dritten wird hier ein Diskussionsforum geschaffen, auf dem Ansätze "von unten" auf einer anderen Ebene diskutiert werden können. Zum vierten steckt in diesem Ansatz eine weise Einschätzung darüber, was eine externe Fortbildung nicht leisten kann, nämlich durch die angebotenen Inhalte unmittelbar in die Praxis hineinzuwirken (vgl. zum Praxisgespräch ausführlich Teil E, Kapitel 1).

Mit den hier aufgeführten Festlegungen war der konzeptuelle Rahmen der Modellversuchsfortbildung näher umrissen:

- Es gab eine einheitliche Kerngruppe von Ausbildern, die über drei Jahre drei- bis viermal pro Jahr eine Woche lang miteinander arbeiten werden. Dies ließ eine langfristige Kontinuität der inhaltlichen und personalen Beziehungen erwarten.

- Mit dem gemeinsam entwickelten Fortbildungscurriculum, in das verschiedene didaktische Vorerfahrungen und curricular-inhaltliche Vorstellungen eingeflossen waren, erhöhte sich die Chance, wirkliche Probleme der Ausbildung und der Jugendheime aufzugreifen und zu vertiefen, sowie den Wünschen und Bedürfnissen der verschiedenen Interessen an Fortbildung (LWV als Träger, die Ausbilder, die Teamer, das FZM) weitgehend gerecht zu werden.

- Durch die Konkretisierung des Verständnisses der "Praxisgespräche" war gleichsam ein Transmissionsriemen geschaffen, mit dem die Inhalte der Fortbildung in kürzeren Abständen im Heim thematisiert werden konnten. Damit fand auch das Interesse des Modellversuchs, ein heiminternes Diskussions- und Innovationsforum zu finden, volle Berücksichtigung.

Nach der "Vorrunde" kam es zu der geplanten "Klärungswoche", an der alle Modellversuchsmitarbeiter, die Heimleiter, die Ausbildungsleiter, die Teamer aus den FZM, Dezernatsvertreter, Vertreter der Ausbilder und die Wissenschaftliche Begleitung teilnahmen. Hier interessiert nur, wie diese größere Runde den gefundenen Kompromiß und den skizzierten Rahmen der Fortbildung aufnahm. Vier Bedenken sind von Bedeutung:

- Wie wird sich die Kooperation von FZM und Werkstatt entwickeln? - Diese Anfrage ließ sich in dieser Form nicht klären; erst im Laufe der Zeit könnte sich erweisen, ob das entwickelte Modell handlungsfähig wird und macht.

- Der integrale Zusammenhang von Leben, Wohnen und Arbeiten taucht wenig auf! - Dieser gewichtige Einwand, der auch eine Erweiterung der Aufgabenstellung des Modellversuchs markierte, floß zunächst in Umformulierungen der Schwerpunktwochen und in eine Erweiterung der Interventionsebenen des Modellversuchs ein (vgl. Teil D).

- Die Erwartungen an die Ausbilder sind zu weit gefaßt. - Diese Bemerkung bezog sich auf von den verschiedenen Seiten geäußerte Erwartungen an die Ausbilder; man kann die Aussage aber auch so interpretieren, daß die gerade vom Modellversuch eingebrachte Betonung der Eigenständigkeit der Aktivitäten der Ausbilder während der Fortbildung und vielleicht auch bezogen auf die Heime nicht durchgehalten werden kann.

- Man muß zu Beschlüssen kommen; die Lehrgangsinhalte sollten nicht nur reiner Diskussionsgegenstand sein! - Diese Anmerkung mag aus der Sorge formuliert worden sein, daß in den Fortbildungen eine Art "Überbau" (die Formulierung lautete: "Siemens-Lufthaken") produziert wird, der für Praxisinnovationen aber nicht relevant ist.

133

Mit diesen Kritikpunkten war aber der grundsätzlich gefundene Konsens der Vorrunde nicht gefährdet. Das Fortbildungsprogramm wurde in einer leicht modifizierten Gestalt auf der Tagung verabschiedet, so daß man von einem hohen Konsens der Beteiligten sprechen kann (- nicht zu vergessen die Erleichterung, daß es gelungen war, zu Anfang eines Modellversuchs in Aushandlungen vieler differierender Interessen ein halbwegs stimmiges Konzept vorweisen zu können!). Das folgende Kapitel dokumentiert nun die festgelegten Inhaltsfelder der Fortbildungsveranstaltungen, freilich nicht in der damaligen Gestalt, sondern in der dann erst im Verlaufe des Modellversuchs gefundenen Fassung. Da immer wieder Modifikationen vorgenommen waren, erscheint es nicht sinnvoll, gleichsam alle Stationen des Entstehungsprozesses zu dokumentieren und zu erläutern.

1.6 Dokumentation der Inhaltsfelder der Fortbildungslehrgänge

- 1. *Verhaltensauffälligkeiten und Lernschwächen/Berufspädagogisches Vorgehen.* Nach der Erarbeitung eines gemeinsamen Verständnisses von Verhaltensauffälligkeiten und Lernschwächen sollen didaktisch-methodische Vorgehensweisen einer besonders gestalteten Berufsausbildung erarbeitet werden.

- 2. *Ausbildungsorientierte Projekte und die Entwicklung sozialer Fähigkeiten.* Die Entwicklung und Stabilisierung sozialer Verhaltensweisen sowie die Entfaltung einer belastbaren Motivation für die Berufsausbildung soll an konkreten, ausbildungsorientierten Projekten exemplarisch verdeutlicht werden.

- 3. *Individuelle Trainings- und Förderprogramme: Fachtheoretischer Unterricht in den Werkstätten und Wohngruppen.* Insbesondere für den fachtheoretischen Bereich der Ausbildung sollen Basisprogramme und Hilfsmittel erarbeitet werden. Diese sollen im Ausbildungsalltag eingesetzt, erprobt und modifiziert werden. Ziel ist eine erfolgreiche Teilnahme der Jugendlichen am Berufsschulunterricht und eine kontinuierliche Prüfungsvorbereitung.

- 4. *Kooperation: Ausbilder und Erzieher (Teil I).* Die Berufsausbildung im Heim durch sozialpädagogisches Handeln der Ausbilder und Erzieher zu unterstützen, ist ein zentrales Anliegen des Modellversuchs. Im Rahmen dieser Veranstaltung sollen Ausbilder und Erzieher gemeinsam Erziehungs- und Ausbildungsplanungen diskutieren und sich über ihre gemeinsamen Aufgaben hierbei verständigen.

- 5. *Wahrnehmen - Beobachten - Handeln.* Inhalte und Zusammenhänge der Prozesse 'Wahrnehmen - Beobachten - Handeln' sollen mit verschiedenen Methoden vorgestellt, erfahren und problematisiert werden. Das pädagogische Handeln der Ausbilder soll hinsichtlich der Arbeit und Leistung sowie hinsichtlich des Verhaltens der Jugendlichen reflektiert und differenziert werden.

- 6. *Berufspädagogische Aufgaben des Ausbilders - individuell gestaltete Berufsausbildung.* Es sollen verschiedene Ansätze zur individuellen Planung und Durchführung der Berufsausbildung vorgestellt und weiterentwickelt werden. Die hierzu notwendigen 'Qualifikationen eines Ausbilders im Jugendhilfebereich' sollen gemeinsam erarbeitet werden, d.h. eines fachpraktisch und fachtheoretisch qualifizierten Ausbilders mit sozialpädagogischer Zusatzqualifikation.

- 7. *Kooperation: Erzieher - Ausbilder (Teil II).* Dieser Lehrgang wendet sich an Ausbilder und Erzieher der am Fortbildungsprogramm beteiligten Jugendheime. Ausbilder und Erzieher sollen an bestimmten Problemstellungen Erziehungs- und Ausbildungsfragen diskutieren und sich über ihre gemeinsamen Aufgaben verständigen. Die bereits in Teil I erarbeiteten Vorschläge zur Verbesserung der Zusammenarbeit sollen weiterentwickelt werden. An diesem Lehrgang sollen neben der Stammgruppe von 23 Ausbildern der verschiedenen Jugendheime zusätzlich 23 Erzieher aus den Einrichtungen teilnehmen.

- 8. *Ausbildungsformen und Ausbildungsmaterialien.* Vorrangige Arbeitsmittel unserer Ausbilder sind die verschiedenen Lehr- und Lernmethoden. Sowohl Lehrgespräche, Einzelarbeit und Gruppenarbeit, als auch Prinzipien einer projektorientierten Berufsausbildung, individuelle Nachhilfekonzepte und ein evtl. Medieneinsatz müssen je nach Lernsituation und Lernziel so angewendet werden, daß sie ihre besondere Wirkung haben. Verschiedene Arbeitsmittel, Medien und Zeitpläne (Tages-, Wochenpläne, Ausbildertagebuch) sollen im Hinblick auf die individuelle Gestaltung der Berufsausbildung vor Ort vorgestellt und erarbeitet werden.

- 9. *Berufsausbildung und Existenzsicherung.* In dieser Woche soll geprüft werden, welchen Beitrag die Berufsausbildung in den Jugendheimen zur selbständigen Lebensführung der Jugendlichen z.Z. leistet. Desweiteren soll der Umgang mit den alltäglichen Konflikten in der Werkstatt z.B. Arbeitsverweigerung, Drogen, Alkohol und andere Probleme, so diskutiert werden, daß auf Grundlage der praktischen Erfahrungen der Ausbilder neue Antworten auf diese Fragen erarbeitet werden können. Neue Formen der Existenzsicherung der Jugendlichen, insbesondere für den Zeitraum nach ihrer Ausbildung und Erziehung im Jugendheim sollen gemeinsam diskutiert und auf ihre Praktikabilität hin überprüft werden.

- 10. *Berufspädagogische Aufgaben des Ausbilders.* Kritisches Resümee des Modellversuchs. Insbesondere sollen die durch Fortbildungsveranstaltungen im Fortbildungszentrum sowie durch die 'Praxisgespräche' im Ausbildungsalltag erreichten Veränderungen der Berufsausbildung in den beiden Jugendheimen besprochen und aufgearbeitet werden. Im Mittelpunkt der Diskussionen sollen Merkmale eines qualifizierten Ausbilders im Jugendhilfebereich stehen, d.h. des Ausbilders, der nicht in erster Linie Pädagoge ist und so nebenbei Jugendliche ausbildet, sondern der fachpraktisch und fachtheoretisch qualifizierte Ausbilder mit sozialpädagogischer Zusatzqualifikation.

Folgende *Dauerthemen* werden - mit unterschiedlicher Gewichtung - auf allen Lehrgängen angesprochen:

- Leben-Wohnen-Lernen-Arbeiten im Jugendheim;

- Didaktik und Methodik einer besonders gestalteten Berufsausbildung bei Jugendlichen mit Verhaltensauffälligkeiten und Lernschwächen;

- Projektorientierte Ausbildungsplanung/Motivationsentwicklung;

- Werkstattalltag, Gestaltung des Werkstattmilieus;

- Kennenlernen anderer Modellversuche, Erfahrungsaustausch und Erprobung der entwickelten Lernmaterialien;

- Weiterentwicklung der Fähigkeiten zur sozialen und ausbildungsbezogenen Gesprächsführung;

- Fotokurs, Fotografie als Mittel, Ausbildung fachlich und in ihren sozialen Bezügen zu dokumentieren;

- Arbeitssicherheit/Arbeitsplatzgestaltung.

1.7 Rückschau auf den Entwicklungsprozeß

Ist damit das Fortbildungskonzept vom Prozeß seiner Entstehung her akzeptabel und legitimiert? Vergegenwärtigen wir uns zunächst der "Stationen", die das Fortbildungskonzept genommen hat. Wir können artikulierte Interessen an Fortbildungen erkennen, hier im Bericht beschrieben unter den Begriffen "Vorerfahrungen" und "Erhebungen". Herzu treten noch eine Reihe jeweils angedeuteter latenter Interessen. Die artikulierten und zum Teil auch latenten Interessen wurden im Prozeß der Konzeptentwicklung durch Papiere und mündliche Erläuterungen zum Großteil offengelegt; damit waren sie diskutierbar und kritisierbar. So gesehen läßt sich der Typus der Curriculumentwicklung im losen Anschluß an die Definitionen von Hilbert Meyer als diskursive Legitimation - im Sinne des Verständigens in der Praxis - bezeichnen, im Gegensatz zu der von Meyer benannten Verfahrenslegitimation, die in ihrer zugespitzten systemtheoretischen Gestalt nur noch darauf zielt, durch Institutionalisierung den Erwartungen der Betroffenen nach Legitimierung zu entsprechen (Meyer 1972, S. 138-142). Die im hiesigen Verfahren durchschimmernde diskursiv-argumentative Legitimation läßt sich beispielsweise an der gefundenen Verschränkung von sozial- und berufspädagogischen Vorgehensweisen deutlich machen: Hätte sich eine bestimmte Position durchgesetzt, vielleicht durch administrative Setzung ("Macht"), oder durch Verweis auf die entsprechenden Geldmittel ("Ressourcen"), oder durch entsprechenden Druck auf irgendwelche Termine mit vorschnellem Abbruch der Diskussion ("Zeit"), dann wäre der Weg der Konsensfindung zurückzuweisen. So aber - um bei dem gewählten Beispiel zu bleiben - finden sich in allen Inhaltsfeldern zumindest auf der Beschreibungsebene Versuche, dem Kriterium "Verschränkung von sozial- und berufspädagogischen Vorgehensweisen" gerecht zu werden.

Ist das Fortbildungkonzept vom Gesamtprodukt her akzeptabel? Dazu ist zu sagen, daß der allererste Entwurf von Inhaltsfeldern für die Schwerpunktwochen vielfältig revidiert und weiterentwickelt wurde, fast bis zur Hälfte des Verlaufs der Lehrgangswochen. Insofern ist von einer grundsätzlich offenen Planung zu sprechen; dieser Ansatz wurde voll ausgefüllt. Immer wieder wurden die verschiedenen Interessen der Teilnehmer und Grundsatzpunkte des Modellversuchs in das Fortbildungskonzept eingeschrieben. Es hatte sich schon sehr schnell herausgestellt, daß das ursprünglich (auf der "Klärungswoche") konsentierte Konzept, auch wenn es mit guten Argumenten zusammengestellt und begründet war, sich unter den schnell wandelnden Bedingung der Fortbildung und der Modellversuchspraxis weiterentwickelte. Da dies aber stets in gemeinsamer Absprache mit allen Beteiligten nebst rechtzeitiger Information erfolgte (Dezernat im LWV, Jugendheim, FZM, Teilnehmer, etc.) entstand kein Problem oder gar eine Enttäuschung bei einer der verschiedenen beteiligten Gruppen. So gesehen muß das erste Fortbildungscurriculum als Ausgangspunkt einer vorläufigen Konzeptentwicklung gewertet werden. Jedoch lassen sich für eine Bedingungsprüfung von Curricula durchaus einige wichtige Kriterien für unsere Zwecke adaptieren (vgl. Kordes 1975, S. 135-140; Neumann/Dröge 1983, S. 254/255). Es handelt sich dabei um die Berücksichtigung der *individuellen Bedürfnisse der Adressaten*, der *gesellschaftlichen Bedürfnisse der Abnehmer* sowie der *fachwissenschaftlichen und fachdidaktischen Standards*. Dazu im einzelnen:

● Bezogen auf die individuellen Bedürfnisse der Adressaten der Lehrgänge, deren möglichen Wünsche, die schon vom Anspruch der Selbstbestimmung und Mündigkeit der Teilnehmer mitbedacht sein sollten, lautet die Frage: Sind die Interessen der Ausbilder als unmittelbar Betroffene aufgenommen worden? Schon die Rekonstruktion der verschiedenen Vorerfahrungen und Vorkenntnisse zeigte deutlich, daß tatsächlich zentrale Wünsche und Interessen der Ausbilder in das Fortbildungskonzept eingeflossen sind; weiterhin bestand - gewiß deutlich eingeschränkt - eine Revisionsmöglichkeit durch die Ausbilder in der "Klärungswoche"; sie wurde dort allerdings nur in sehr geringem Umfang wahrgenommen. Schließlich finden sich in dem Fortbildungsprogramm selbst die Wünsche der Ausbilder deutlich materialisiert, beispielsweise durch die Dauerthemen wie "Gesprächsführung", "Kennenlernen anderer Modellversuche", "Erfahrungsaustausch" u.a.m.

● Als nächstes stellte sich die Frage, ob die gesellschaftlichen Bedürfnisse der Abnehmer eingeflossen sind; für den vorliegenden Fall hieße das etwa, ob auch die Anforderungen des LWV, mit und durch die Meister in den Heimen Innovationen anzuregen sowie seine Ausbildung zu "modernisieren", sich niedergeschlagen haben. Die Frage lautet dementsprechend: Sind die fachlichen Abnehmerinteressen in das Fortbildungskonzept eingegangen? - Zunächst artikulierten sich die Interessen des LWV in den hier beschriebenen "Vorerfahrungen"; später dann in der begleitenden Diskussion. Aus dem Fortbildungsprogramm selbst lassen sich dann die Interessen unschwer wieder erkennen. So ist zu vermuten, daß das Konzept in hinreichender Form den Wunsch des LWV nach einem "anderen" Ausbilder ausdrückt. Vielleicht ist es sogar so: Da das "neue" Fortbildungsprogramm deutlich die Innovation im Heim anstrebt und hierzu jeweils aktuelle Anknüpfungspunkte in den Praxisgesprächen entwickelt werden sollen, entspricht das Konzept nun eigentlich viel stärker dem Innovationswunsche des Abnehmers, ja es ist fast schon wieder "gefährlich": Weil es auf die "autonomeren" Ausbilder setzt, kann Innovation auch in Unruhe umschlagen! Insofern ist die "Modernisierungsabsicht" des Trägers (und wohl auch der Heime) in nicht allein "zweckrationaler" Gestalt repräsentiert, sondern auch in "emanzipatorischer" (Habermas).

• Schließlich sollten noch fachwissenschaftliche und fachdidaktische Standards Beachtung finden; in diesem Falle ging es also um die Orientierung der Lehrgänge an bestimmten Wissenschaften, orientierenden Didaktiken oder anderen Vorbildern. Zu fragen ist mithin: Sind fachwissenschaftliche und (fach)didaktische Kriterien mit einbezogen worden? - Für diesen Bereich fällt eine Bewertung schwer, da es, wie berichtet, kaum inhaltliche Vorbilder gibt. Weder lassen sich in dem Umkreis der Erwachsenenbildung, noch im Jugendhilfebereich (vgl. Biamo/Denzin v. Broich-Oppert/Voß 1978), noch in den bisherigen Kursen zur Ausbildung der Ausbilder (AdA), noch aus sonstigen Programmen zur betrieblichen Aus- und Weiterbildung inhaltlich strukturierte und materialreiche Vorbilder für das Fortbilden von Ausbildern entdecken. Darüber hinaus ist eine Didaktik der Erwachsenenbildung im beruflichen Bereich nur bruchstückhaft vorhanden, sieht man von den vielfältig vorliegenden Vorstellungen einer eher betriebsbezogenen Weiterbildung und Mitarbeiterfortbildung ab, die sich lediglich an betrieblichen Anforderungen orientieren (vgl. Schmitz 1978). Mithin ist aus diesem unzureichenden Entwicklungsstand des ganzen hier zur Debatte stehenden Feldes zu schließen, daß nur vorläufige Lösungen gefunden werden konnten. Betrachten wir dementsprechend nachgängig die damaligen Überlegungen, dann fällt auf, daß in den ursprünglich einmal vorgesehenen Inhaltsvorschlägen und Begründungen seitens der Vertreter des LWV neuere Ansätze einer "Berufserziehung im Jugendheim" (vgl. Sturzebecher/Klein 1983) oder Vorstellungen aus den Erfahrungen des BIBB mit den Modellversuchen zu benachteiligten Jugendlichen (siehe Teil A, Kapitel 7) weniger Berücksichtigung gefunden hatte. Diese Grundgedanken fließen erst später in den Programmvorschlag der "Vorrunde" ein. Wiewohl also nicht auf explizite fachwissenschaftliche und fachdidaktische Ansätze zurückgegriffen werden konnte, scheinen zumindest die noch jungen Erfahrungen einer Berufsausbildung mit benachteiligten Jugendlichen Eingang gefunden zu haben; damit wäre ein gewichtiger Ausschnitt des derzeitigen gesellschaftlichen Wissensvorrates über das Problem der Ausbildung mit schwierigen Jugendlichen und die Konsequenzen für die Fortbildung der mit ihnen Arbeitenden in das Fortbildungskonzept eingeflossen.

Die Grafik C 1.7 versucht den skizzierten Prozeß der Curriculumentwicklung unter der Spannung von Begründung und Legitimation darzustellen; zugleich gibt sie einen groben Überblick über das weitere Vorgehen bei der Evaluation und Revision des Fortbildungskonzepts.

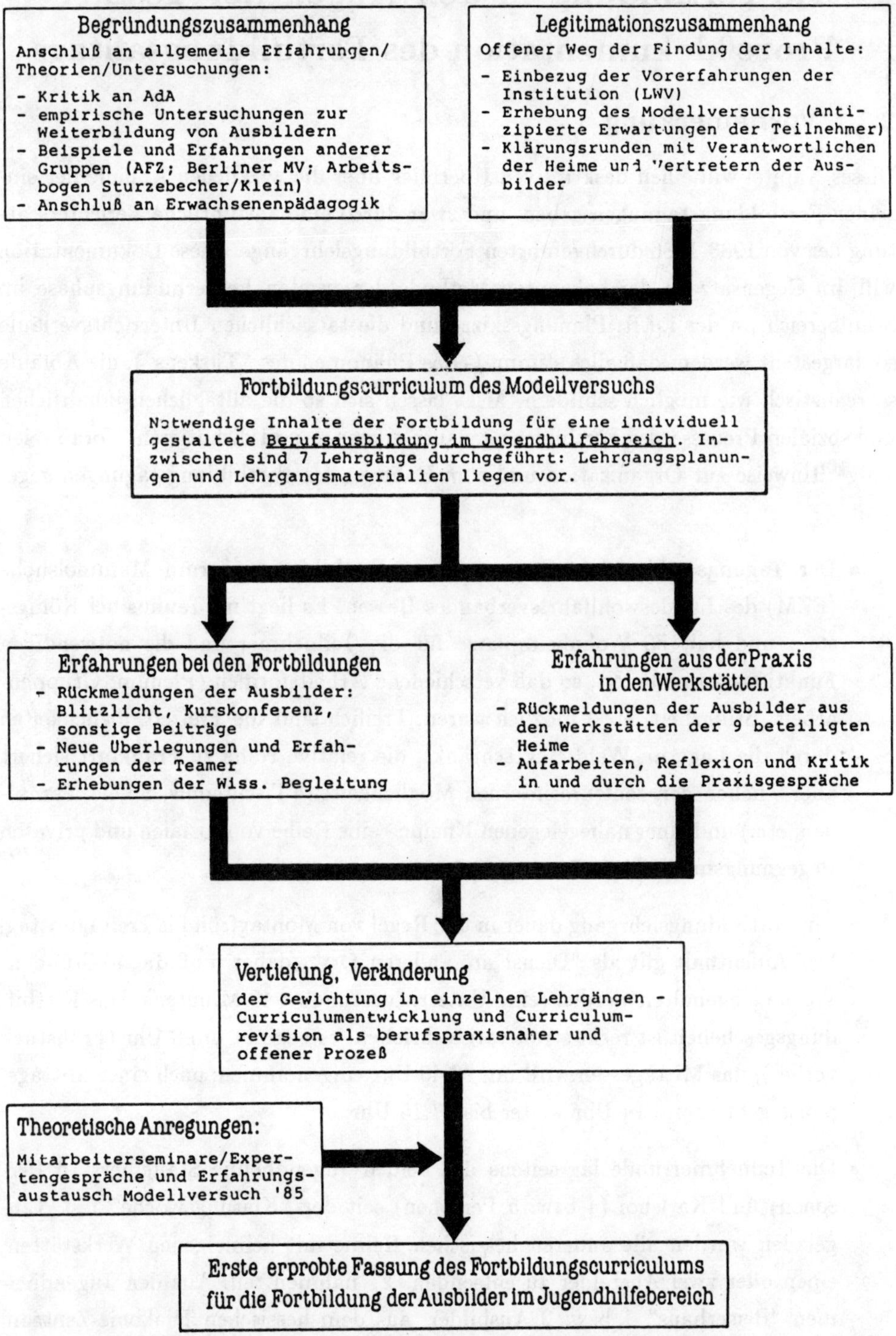

Arnulf Bojanowski / Erika Carstensen-Bretheuer / Klaus Lehning / Karin Picker

Begründungszusammenhang

Anschluß an allgemeine Erfahrungen/
Theorien/Untersuchungen:

- Kritik an AdA
- empirische Untersuchungen zur
  Weiterbildung von Ausbildern
- Beispiele und Erfahrungen anderer
  Gruppen (AFZ; Berliner MV; Arbeits-
  bogen Sturzebecher/Klein)
- Anschluß an Erwachsenenpädagogik

Legitimationszusammenhang

Offener Weg der Findung der Inhalte:

- Einbezug der Vorerfahrungen der
  Institution (LWV)
- Erhebung des Modellversuchs (anti-
  zipierte Erwartungen der Teilnehmer)
- Klärungsrunden mit Verantwortlichen
  der Heime und Vertretern der Ausbilder

Fortbildungscurriculum des Modellversuchs

Notwendige Inhalte der Fortbildung für eine individuell
gestaltete Berufsausbildung im Jugendhilfebereich. Inzwischen sind 7 Lehrgänge durchgeführt: Lehrgangsplanun-
gen und Lehrgangsmaterialien liegen vor.

Erfahrungen bei den Fortbildungen

- Rückmeldungen der Ausbilder:
  Blitzlicht, Kurskonferenz,
  sonstige Beiträge
- Neue Überlegungen und Erfah-
  rungen der Teamer
- Erhebungen der Wiss. Begleitung

Erfahrungen aus der Praxis in den Werkstätten

- Rückmeldungen der Ausbilder aus
  den Werkstätten der 9 beteiligten
  Heime
- Aufarbeiten, Reflexion und Kritik
  in und durch die Praxisgespräche

Vertiefung, Veränderung

der Gewichtung in einzelnen Lehrgängen -
Curriculumentwicklung und Curriculum-
revision als berufspraxisnaher und
offener Prozeß

Theoretische Anregungen:

Mitarbeiterseminare/Exper-
tengespräche und Erfahrungsaustausch Modellversuch '85

Erste erprobte Fassung des Fortbildungscurriculums für die Fortbildung der Ausbilder im Jugendhilfebereich

Grafik 2: Entwicklung und Erprobung des Fortbildungscurriculums für die Fortbildung der Ausbilder

139

2 Die Fortbildung in den Augen der Teamer — Prozeßdokumentation des Fortbildungsalltags

2.1 Vorbemerkung

Dieses Kapitel will einen deskriptiven Überblick über die wirklichen Abläufe der einzelnen Fortbildungstagungen geben, und zwar durch eine ausführliche Berichterstattung der von 1983-1986 durchgeführten Fortbildungslehrgänge. Diese Dokumentation will, im Gegensatz zu der bekannten Methode der zweiten Lehrerbildungsphase im Schulbereich, in der i.d.R. Planungsskizze und die tatsächlichen Unterrichtsverläufe so dargestellt werden, daß alles stimmt (- das Phänomen des "Türkens"), die Abläufe so realistisch wie möglich schildern. M.E. lassen sich so die alltäglichen inhaltlichen und sozialen Prozesse des Fortbildens genauer erkennen und diskutieren. Vorab seien einige Hinweise zur Organisation und zum Rahmen der Fortbildungstagungen gegeben:

- Der Tagungsort ist das schon erwähnte Fortbildungszentrum Mammolshöhe (FZM) des Landeswohlfahrtsverbandes Hessen. Es liegt im Taunus bei Königsstein und hält 50 Wohnheimplätze für die Teilnehmer und die notwendigen Funktionsräume bereit, so daß verschiedene Arbeitsformen (Plenum, Gruppenarbeit, Stillarbeit, etc.) möglich waren. Freilich sind die Freizeitmöglichkeiten durch die Lage im Wald eingeschränkt, die relative Nähe zu Frankfurt sichert aber - neben den zentrumsinternen Möglichkeiten (Tischtennis, Spiele, Fernsehen, etc.) und einer nahegelegenen Kneipe - eine Reihe von sozialen und privaten Begegnungsmöglichkeiten.

- Ein Fortbildungslehrgang dauer in der Regel von Montagfrüh bis Freitagmittag. Der Aufenthalt gilt als "Dienst am anderen Ort", daher muß die 40-Stunden-Woche eingehalten werden (eine Unterrichtsstunde - 45 Minuten). Das Fortbildungsgeschehen ist recht straff vorgeschrieben; es beginnt um 8 Uhr (Frühstück vorher); das Mittagessen wird um 12.45 Uhr eingenommen; nach einer Mittagspause geht es um 14 Uhr weiter bis 17.15 Uhr.

- Die Teilnehmerrunde lag seitens der beiden Jugendheime Staffelberg (6 Personen) und Karlshof (4 bzw. 5 Personen) seit der "Klärungswoche" fest. Eingeladen wurden alle anderen hessischen Heime mit heimeigenen Werkstätten, einen oder zwei Ausbilder zu entsenden. Es nahmen teil: Aus den Jugendheimen "Beiserhaus" 1 bzw. 2 Ausbilder, aus dem hessischen Diakonie-Zentrum "Hephata" (Fachbereich Jugendhilfe) 2 Ausbilder und 1 Ausbildungsleiter, aus dem Johannesstift Wiesbaden wechselnd 1 Ausbilder/in, aus der Sozialdiakonie - Pädagogisch-therapeutische Intensivbetreuung "Klingenhof" 1 Ausbilder, ab 1985 aus dem Jugendheim Sannerz (Sinntal) 3 Ausbilder, gelegentlich 1 Ausbilder aus dem Jugendheim "Waldhaus" (Hildrizhausen) und gelegentlich 1 Ausbilder aus dem "Ausbildungsverbund Metall" in Rüsselsheim. Damit belief sich die Kerngruppe auf ungefähr 20 Ausbilder. Die Ausbilder unterweisen zumeist in den Berufsfeldern Elektro, Metall, Holz und Farbe, dazu kommen noch die Berufe Gärtner, Koch, Schneiderin (gelegentlich) sowie der Bereich der Berufsvorbereitung (gelegentlich). Ein Teil der Gruppe kannte sich aus den früheren Lehrgängen (A, B, C) im FZM, auf die oben im Kapitel 1 eingegangen wurde.

- Die Teamergruppe setzte sich zusammen aus den beiden Sozialpädagoginnen des Modellversuchs, einer Berufspädagogin aus einem Jugendheim, dem Koordinator des Modellversuchs, ein und/oder zwei Mitarbeiter/in aus dem FZM, sowie dem Wissenschaftlichen Begleiter des Modellversuchs. Über die unterschiedlichen Vorkenntnisse und Vorerfahrungen war schon berichtet worden; dies förderte eine inhaltlich ausgerichtete und freundschaftlich-kooperative Atmosphäre.

Nun sollen hier noch einige Notizen zu den herangezogenen Unterlagen dieser Dokumentation ihren Platz finden. Die Skizzierung des Ablaufes und das Referieren der Fortbildungsveranstaltungen basiert zum einen auf dem sogenannten "Inhaltlichen Nachweis der Unterrichtsstunden", der regelmäßig von den Teamern während der Lehrgänge geführt wurde. Es handelt sich um ein offen gehaltenes Formblatt, auf dem im Kopf neben Datum, Dozenten und Stunden Fragen nach dem Unterrichtsthema, der Methodik des Unterrichts (Plenum, Kleingruppe, etc.), der Auswertung und den möglichen Konsequenzen für weitere Lehrgänge vorformuliert sind. Dieser "Nachweis der Unterrichtsstunden" diente der nachgängien Reflexion der Teamer über ihre Arbeit. Manchmal wurde der Nachweis (wenn es gut lief) nachlässig geführt; meistens aber sehr genau. Ebenso finden sich auf den Blättern differierende Einschätzungen und (implizite) kleine Kontroversen. Die Eintragungen erfolgten aber zumeist gemeinsam in der Teamerrunde, so konnten Einschätzungen, Kritiken und positive Erfahrungen ausgetauscht und dann - im gewissen Sinne etwas "objektiviert" - in die Formblätter eingetragen werden. Dadurch konnte es natürlich auch zu Entschärfungen von Problemen kommen; da aber der Nachweis lediglich der modellversuchsinternen Dokumentation diente, war dies eigentlich nicht wahrscheinlich. Eine weitere Grundlage war das während der Tagungen geführte "pädagogische Notizbuch" des hier Bericht erstattenden Wissenschaftlichen Begleiters, der an allen Tagungen teilnahm. Weil es von der Sache her ziemlich ungünstig gewesen wäre, nur teilnehmend zu beobachten und dies auch dem artikulierten Selbstverständnis der Wissenschaftlichen Begleitung nicht entsprochen hätte, arbeitete ich quasi automatisch ebenfalls in der Funktion eines Teamers mit. Die Aufzeichnungen sind naturgemäß subjektiv; sie wurden besonders dann herangezogen, wenn die übrigen Unterlagen keinen Aufschluß über bestimmte Abläufe gaben. Weiterhin fließen in diese Dokumentation einige Materialien ein, die eigens für die Fortbildungstagungen erstellt wurden, etwa Diskussionspapiere, Thesenpapiere, Arbeitsblätter, etc. Es wird aber zugunsten eines lesbaren Textes darauf verzichtet, diese Materialien auch nur ansatzweise ausführlicher zu zitieren oder gar abzudrucken. Schließlich gehen noch die Inhalte der Nachbereitungssitzungen (etwa 4-8 Wochen nach dem jeweiligen Lehrgang) ein, auf denen die Teamer Erfahrungen diskutierten und Kritikpunkte sammelten. (In diesem Text werden alle genannten Materialien *nicht* im philologischen Sinne zitiert oder nachgewiesen.)

Die folgende Dokumentation von 9 Lehrgängen[1] stellt also gleichsam den Fortbildungsprozeß aus dem Blickwinkel der Teamer dar. Die Dokumentation will einen narrativen Eindruck in wesentliche Alltagsabläufe eines pädagogischen und sozialen Entwicklungsprozesses geben. Um diese Dokumentation überhaupt noch lesbar zu halten, wurden ca. 70 Seiten detaillierter Fortbildungsaufzeichnungen (ausführliche und ausformulierte Protokolle, z.B. in Zwischenberichten der Wissenschaftlichen Begleitung wiedergegeben; vgl. Wissenschaftliche Begleitung 1985, S. 30 ff.) komprimiert. Besonders wurden Aspekte der *Methodik* und *Medienwahl*, der *Inhalte* und der *selbst- bzw. teamer-stimulierten Lernaktivitäten* in der Darstellung beibehalten, um wenigstens in groben Strichen den kontinuierlichen Lernprozeß dieser Langzeitfortbildung hervortreten zu lassen, selbst wenn dabei interessante Einzelheiten vernachlässigt werden mußten.

2.2 "Verhaltensauffälligkeiten und Lernschwächen — berufspädagogisches Vorgehen" (1.Woche)

Den Ausgangspunkt des ersten Fortbildungstages dieses Lehrgangs markieren - nach kurzem sich gegenseitigem Vorstellen und nach Erläuterung der Ziele des Modellversuchs durch den zuständigen Mitarbeiter des LWV - vier Werkstattprojekte aus dem Elektro-, dem Metall-, dem Holz- und dem Malerbereich. Die Ausbilder, in deren Werkstätten der Modellversuch durchgeführt wird, und in denen diese Werkstattpro-

---

[1]Die 10. Fortbildungswoche wurde nicht hier mit aufgenommen, da die Nachbesprechung der gesamten Fortbildungsreihe im Zentrum dieser Woche stand und insofern eine Protokollierung nicht lohnt. Die Essenz dieser Nachbereitung ist in Kapitel 3.4 zu finden.

jekte entwickelt wurden, vertreten und verteidigen inhaltlich überzeugend den Ansatz des Modellversuchs, also die projektorientierte Ausbildung. In der Diskussion wurden eine Reihe von Problempunkten angesprochen, die sich auf den Modellversuch und seine Durchführungspraxis beziehen; so fragte man beispielsweise nach der Auswahl der Jugendlichen für die Modellversuchswerkstätten oder nach den verschiedenen Eingangsvoraussetzungen der Jugendlichen. Ebenso wurden die unterschiedlichen Rahmenbedingungen angesprochen wie z.B. Finanzen, Verwaltung, Außenaufträge u.a.m. In dieser ersten Diskusssionsphase gelang es nur schwer, die manchmal ausufernde Diskussion zusammenzuhalten; eine vorläufige Systematisierung und Zusammenfassung der Gedanken wird dann i.d.R. von den Teamern vorgenommen. Danach wird der Fotokurs vorgestellt und begründet.

Der nächste Tag beginnt mit einer Einführung in den BIBB-Bogen von Sturzebecher und Klein, mit dem das Thema "Verhaltensauffälligkeiten und Lernschwächen" angegangen werden sollte (vgl. Dokument C 2.2). Ziel war, anhand vorgegebener Arbeitspapiere den BIBB-Bogen zu erarbeiten und dann für sich daraus eine eigene Fassung zu schaffen. Zur Erarbeitung werden Arbeitsblätter ausgegeben, die eigenständig in den Arbeitsgruppen "ausgefüllt" werden sollen. In den Arbeitsgruppen werden von den Ausbildern viele praktische Beispiele zu den vorgegebenen Merkmalen der Auszubildenden gegeben. Die öfters etwas ausufernde Diskussion diente dazu, die inhaltliche Ausfüllung des zu erarbeitenden Strukturrasters voranzutreiben. Die Erfahrungen aus den drei gebildeten Gruppen zeigten, daß nach Abklärung von Begriffen aus dem BIBB-Bogen Situationsbeschreibungen und Durchführungsmerkmale einer besonders gestalteten Berufsausbildung intensiv erarbeitet werden konnten. Am Spätnachmittag schließlich wird ein Film über das Berliner Ausbildungsprojekt "Kreuzberg" angesehen und diskutiert.

Am nächsten Tag werden die Arbeitsergebnisse für das Plenum vorbereitet und die Arbeitsbögen in Arbeitsgruppen weiter ausgeführt. Im Gesamtplenum kommt es dann zum Austausch der Gruppenarbeitsergebnisse anhand von Wandzeitungen bzw. Notizen in den Arbeitsbögen.

Die Exkursion am vierten Tag zu "Ausbildungsverbund Metall" in Rüsselsheim bringt neben einer Werkstattbesichtigung und einer Vorstellung der Konzeption und der Erfahrungen des Rüsselsheimer Versuches mit projektorientierter Ausbildung und der sozialpädagogischen Anteile der Arbeit eine Reihe weiterführender Diskussionen. Die Ausbilder stellen eine Reihe aktivierender Fragen, die sich auch auf das Inhaltsprogramm der ersten Fortbildungstage bezieht.

Am nächsten Tag werden die restlichen Arbeitsergebnisse zum BIBB-Bogen vorgestellt und diskutiert. Danach werden die weiteren Vorgehensweisen für die nächste

Fortbildung erörtert (Praxisaufgaben; Umstellen des Fortbildungsprogramms).

Didaktische Notwendigkeiten und Besonderheiten bei lernschwachen Auszubildenden

	Merkmale der Auszubildenden	Kennzeichen einer besonderen Berufsausbildung
ⓐ Die kognitive Dimension	Konzentrationsstörungen Ablenkbarkeit	Adäquate Dosierung von Übungs- Lern- und Unterweisungsschritten Vermeidung von Störreizen Schaffung von Erfolgserlebnissen und Vermeidung von Mißerfolg Häufigere Zwischentests als motivierende Rückmeldung Herstellen von Überschaubarkeit und Ermöglichung von Situationskontrolle
	Speicherprobleme Erinnerungsschwierigkeiten und Reproduktionsprobleme	Differenzierung der Information Sinnerfüllung der Information Schaffung kleiner, überschaubarer, sinnvoller Informationen positive affektive Gestimmtheit in einer angstfreien Situation Aufgabenattraktivität Vermeidung von Störfaktoren
	verminderte Auffassungsgabe unzureichendes Instruktions-verständnis herabgesetztes Abstraktions- und Generalisierungsvermögen mangelndes (räumliches) Vorstellungsvermögen und problemlösendes Denken	differenzierte und individualisierte Instruierung systematischer und planvoller Aufbau der Lernschritte Instruktions- und Lernhilfen Anschaulichkeit Problemlösungsaufgaben in abgestuften Schwierigkeitsgraden
	verlangsamtes Lerntempo Lernrückstände und Wissens-lücken	individuell zugestandene Lernzeit Kompensierung von Lücken durch Wiederholungsstrategien zusätzlicher Unterricht in allgemeiner und Fachtheorie
ⓑ Die motorische Dimension	motorische Unruhe	Kontrolle der situativen Reize gegliederte Atmosphäre Bereitstellung von Verhaltensregeln
	Schwächen in der Feinmotorik (fehlende Präzision) mangelnde Koordination zwischen Muskeltätigkeit bzw. Muskeltätigkeit und Sensorik	Primat der Genauigkeit vor dem der Schnelligkeit vom Groben zum Feinen im Arbeitsablauf kein Termindruck bei Aufträgen Bereitstellung von Übungsmaterial und Durchführung von Übungen zur Verbesserung motorischer bzw. sensomotorischer Abläufe
	langsames Arbeitstempo	individuell zugestandene Arbeitszeit kein Termindruck bei Aufträgen
ⓒ Die Dimension von Motivation, Emotion und Ein-stellungen	Schulaversion und Schulmüdigkeit	Vermeidung schulähnlicher Situationsaspekte Erarbeitung theoretischer Kenntnisse über das praktische Tun
	unzureichende Lern- und Leistungsmotivation Lern- und Arbeitsunlust Initiativ- und Interesses-losigkeit	Schaffung von Erfolgserlebnissen Bekräftigung geben aktive Beteiligung des Auszubildenden am Ausbildungsgeschehen Verwertbarkeit der Produkte sicherstellen Bedürfnisse des Auszubildenden berücksichtigen entspannte Ausbildungssituation erkunden und probieren lassen
	geringes Durchhaltevermögen, wenig Ausdauer schnelle psychische Sättigung Verspieltheit sich treiben lassen	abwechslungsreiche Unterweisungen kurze Übungsphasen häufiger Wechsel der Tätigkeiten
	Mißerfolgsmotivierung negatives Selbstbild falsche Selbsteinschätzung verminderte Frustrations-toleranz Resignation bei Leistungs-anforderung	Leistungsvermögen gegenüber dem Leistungsdefizit betonen Kritik sachlich orientieren Prinzip des Zuforderns und Wartens individuell orientierter Gütemaßstab Erfolgserfahrungen vermitteln Grenzen aufzeigen differenzierte Aufgabenwahl Dosierung des Schwierigkeitsgrades

Dokument C 2.3: <u>Beispiel für Lehrgangsmaterial: Auszug aus dem BIBB-Bogen</u>

2.3 "Ausbildungsorientierte Projekte und die Entwicklung sozialer Fähigkeiten" (2. Woche)

Die Fortbildungsveranstaltung begann mit einer Gruppenarbeit zum Thema "Projektmethode". Die Arbeitsgruppen gehen verschieden vor. In der Regel wird das Papier abschnittsweise (vor-)gelesen, es werden Verständnisfragen gestellt, Begriffe geklärt und der sachliche Gehalt der Thesen herausgearbeitet. Sodann wird versucht, den inhaltlichen Anspruch des Papiers auf die derzeitige berufliche Realität in den Werkstätten zu übertragen. Am Spätnachmittag wird ein Film gezeigt: "Ein Weg, den du gehen kannst", der von einem Berliner Modellversuch im Jugendhilfebereich handelt.

Der zweite Teil ist geprägt von der Fortsetzung und Vertiefung der Gruppenarbeit, in der Wandzeitungen erstellt wurden, die eine Gegenüberstellung von "bisheriger Ausbildung" und "projektorientierter Ausbildung" enthielten. In die Spalten wurden dann Ergebnisse aus der Diskussion des Thesenpapiers über die Projektmethode eingetragen und systematisch mit der bisherigen Ausbildung im Heim verglichen. Das Zusammentragen und die Vorstellung der Wandzeitung im Plenum durch einzelne Gruppenteilnehmer war insofern bemerkenswert, als die Teilnehmer selbständig ihre Themen, Thesen und Stichpunkte der Wandzeitungen vortrugen und erläuterten. Die Wandzeitungen geben einen guten Überblick über die Ausgangslage der Werkstätten (und des Modellversuches) sowie die durch die projektorientierte Ausbildung an sie herangetragenen Forderungen zur Veränderung. - Am Nachmittag fand der Fotokurs statt.

Das Plenum des dritten Tages behandelte die Frage der Entwicklung sozialer Fähigkeiten im Rahmen der projektorientierten Ausbildung. Dazu wurde ein vervielfältigtes Gesprächsprotokoll verteilt, in dem das Gespräch zweier Jugendlicher mit den Berufspädagogen und dem Ausbilder über die Erstellung eines Projekts wiedergegeben wurde. Im Anschluß an das Gespräch über dieses Protokoll schließt sich eine Sammlung und Diskussion wichtiger Merkmale sozialer Fähigkeiten an, wie Zusammenarbeit, Ausdauer, positive Arbeitshaltung, Selbständigkeit, Selbstverantwortung, Beratung und Kritik durch andere, Reflexion eigener Arbeit, Einübung in die Gesprächsführung, Zuhören, etc. Dieser Katalog der sozialen Fähigkeiten konnte oft nur durch oder auf Anregung der Teamer aufgestellt und erweitert werden; doch wenn Stichworte gefallen waren, fand eine rege und fundierte Diskussion statt. Am Nachmittag wurden neue Ausbildungsmethoden am Beispiel des Modellversuchs bei Ford (Köln) "Selbstgesteuertes Lernen in der projekt- und lehrgangsorientierten Ausbildung in Metallberufen" vorgestellt und ein Film über diesen Modellversuch gezeigt.

Die daran anschließende heftige und engagierte Diskussion kreiste um die Frage nach der Übertragbarkeit des dortigen Ansatzes auf die Arbeit im Jugendhilfebereich.

Am vierten Tag beschäftigte sich die Fortbildung wiederum mit dem BIBB-Bogen, und zwar den "Verhaltensauffälligkeiten der Jugendlichen". In Arbeitsgruppen werden Definitionen zu Verhaltensauffälligkeiten geklärt, das Erziehungsheim als Sozialisationsinstanz befragt und der Zusammenhang von Verhaltensauffälligkeit und Lernschwäche erörtert. Das Plenum streitet heftig, beispielsweise über die Frage, ob Akten vor Beginn der Arbeit mit den Jugendlichen zur Kenntnis genommen werden sollen oder nicht. Am Nachmittag wurde die "Lernwerkstatt" der "Arbeiterselbsthilfe" (ASH) in der "Krebsmühle" (Oberursel) besucht. Die dortige Lehrlingsausbildung wurde durch Lehrlinge und Ausbilder vorgestellt. Die Ausbilder des Fortbildungslehrgangs pochen in dem Gespräch sehr stark auf den Ausbildungsrahmenplan, die Notwendigkeit des Berufsschulunterrichts und der Gesellenprüfung, während dies seitens der Mitarbeiter der alternativen Ausbildungseinrichtung lockerer gesehen wird. Die abendliche Diskussion über die Exkursion ist kräftig und intensiv. Es werden Fragen gestellt wie: Funktionieren letztlich solche alternativen Einrichtungen? Werden nicht die Ausbildungsinhalte vernachlässigt? Sind das nicht "Rattenfänger"? Werden nicht die Jugendlichen angesichts der Tatsache, daß sie wohl kein Abschlußzertifikat bekommen, abspringen? Die Betroffenheit der Ausbilder angesichts dieser unkonventionellen alternativen Ausbildung war groß.

Am letzten Tag werden unterschiedliche Schwerpunkte des BIBB-Bogens herausgearbeitet, z.B. das Problem der Unpünktlichkeit bzw. der Versäumnisse. An dieser Diskussion ist bemerkenswert, daß bei der Vorstellung von Arbeitsergebnissen zwei Fortbildungsteilnehmer - zwanglos angeregt durch die Teamer - die Diskussionsleitung übernehmen. Trotz anfänglicher Durchsetzungsschwierigkeiten gewinnt die Diskussion rasch an Prägnanz und Ergebnisorientierung. So wurde im Verlauf der Debatte auf einen gemeinsamen Beschluß hin die Praxisaufgabe gestellt, für die nächste Veranstaltung in jedem Jugendheim über Möglichkeiten eines Belohnungssystems im Sinne positiver Anreize eine Diskussion zu eröffnen. Es soll ein Katalog erstellt werden, der Richtlinien enthält, wie ein derartiger "positiver Sanktionskatalog" handhabbar sein kann.

2.4 "Individuelle Trainings- und Förderprogramme: Fachtheoretischer Unterricht in den Werkstätten und Wohngruppen" (3. Woche)

Die Fortbildungsveranstaltung begann mit der Besprechung der Praxisaufgabe. Den Teilnehmern lagen Materialien und Arbeitspapiere vor, die auf Vorschläge der Ausbilder zusammengestellt worden waren. Vor allem der Entwurf des Karlshofs erregte eine recht kontroverse Diskussion ("Belohnungssystem"). Die Jugendlichen sollen ein zusätzliches Taschengeld erhalten, wenn sie bestimmte Kriterien erfüllen. Die Diskussion kreist beispielsweise um die Frage, ob die Kriterien exakt genug sind, ob mit dem zusätzlichen Taschengeld nicht ein gutes Verhalten der Jugendlichen "erkauft" wird und ob man nicht noch andere Formen entwickeln könne. Danach findet der Fotokurs statt, in dem das Thema "Objektiv" behandelt wurde. Die Ausbilder portraitierten sich dazu gegenseitig, fotografierten ihre Umgebung im Fortbildungszentrum und entwickelten die Filme selbständig.

Am zweiten Tag werden mögliche Kriterien zum "Belohnungssystem" erarbeitet. Die Arbeitsgruppenteilnehmer fassen die Resultate ihrer Arbeit auf Wandzeitungen gemeinsam mit den Teamern zusammen, danach werden im Plenum die Ergebnisse diskutiert. Die entwickelten Vorstellungen zum "Belohnungssystem" sollen in den Heimen praktiziert, die dabei gesammelten Erfahrungen ausgetauscht werden. Zum Hauptthema der Fortbildung werden nach einem Einführungsvortrag zu dem Thema "Individuelle Lernhilfen" Arbeitsgruppen zu den drei Problembereichen *Wissenslücken, kognitive Strategien und emotionale Sperren* gebildet. Die Ausbilder erstellen Wandzeitungen zu den drei genannten Fragestellungen und ordnen ihre Erfahrungen zu, freilich mit aktiver Hilfe der Teamer.

Der nächste Tag beginnt mit einer Materialbörse. Alle Ausbilder hatten umfangreiche Materialien zu individuellen Lernhilfen mitgebracht, beispielsweise Bücher, Unterrichtsmaterialien, Demonstrationsmaterialien, Dias, Bücher, Arbeitstransparente, u.a.m. Diese umfängliche Materialsammlung regt wiederum zu intensivem Informations- und Materialaustausch zwischen den Ausbildern verschiedener Jugendheime an. Nach der Materialbörse wurden die Ergebnisse zu "individuellen Lernhilfen" zusammengetragen. Alle Arbeitsgruppen hatten am Vortage umfangreiche Wandzeitungen erstellt, auf denen anhand der vorgegebenen Kriterien Gedanken und Notizen zur individuellen Nachhilfe im Jugendhilfebereich erstellt worden waren (z.B.: Kooperation mit der Berufsschule, Berichtsheftführung, didaktische Reduktion von Werkstattaufgaben u.a.m.). Weiterhin wird innerhalb der Gesamtrunde die veränderte Fassung des BIBB-Bogens diskutiert und von allen Teilnehmern akzeptiert. Die Modellversuchsmitarbeiter hatten aufgrund der Ausarbeitungen der ersten beiden Fortbildungen eine weiterentwickelte Form des BIBB-Bogens zusammengestellt; damit hatten die Ausbilder ihren "eigenen" BIBB-Bogen. Am Nachmittag wurden Perspektiven einer möglichen *Arbeitsplanung und Arbeitsorganisation* im Rahmen einer besonders zu gestaltenden Berufsausbildung diskutiert. Drei Lehrgangsteilnehmer führen in die Problemstellung ein, sie skizzieren die Probleme, die die Berufsausbildung in einer Jugendhilfeeinrichtung (Hephatha) anfänglich hatte (z.B. Belastung der Mitarbeiter; Vor- und Nachbereitung der Ausbildung; Abstimmung mit der Erziehergruppe). Aus diesem Problem heraus hatte sich in Hephatha ein neues Modell der zeitlichen Verteilung der Berufsausbildung entwickelt (6 Stunden Arbeit in der Werkstätte; 2 Stunden Vor- oder Nachbereitungszeit für den Ausbilder). Die angeregte Diskussion verläuft nach dem Motto: "Alles schön und gut, aber bei uns nicht zu realisieren". Freilich wächst auch durch das Gespräch bei den Fortbildungsteilnehmern die Bereitschaft, dieses Modell gründlich zu durchdenken und im Heimalltag (beispielsweise in den Praxisgesprächen) zu diskutieren.

Am nächsten Tag der Fortbildung tragen zwei Mitarbeiter aus dem "Ausbildungsverbund Metall" (Rüsselsheim) ihre Erfahrungen mit individuellen Lernhilfen vor. In diesem Modellversuch werden individuelle Lernhilfen vor allem auf drei Ebenen gegeben:

- Man versucht, praktische und theoretische Inhalte miteinander zu verbinden, etwa durch einen Experimentalunterricht in der Werkstatt oder durch Projekte;

- Vor- und/oder Nachbereitung der Berufsschule, etwa durch individuelle Stützkurse oder freiwillige Arbeitsgruppen mit Betreuung;

- durch Theoriearbeit in der Werkstatt, etwa durch Gruppen- und Einzelunterweisung, oder durch Fachgespräche und Wiederholung von Unterweisungsthemen nach Absprache mit den Berufsschullehrern.

Die Ausbilder erfragen weitere Einzelheiten, die auch für ihre eigene Praxis von Bedeutung sein könnten. Zum Abschluß der Tagung, wird eine Kurskonferenz veranstaltet. Die Teilnehmer ziehen sich in Arbeitsgruppen zurück und notieren Positives und Negatives der Fortbildung.

2.5 "Kooperation: Ausbilder und Erzieher (Teil I)" (4. Woche)

Der Lehrgang begann mit Berichten über das "Belohnungssystem". Nach der ersten Erprobungsphase kann man davon ausgehen, daß das "Belohnungssystem" von den

Jugendlichen positiv angenommen wird. Das Modell einer anders gestalteten Arbeitszeitregelung ("Hephatha-Modell"), das schon auf der vorigen Tagung erläutert worden war, wird nochmals begründet: Es gehe u.a. um eine verbesserte Vorbereitungszeit der Ausbilder, um die Belastbarkeit der Ausbilder und um mehr Zeit für die Abstimmung mit den Gruppenerziehern. Die Einführung in das eigentliche Thema der Tagungswoche, die Durchführung eines Planspiels, wird danach vom Dozententeam erläutert. In den Vorgesprächen zu der Tagung war gelegentlich angekündigt worden, daß das Thema "Kooperation: Ausbilder und Erzieher" über ein Planspiel erarbeitet werden soll. Der Teilnehmerkreis - erweitert um fünf Erzieher - erfährt Bedingungen, Ziele, Methoden und Regeln eines Planspiels.

Der nächste Tag beginnt mit einer Spielszene. Das Planspiel geht - kurz gesagt - davon aus, daß ein im Jugendheim öfters vorkommendes Ereignis nachgespielt werden soll, hier das Problem des § 75 a JWG: "Helmut Bott", der Jugendliche, von dem das Planspiel handelt, wird im Dezember 18 Jahre alt. Er ist seit dem Frühsommer im Heim, hat sich in der Holzwerkstatt sehr schlecht aufgeführt und befindet sich nunmehr seit einigen Wochen in der Metallwerkstatt. Dort scheint er sich inzwischen stabilisiert zu haben; in der Wohngruppe hingegen gibt es mit ihm immer noch große Probleme. - Diese Ausgangslage wird von einigen Teilnehmern der Fortbildungsveranstaltung vor den übrigen Teilnehmern vorgespielt. Danach werden die Planspiel-Rollen verteilt (Heimleitung, Ausbildungsleitung, Erziehungsleitung, psychologischer Dienst, Erzieher, Ausbilder, Jugendliche, Spielleitung). Im Rahmen dieser Dokumentation können nicht alle einzelnen Spielschritte wiedergegeben werden; es kann lediglich der formale Ablauf geschildert werden: Jede Spielgruppe ist zunächst damit beauftragt, ein Strategiepapier für das eigene Verhalten hinsichtlich der beabsichtigten Spielschritte zum Problemfall "Helmut Bott" zu erstellen. Diese Strategiepapiere werden als erstes bei der Spielleitung abgegeben. Sie sollen offenlegen, welche Schritte die jeweilige Spielergruppe bei diesem simulierten Konflikt wahrnehmen würde. Danach werden eine Reihe von Spielschritten eingeleitet, z.B. Gespräch zwischen Ausbildungsleitung und den Jugendlichen, Gespräche zwischen Erziehungsleitung und Ausbildungsleitung, u.a.m. Die Gespräche werden durch Protokolle dokumentiert. Im Verlaufe der ersten Phase des Planspiels kommt es zu einem leichten "Durcheinander"; so finden eine Reihe von Kontakten statt, die nicht von der Spielleitung genehmigt waren. Gleichermaßen genehmigt die Spielleitung bestimmte Kontakte nicht, da sie unrealistisch erscheinen ("alle an einen Tisch"; "man könnte das Problem in 20 Minuten lösen, wenn... "; etc.). Daher wurde das Spiel unterbrochen und alle Spielgruppen aufgefordert, neue Strategiepapiere zu erstellen. Diese neuen Strategiepapiere werden über die Mittagszeit von der Spielleitung ausgewertet; danach gibt die Spielleitung ausführliche Anweisungen, die das Spielgeschehen konzentrieren. Z.B. wird von der Erziehungsleitung gefordert, einen Erziehungsplan zu erstellen; von der Ausbildungsleitung wird ein individueller Ausbildungsplan für "Helmut Bott" angefordert. Eine Reihe von Spielschritten findet statt. Vor allem der Jugendliche überrascht die Spielenden mit vielfältigen Forderungen und Verwirrungen; auch die Heimleitung greift, anders als am Vormittag, stärker in das Spielgeschehen ein. Das Planspiel endet am Abend mit der Verleihung eines Ausbildungsvertrags an "Helmut Bott".

Am nächsten Tag wird nach ausführlicher Vorbereitung durch die Teamer (Erstellung einer Wandzeitung, die nahezu alle Spielschritte des Planspiels grafisch erfaßt), das Spiel gemeinsam mit den Fortbildungsteilnehmern durchdiskutiert und ausgewertet: Schwierig war wohl für alle vor allem der Namenstausch und das Hineinschlüpfen in eine neue Rolle. Inhaltlich werden, speziell von den Teamern, etliche Problempunkte des Spiels aufgezeigt. So wurde während des Spiels auf einer ausführlichen Sitzung ein längeres Protokoll erstellt, in dem Erzieher, Psychologe, Ausbilder und Erziehungsleitung miteinander über die Perspektiven von "Helmut Bott" diskutierten. Bei dem Protokoll zeigt sich, daß alle Beteiligten etwas sagen möchten. Es wird aber nicht erkennbar, wie man gemeinsam einen pädagogischen Auftrag durchführen kann. Andere Problempunkte sind, daß es so gut wie nie zu einem "kurzen Weg" zwischen den Ausbildern und den Erziehern kam. Sodann wurde seitens der Teamer gefragt, ob tatsächlich derartig viele große Konferenzen, wie sie immer wieder vorgeschlagen und gewünscht waren, im Heim stattfinden. Hier lag die Vermutung nahe, daß die Teilnehmer die Heimrealität harmonischer darstellten als sie wirklich ist. Das oft unsinnige Verhalten des Jugendlichen (aber nicht untypische!) wurde gar nicht recht registriert, man ging nicht argumentativ darauf ein, sondern reagierte hektisch. Typisch wurde auch empfunden, daß die Erziehergruppe gleich zu Anfang des Planspiels mit einer Verlegung in eine Außenwohngruppe reagierte; gerade diese Problemverlagerung schien aber nicht die rechte Lösung für den Jugendlichen zu sein. Nach Abschluß dieser Diskussion tagten Ausbilder und Erzieher in getrennten Gruppen; sie sollten auf Wandzeitungen ihre "Vorurteile" über die jeweils andere Gruppe erstellen. In beiden Gruppen wurde anhand von Beispielen diskutiert und versucht, die eigene Heimsituation in die Fortbildung einzubringen.

Die Wandzeitungen wurden am nächsten Tag lebhaft erörtert:

- Die Kommunikation zwischen Ausbildern und Erziehern soll rationaler werden. Die Ausbilder müssen z.B. deutlich machen, daß sie öfters keine Zeit haben, wenn der Erzieher gerade "in der Tür" steht, weil das Ausbildungsgeschehen oft keine Unterbrechung zuläßt.

- Das Heim ist der Arbeitsplatz des Ausbilders, nicht alleine die Werkstatt! Damit wurde ausgedrückt, daß es einen übergreifenden gemeinsamen Erziehungsauftrag gibt.

- Die Ausbilder sollten öfters auch auf die Gruppe kommen, z.B. um einen gemeinsamen Gruppenabend mitzumachen. Auch die Erzieher sollten Kontakt zur Berufsschule halten und dann mit dem Ausbilder diesen Kontakt durchsprechen.

- Die Berichtsheftführung und Aufgabenbetreuung sollte ebenfalls stark vom Erzieher getragen werden.

- Als entscheidend wurde angesehen, daß beide Seiten eine Entscheidung gemeinsam tragen.

Insgesamt zeigte die Diskussion eine Tendenz zur Harmonisierung; so wurden zwar einige reale Konflikte genannt, aber die am Tisch Sitzenden wollten sich wechselseitig von diesen Konflikten ausnehmen.

Am letzten Tag fand eine Exkursion zu dem Jugendheim "Sannerz" (Sinntal) statt. Das Jugendheim steht unter kirchlicher Trägerschaft, es wird von Padres (Salesianern) geleitet. Die Fortbildungsteilnehmer konnten hier eine Reihe von Erfahrungen über die Kooperation von Arbeits- und Wohnbereich sammeln.

2.6 "Wahrnehmen - Beobachten - Handeln" (5. Woche)

Als Praxisaufgabe war u.a. die Lektüre des Textes zur "Individuell gestalteten Berufsausbildung" vorgesehen worden. Die Teamer erläutern vorab die Rolle des Textes. Das Gespräch über die Möglichkeiten und Grenzen einer individuell gestalteten Berufsausbildung konzentriert sich auf die folgenden Themen:

- Kann man eine projektorientierte Ausbildung machen, wenn gleichzeitig die Werkstätten unter dem Zwang der Produktivität stehen? Projekte sind, so zeigt die Debatte, nicht irgend etwas Beliebiges, sondern müssen sich sehr wohl an die pädagogische Arbeit zurückbinden; wenn sie dann auch noch ökonomisch Nutzen bringen, ist es um so besser.

- Wie läßt sich in der Werkstatt die praxisbezogene Theorie (Nachhilfe) vermitteln? Allgemein werden die Berufsschullehrer kritisiert, weil sie es nicht schaffen, die geforderte und notwendige Fachtheorie für die Heimjugendlichen aufzubereiten.

An der Diskussion fällt auf, daß die Teilnehmer den Text gut gelesen haben und ihn sehr engagiert kritisieren oder verteidigen. Immer noch findet sich aber auch die Abwehrfigur, daß entweder den Lehrern oder der Schule, oder den Erziehern oder der Verwaltung die Schuld "zugeschoben" wird; man neigt dazu, eigene Fehler oder Versäumnisse "runterzuspielen". An solchen Stellen intervenieren die Teamer, um stereotype Abwehrformen aufzuweichen. Der Einstieg in das Hauptthema des Lehrgangs wird über das Vorführen einiger vom Modellversuch erstellten *Videoaufnahmen* vorgenommen. Es handelt sich dabei um drei- bis fünfminütige Videoaufnahmen von Jugendlichen, die bei der Arbeit in den Werkstätten gefilmt wurden. Die Aufnahmen sollen die Wahrnehmung der Teilnehmer sensibilisieren und schulen. Nach der Vorführung beantworten die Teilnehmer auf einem Arbeitsblatt Fragen zu zwei besonders für die Problematisierung und Schulung geeigneten Videoauszügen und tragen vor dem Plenum ihre Stichworte vor (siehe z.B. Dokument 2.6). Es sind offene Einschätzungen und phantasiereiche Notizen, die sich jedoch in vielen Punkten stark widersprachen. Um diese Widersprüche zu klären, wurden sodann die Ausbildungsgesprächsprotokolle, ausgewählte Aktenauszüge und ergänzende Berichte der an der Ausbildung des Jugendlichen Beteiligten (Sozialpädagoge, Ausbilder, Berufspädagoge) vorgelesen, um den Teilnehmern einen anderen und umfassenderen Einblick von dem gezeigten Jugendlichen zu vermitteln. Weiterhin berichtete der den Jugendlichen betreuende Ausbilder noch eingehender über die Situation des Jugendlichen in der Werkstatt und über seinen sonstigen Lebenshintergrund. Die unterschiedlichen und widersprüchlichen Einschätzungen aller Fortbildungsteilnehmer und der skizzierte Hintergrund aus den Akten und die Bemerkungen des Ausbilders führten zu einer deutlichen Betroffenheit der Fortbildungsteilnehmer hinsichtlich vieler eigener Einschätzungen. Es war zu spüren, daß die Ausbilder, die sich in ihrem Urteil doch so sicher waren, oft geirrt hatten; darüber waren sie erstaunt und irritiert - gewiß eine wichtige Grundlage für die weitere Erarbeitung des Lehrgangsthemas.

F Z M   -   5. LEHRGANG VOM 28.1.1985 - 1.2.1985   [S.H. am Mittw.]

'W A H R N E H M E N - B E U R T E I L E N - H A N D E L N'

ARBEITSBLATT ZU DEN VIDEO-AUFNAHMEN

FILM ( )

1. Stellen Sie bitte Vermutungen darüber an, warum der gezeigte Jugendliche
   im Jugendheim ist. Begründen Sie bitte Ihre Antwort (in Stichworten):

   — ein bißchen schwächlich und eingeschüchtert, wirkt
   aber so ganz helle; vielleicht Hauptschul, Elternlos und
   dann ins Heim

2. Würden Sie den Jugendlichen gerne in Ihrer Werkstatt haben? (in Stichworten):

   Würde wohl viel Mühe kosten, mit dem zu arbeiten.
   Trotzdem ja. Manchmal war da ein düsterer Blick —
   vielleicht macht er schlechte Stimmung in der Werkstatt.
   Wirkt aber umgänglich

3. Stellen Sie Vermutungen über Stärken und Schwächen des Jugendlichen bezüglich
   dessen Verhalten und dessen fachlichem Können an (in Stichworten):

   wie 1. Lehrjahr, schlosse das Richtige für ihn?

4. Stellen Sie Vermutungen über das Sozialverhalten des Jugendlichen an:

   nicht
   muster depressiv ~~teilnahmslos~~ verschlossen, aber auch
   freundlich und offen (kunt es, als Küler in kein Wässer-
   chen trüben)

Dokument C 2.6: <u>Beispiel für Lehrgangsmaterialien: Ausgefüllter Beobachtungsbogen</u>

Der nächste Tag begann mit einem Referat zum Thema "Wahrnehmung", eine Diskussion zur Begriffsklärung schloß sich an. In Arbeitsgruppen wird das Referat mit Hilfe eines Arbeitsblattes und eines vorbereiteten Zettels mit Fremdwörterübersetzungen nachgearbeitet. Die Auswertungsdiskussion im Plenum führte zu einer Klärung einer Reihe von erarbeiteten Wahrnehmungseinflüssen; eine Reihe der im Referat dargestellten Einflüsse auf Wahrnehmungen scheinen verstanden worden zu sein. Eine Gesamtzusammenfassung wird von den Dozenten geleistet.

Der dritte Tag beginnt mit einem Einführungsreferat zum Thema "Beurteilen". In Arbeitsgruppen wird das Referat noch einmal gemeinsam gelesen, Begriffe und Fremdwörter werden geklärt. Sodann werden die einzelnen Abschnitte diskutiert und vertieft; die Teilnehmer bearbeiten schließlich einzeln vorgegebene Arbeitsblätter aufgrund ihrer persönlichen Erfahrungen und Vorstellungen als Ausbilder im Jugendhilfebereich. Es ergeben sich vielfältige Diskussionen. Die Ausbilder bestätigen den Unterschied von fachlicher Beurteilung und Verhaltensbeurteilung in hohem Maße. Im Plenum stand insbesondere die Beurteilung als pädagogisches Mittel der Berufserziehung im Zentrum. Es müsse eine grundsätzliche Motivation für das Lernen des Berufs bei den Jugendlichen geschaffen werden; der Jugendliche muß Eigenverantwortung für seine eigene Ausbildung übernehmen, so die Ausbilder. Hier bieten sich individualisierte Formen des Beurteilens an, um den jeweiligen Jugendlichen in seiner spezifischen Lernentwicklung anzunehmen und zu fördern.

Am nächsten Tag werden im Plenum die vier in den Modellversuchswerkstätten entwickelten Ausbildungspläne durch den jeweiligen Werkstattleiter und den Modellversuchs-Mitarbeiter vorgestellt und in einem kleineren Kreise - vor dem jeweiligen Plan - näher erläutert. Sodann wird die Funktion dieser Ausbildungspläne am Beispiel der Schreinerwerkstatt im Karlshof noch näher erklärt. Im Anschluß an das Plenum werden drei Arbeitsgruppen gebildet. In einer Arbeitsgruppe werden eigenständige Leitlinien eines Ausbildungsplanes für die Bereiche "Gärtnerei" und "Hauswirtschaft" entwickelt. In anderen Arbeitsgruppen werden Überlegungen angestellt, wie man Elemente der individuell gestalteten Berufsausbildung auch auf andere Werkstätten der Jugendhilfe übertragen könne.

Im Plenum werden dann als nächster Punkt die Ausbildungsgesprächsprotokolle besprochen. Der Vorschlag des Formblattes wird modifiziert und vereinheitlicht; sodann wird exemplarisch von jedem Teilnehmer ein Ausbildungsgesprächsprotokoll angefertigt. Dazu wählen die Teilnehmer jeweils einen Jugendlichen aus und beschreiben ihn. Die Resonanz ist überraschend: Alle Ausbilder haben den Bogen sehr genau und sehr einfühlsam ausgefüllt. Einige Ausbildungsgesprächsprotokolle werden verlesen und noch von den Verfassern erläutert. Zum Abschluß stellen die Teamer den Zusammenhang des Lehrgangs noch einmal dar, indem sie auf die Kette "Wahrnehmen - Beobachten - Handeln" hinweisen.

Am letzten Tag geht es zur Jugendwerkstatt Wiesbaden. Die Exkursion gibt Einblicke in die Praxis einer großen Ausbildungswerkstätte, die sich zwar von einem Jugendheim unterscheidet, in der sich aber auch viele Gemeinsamkeiten gerade hinsichtlich der Jugendlichen finden.

2.7 "Berufspädagogische Aufgaben des Ausbilders — individuell gestaltete Berufsausbildung" (6. Woche)

Am ersten Tag wird im Plenum die Praxisaufgabe der vorigen Fortbildung aufgearbeitet. Die Teilnehmer sollten eine Akte eines Jugendlichen untersuchen und ihre Erfahrungen mitteilen. In vier Arbeitsgruppen kommt man zu dem Ergebnis, daß eine Kurzakte sinnvoll wäre, die alle notwendigen Informationen über den betreffenden Jugendlichen enthält. Sodann wird im Plenum ein Vortrag zu einer *individuell gestalteten Berufsausbildung* gehalten. Der Vortrag erläutert noch einmal die vier vorgeschlagenen Handlungsfelder einer individuell gestalteten Berufsausbildung (Projektorientierung, werkstattspezifischer Ausbildungsplan, Ausbildungsgesprächsprotokolle, Nachhilfe). Leider versäumen es die Teamer, genügend Zeit für die Aussprache zu geben. Entweder waren die Ausbilder über die Informationen des Vortrags schon hinreichend aufgeklärt, so daß sie dem Vortrag nicht mehr folgten, oder sie versuchten den Stoff erneut zu verarbeiten. Jedenfalls bleibt unklar, ob "produktive Stille" oder ein "gelangweiltes Schweigen" herrschte.

Der zweite Tag setzt die Behandlung des Themas einer individuell gestalteten Berufsausbildung in Arbeitsgruppen fort. Vorab war eine Neuerung vereinbart worden: In den Arbeitsgruppen sollte die Diskussionsleitung und die Protokollführung jeweils von einem Teilnehmer übernommen werden, so daß der Teamer gleichsam die Rolle eines Mitdiskutanten spielen konnte. In der praktischen Durchführung wurden die Erwartungen der Teamer übertroffen: Die Teilnehmer nahmen nicht nur die Arbeitsgruppe selbständig in die Hand und bearbeiteten eigenständig das ihnen vorgegebene Thema, sondern auch die Diskussionsleiter arbeiteten gemäß der ihnen zugewiesenen Aufgabe vorzüglich. Eine Hilfe waren die von den Teilnehmern in Einzelarbeit auszufüllenden Arbeitsblätter, die sich als guter Leitfaden für die inhaltliche Diskussion erwiesen. Die Protokolle, die im Plenum vorgetragen wurden, enthielten zumeist eine geraffte, aber inhaltlich geordnete Zusammenfassung der Arbeitsgruppendiskussion. Auch die im Plenum entstehenden Diskussionen wurden immer anhand der vorgegebenen Kategorien präzise und sachlich geführt, Exkurse wurden zugelassen, praktische

Beispiele und drängende Fragen in den Einrichtungen angesprochen, aber zumeist kurz und knapp behandelt.

Am dritten Tag wird ein Informationspapier mit vorbereiteten Arbeitsblättern zum Thema "Der ideale Ausbilder" besprochen (siehe Dokument C 2.7); in drei Arbeitsgruppen werden die Papiere gelesen, durchgesprochen, problematisiert und weiter aufgearbeitet. Danach werden im Plenum die Ergebnisse und Diskussionspunkte zusammengetragen, um einer umfassenden *Aufgabenbeschreibung des Ausbilders* näherzukommen. Bei der Vorstellung der Vorgehensweisen in den Arbeitsgruppen und der Ergebnisse fällt auf, daß die Ausbilder ihre eigene Berufsarbeit und -rolle gering einschätzen. Die Ausbilder haben offenkundig noch wenig Selbstbewußtsein über ihre eigenständige Funktion und Aufgabe eines "Ausbilders im Jugendhilfebereich" gewonnen. Um diesen Tatbestand aufzugreifen, wurde gemeinsam ein Text "Sozialer Status des Ausbilders im Betrieb und in der Gesellschaft" gelesen. In der Diskussion über den Text und in Nachbereitung der Arbeitsgruppenergebnisse wurden folgende Themen erörtert:

Dokument C 2. 7: Beispiel für Lehrgangsmaterialien: Arbeitsblatt
für die Teilnehmer

- Welche Aufgaben hat der Ausbilder im Gegensatz zum Berufsschullehrer zu erfüllen?

- Viele Ausbilder empfinden den Zustand einer Nichtanerkennung ihrer schwierigen Arbeit als beklagenswert. Vor allem sind im Jugendhilfebereich Erfolgserlebnisse offenkundig rar.

- Schließlich werden die verschiedenen Funktions- und Tätigkeitsbereiche des Ausbilders angesprochen und zu klären versucht.

Das Interesse der Teilnehmer zu diesem Gebiet einer genaueren Aufgabenfeldbeschreibung ist groß, so daß es Ziel sein sollte, im Rahmen der gesamten Fortbildung zu einer umfassenden Aufgaben- bzw. Stellenbeschreibung des Ausbilders zu kommen.

Am nächsten Tag fand eine Exkursion zur Peine-Salzgitter-AG statt (Ausbildung von Betriebsschlossern, Teilezurichtern, Maschinenschlossern, Energieanlagenelektronikern). In Peine-Salzgitter war im Rahmen eines Modellversuchs der Ansatz von projektorientierter Ausbildung entwickelt worden und das sogenannte "Leittextsystem" erprobt worden.

Am nächsten Tag wird der Besuch der Lehrwerkstätte von Peine-Salzgitter nachbereitet. Die Diskussion bezieht sich auf die folgenden Punkte:

- Das Salzgitter-Modell wird kritisiert, daß es einseitig für die betrieblichen Bedürfnisse ausbildet mit der Folge, daß die Ausbildungsinhalte stark reduziert seien. Gleichzeitig werde der Ausbilder durch die lehrgangsmäßige Aufteilung, auch durch das Projekt "Hobby-Maschine", in den Möglichkeiten seiner Planung zu stark eingeengt.

- Der Ansatz des "selbstgesteuerten Lernens" mit dem Leittextsystem wird als positiv empfunden.

- Selbständigkeit und Fachlichkeit: Einerseits wird die Auffassung vertreten, daß unabdingbar erst einmal die Fachlichkeit beim Jugendlichen gestiftet werden müssen, bevor er zur Selbständigkeit gelange. Andererseits wird nach Klärung der Begriffe "Fachlichkeit" und "Selbständigkeit" herausgearbeitet, daß beides Hand in Hand gehen muß. Der Jugendliche sollte auch ohne fremde Hilfe einen Auftrag erledigen können; dazu braucht er gewisse Grundkenntnisse, aber diese müssen wiederum in selbständigen Zusammenhängen vertieft werden. Der Grad der Selbständigkeit muß bei jedem Jugendlichen individuell gesehen werden, der Prozeß des Gewinnens von Selbständigkeit muß im Zusammenspiel mit der Erweiterung des fachlichen Könnens langsam vorangetrieben werden.

2.8 "Kooperation: Erzieher-Ausbilder (Teil II)" (7. Woche)

Die Tagung begann mit sogenannten Partner-Interviews: Die Teilnehmergruppe, die diesmal aus Ausbildern und Erziehern bestand, stellt sich wechselseitig nach vorgegebenen Fragen vor. Nach diesen individuellen Partnervorstellungen werden einige exemplarische Beschreibungen im Plenum vorgelesen. Sodann wird ein Fragebogen verteilt: "Warum sind Sie Erzieher/Ausbilder im Jugendheim geworden?" Am Nachmittag wird ein Referat gehalten "Notwendige Erziehungsziele in einem Jugendheim mit Berufsausbildung angesichts derzeitiger Bedingungen". Das gut einstündige Referat wird z.T. aufmerksam verfolgt; eine kurze Aussprache schließt sich an. Danach wird in gemischten Arbeitsgruppen (Ausbilder und Erzieher) das Referat anhand des vorliegenden Textes und mit Hilfe von Protokollbögen nachgearbeitet. Am Abend werden von den Teamern die Fragebögen ("Warum sind Sie Ausbilder/Erzieher im Jugendheim geworden?") eingesammelt, systematisiert, als Wandzeitung aufbereitet und zugleich als Tischvorlage für die Gruppendiskussion zusammengefaßt.

Am anderen Morgen können die Ausbilder und Erzieher sich einerseits an der Wand die (anonym beantworteten) Fragebögen in systematisierter Form durchlesen und zugleich noch einmal in einer Zusammenfassung studieren, welche Grundmotive die Ausbilder und die Erzieher zur Arbeit im Jugendheim veranlaßt haben, und wie sich ihre Einstellungen zur Arbeit im Jugendheim verändert haben. Diese schriftlichen Auswertungen der prägnanten Aussagen aus den Fragebögen werden von den Teamern genauer vorgestellt und erläutert; es entwickelt sich ein Gespräch über die jeweiligen Ansprüche und Erwartungen, über die Veränderungen während der Arbeit und über Anforderungen an Ausbildung und Erziehung im Heim. Diese Diskussion wird dann anhand einer Karikatur "Aufgabenfelder von Erziehern/Ausbildern" vertieft.

In den *Erzieherarbeitsgruppen* wurden die Aufgaben der Erzieher in den Ebenen Heim, Wohngruppen und Jugendlichen gesammelt und diskutiert. Weiterhin wurde gemeinsam nach Handlungsalternativen gesucht. Die Aufgabe der Teamer bestand aber nicht nur darin, zu provozieren und Handlungsalternativen einzuspeisen, sondern auch gewisse Ausreden und Ausflüchte zu bestreiten. Abschließend wurden auf einem Gesamtplenum der Erzieher die Arbeitsergebnisse ausgetauscht und eine schriftliche Vorlage erstellt. In den *Ausbilderarbeitsgruppen* wurde ebenfalls die Karikatur erläutert; sodann wurden ein Diskussionsleiter und ein Protokollant benannt und versucht, die Aufgaben des Ausbilders im Hinblick auf das Heim zu definieren. Dazu wurden Stichpunkte und Aufgabenfelder gesammelt und ein gemeinsamer Konsens über die zentralen Aufgabenfelder des Ausbilders zu finden gesucht. Des weiteren wurden die Fragen "Arbeitsdurchführung", "Nachhilfe" und "Erziehung zum Beruf" bearbeitet.

Am nächsten Tag wird eine kurze Definition zur Berufserziehung vorgetragen und eine Lehrgrafik erläutert. Die Arbeitsaufträge für die gemischten Gruppen lauten, die Aufgabenfelder des Ausbilders und des Erziehers, die am Vortag in den getrennten Arbeitsgruppen aufgestellt worden waren, in die Lehrgrafik einzutragen und daraus das Gemeinsame im Bereich Berufserziehung abzugrenzen. In den Arbeitsgruppen werden die einzelnen Begriffe und Definitionen in der Regel von einem Ausbilder näher erläutert; die Erzieher fragen nach, so daß sich beide Gruppen ein umfassendes Bild ihrer Aufgaben machen können. Danach werden die Erzieher-Aufgaben durch einen Erzieher erörtert. Besonders hier kommt es zu Anfragen einer Gruppe an die andere: Meinungstausch, Streit und Abgrenzung gehen Hand in Hand und helfen, die wechselseitigen Ansprüche zu klären. Ausbilder und Erzieher vertreten also jeweils ihre Aufgabenbereiche und verteidigen sie auch. Die Ausbilder nehmen z.T. erstaunt zur Kenntnis, daß die Erzieher neben dem "Kaffeetrinken" noch einiges mehr zu tun haben (nach Ansicht aller Erzieher gehen allein 12-15 Wochenstunden für Organisation, Putzen u.a. verloren). So gelingt es oft, die Unkenntnis der gegenseitigen Aufgaben aufzubrechen und zu verändern. Das abschließende Plenum trägt die Arbeitsergebnisse zusammen: In der Lehrgrafik werden auf Zuruf der Teilnehmer die Punkte eingetragen, so daß eine abgerundete Beschreibung der Aufgaben von Ausbildern und Erziehern entsteht und ein gemeinsamer Bereich, der Kooperationsbereich, für die Berufserziehung identifizierbar wird (vgl. hierzu auch Dokument C 2.8, auf dem die Ergebnisse der Diskussion wiedergegeben sind).

Die Exkursion des vierten Tages führt zur "Krebsmühle" in Oberursel, in der ein Vortrag über die veränderten Verhaltensweisen von Eltern und Kindern heute, im Gegensatz zu den 50er Jahren, gegeben wird ("Shell-Studie"). Insgesamt wird in dieser Studie das Bild einer Jugend geschildert, die größtenteils keineswegs passiv ist, sondern in vielfältiger Art und Weise, natürlich anders als vor dreissig Jahren, ihren Weg in das Erwachsenenleben tastet (vgl. Fischer/Fuchs/Zinnecker 1985). Die Diskussion war anregend und erregend zugleich; es werden Fragen gestellt zur Ursache der Studie, zu den sich verändert habenden Verhaltensweisen der Jugendlichen, zu der sogenannten "Null-Bock-Generation", zu der Frage nach Selbständigkeit und Selbstaktivität u.a.m. Die Studie jedenfalls schien bei einer Reihe von Ausbildern und Erziehern auf interessierte Resonanz zu stoßen.

Am letzten Tag werden auf einer Plenumssitzung anhand einer Wandzeitung die Kooperationsbereiche der Ausbilder und der Erzieher insgesamt vorgestellt. Die Wandzeitung war am Vorabend von den Teamern aufgrund der Vorarbeiten aller Seminarteilnehmer erstellt worden. Die Teilnehmer werden aufgefordert, die Kooperationsfelder in Arbeitsgruppen noch einmal gründlich durchzusprechen und zu konkreten Kooperationsvereinbarungen zu kommen. Danach wird in den Arbeitsgruppen (gemischte Arbeitsgruppen von Ausbildern und Erziehern) anhand der Kooperationsbegriffe die Problematik der Kooperation von Ausbildern und Erziehern vertieft und zum Teil geklärt. Konkrete Absprachen wie "die Erzieher sollten mindestens einmal in der Woche in der Werkstatt auftauchen" oder "klare Informationen - klare Absprache" oder "die Ausbilder müssen die Erzieher grundsätzlich akzeptieren" werden in den Arbeitsgruppen getroffen. Darüber hinaus kommt es zu wichtigen Klärungen von Kooperationsvoraussetzungen. Es gelingt ansatzweise, auch wechselseitige Vorurteile wie "mangelnde Akzeptanz" oder "nicht geregelte Kommunikationsformen" anzusprechen. Jedoch ist die Zeit in den Arbeitsgruppen aufs Ganze gesehen zu kurz: Das Bedürfnis der Teilnehmer, den jeweils anderen Partner im Heim innerhalb einer Arbeitsgruppe noch einmal konkret anzusprechen und mit ihm persönliche Probleme zu erörtern, wird nur ungenügend eingelöst. Entsprechend bleibt ein unbefriedigendes Gefühl über die Arbeit in den Arbeitsgruppen zurück. - Im abschließenden Plenum stellt sich heraus, daß es insgesamt nur ansatzweise gelungen ist, gerade Ärgernisse und die Mißverständnisse zwischen den beiden Bereichen Erziehung und Ausbildung ausreichend zu besprechen.

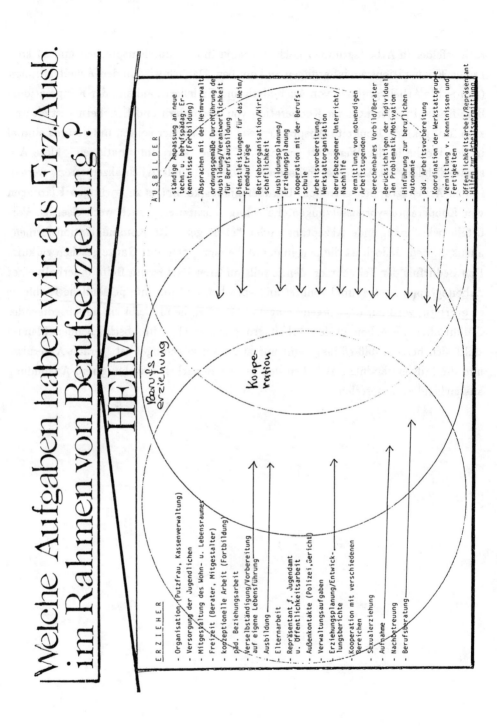

Welche Aufgaben haben wir als Erz./Ausb. im Rahmen von Berufserziehung?

HEIM

Berufserziehung

Kooperation

E R Z I E H E R

- Organisation (Putzfrau, Kassenverwaltung)
- Versorgung der Jugendlichen
- Mitgestaltung des Wohn- u. Lebensraumes
- Freizeit (Berater, Mitgestalter)
- konzeptionelle Arbeit (Fortbildung)
- päd. Beziehungsarbeit
- Verselbständigung/Vorbereitung auf eigene Lebensführung
- Ausbildung
- Elternarbeit
- Repräsentant f. Jugendamt u. Öffentlichkeitsarbeit
- Außenkontakte (Polizei, Gericht)
- Verwaltungsaufgaben
- Erziehungsplanung/Entwicklungsberichte
- Kooperation mit verschiedenen Bereichen
- Sexualerziehung
- Aufnahme
- Nachbetreuung
- Berufsberatung

A U S B I L D E R

- ständige Anpassung an neue techn. u. berufspädag. Erkenntnisse (Fortbildung)
- Absprachen mit der Heimverwalt.
- ordnungsgemäße Durchführung deAusbildung/Verantwortlichkeit für Berufsausbildung
- Dienstleistungen für das Heim, Fremdaufträge
- Betriebsorganisation/Wirtschaftlichkeit
- Ausbildungsplanung/ Erziehungsplanung
- Kooperation mit der Berufsschule
- Arbeitsvorbereitung/ Werkstattorganisation
- berufsbezogener Unterricht/ Nachhilfe
- Vermittlung von notwendigen Arbeitstugenden
- berechenbares Vorbild/Berater
- Berücksichtigen der individuellen Problematik/Motivation
- Hinführung zur beruflichen Autonomie
- päd. Arbeitsvorbereitung
- Koordination der Werkstattgruppe
- Vermittlung v. Kenntnissen und Fertigkeiten
- Öffentlichkeitsarbeit/Repräsentant
- Hilfen zur Arbeitsvermittlung

Dokument C 2.8: Beispiel für Lehrgangsmaterialien: Mit den Teilnehmern ausgefüllte Lehrgrafik

2.9 "Ausbildungsformen und Ausbildungsmaterialien" (8. Woche)[2]

Der erste Tag setzte mit einer Diskussion über die vergangene Fortbildung ein. Zunächst wird festgestellt, daß diese Fortbildung in zu harmonischer Form ablief. Es kam nicht zu einer "richtigen Auseinandersetzung" über Grenzen und Vorurteile des jeweiligen Bereichs. Daraufhin wurden - zumeist von den Teamern - Kritikpunkte an allen Erziehenden im Heim vorgetragen, etwa, daß man sich selbst nicht mit dem Jugendheim als seinem eigenen Arbeitsplatz identifiziere - und daß damit auch den Jugendlichen nicht überzeugend dargelegt werden könne, warum ein Heimaufenthalt sinnvoll sein könne. Die Teamer greifen offenkundig mit dieser Diskussion die Ausbilder recht heftig an; die von den Ausbildern eingebrachte "Erzieher-Schelte" sollte damit gestoppt und "umgedreht" werden. Jedoch scheint diese Kritik zu hart gewesen zu sein; eine gewisse Betroffenheit ist zu beobachten. Hernach wird eine kurz gehaltene Einführung in das "Micro-Teaching" gegeben; dieses *Unterweisungstraining* ist zentraler Inhalt der Fortbildungsveranstaltung, an ihm nehmen alle Ausbilder teil. In der Einführung in das Unterweisungstraining geht es um drei Schritte: *Planung* einer Unterweisungssequenz, praktische *Durchführung* der Unterweisung an Werkbänken vor einer Video-Kamera, *Auswertung* der Unterweisung mit der Gesamtgruppe (vgl. Dröge/Neumann/Scheel 1985, S. 44-64). Den inhaltlichen Einstieg bildet ein Referat zum Thema "Didaktik und Methodik betrieblicher Berufsausbildung"; das Referat soll, als Einführung in die Grundintentionen der Fortbildungswoche, darauf aufmerksam machen, daß auch in kleinen Unterweisungsschritten projektorientiert vorgegangen werden kann. In Arbeitsgruppen wird dann der erste Schritt ("Planung" der Unterweisung) vorbereitet.

Am zweiten Tag beginnt das Unterweisungstraining. Die ersten Ausbilder unterweisen an im Plenumsraum aufgebauten Werkbänken fachfremde Kollegen, die hierbei die Rolle der Lehrlinge übernehmen. Die übrigen Zuschauer halten ihre Beobachtungen in einem vorbereiteten Bogen fest. Die Unterweisungszenen werden jeweils auf Video aufgenommen; nach jeder Unterweisung erfolgt ein feed-back, das nach bestimmten Regeln vor sich geht (erste Stellungnahme vom Unterweisenden selbst; Rückmeldung der "Lehrlinge"; Rückmeldung der Zuschauer; Abspielen der Video-Aufzeichnung mit der Möglichkeit bestimmte Stellen zu kommentieren). Nach der zweiten Unterweisung wurde von einigen Teilnehmern Kritik an der Gestaltung des Lehrgangs und

[2]Wir danken Gerd Neumann, Raimung Dröge und Andreas Scheel für das Überlassen von Materialien für diese Fortbildung und für wertvolle Ratschläge und Hilfestellungen für die Planung und Durchführung der Veranstaltung.

des Unterweisungstrainings geäußert. Es sei durch eine mangelnde Vorbereitung eine korrekte fachliche Unterweisung nicht möglich; man hätte die Unterweisung früher bekanntgeben müssen, damit jeder sich hätte vorbereiten können; schließlich habe die Unterweisung keinen Realitätsbezug, da die Jugendlichen nicht dabei wären. Das Unterweisungstraining wird also nicht als gegenseitige Beratungsmöglichkeit gesehen, sondern als Kontrollinstrument mit der Folge, daß man Konkurrenz empfindet. Seitens der Teamer wurde die Bedeutung des Unterweisungstrainings noch einmal verdeutlicht: sich und andere beobachten, sich in einer (vereinfachten) Situation erleben, voneinander lernen, darüber reden. Der Konflikt wird dann von den Teamern zugespitzt: entweder Abbruch des Lehrgangs oder Fortführung des Unterweisungstrainings, freilich mit der Vereinbarung, daß die Video-Bänder sofort nach dem Abspielen gelöscht werden. Sodann wurde deutlich gemacht, daß die Beobachtungsbögen lediglich der privaten Stichwortsammlung dienen und nicht etwa Kontrollnotizen aufnehmen sollten, die sogar nach außen weitergegeben werden könnten. Nach mehrheitlicher Entscheidung zur Fortführung des Lehrgangs werden die Unterweisungsdemonstrationen fortgesetzt. Dabei erweisen sich vor allem die Rückmelderegeln als sinnvoll. Die Rückmeldungen sollen ja den Unterweisenden nicht verunsichern, sondern ihm helfen, sich besser einzuschätzen; entsprechend spielt sich auch bald das Gespräch im Plenum ein.

Am dritten Tag wurden die Unterweisungs-Demonstrationen fortgesetzt. Die Ausbilder versuchten in manchen Ansätzen, Elemente einer offenen und projektorientierten Unterweisung einzubauen. Allmählich entwickelt sich bei den Teilnehmern ein immer stärker werdendes Interesse an der Sache, man merkt, daß man tatsächlich vom anderen etwas "abgucken" kann, daß der andere etwas Neues probiert, das für einen selbst auch sinnvoll sein könnte. Ebenso verlieren die Teilnehmer auch die Angst vor der Video-Kamera; der Erfahrungsaustausch über die unterschiedlichen Unterweisungstechniken dient offenkundig immer stärker dazu, sich in seinen Stärken und Schwächen zu erfahren. Allerdings bleibt bei einigen die Kritik im Raum, daß die Unterweisungsprobe "technisch", also in ihrer Ausstattung ungenügend vorbereitet sei. Daß es gerade auch ums Improvisieren geht, war nicht zu verdeutlichen (ganz davon abgesehen, daß die Bedingungen in den Werkstätten der Jugendheime auch nur selten "perfekt" sind).

Nach den letzten Unterweisungen am vierten Tag ergeben sich Ermüdungserscheinungen und Belastungsgrenzen der Teilnehmer. Im Anschluß an die letzte Unterweisung folgt eine lebhafte bis aufregende Diskussion über die Bedeutung der Berufsausbildung in der Jugendhilfe. Vor allem der Ansatz, daß eine Kooperation mit den Erziehern für den Erfolg der Berufsausbildung unabweislich sei, wird von einigen heftig abgeblockt. Die Teamer plädieren nachdrücklich für die Kooperation der beiden

Bereiche und fordern - im Interesse der Jugendlichen, ein verstärktes Engagement für die Ausbildung und für die Kooperation mit den Erziehern im Jugendheim.

Am letzten Tag wird im Plenum zusammengetragen, welche verschiedenen Methoden des Unterweisens von den einzelnen Teilnehmern angewandt worden sind, um sich rückblickend über die unterschiedlichen Vorgehensweisen und die Vielfalt der Einsatzmöglichkeiten zu verständigen. Den Abschluß bildet ein Gespräch über die Möglichkeit, nach Ende der Lehrgangsreihe sich zu einem "Ausbilder-Arbeitskreis" zusammenzufinden.

2.10 "Berufsausbildung und Existenzsicherung" (9. Woche)

In vier Arbeitsgruppen wurden, von den Ausbildern vorbereitete, Lebensgeschichten von Jugendlichen hinsichtlich gelungener und gescheiterter Existenzsicherungen nach dem Ende der Heimerziehung diskutiert. Die Teilnehmer erarbeiteten mit Hilfe eines Protokoll-Rasters prägnante Merkmale und Ursachen, die zum Gelingen oder zum Scheitern des Jugendlichen beitrugen. Daraufhin wird im Plenum ein Tafelbild erstellt, in dem die entscheidenden Stationen des "Scheiterns" und "Gelingens" aufgeführt sind. Auffällig wurde dabei, daß das Scheitern eher dem Erziehungsbereich angelastet wurde, während man in der Ausbildung weniger Probleme sah. Sodann wurde ein Referat zur "Künftigen Arbeitsmarktsituation" benachteiligter Jugendlicher vorgetragen; die Kernsätze des Referats wurden an die Tafel geschrieben, anschließend wurde das Referat diskutiert und ausgewertet.

Am nächsten Tag geht es um die "Handreichungen für die Erziehung zur Selbständigkeit" (siehe hierzu auch Teil D, Kapitel 4.). Im Plenum wurden die Bedingungen diskutiert, unter denen ein Jugendlicher im Heim auf das Leben nach der Heimerziehung vorbereitet werden müßte. Hernach wird in Arbeitsgruppen genauer geklärt, zu welchen Anteilen besonders der Ausbildungsbereich für die Erziehung zur Selbständigkeit beitragen könnte (Bewerbung, Stellensuche, Vorstellungsgespräch, Lebenslauf, Praktika, Arbeitsbescheinigungen, Zertifikate, etc.). Das abschließende Plenumsgespräch zeigt, wie wichtig es ist, daß sich auch der Ausbildungsbereich an der Erziehung zur Selbständigkeit bzw. zum "Alleine-Leben" beteiligt. Denn die Ausbilder haben z.B. oft gute Kontakte zu den Betrieben des Umlands und könnten die Jugendlichen vielfältig - etwa durch Betriebspraktika - auf die spätere Berufsarbeit vorbereiten. - Das Video-Labor des Nachmittags kommt sehr gut an; es machte den Teilnehmern viel Spaß und sie lernten, mit der Videokamera umzugehen.

Die Exkursion zum Existenzsicherungsprojekt "Mühltal" in Wiesbaden machte die Ausbilder darauf aufmerksam, daß sich auch die Jugendhilfe verstärkt mit der Frage befassen muß, wie man Arbeits- und Existenzmöglichkeiten für die Jugendlichen schaffen könne. Im Projekt "Mühltal" wird ein Sozialer Brennpunkt durch die Betroffenen selber saniert. Die Exkursion ist ein "didaktisches Lehrstück", wie eine Erkundung sinnvoll genutzt werden kann: Die Teilnehmergruppe stellt an die Mitarbeiter des Projekts eine Fülle von Fragen; man spürt, daß hier eine "gute Idee" und ein "klares Konzept" realisiert werden und will viele Einzelheiten wissen und klären.

Ein Vortrag zum Thema "Neue Technologien verändern Berufsbilder" leitet den nächsten Tag ein. Aufgrund neuerer Ergebnisse der Qualifikationsforschung werden Thesen und Statements für die Berufsausbildung im Jugendhilfebereich entwickelt. Die Thesen werden in Arbeitsgruppen anhand eines Protokollformulars unter der Fragestellung diskutiert, welche Konsequenzen sich für die Ausbildung in der Jugendhilfe ergeben. Deutliche Akzentsetzungen zwischen verschiedenen Berufsfeldern lassen sich erkennen. Im Elektro- und Metallbereich bedarf es neuer Zugangsweisen für die Ausbildung. Die Jugendlichen müßten in programmtechnischer, technologischer und geometrischer Hinsicht anders ausgebildet werden; dazu sei eine Verlängerung der Ausbildungszeit notwendig, um vor allem die Defizite im geometrischen Bereich zu kompensieren. Ein Vorschlag lautete, eine Vorschaltphase einzubauen; desgleichen sei die Weiterbildung nach dem Erlangen des Gesellenbriefs sinnvoll; schließlich wurde vorgeschlagen, auch zusätzliche Lehrgänge während der Ausbildungszeit einzuführen. Es stellt sich die Frage, ob die Jugendlichen der Jugendhilfe unbedingt für derartige Berufe mit so hohen Qualifikationsanforderungen ausgebildet werden müssen. Dies hätte u.a. auch die Konsequenz für die Werkstätten, rasch CNC-Maschinen anzuschaffen. Gibt es nicht auch - so die Frage im Plenum - im System der heutigen und zukünftigen Arbeit Nischen, die für das Jugendhilfe-Klientel viel besser wären? - Für andere Berufe (Tischler, Maler, Gärtner) scheint es wichtiger zu sein, daß die Jugendlichen zwar Kenntnisse der neuen Maschinen bekommen, doch langfristig ist es wohl sinnvoller, daß "alte Techniken" reaktiviert werden (Bausanierung, biologischer Landbau, etc.), um den Jugendlichen Arbeitsnischen zu eröffnen (siehe auch Kapitel B 4.7).

Die Nachbereitung der Exkursion am letzten Tag bringt eine sehr engagierte und erregte Debatte über die Ursachen der Obdachlosigkeit ("Selber schuld" - "Ich bin betroffen"). Einige Ausbilder machen deutlich, daß sie das Ausmaß des Elends so nicht vermutet hätten, obwohl viele Jugendliche in den Werkstätten der Heime aus einem Obdachlosen-Milieu stammen. Begrüßt wird das praxisnahe Herangehen an Arbeitsprobleme in dem Projekt; man sieht in diesen Ansätzen auch ein Modell für die Verbesserung der Berufsvorbereitung in den Jugendheimen (Ganzheitlichkeit des Arbeitsauftrags, Eingehen auf die Individualität, "organisches" Hineinwachsen in

Arbeits- und Ausbildungsprozesse).

2.11   Der Lehrgangsverlauf aus der Sicht der Teamer

Verfolgt man den gesamten Verlauf der neun Lehrgänge, gleichsam aus einer "idealty-pischen Gesamtsicht" der Teamer heraus erzählt, unter Vernachlässigung von Details und Einschätzungsdifferenzen, so ergibt sich ein im Prinzip undramatischer Ablauf des gesamten Prozesses: keine extremen Einbrüche und keine völlig mißglückten Situationen. Rekapitulieren wir in schnellen Schritten den Verlauf. Den Anfang der Lehrgänge markiert eine eher interne Auseinandersetzung zwischen den Teamern darüber, wie die Fortbildung angelegt sein solle: Soll man die oft ausufernden Diskussionen zulassen? Sollen die Teamer selbst Zusammenfassungen von Ausbilder-Diskussionen überneh-men, mithin die Teilnehmer entlasten? Wie weit können die Teilnehmer sich selbst aktivieren? Fragen der Inhalte und der Methodik standen anfangs noch nicht zur De-batte. Schon in der 2. Fortbildung verflüchtigen sich offenkundig die ersten didakti-schen Probleme; dieser Lehrgang wirkt recht geschlossen. Dort gelang es, im Rahmen der Gruppenarbeit einen Text zur "Projektmethode" ausführlich durchzusprechen und an praktischen Beispielen zu erhärten, so daß man berechtigte Hoffnungen haben konnte, daß die Ausbilder mit diesem Text etwas anfangen konnten. Ebenfalls signali-sierten die Ausbilder ein grundlegendes Interesse an der Fortbildung; aus diesen ersten Erfahrungen heraus artikulierte der Modellversuch in seinem 1. Sachbericht eine posi-tive Einschätzung: "Die bisherigen Erfahrungen, die bei Vorbereitung, Durchführung und Nachbereitung zweier Lehrgangswochen erarbeitet werden konnten, bestätigen die Planung und Durchführungskonzeption des Modellversuchs - insbesondere die direkte Einbeziehung der Ausbilder in Planung und Vorbereitung der Lehrgänge und die Um-setzung der Fortbildungsinhalte im Werkstattalltag" (Furth/Lehning 1984, S. 39). In der Folge beobachteten die Teamer genauer die didaktisch-methodischen Möglichkei-ten einer externen Fortbildung. Zwar gelang es immer nur teilweise, die Ausbilder dazu zu bewegen, sich in ihren Gesprächsbeiträgen genauer aufeinander zu beziehen, jedoch schien bei ihnen die Bereitschaft zu wachsen, eigene Positionen zu artikulieren. Ebenso gelang es wohl, den Wechsel zwischen verschiedenen Arbeitsformen so zu organisie-ren, daß die Lehrgänge von den Beteiligten als abwechslungsreich empfunden wurden. Die "Materialbörse" und der von den Teilnehmern quasi selbst geschriebene BIBB-Bogen sind ebenfalls Ausdruck positiver Entwicklungsmerkmale. Auch das Fortbil-dungsklima hatte sich so gestaltet, daß ein Zusammengehörigkeitsgefühl entstanden war, sowohl zwischen den Ausbildern untereinander als auch zwischen den Ausbildern und der Teamergruppe. Das Planspiel hernach (4. Woche) zeigte freilich, daß es auch

Grenzen gab; es hatte sich insgesamt gesehen als nicht besonders sinnvoll erwiesen und wurde auch von den Teamern als unrealistisch empfunden. Indes war die Tagung nicht gescheitert; auf jeden Fall sollte eine zweite Fortbildung mit dem Thema der Kooperation von Ausbildern und Erziehern stattfinden. Der zufriedenstellende Verlauf von vier Fortbildungslehrgängen veranlaßte auch die Wissenschaftliche Begleitung, auf einer Zwischenbilanzsitzung eine erste Einschätzung vorzutragen: "Die Fortbildungsveranstaltungen im FZM haben sich sowohl für die Teilnehmer als auch für die Teamer positiv und zufriedenstellend entwickelt: Es gelang, daß sich die Teilnehmer und die Teamer, vor allem aber die Teilnehmer untereinander wechselseitig als kompetent und praxisbezogen akzeptierten" (diese Einschätzung wird auch später vertreten; vgl. Bojanowski/Lehning 1987; Bojanowski/Carstensen-Bretheuer/Lehning/Picker 1987).

Im weiteren Verlauf wirken die 5. und 6. Fortbildung relativ unproblematisch und geglückt. Die Teilnehmer akzeptierten für sie unkonventionelle und überraschende Herangehensweisen (Video-Filme, Referate, Lehrgrafiken, Exkursionen, u.a.m.). Die Teilnehmer übernahmen in diesen Lehrgängen selbständig Diskussionsleiterpositionen und das Referieren von Gruppenarbeitsergebnissen, sie arbeiteten aktiv an einer Aufgabenbeschreibung des Ausbilders im Jugendhilfebereich mit, diskutierten engagiert den Unterschied der heimbezogenen Lehrwerkstätte zur industriemäßigen Ausbildung, etc. Zugleich aber fällt auch auf, daß die Ausbilder Schwierigkeiten mit ihrer Rolle als Ausbilder in Jugendheimen artikulierten; die Grenzen ihrer oft hoch eingeschätzten intuitiven Fähigkeiten und ihres oft demonstrativ zur Schau getragenen Selbstbewußtseins wurden allmählich sichtbar. Dies verdeckte noch die Kooperationsfortbildung (7. Woche), die allen Beteiligten eine ungeheure Anstrengung abnötigte und in der man (mit vielen grafischen Hilfsmitteln) nicht nur fachlich ein enormes Arbeitspensum absolvierte, sondern auch sozial die Gruppe von Erziehern und Ausbildern zusammenbringen mußte. In ihrer Vielfalt, sowohl vom Einsatz verschiedenster Materialien und Lernformen, als auch vom Klima und vom Gesamteindruck, wie auf diesem Lehrgang die Lernprozesse abliefen, war diese Tagung gewiß ein Höhepunkt im Gesamtverlauf.

Neue Entwicklungen zeichneten sich mit der 8. Fortbildung ab. Die heftige, aber produktive Debatte über das Micro-Teaching beruhte z.T. auf einer Enttäuschung der Teamer darüber, daß die Ausbilder - faktisch mit den immer gleichen Argumenten - die Erzieher als Hauptverursacher von Problemen bei der Heimerziehung beurteilten. Darüber hinaus hatten sie nicht damit gerechnet, daß die Ausbilder solche Ängste beim Offenlegen ihrer Unterweisungsfähigkeiten entwickeln würden. Demgegenüber mißdeuteten wohl die Ausbilder die Unterweisungsdemonstrationen als ein Kontrollinstrument über ihr Können oder sogar als Abfrageinstrument über den Erfolg der

Fortbildung; manche vermuteten gar, die Ergebnisse ihrer Unterweisungen würden an den Träger der Jugendheime bzw. an die Heimleitung inhaltlich zurückgekoppelt. Die Teamer hatten die "Brisanz" dieser Tagung unterschätzt und so z.B. eine ursprünglich vorgesehene "Selbst-Demonstration" des Unterweisens vor der Videokamera gestrichen. Der 9. Lehrgang war dann in vieler Hinsicht wiederum befriedigend und interessant, unter anderem deshalb, weil das gesamte Themenspektrum engagiert behandelt werden konnte. Die letzte, hier nicht mehr wiedergegebene Woche brachte ein gutes Zusammentragen der Erfahrungen (die im Kapitel 3.4 dokumentiert sind) und einige produktive Ausblicke auf eine Weiterarbeit im "Ausbilder-Arbeitskreis".

Das Fazit aus Sicht der Teamer: a) Die beschriebenen intensiven Auseinandersetzungen waren nur deshalb möglich, weil die Teilnehmergruppe in ihrem Kern konstant blieb. b) Das inhaltliche Angebot (individuell gestaltete Berufsausbildung, BIBB-Bogen, Berufserziehung im Jugendheim, etc.) war in der Tat so angelegt, daß Identifikation und Konfrontation in einer produktiven Weise möglich wurden. c) Das soziale und persönliche Klima ist ein wichtiger Beitrag für das Gelingen von Fortbildungsprozessen. d) Es gelang vielfältig, die Erfahrungen der Teilnehmer so einfließen zu lassen, daß die jeweils anderen Teilnehmer aus ihnen lernen konnten; damit wurden immer neue Lernprozesse stimuliert. e) Weil der Zeitrahmen weitgesteckt war (drei Jahre), war es immer möglich, an vorangegangene Diskussionen anzuknüpfen und sie erneut zu vertiefen. - Persönlich berichten alle Teamer, daß sie selbst viel gelernt haben und daß die Geschlossenheit der Teamergruppe den gesamten Fortbildungsprozeß positiv beeinflußt hat.

3 Die Fortbildungen im Urteil der Teilnehmer — Ergebnisse und Interpretationen der empirischen Untersuchungen

3.1 Vorbemerkung

Wie schon erwähnt, habe ich den Fortbildungsprozeß nicht nur als Teamer begleitet, sondern die Entwicklungen auch durch strukturierte Untersuchungen verfolgt. Gelegentliche Zwischenauswertungen wurden im Kreise der Ausbilder vorgetragen oder bei Vor- bzw. Nachbereitungssitzungen des Dozententeams eingebracht. Die Untersuchungen sind durch drei verschiedene Vorgehensweisen gekennzeichnet: 1. Nach jeder Fortbildungstagung wurde an alle Teilnehmer ein halbstandardisierter Fragebogen verschickt (*Lehrgangsnachbefragungen*). 2. Daneben wurden narrativ orientierte

Interviews mit den Ausbildern hinsichtlich ihrer Einschätzung zu den Fortbildungen durchgeführt (*Ausbilderinterviews*). 3. Schließlich wurde zum Ende der Fortbildung ein offener Fragebogen versandt, der noch einmal resümieren helfen sollte (*Abschlußerhebung*). Über die Ergebnisse der einzelnen Befragungen wird in diesem Kapitel berichtet. Vorab sollen noch einige allgemeine Informationen über die Fortbildungsgruppe hier ihren Platz finden.

Die Vorkenntnisse und das Weiterbildungsinteresse der Ausbilder wurde zu Anfang der Lehrgangsreihe festgehalten (14 Rückantworten von 17 Teilnehmern), um die sozial-kulturellen Voraussetzungen der Gruppe und ihre "Offenheit" für Entwicklungsprozesse in Umrissen zu erkennen. *Erfahrungen mit Fortbildungsveranstaltungen hatten alle Teilnehmer.* Sieben Personen hatten schon einmal technisch-berufliche Fortbildungen besucht, 14 Ausbilder pädagogisch-berufspädagogische Tagungen. Bei den beruflich-technischen Fortbildungsseminaren handelt es sich beispielsweise um Hydraulik-Kurse, VDE-Seminare, antennentechnische Seminare, Fußbodenlehrgänge, Brandschutzseminare für Elektroanlagen, etc. Die pädagogisch-berufspädagogischen Fortbildungen waren entweder reine AdA-Lehrgänge oder die Lehrgänge ABC im Fortbildungszentrum Mammolshöhe, auf die schon im Kapitel 1.2 eingegangen wurde. An *Zusatzqualifikationen* werden genannt: Beauftragung/Genehmigung für den fachtheoretischen Unterricht (2 Personen), Lehrschweißerprüfung (1 Ausbilder), sonstiges Seminar mit Abschlußprüfung (1 Person). Hinzu tritt naturgemäß die Meisterprüfung bzw. die Ausbildereignung. Als *mögliche Quelle für die Kenntnisaneignung und -vertiefung* finden sich vielfältige Angaben, die vom "Gespräch mit Pädagogen/Psychologen", "Austausch mit anderen Meistern" über "Ausbilder-Arbeitskreis", "Berufsbildungszentrum der Kammern" bis zu "Fachzeitschriften" und "Fachbüchern" reichen. Die Ausbilder hatten also etliche Vorerfahrungen in verschiedenen Formen von Fort- und Weiterbildung, so daß sie durchaus kompetent waren, die Fortbildung im FZM einzuordnen und zu bewerten. In diesem Sinne waren sie für eine Befragung als "*Experten*" anzusprechen (vgl. Bojanowski/Hullen/Wagner 1983, S. 12).

3.2   Lehrgangsnachbefragungen: Befunde und Ergebnisse

Durchführung und Begründung der Lehrgangsnachbefragungen

Die Lehrgangsnachbefragungen, die nach jeder Fortbildungsveranstaltung durchgeführt wurden, wurden vom Wissenschaftlichen Begleiter in der Regel am Ende jeder Tagung kurz angekündigt, zumeist verbunden mit der Bitte, den Fragebogen doch auch auszufüllen und zurückzusenden. Etwa drei bis vier Wochen nach der Fortbildung kam dann der Bogen bei den Ausbildern an, mit einem Anschreiben versehen, das nochmals auf die Bedeutung der Nachbefragung für das Gelingen der Fortbildung und für den wissenschaftlichen Ertrag hinwies. Vor allen Dingen wurde darin betont, daß die Fragebögen nur von der Wissenschaftlichen Begleitung ausgewertet würden; durch das Zurücksenden in dem beigelegten frankierten Briefumschlag (ohne Absender und Namensnennung) sollten Bedenken hinsichtlich der Anonymität gegenstandslos werden. Eine zentrale Formulierung des Briefes lautete, daß die Wissenschaftliche Begleitung die Ausbilder als Experten betrachtet und mit dem Fragebogen diejenigen befragt, die im Grunde am meisten über die Fortbildung sagen könnten. - Gelegentlich war es notwendig, wenn erst einige Bögen zurückgekommen waren, nach zwei oder drei Wochen einen kurzgehaltenen Brief an alle Kursteilnehmer zu verschicken und nochmals auf die Bedeutung der Nachbefragungen für einen kontinuierlichen Informationsgewinn hinzuweisen.

Warum nun dieses aufwendige Verfahren? Ein Gedanke lag darin, auch nur den geringsten Anschein einer möglichen Kontrolle der Ausbilder durch den Modellversuch bzw. die Wissenschaftliche Begleitung zu vermeiden. Wie in Kapitel 1.3 dargetan, hatten - obzwar offenkundig grundlos - die Ausbilder in früheren Fortbildungen den Eindruck gewonnen, sie würden kontrolliert. So hielt sich hartnäckig das Gerücht, ihre gute oder (vor allen Dingen) schlechte Beteiligung würde in die Personalakte eingehen, wiewohl dies sachlich und arbeitsrechtlich gar nicht möglich ist. Um diesen Eindruck schon im Ansatz zu vermeiden, wurde auch auf den Fortbildungen stets die unabhängige Rolle der Wissenschaftlichen Begleitung betont, die sie ja auch real hatte. Entsprechend kam es bei der Nachbefragung darauf an, um auch wirklich offene Antworten zu erhalten, um jeden Preis den Eindruck zu vermeiden, die Ausbilder würden von einer offiziellen Stelle befragt.

Der zweite Gedanke war, den Ausbildern, losgelöst von der "sozialen Kontrolle" der Gesamtgruppe in der Mammolshöhe, eine Möglichkeit zu geben, unbefangen ihre Meinung sagen zu können. Und dazu bot es sich an, den Fragebogen so offen wie möglich anzulegen, damit man Ärger, Unzufriedenheit, Kritik und Verbesserungsvorschläge notieren konnte. Dementsprechend sind die Bögen nur gering standardisiert; einige Fragen und Dimensionen tauchen jedoch immer wieder auf, so daß sich bestimmte Entwicklungen verfolgen lassen. Diesem Charakter einer "Entlastungsinstanz" ist der Bogen gut nachgekommen; die Erfahrung zeigte, daß er vielfältig für ergiebige, bedenkenswerte und praktikable Kommentare benutzt wurde.

Schließlich spielt noch ein dritter Gesichtspunkt eine Rolle, nämlich den Fragebogen gleichsam als kleines Fortbildungs-"Instrument" zu nutzen, d.h. mit ihm die Erinnerungen an die gelaufene Woche wieder zu aktivieren und zu stimulieren. Denn man konnte davon ausgehen, daß die Teilnehmer, bedingt durch den heimalltag, einen Großteil der Diskussionen und Sachverhalte vergessen - das kennt man ja von sich selbst! (Dagegen wurde mit den Praxisgesprächen im Heim ein Forum geschaffen, in dem bestimmte Inhalte mit einem erweiterten Teilnehmerkreis besprochen und vertieft werden konnten). Die genannte Überlegung rührt u.a. auch aus dem Selbstverständnis der Wissenschaftlichen Begleitung, nämlich die zu Befragenden nicht als "Datenlieferanten" zu (miß-)brauchen, sondern im Sinne von Handlungsforschung und aktivierender Sozialforschung die Instrumente selbst als Medien von Lernprozessen zu benutzen. Deswegen wurde auch eine gewisse Zeit abgewartet, bevor der Bogen abgeschickt wurde, weil es nicht allein darauf ankam, eine situative Begeisterung oder wütende Ablehnung zu erfahren ("go-home-Syndrom"), sondern die langfristigen Auswirkungen der Fortbildungen zu erkunden. Aufs Ganze gesehen waren die Rücklaufquoten doch recht erfreulich, im Schnitt schickten dreiviertel der Teilnehmer den Bogen zurück (siehe hierzu Tabelle C 3.2.1).

Tabelle C 3.2.1: *Rücklaufquoten der Nachbefragungsbögen*

1. Woche	14	Bögen	von	16	Teilnehmern	(= 87,5%)
2. Woche	12	Bögen	von	16	Teilnehmern	(= 75,0%)
3. Woche	14	Bögen	von	17	Teilnehmern	(= 82,0%)
4. Woche	12	Bögen	von	18★	Teilnehmern	(= 67,0%)
5. Woche	13	Bögen	von	14	Teilnehmern	(= 93,0%)
6. Woche	16	Bögen	von	22	Teilnehmern	(= 73,0%)
7. Woche	24	Bögen	von	36★	Teilnehmern	(= 67,0%)
8. Woche	10	Bögen	von	16	Teilnehmern	(= 62,5%)
9. Woche	10	Bögen	von	18	Teilnehmern	(= 55,5%)

★ Ausbilder und Erzieher

Die Fragebögen (vgl. auch die Fragebögen bei Hoge 1982a) sind nun beileibe keine "Tests" etwa im schulischen Sinne, die danach fragen, ob bestimmte Inhalte oder Stoffgebiete auch gelernt oder behalten worden sind. So vorzugehen, wäre vermutlich ziemlich ungünstig, weil die Ausbilder erwachsene Menschen sind, die genügend Selbstbewußtsein haben, zu entscheiden, was sie zu tun und zu lassen haben (also was sie behalten wollen und was sie vergessen möchten). Es ging um etwas anderes: Die Fragen und Bitten um Kommentare kreisten zumeist um *organisatorische, inhaltliche und soziale* Probleme der Fortbildung (vgl. zu dieser Unterscheidung Bojanowski/Dedering/Heidegger 1982, S. 258 ff.); die Ausbilder sollten aus ihrer Sicht Stel-

172

lung nehmen, ob so organisierte Lernprozesse wie die Fortbildungen im FZM bei ihnen Anklang finden und gleichsam etwas auslösen. Dahinter steckte folgender Gedanke: Es scheint im Grunde gar nicht möglich, bei der gewählten Form von "autonomie-orientierter" Fortbildung die Ausbilder als abzufragende "Schüler" zu behandeln; sie würden vermutlich da gar nicht mitmachen. Hinzu kommt, daß es nach dem bisherigen Wissen (Transferforschung, Lernzielkontrolle) wohl auch schwierig würde, die Lerneffekte herauszufinden. Auch die bisherige Sozialforschung ist da bislang noch nicht zu unumstrittenen Verfahren gekommen (- man denke da an die z.T. vernichtende Kritik an der Einstellungsforschung). Daher schien es günstiger, daß die Personen selbst etwas über sich sagen, also Selbstdeutungen darüber geben, was sie ihrer eigenen Empfindung nach und ihrer eigenen Erfahrung entsprechend meinen. So hoffte ich auf authentischeres Material. Weiterhin: Indem wir die Ausbilder in ihren Selbstdeutungen ernstnahmen, wird eine Umgehensweise praktiziert, die auch als Modell des Umgehens mit den Jugendlichen dienen kann. Umgekehrt: Die Ausbilder wollen auch in solchen Formen ernstgenommen werden; sie spüren sehr genau, ob man wirklich etwas will (beispielsweise etwas verändern) oder ob es nur bloßer Schein ist.

Bei der Auswertung der Bögen wurden keine großen statistischen Operationen vorgenommen, sondern lediglich Auszählungen gemacht, die Trends angeben können. Besonderen Wert wurde darauf gelegt, Zitate und Kommentare der Ausbilder mit aufzunehmen, um Distanz und Engagement der Teilnehmer augenscheinlich werden zu lassen. Einige Zitate wurden zum Zwecke einer lesbaren Darstellung manchmal etwas geglättet, um den gemeinten Sinn mancher Äußerung auch dem außenstehenden Leser verständlich zu machen. Es soll nicht geleugnet werden, daß viele Daten, Kommentare und Notizen eher eine modellversuchs- und heiminterne Relevanz besitzen; dennoch mag der Versuch des Eindringens in einen kleinen Ausschnitt sozialer Realität "spannend" wirken und vom Reichtum des Sozialen künden.

Der Gesamtverlauf des Fortbildungsgeschehens

Die *Arbeitsformen* der Lehrgänge haben sich gemäß der Einschätzung der Teilnehmer recht schnell eingespielt. Wie Tabelle C 3.2.2 (a) zeigt, werden die Arbeitsformen "Gruppenarbeit und Exkursion" stets bevorzugt, das Plenum bleibt unbeliebt. Die dazu gegebenen Kommentare variieren im Verlaufe der Lehrgänge nur selten. Einige Beispiele: "Im Plenum reden immer nur die, die sich auch sonst gerne hören"; "Gedankengänge und Überlegungen sind in den Gruppen besser zu diskutieren"; "Fahrten in andere Einrichtungen sind immer wichtig, weil man im Gespräch mit Gesellen und Meistern noch viel lernen kann". Besonders die Gruppenarbeit wird immer wieder hervorgehoben ("Besser als Einzelarbeit"; "Kommt man mehr 'raus", u.a.m.). Da die

Arbeitsgruppen so gebildet wurden, daß dort i.d.R. die Meister eines Berufsfeldes zusammen diskutieren konnten, kann die fachliche Anknüpfung für diese Einschätzung die entscheidende Rolle gespielt haben (Reduzierung von Unsicherheit durch bekannte Gesichter und Gesprächsgegenstände, u.a.m.). Wie gesagt, das Plenum als Arbeitsform bleibt unbeliebt, offenbar herrscht dort zumeist eine gewisse "Hackordnung", die schwer zu durchbrechen ist. Die Exkursionen haben ebenfalls stets tragende Bedeutung ("Man nimmt etwas Neues mit", "Evtl. neue Eindrücke gewinnen", etc.). Obwohl man davon ausgehen kann, daß man durch einen kurzen Besuch eigentlich nur die "Oberfläche" einer Werkstatt oder eines Betriebes wahrnimmt, ist dieser flüchtige Eindruck für viele Ausbilder im Verlaufe der Fortbildungen immer sehr wichtig. Sicherlich liegt es auch am Reiz des Neuen. Eine einprägsame Kurzformel für die vier Lernformen wird von einem Teilnehmer folgendermaßen zusammengefaßt: "Plenum: Stärkt Gesamtbewußtsein; Gruppenarbeit: Fördert Konzentration; Eigenarbeit: Fördert Information durch Literatur; Exkursion: Fördert durch Über-den-Zaun-Sehen".

Vom Ablauf her ist man zumeist recht zufrieden mit der "*Tagungsmethodik*", doch ist eine interessante Entwicklung auszumachen, wie Tabelle C 3.2.2 (b) zeigt. Hatten auf den ersten beiden Tagungen noch einige Stimmen auf "eher langweilig" verwiesen, so ist das während des mittleren Verlaufs nicht mehr der Fall; erst gegen Ende artikuliert sich dann heftige Kritik (8. Woche) und vermutlich schlichte Erschöpfung. Das *Verhältnis von Teilnehmern zu den Teamern* hat sich mit geringen Schwankungen völlig problemlos entwickelt - Tabelle C 3.2.2 (c). Die dort angegebenen Werte decken sich übrigens grob mit den Einschätzungen aus einem Göppinger Modellversuch zur Ausbilderqualifizierung (vgl. Cramer u.a. 1984, S. 64). Während der einzelnen Nachbefragungen hatten die Teilnehmer gelegentlich das Verhalten der Dozenten kurz kommentiert; hier einige Beispiele: "Nicht jedes 2. Wort ein Fremdwort"; "Das Team kommt bis jetzt gut an"; "Diskussion wurde unter Termindruck abgeblockt"; "Manches Thema wird zuviel in die Länge gezogen". Diese Notizen waren für die aktuelle Rückbesinnung hilfreich. Bei Betrachtung der Zahlen und der Kommentare durch den gesamten Verlauf hindurch ergibt sich, daß sehr schnell ein basaler Konsens entstanden war, der auch in Konfliktsituationen nicht aufgekündigt wurde. Ohne diese Betrachtung der Zeitreihen überbewerten zu wollen, so tritt doch zutage, daß die Teilnehmer mit übergroßer Mehrheit die Arbeitsformen und Abläufe der Fortbildungen positiv angenommen haben, daß sich eine gewisse Tagungsgestaltung eingespielt hat, und daß es zwischen dem Team und der Teilnehmergruppe offenbar zu keinem Zeitpunkt zu wirklich tiefgreifenden Zerwürfnissen kam.

Tabelle C 3.2.2 (a): *Arbeitsformen* (mehrere Antworten möglich). (Alle Angaben auf den folgenden Tabellen in Prozent).

Wochen	1.	2.	3.	4.	5.	6.	7.	8.	9.
Plenum	14	9	12	20	17	18	21	27	17
Gruppenarbeit	45	48	52	40	50	39	46	53	43
Einzelarbeit	7	5	-	4	-	5	7	7	9
Exkursion	34	38	36	36	33	34	23	13	30
Sonstiges	-	-	-	-	-	4	3	-	-
	100	100	100	100	100	100	100	100	100

Tabelle C 3.2.2.(b): *Phasenwechsel*

eher abwechslungsr.	36	17	36	25	23	19	25	-	30
gerade richtig	50	67	64	75	77	81	71	50	40
eher langweilig	14	8	-	-	-	-	4	40	30
keine Angabe	-	8	-	-	-	-	-	10	-
	100	100	100	100	100	100	100	100	100

Tabelle C 3.2.2 (c): *Eingreifen der Dozenten*

mehr eingreifen	14	17	7	8	-	12	13	10	-
gerade richtig	64	83	93	83	85	81	83	70	80
weniger eingreif.	22	-	-	8	15	-	4	-	20
keine Angabe	-	-	-	-	-	6	-	20	-
	100	100	100	100	100	100	100	100	100

Tabelle C 3.2.2 (d): *Fanden Sie den jeweiligen zentralen Lerninhalt der Tagung*

gut vorbereitet	43	58	43	33	85	75	58	-	40
mittelmäßig	43	33	57	50	15	25	33	40	40
schlecht vorber.	14	-	-	17	-	-	8	50	20
keine Angabe	-	8	-	-	-	-	-	10	-
	100	100	100	100	100	100	100	100	100

Tabelle C 3.2.2 (e): *Konnten Sie Ihr eigenes Erleben/Ihre Erfahrungen in die jew. Woche einbringen?*

ja, voll	64	67	64	42	38	69	58	40	30
etwas	36	33	36	17	46	19	29	60	70
nein, kaum	-	-	-	42	8	12	13	-	-
keine Angabe	-	-	-	-	8	-	-	-	-
	100	100	100	100	100	100	100	100	100

Tabelle C 3.2.2 (f): *Fanden Sie das Diskutieren/Erarbeiten des jew. zentralen Themas einer Fortbildung*

eher zu abstrakt	43	25	36	25	8	19	33	10	-
gerade richtig	43	58	50	42	76	75	54	80	100
eher zu konkret	14	17	14	17	-	-	13	-	-
keine Angabe	-	-	-	17	16	-	-	10	-
	100	100	100	100	100	100	100	100	100

Tabelle C 3.2.2 (g): *Würden Sie sagen, daß Sie etwas gelernt haben?*

viel gelernt	14	17	14	17	23	25	33	-	20
ein bißchen gelernt	79	83	86	58	69	75	54	70	60
wenig gelernt	7	-	-	25	-	-	13	30	20
keine Angabe	-	-	-	-	8	-	-	-	-
	100	100	100	100	100	100	100	100	100

Bei der Betrachtung der Stimmen zu den jeweiligen zentralen Lerngegenständen der Lehrgänge - Tabelle C 3.2.2. (d) - stellt sich das Bild differenzierter dar. Die Zufriedenheit mit der *inhaltlichen Vorbereitung der Fortbildung* durch die Teamer erreicht mit der 5. und 6. Woche einen einsamen Höhepunkt. Danach folgt ein Absturz, der jäh ins Nichts weist (8. Woche). Hier findet die Kritik der Teilnehmer an dem Unterweisungstraining, die sich ja schon heftig während der Fortbildung geäußert hatte, recht deutlich wieder (vgl. hierzu Kapitel C 2.9). Läßt man jedoch diesen "Ausreißer" weg, so ist festzuhalten, daß die Ausbilder mehrheitlich die Planung und Gestaltung der Fortbildung recht gut akzeptiert haben.

Das eigene Erleben und die eigenen Erfahrungen - Tabelle C 3.2.2 (e) - können in der Regel gut in die Fortbildungen eingebracht werden; kurzzeitig nach der 4. Woche und dann endgültig nach der 7. Woche sinkt dann das Interesse. Offenbar war das Thema der 5. Woche über "Wahrnehmung" den Teilnehmern zu schwierig oder zu dicht gedrängt eingebracht. Bei der 4. Woche ist die Spannung der ersten Kooperationsfortbildung deutlich abgebildet: Es gibt exakt genausoviel ablehnende wie befürwortende Stimmen hinsichtlich der Möglichkeit des Einbringens der eigenen Erfahrungen und des eigenen Erlebens, was ja vom Fortbildungskonzept her als wichtiges Element gesehen wurde. Dieses Auseinanderklaffen der Meinungen läßt sich gar nicht anders interpretieren, als daß die Teilnehmer das Planspiel, das schon auf der Tagung auf höchst unterschiedliche Resonanz stieß, sehr zwiespältig beurteilen. Das Sinken der Möglichkeiten des Sich-Einbringens mit der 8. Woche ist kaum verwunderlich, da sich hier die schon öfters berichtete Kritik niederschlägt. Jedoch ist erstaunlich, daß die Teilnehmer trotz ihrer artikulierten Bedenken mit der Tagung nicht vollends ins Gericht gehen, sondern bei den Tatsachen bleiben: Man konnte ja gerade auf dieser Fortbildung ohne jegliche Schwierigkeiten jene eigenen Erfahrungen, nämlich sein berufliches Können, einbringen (ein Teilnehmer notierte denn auch auf einem Bogen zur 8. Fortbildung: "Endlich mal mehr Praxis als Theorie!"). Und dies wird, betrachtet man die Werte in Tabelle C 3.2.2 (e), doch recht ehrlich anerkannt, wenngleich, in Bezug zu den anderen Eintragungen, ohne jegliche Euphorie.

Die Frage, ob in dem Tagungsstil das *Bearbeiten der Lerngegenstände* als zu "abstrakt" oder als zu "konkret" angesehen wurde - Tabelle C 3.2.2 (f) -, wird sehr differenziert beantwortet. Zwar ist man durchaus der Auffassung, daß das Bearbeiten "gerade richtig" vor sich ging, aber der vergleichende Blick auf die Tabellen zeigt doch, daß man sich gerade zu Beginn der Fortbildung über eine gewisse Abgehobenheit beklagt ("zu abstrakt"). Dies verliert sich mit der 5. und 6. Woche, und pendelt sich dann tatsächlich auf das Idealmaß am Schluß ein. Die Kritik in der 7. Woche an der gewissen Abgehobenheit wird man nicht so sehr auf die Lehrgrafiken und Schaubilder zurückführen, die ja gewiß sehr abstrakt waren, sondern darauf, daß keine konkreten Lösungswege entwickelt wurden: Zwar gelang es auf dieser Fortbildung, analytisch perfekt die verschiedenen Bereiche zu definieren und voneinander abzugrenzen, aber das "Wie" wurde, zumal in den Vormittagsarbeitsgruppen des letzten Tages, nicht mehr geleistet, und dies mag mit die Enttäuschung ausgelöst haben (- so ein Teilnehmer: "Die oft abstrakte Diskussion von möglichen Lösungswegen"; oder: "Keine konkreten Ergebnisse zustande gekommen"). Zwischen den beiden Zeitreihen fallen einige Unterschiede auf. Die Kritik an der gewissen Abgehobenheit scheint dem zu widersprechen, daß zumeist das eigene Erleben eingebracht werden konnte. Es sei vermutet, daß die Ausbilder sehr gut ihre subjektiven Erfahrungen und Erlebnisse einbringen und untereinander austauschen konnten (vermutlich in der ebenfalls sehr beliebten Gruppenarbeit), daß aber die Lerngegenstände, an und mit denen dieser Erfahrungsaustausch auch geleistet werden sollte, oft Schwierigkeiten bereitete. Hier zeigt sich, daß Fortbildung nicht nur erfahrungsbezogen sein sollte, sondern auch durch theoretische Angebote das Lernen der Teilnehmer herausfordern muß.

Daß man *etwas gelernt* hat, wird in allen Nachbefragungen bestätigt, jedoch i.d.R. in der Rubrik "ein bißchen gelernt" - Tabelle C 3.2.2 (g). Zu ähnlichen Ergebnissen kommt eine andere Ausbilderbefragung; dort geben die Ausbilder an, sie haben ihr Wissen nur "geringfügig" erweitern können (vgl. Hoge 1982, S. 153). Dieses Urteil aus der Befragung des Modellversuchs hält sich mit einer leichten Aufwärtsbewegung bis zu jener unseligen 8. Woche, die aber erstaunlicherweise wieder einmal nicht in Grund und Boden verdammt wird, sondern in der man stärker das "ein bißchen" betont wie auch in der 4. Woche, in der gewiß das alles in allem nicht besonders geglückte "Planspiel" wohl den gewissen Ausschlag für eine stärker negative Beurteilung gab. Die insgesamt niemals euphorischen Einschätzungen in dieser Rubrik scheinen realistisch und dem Lernen von Erwachsenen angemessen. Konnte man anfangs noch vermuten, daß die Ausbilder sich vielleicht etwas unwillig auf die Fortbildungen einließen und daher erst einmal signalisierten, daß man nun soviel von einer Fortbildung auch nicht erwarten solle, so gewinnt man bei Betrachtung der gesamten Zeitreihen den Eindruck, daß in dem "ein bißchen gelernt" auch viel Lob und Zuspruch steckt. Denn wenn man dieses Ergebnis nur als Skepsis wertete mit der Vermutung, die Ausbilder seien gar nicht an einer inhaltlichen Weiterführung ihrer Kenntnisse und Erfahrungen interessiert, dann vergißt man, daß die Ausbilder ihren Stolz als gestandene Meister und Handwerker haben und dementsprechend schon auf einen breiten, lebensgeschichtlich erworbenen und eingeschliffenen Erfahrungs- und Wissensschatz zurückblicken können. Man sollte damit die Besetzungen dieser Position als "Kompliment" auffassen: der gestandene Ausbilder würde nicht zugeben können und wollen, "viel gelernt" zu haben, da dies hieße, er habe vorher nur wenig (oder nichts) gewußt, was ja in der Tat eine Selbstverleugnung wäre.

Typische Formen der Informationsverarbeitung

Die Ausbilder haben die Nachbefragungsbögen vielfältig genutzt, um ihre Eindrücke, Kommentare, Erklärungsversuche und Handlungsbegründungen einzuflechten. Dies geschah in der Regel in jenen Rubriken, in denen genauer nach einem speziellen Thema oder Inhalt der Fortbildung gefragt wurde (siehe z.B. Tabelle C 3.2.3). Die Fragen aus diesem Bereich waren zumeist von den Teamern auf den Fortbildungen als besonders bedeutsam benannt oder erkannt worden. Es kam dabei nicht darauf an, dem Ausbilder Wissen abzufragen, was wir, wie gesagt, für ziemlich sinnlos hielten (siehe auch Siebert u.a. 1982), sondern es interessierten die Reaktionen und die Umgangsweisen der Teilnehmer mit den angebotenen Diskussionen, Themen oder auch Exkursionen. Aus den neun Nachbefragungen schälen sich einige Informationsverarbeitungsformen heraus, die individuell verschieden sind (siehe auch Heidegger 1985, S. 314 ff.), aber auch gewisse typische Elemente aufweisen. Diese werden aus der Fülle des Materials heraus interpretiert; sie sollen idealtypische Reaktionsformen beschreiben, die nicht der Person eines einzelnen Ausbilders zur Last gelegt werden dürfen.

● *"Euphorie und Sehnsucht"*: Nach einer Fortbildung besuchte die Fortbildungsgruppe ein Jugendheim, das jedenfalls heimeigene Werkstätten aufweist, deren Ausbilder aber (noch) nicht an der Fortbildung teilnahmen (Jugendheim Sannerz; siehe auch Kapitel 2.5). Der Bitte um einen kurzen Kommentar zu dieser Exkursion wurde vielfältig entsprochen: "Spitze"; "Sehr guter Eindruck, Heimleiter, Erziehungsleiter, Erzieher und Ausbilder ziehen an einem Strang zum Wohle der Jugendlichen. Man kann nur so ein Ziel erreichen"; "Im Vergleich zu unseren Einrichtungen war Sannerz für mich ein positives Beispiel wie man vieles besser machen kann"; " Dort möchte ich arbeiten"; "Atmosphäre ruhig und harmonisch"; "Hier werden selbst kleine Erziehungsziele zu Selbstverständlichkeiten und umgekehrt". Die einhellig positiven Stichworte auf den Fragebögen machen stutzig. Hat die Tagung über die Kooperation von Erziehern und Ausbildern doch mehr aufgebrochen als gedacht, so daß die Ausbilder in dem Jugendheim Sannerz das positive Gegenbild dessen sahen, was ihnen an den Vortagen als problembehaftet entgegentrat? Und konnten mit dem Verweis auf Sannerz - hier leben, wohnen und arbeiten die die Einrichtung leitenden Padres rund um die Uhr - nicht um so leichter die Probleme des eigenen Heims, die ja zweifellos auf der Fortbildung angetippt wurden, "verdrängt" werden? Auf jeden Fall läßt sich eine für das Aufnehmen von Informationen interessante Verhaltensfigur herausschälen: Der Ärger über die unbefriedigenden Zustände an einem Arbeitsplatz führt zu einer

Diskrepanzerfahrung mit der Folge, die Bedingungen anderswo zu überschätzen und der dann leider etwas fatalen Konsequenz, damit mögliche Veränderungen im eigenen Bereich zu vertagen. Mit einer "sehnsüchtigen Projektion" werden die durchaus positiven Ansätze von Sannerz fast kritiklos verklärt. Dies ist einerseits ein deutliches Signal für die gewiß oft kritikwürdigen Zustände im eigenen Jugendheim, enthält andererseits aber auch ein resignatives Moment. "Euphorie und Sehnsucht" können die innere Bereitschaft zu konkreten Innovationen verstellen. So gesehen ist die auch oft vom Modellversuch selbst gebrauchte Beispielfigur "Sannerz" nicht von vornherein ein vorwärtstreibendes Moment gewesen; später, als Ausbilder aus diesem Jugendheim an den Fortbildungen teilnahmen, verflüchtigte sich doch recht schnell der idealisierende Zugang.

Tabelle C 3.2.3:

Beispiele für die Fragen der Lehrgangsnachbefragungen
(für Kapitel 3.2.3, 3.2.4, 3.2.5)

- Auf der Fortbildung wurden in den Arbeitsgruppen am Montag und am Dienstag Diskussionsleitung und Protokollführung von einem Ausbilder- Kollegen übernommen. Bitte erinnern Sie sich und notieren Sie kurz ihre Eindrücke!

- Die Tagung hatte u.a. zum Ziel, Funktion und Rolle des Ausbilders näher zu beleuchten. Haben Sie den Eindruck, daß das Gespräch darüber Ihnen etwas gebracht hat?

- Bitte notieren Sie in Stichworten, was Sie auch der Tagung für besonders problematisch oder besonders kritikwürdig hielten.

- Bitte notieren Sie, ebenfalls in Stichworten, was Sie auf der Tagung für besonders lobenswert und gut hielten.

- Bitte schreiben Sie hier Wünsche und Vorschläge auf, wie die kommenden Tagungen verbessert werden sollten.

- Uns interessiert, ob die Fortbildung einen gewissen "Nachhall" in Ihrem Alltag bewirkt hat. Daher zum Abschluß noch zwei Fragen:

  - Sind einige Themen aus der Fortbildung auch in die Praxisgespräche eingeflossen? Bitte nennen Sie einige Stichworte!

  - Haben Sie den Eindruck, daß Themen, Inhalte und Erfahrungen aus den Fortbildungsveranstaltungen auch in Ihr alltägliches Handeln in der Werkstatt und im Jugendheim eingeflossen sind? Bitte notieren Sie ebenfalls einige Stichpunkte!

● *"Lob und Abwehr"*: Auf einer Fortbildung referierten zwei Ausbilder aus dem "Ausbildungsverbund Metall" in Rüsselsheim (siehe hierzu z.B. Maiwald 1986) über die im dortigen Modellversuch entwickelten individuellen Lernhilfen (siehe hierzu auch Kapitel 2.3). Auf den Fragebögen hatte die Wissenschaftliche Begleitung vermerkt: "Bitte geben Sie hier einen kurzen Kommentar zu Ihren Eindrücken!" Die Frage sollte die Erinnerung an den Vortrag wachrufen; zum anderen war gedacht, eine Einschätzung zu diesem innovationsfreudigen Modellversuch zu erfahren. Fast alle Ausbilder beantworteten mit zum Teil langen, zumeist lobenden Kommentaren die Frage. Hier nur einige Auszüge: "Gut vorbereitet"; "Die Anregungen könnten sehr gut in die Praxis umgesetzt werden"; "Fast die gleichen Probleme wie wir, fast ideal"; "Da haben wir in unseren Einrichtungen einen Nachholbedarf", etc. Oft paart sich aber auch Lob mit der Abwehr, das sei "nicht übertragbar" oder "nicht umsetzbar". Alle Beantwortenden hatten sich jedenfalls offenbar wieder an den Rüsselsheimer Ansatz erinnert, sich mit ihm befaßt und dann eine Meinung notiert. Indes ist die Mischung aus Lob und Abwehr ("Schön und gut, aber bei uns nicht zu realisieren") typisch für viele Diskussionen auf den Fortbildungen. Hier tritt sie uns in fast reiner Form entgegen. Nicht unähnlich reagierten die Ausbilder auf eine Exkursion zum "Mühltal" in Wiesbaden, in der eine neue Form der Existenzsicherung erprobt wird (siehe Kapitel 2.10). Zwar hat die Exkursion im allgemeinen beeindruckt: "Sehr sinnvolles Projekt"; "Sehr gute Vorbereitung auf die Arbeitswelt"; "Lob für die Sozialarbeit"; "Für solch eine Randgruppe die Möglichkeit, sich wieder zu fangen und sogar charakterlich zu festigen". Sodann mißtrauen einige der Teilnehmer der "glatten" Darstellung durch die Projektmanager: "Man müßte die ganze Struktur besser durchleuchten, denn ich glaube nicht alles, was erzählt wurde", jedoch von der ursprünglich beobachteten Betroffenheit findet sich in den Antworten nicht mehr viel. Man lobt den Ansatz und die konsequenten Ausbilder, moniert höchstens Randaspekte, aber aufs Ganze zeigt diese Exkursion nur eine eingeschränkte Funktion. Man sieht etwas, ist betroffen, debattiert heftig und dann ist man weg. Diese Verarbeitungsfigur wäre als Signal zu deuten, daß man wohl bereit ist, zuzuhören, aber die praktische Umsetzung wird an die widrigen Schwierigkeiten der Sachzwänge delegiert. Praktisches Handeln aufgrund der Exkursion oder aufgrund eines Vortrags ist nicht zu erwarten. Hier wird sichtbar, daß Informationsverarbeitungsprozesse durch Fortbildung zwar angestoßen werden können, aber daß die Vermittlungsformen unzureichend sind.

● *"Zu-eigen-machen von Strukturierungshilfen und Lernangeboten"*: Der Versuch der Teamer, mit Grafiken und Schaubildern den Teilnehmern den Lernprozeß zu vereinfachen (siehe Kapitel 2.8), wird überwiegend begrüßt: "Sehr hilfreich"; "Guter Einstieg". Man empfindet es offenbar als sinnvoll, das damals doch relativ schwierige

Thema der Kooperation durch eine grafische Darstellung erläutert zu bekommen. Lediglich eine Stimme moniert, daß es erhebliche Schwierigkeiten mache, "Schaubilder, Pfeile, Lehrgrafiken, Schnittmengen mit Inhalten meiner Arbeit zu verbinden"; da erweisen sich Grenzen eines solchen Zugangs. Auf's Ganze gesehen konnte aber die überwiegende Anzahl der Teilnehmer gut den "Transfer" von "abstrakter Grafik" zur realen Heimsituation leisten. Sie akzeptierten das Strukturierungsangebot der Teamer als sinnvoll und waren offen genug, diesen Zugang mitzutragen. Ein anderes Beispiel für diese Verarbeitungsform ist der Vortrag und die Diskussion über die Shell-Studie "Jugend '85", die recht positiv aufgenommen wurde. Ein Großteil der Stimmen hebt das Positive hervor: "Bestätigung meiner Einschätzung von der heutigen Jugend"; "Themen waren für mich neu", etc. Für andere brachte es "nicht viel"; "Ich glaube, behaupten zu können, ich kenne das feeling junger Leute" - so eine Meinungsäußerung. Die Resonanz war aber doch betont freundlich: Man hatte etwas erfahren, das den Gedankenkreis erweiterte, die eigenen Erfahrungen bestärkte und einem die eigene Rolle als Erwachsener im Hinblick auf die Heimjugendlichen verdeutlichte. Dieser Prozeß der Informationsverarbeitung ist eigentlich aufregend: Warum tadeln die Teilnehmer die Teamer eigentlich nicht oder nur so wenig? Denn die Vortragsthesen waren in vieler Hinsicht provozierend und hätten auch Empörung hervorrufen können, gemäß dem Gemeinspruch: "Wieder eine Untersuchung, die nichts Reales über die Heimjugendlichen aussagt!" Aber im Gegenteil: Die Teilnehmer waren fast dankbar für Anregungen und Erweiterungen, sperrten sich nicht gegen Neues, auch nicht gegen unkonventionell gewonnene Erkenntnisse. Dieser Prozeß des produktiven Aneignens ist noch besser am Beispiel der Diskussionsleitung und Protokollführung abzulesen. Die Teamer hatten die Teilnehmer aufgefordert, in den Arbeitsgruppen selbst die Diskussion zu leiten und einen Protokollführer zu ernennen (siehe Kapitel 2.7). Dieses wird von den Ausbildern in einer Nachbefragung frappierend positiv beantwortet: "... das war eine gute Arbeit, die man öfters machen sollte, denn da hapert es ja bei uns"; oder: "ungewohnte Arbeit, aber eine ganz interessante Sache". Die seltenen Gegenargumente lauten: "... verstehe auch nicht was das sollte. Schließlich wollen wir nicht Protokollschreiben lernen". Vor dieser Aufforderung zur Diskussionsleitung und Protokollführung hätte man eher vermuten können, daß die Ausbilder im Nachhinein diese Form der Mitarbeit viel stärker ablehnen würden, und zwar mit dem Argument, was das denn nütze. Aber offensichtlich ist es für (fast) alle ein Zugewinn gewesen. Vielleicht spielte es eine Rolle, daß einzelne, sonst eher stille Teilnehmer, die bewußt gebeten worden waren, Protokollführung oder Diskussionsleitung zu übernehmen, sich stärker einbringen konnten. (Dafür sprechen übrigens auch die Angaben - Tabelle C 3.2.2 (e) - zu der Frage nach der Möglichkeit, auf dieser Fortbildung das eigene Erleben einzubringen). Oder es entsprang dem Gefühl, daß ein echtes Defizit ausgefüllt wird. Offenbar gab es auf den Fortbildungen eine Reihe von Angeboten, die den Ausbildern entgegenkamen, und die sie zwanglos in ihre Denk- und vielleicht auch Handlungssysteme integrieren konnten.

- *"Überspringen von Ohnmachtsgefühlen"*: In einer Nachuntersuchung zielte eine Frage auf das Gespräch über die Funktionen, Rollen und Aufgaben des Ausbilders im Heim (siehe Kapitel 2.7), in dem beeindruckend offen auch über Schwierigkeiten und Nichtanerkennung der Arbeit des Ausbilders gesprochen werden konnte. Dieses Gespräch wurde von einem Großteil der Teilnehmer als sinnvoll empfunden: "Wird einem erst richtig bewußt, was man alles für Aufgaben als Arbeitserzieher hat". Aber es findet sich auch das Argumentationsmuster: "... persönlich bringt mir die Tagung immer was. Aber man kann es nicht immer im Heim umsetzen". Hier wird also die Diskrepanz von externer Fortbildung und der schwierigen Umsetzung im Alltag thematisiert. Gleichwohl ist auch hier die fast einhellige Bestätigung der Wichtigkeit des Themas beeindruckend; man akzeptiert, daß die Rolle des Ausbilders im Jugendhilfebereich mit seinen "Verpflichtungen und Verantwortungen" eigenständig diskutiert werden muß. Hier rächt sich übrigens, daß Ausbildung im Jugendhilfebereich so gut wie nie als systematisches Element diskutiert wurde, sondern als "notwendiges Übel im Heim". Das Selbstverständnis, daß Ausbildung im Rahmen der Heimerziehung einen bedeutsamen Beitrag leistet, wurde den Ausbildern erst allmählich stärker bewußt: Insofern barg die Diskussion die Chance, mehr Selbstbewußtsein und größere Rollensicherheit zu gewinnen. Persönlich konnte der Ausbilder seine artikulierten Ohnmachtsgefühle relativieren; dabei half dann, daß er produktive Anknüpfungspunkte auf den Fortbildungen fand, die ein offenes Umgehen mit dieser Ohnmacht bzw. dem Nichtanerkanntwerden erleichtert. Dieser Befund bestätigte sich auch in einer anderen Nachuntersuchung: Dort wurde die Frage, ob das Gespräch über Bewerten und Beurteilen (siehe Kapitel 2.6) den Teilnehmern etwas gebracht hatte, inhaltlich beeindruckend und zustimmend beantwortet: "... mir gezeigt, daß mein Weg richtig ist und war und man noch mehr darüber nachdenken muß, ehe man ein Urteil abgeben kann", oder: "... wurde bewußt, wie wichtig eine Bewertung ist und wie schnell man durch einen Satz (manchmal nur schnell dahingesagt) jemand beurteilt oder sogar verurteilt". Diesen Stimmen stehen Äußerungen entgegen wie: "Ich kann davon wenig in meinem Betrieb unterbringen". - Also hier wieder das Problem der Umsetzung oder der Handlungsrelevanz von Wissen. Dennoch fällt an vielen Antworten auf, daß der Ausbilder im Jugendhilfebereich ein Gespür für die Kälte des Quantifizierens durch Noten hat. Er weiß, daß die Jugendlichen allesamt nicht vorankämen, wenn man nach der herkömmlichen Notengebung gehen würde. Da es offenbar ohne Bewerten und

Beurteilen nicht geht, versuchen die Ausbilder selbst, den Jugendlichen angemessene Bewertungsformen zu erdenken und auch einzusetzen. Mit dieser sensiblen, auf die Jugendlichen zugeschnittenen Haltung "überspringen" sie gleichsam ihre Ohnmachtsgefühle gegenüber dem Heim und auch den gesellschaftlichen abstrakten Normen des Bewertens. Und es gelang der Fortbildung, diese "selbstbewußte Ohnmächtigkeit" aufzuspüren und bei den Teilnehmern zumindest ein Stück weit ein Bewußtsein davon zu vermitteln.

● *"Unverbindliche Neugier"*: Nach einer Kooperationsfortbildung von Ausbildern und Erziehern wurde im Nachbefragungsbogen gefragt, ob die von den Arbeitsgruppen zusammengestellten Wandzeitungen über wechselseitige Vorurteile von Ausbildern und Erziehern den Teilnehmern "was gebracht" hatten. Einige Kommentare lauten: "Durch das Gespräch wurden die gegenseitigen Erwartungen deutlich - das macht es leichter, aufeinander zuzugehen"; "Man hat die Probleme der Erzieher besser kennengelernt"; "Es war eine Bestätigung für bereits gewonnene Erkenntnisse"; "Für die Probleme des Heimalltags hat die Zeit nicht mehr gereicht". Insgesamt klingt nicht viel Begeisterung durch. Es entsteht der Eindruck, daß auf der Tagung einiges angetippt, aber entweder nicht voll ausgesprochen oder nicht zu Ende diskutiert wurde. Auch eine Frage des Themas? Hat die Kooperationsproblematik dieser Fortbildung (vgl. Kapitel 2.5) eine derartige Brisanz, daß nur so schwache oder aber zwiespältige Antworten möglich sind? Ähnliche Verarbeitungsformen sind bei einem anderen Thema zu entdecken. Die Teilnehmer wurden gebeten, eine Stellungnahme zu den "Handreichungen für die Erziehung zur Selbständigkeit" zu geben, die auf der 9. Fortbildungswoche vorgestellt wurden (vgl. Kapitel 2.10). Das Vorstellen der Handreichungen und der Ansatz wird im Prinzip begrüßt: "Material für die Jugendhilfe überfällig"; "Hat für meine weitere Arbeit sehr viel gebracht". Andere fanden das Material (oder die Diskussion?) "nicht genügend" und monierten, daß die Meinungen der Teilnehmer und die Methoden der Handreichungen in einem zu großen Widerspruch standen: "Ich würde mir etwas mehr Konsequenz wünschen". Dies ist wohl so zu verstehen: Wenn es schon Handreichungen gibt, dann müßten sie auch konsequent angewandt werden. Was an den Notizen auffällt, ist die interessierte aber unverbindliche Neugier, mit der die Ausbilder an die Handreichungen herangehen: Sie finden die Handreichungen alles in allem wohl ganz interessant und auch sehr wichtig, aber die reale Bedeutung einer Erziehung zur Selbständigkeit und den tatsächlichen Beitrag, den sie selbst dazu leisten müßten, spielen sie herunter bzw. er fällt ihnen gar nicht auf; vielleicht tragen sie selbst nicht genügend dazu bei, die Ausbildung als Verselbständigungshilfe und Lebensgrundlage bei den Jugendlichen zu verankern! Dafür ist typisch eine Antwort: "Das Thema müßte vertieft werden; Was kommt danach?"

Hier ist deutlich die innere Problemverschiebung zu beobachten: Indem der Ausbilder auf das neue Problem nach der Ausbildung verweist, ist er gleichsam salviert, sich in seiner Ausbildung um die Erziehung zur Selbständigkeit zu kümmern; er kann zufrieden die Hände in den Schoß legen und in seiner Fachlichkeit verharren.

• *"Verdrängen brisanter Kritik"*: Auf der 5. Fortbildung wurden den Ausbildern Video-Aufnahmen von Jugendlichen vorgeführt, u.a. um eingeschliffene Wahrnehmungsmuster in Frage zu stellen (vgl. Kapitel 2.6). In der Nachuntersuchung wurden die Teilnehmer dann gebeten, ihre Eindrücke zu schildern. Dazu gaben fast alle Beantwortenden ausführliche und nachdenkliche Kommentare ab. Oft tadeln die Antworten die schlechte Qualität des Videos oder kritisieren, die Filme seien "gestellt": "Die Jugendlichen haben sich vor der Kamera so verhalten, wie sie es im normalen Alltag nicht tun würden". Diese These wird verschieden variiert. Andere stellen die 5-minütigen Video-Aufnahmen als zu kurz hin: "Man konnte sich kein richtiges Bild von dem gezeigten Jugendlichen machen!" Mit dieser Entschuldigung entzieht man sich natürlich sehr leicht der in den Filmsequenzen und in der darauffolgenden Diskussion angelegten Provokation. Wiederum andere bekunden ihren Lernprozeß: "Die Filme haben mir verdeutlicht, daß man die Jugendlichen nicht nach dem sofortigen ersten Eindruck beurteilen kann. Und daß die Beurteilung subjektiv ausfällt". Als Grundtenor jedoch kommt eine merkwürdig distanzierte Haltung heraus. Es ist gewiß nicht leicht zuzugeben, daß man sich irren kann, zumal wenn es um originäre Kompetenzen geht, nämlich einen Jugendlichen in seiner Werkstatt einzuschätzen. Das Schwierige daran ist, daß der Alltagsverstand auch nicht zu unterschätzen ist, den die Ausbilder entwickelt haben! Und dennoch ist es nötig, diesen Alltagsverstand "offenzuhalten"; es ist notwendig, daß man lernt, andere Informationen über Jugendliche mit heranzuziehen und daß man lernt, auch Irrtümer zu verarbeiten. Und da wirken die Ausbilder in ihren Kommentaren verschlossen. Noch deutlicher tritt diese Verschlossenheit zutage, wenn die Fachlichkeit befragt wird. So antworteten etliche Ausbilder auf die Frage, ob sie durch das Unterweisungstraining und dadurch, daß andere Ausbilder andere Unterweisungsformen wählten (8. Woche, siehe Kapitel 2.9), Anregungen bekommen haben, recht karg mit "ja", oder: "Ja, einige Möglichkeiten konnte ich auch bei mir anwenden". Sonst aber klingen die Notizen abwehrend: "Ich glaube von mir, die meisten der angewandten Methoden selbst schon durchgeführt zu haben", oder: "Man kann nicht nur nach einer Methode unterweisen, man muß sich auf den Jugendlichen einstellen können". Das Unterweisungstraining auf der Fortbildung wird damit deutlich in seiner Funktion eingeschränkt. Nun sind eigentlich die relativierenden Aussagen nicht zurückzuweisen, da sie eine gewisse flexible Haltung zum Unterweisen zeigen, im Grund ähnlich, wie die Teamer das mit diesem Unterweisungstraining beabsichtigten. Jedoch verwundert, daß die Ausbilder so von sich überzeugt sind und schon so perfekt sind. Es ist zu vermuten, daß die Fortbildung hier gleichsam Kompetenzdomänen der Ausbilderperson angegangen hat, die ihnen viel "heiliger" sind, als man ahnte. (Man frage einmal einen beliebigen Lehrer, ob man morgens mal ein Stündchen seinem Unterricht beiwohnen dürfe: Er wird sich winden und alles versuchen, dies Ansinnen abzuwehren...) Das angewandte fachliche Können eines Pädagogen (egal, ob Ausbilder, Lehrer oder Professor) bildet offenbar die geheimste Quelle der Ich-Identität; wird es offengelegt, offenbaren sich Angst, Unsicherheiten und innere Konflikte mit aller Macht. So gesehen sind die Ausbilder, gerade was diese Dimension angeht, nicht sehr viel gelassener oder autonomer geworden. - Diese Verarbeitungsform ist aus dem Leben gut bekannt; sie wird hier nicht genannt, um die Ausbilder zu denunzieren, sondern um darauf aufmerksam zu machen, welche subtilen inneren Mechanismen die Menschen in Gang setzen, um latente Gefahren, die ihnen (in diesem Fall durch die auf Fortbildungen explizierten Ansprüche) drohen, "umzubiegen" und mit dem vertrauten Alltagsleben in Balance zu halten. Diese Balance könnte man kippelig nennen, und zwar deshalb, weil sie Identitätsgefährdung nach sich ziehen kann. Hier wäre es nun eine langfristige Aufgabe, neue Stabilität zu schaffen, um aus dem gleichsam äußerlichen Lernen von Fortbildungsinhalten eine nachhaltige Persönlichkeitsentwicklung in Gang zu setzen.

Gestaltung der Fortbildungen durch die Teilnehmer

Bei den Sparten zu "Kritik", "Lob" und "Verbesserungsvorschläge" in den Nachbefragungen findet sich in vielfacher Variation stets eine Fülle von Hinweisen auf Organisation, soziales Klima und Inhalte der Lehrgänge. Diese Gestaltungsvorschläge sind dann oft in die Planung und Durchführung der nächsten Lehrgänge eingeflossen. Die Form der Partizipation der Teilnehmer war natürlich nur eine von vielen: Durch die Praxisgespräche in den Heimen, durch "Blitzlichter" und "Kurskonferenzen" (vgl. Schwäbisch/Siems 1974, S. 242), durch viele Gespräche am Abend und am Rande flossen Anregungen in die Abläufe der Fortbildungen ein. Die Notizen in den Nachbefragungen bezogen sich zumeist auf konkrete Abläufe eines Lehrgangs, die, wenn man sie einzeln aufführte, in diesem Abschlußbericht unverständlich bleiben würden. Dennoch gibt es einige prägnante Muster und Beispiele, die durchgängig zu finden sind und über die zu berichten lohnt, weil sie dokumentieren, wie sich die Teilnehmer mit den Fortbildungen auseinandergesetzt haben und wie sie versucht haben, zum Gelingen des Ganzen beizutragen - durch Lob, Tadel und Verbesserungsideen. Einige Beispiele hierzu:

• In der ersten Nachbefragung notierten Teilnehmer unter der Rubrik "Kritik": "Weniger Fremdworte"; "Wir haben es mit schulisch schwachen Jugendlichen zu tun"; "Unsere Wissensvermittlung muß verständlich und glaubhaft gebracht werden"; "Formulierungen aus den eigenen Erfahrungen wurden aufgeschrieben, in eine Fachsprache übersetzt und sind dadurch verfälscht". Bei diesen Kritikpunkten springt ins Auge, daß die Verwendung von Fremdwörtern offenbar die Ausbilder verschreckt hatte. Hier lassen sich nur Vermutungen äußern: Es könnte nicht allein am Gegenstand liegen, sondern auch an den Dozenten. Wichtig ist vor allem die Bemerkung hinsichtlich des "Übersetzens" der eigenen Erfahrungssprache in eine Fachsprache. Es klingt durch, daß dem Ausbilder etwas geraubt werde, daß seine eigenen Erfahrungen, sobald sie notiert worden seien, etwas Verdinglichtes und Fremdes sein können, dem er sich nicht mehr stellen kann. Erfahrungen sind vielleicht stark an ihre Narrativität gebunden. Diese Kritiken tauchen später nur noch sporadisch auf, dann hat sich offenkundig das gemeinsame "Sprachspiel" zwanglos eingestellt.

• In einer Nachbefragung fällt eine Notiz auf: "Verschiedene Teilnehmer sollten sich intensiver bei der Diskussion engagieren". Diese Kritik, die sich an einige "stille" Tagungsteilnehmer richtet, ist deswegen von Bedeutung, weil hier ein Antwortender sich erkennbar mit der Tagung und ihrem Verlauf identifiziert. Er möchte sie nutzen, um viel vom Anderen zu haben, im Sinne des Erfahrungsaustauschs, an dem sich schließlich alle beteiligen müssen, damit er fruchtbar werde. Auf jeden Fall eine ermutigende Bemerkung und ein kleiner Hinweis darauf, daß das Konzept, auf den wechselseitigen Austausch zu setzen, in diesem Falle gegriffen hat.

• Durchgängig werden die Tagungsstätte, das Fortbildungszentrum Mammolshöhe und die dortigen Bedingungen kritisiert: "Essen", "mangelnde Freizeitmöglichkeiten", "Verhalten der FZM-Leitung", u.a.m. Diese Monita schwächen sich erst am Ende der Lehrgänge ab. Die Kritik sollte nicht unterschätzt werden! Die Ausbilder sind für eine ganze Woche ihrer Familie entzogen; auch ist das Fortbilden auf der Mammolshöhe für sie ein anstrengender Prozeß und muß entsprechend berücksichtigt werden. Insofern wäre für ein wärmeres Klima zu sorgen, das z.B. auch das Essen einschließt. Die Ausbilder hatten in den Jahren vor der Fortbildung (wie in Kapitel 3.1 berichtet) oft Gelegenheit, andere Fortbildungen mitzumachen und wußten sehr wohl, daß heutzutage eine Fortbildungsstätte ein Schwimmbad oder eine Sauna oder eine Reihe anderer Freizeitmöglichkeiten anbietet.

• Durch alle Nachbefragungen hindurch wurden konkrete Verbesserungsvorschläge eingebracht. Oft frappiert bei den Verbesserungswünschen der Reichtum der Vorschläge. Einige Beispiele: "Zur Auflockerung am Mittwoch früher Schluß machen - wegen der langen Sitzerei"; "Noch stärker in Richtung einer verschworenen Gemeinschaft ziehen, wir kämpfen um die gleiche Sache"; "Bessere Informationen geben über einzelne Arbeitsschritte und Ziele"; "Die Gruppen und die Gruppenleiter wechseln", etc. Manchmal werden auch neue Themenvorschläge eingebracht, wie "Zusammenarbeit Ausbilder und Freizeitbereich" oder "autodidaktisches Lernen", etc. Die Teilnehmer hatten, so der Eindruck, die Fortbildung für sich angenommen; man machte sich ernsthafte Gedanken darüber, wo es noch "hakt" und was man da verändern könnte.

● Verfolgt man die Rubriken, die das Lobenswerte und Gute der Lehrgänge enthalten, so verblüfft die Fülle der Kommentare, die zumeist das gesamte Spektrum einer Fortbildung umreißen. Sehr oft wird auf das wechselseitige Kennenlernen und das offene und ehrliche Gespräch mit den Kollegen hingewiesen: "Das Aufeinanderhören"; "gegenseitiges Kennenlernen noch besser geworden"; "zwischenmenschlicher Bereich hat sich wesentlich verbessert"; "geselliger Abend", etc. - man könnte die Liste noch viel ausführlicher machen. Hier wird in der Tat die Verbesserung der zwischenmenschlichen Beziehungen vielfältig ausgedrückt. Es ist auf den ersten Blick erstaunlich, daß die Ausbilder diesem persönlichen Kennenlernen so hohe Bedeutung beimessen. Andererseits ist es aber auch sehr erfreulich, daß man darauf Wert legte, einander besser zu kennen. Auf jeden Fall ist unverkennbar, daß bei allen dieser Tatbestand einen großen Eindruck gemacht hat. Man spricht miteinander, man tauscht seine Erfahrungen aus, man ist offener in seiner Berichterstattung. (All dies wird in den Augen der hier Antwortenden in den Gruppengesprächen geleistet; insofern leuchtet es ein, wenn die Ausbilder oft mehrheitlich angeben, daß sie ihre Erfahrungen dort voll einbringen konnten: untereinander hat ein intensiv empfundener Erfahrungsaustausch stattgefunden!) Naturgemäß konnte dies nicht alleine der Sinn der Fortbildungstagungen bleiben, da ein Austausch irgendwann zirkulär verläuft, aber die Schwerpunktsetzung ist für die Ausbilder so erst einmal erfolgt. Hier lassen sich auch Verbindungen zu der Erkenntnis schlagen, daß die Ausbilder bei der Frage, ob sie etwas gelernt haben, Zurückhaltung üben; dies war ihnen vielleicht gar nicht so wichtig. Wie dem auch sei: Dieses Lob des Klimas ist nicht nur das eigentlich Überraschende aller Nachbefragungen, sondern auch ein letztlich ungeplanter Erfolg der Bemühungen um die Fortbildungen. Hier zeigt sich, daß Fortbildung nicht nur eine sachlich-inhaltliche, sondern auch eine soziale Seite hat, die nicht unterschätzt werden darf. Bei der Vorbereitungsphase des Fortbildungscurriculums spielte gerade dieser Aspekt noch gar keine Rolle; insofern wurden auch die Teamer von dieser positiven Entwicklung überrascht (ähnliches wird auch aus anderen Ausbilderuntersuchungen berichtet; vgl. Hoge 1982 a, S. 153 u. S. 159).

Praxisrelevanz von Fortbildungswissen

Die Praxisrelevanz der Fortbildungen wurde einmal im Hinblick auf die Praxisgespräche und im Hinblick auf den Werkstattalltag nachgefragt. Die Antworten zu den *Praxisgesprächen* entsprachen in vielen Zügen den Entwicklungen, wie sie in Kapitel 1 des Teils E skizziert wurden. Die Ausbilder führten eine Reihe von Themen und Diskussionen auf, die im jeweiligen Praxisgespräch angesprochen wurden. Diese Themen und Stichworte brauchen hier nicht benannt zu werden; insgesamt entsteht aus den Notizen der Eindruck, daß es oft gelang, die Themen der Lehrgänge im Praxisgespräch nachzuarbeiten und damit für die Teilnehmer zu festigen. Insgesamt gesehen aber ist diese Rubrik, abgesehen von seltener Kritik, für eine Auswertung nicht besonders ergiebig.

Hinsichtlich der *Alltagsbedeutung von Fortbildungswissen* notierten einige Ausbilder in den ersten Nachbefragungen einige Umsetzungsversuche: "Individuelle Förderung von einzelnen Jugendlichen"; "Beteiligung an Projektplanungen"; "Gruppenzusammenhang der Jugendlichen beachten". Diese Notizen zeigen, daß einige Ausbilder durchaus den Intentionen der Fortbildung gerecht werden konnten oder wollten, nämlich durch die Projektorientierung eine Individualisierung der Ausbildung im Heim anzustreben. Insofern bieten die gewählten Begriffe einen ersten Hinweis darauf, daß etwas "hängengeblieben" ist und daß die Ausbilder selbst darauf zurückgreifen. Zumindest ist zu behaupten, daß die an sie herangetragenen Forderungen und Inhaltsdimensionen sie nicht unberührt gelassen haben und daß sie sich mit ihnen auseinandersetzten. Gleichwohl verbietet es sich, zu hohe Erwartungen zu hegen. In einer anderen Untersuchung über einen Modellversuch zur Ausbilderqualifizierung sind Aussagen zur "Umsetzung der Lehrgangsinhalte in die Ausbildungspraxis" recht zurückhaltend; 36 % der befragten Ausbilder meinten, daß sie viele Inhalte eines Lehrgangs in die Praxis umsetzen könnten (Cramer u.a. 1984, S. 64). Beim genaueren Nachfragen auf den nächsten Fortbildungs-Fragebögen entsteht im Verlauf der Lehrgänge ein differenziertes Bild des Umgehens mit dem Fortbildungswissen. Die Frage lautete: "*Uns interessiert, ob die Fortbildung einen gewissen 'Nachhall' in ihrem Alltag bewirkt hat. Daher zum Abschluß noch eine Frage. Haben Sie den Eindruck, daß Themen, Inhalte und Erfahrungen aus der Fortbildungsveranstaltung auch in Ihr alltägliches Handeln in der Werkstatt und im Jugendheim eingeflossen sind? Bitte notieren Sie einige Stichpunkte!*" Die folgenden charakteristischen Formen lassen sich aus dem Material herausschälen - interpretativ inspiriert von Enno Schmitz'ens Text "Erwachsenenbildung als lebensweltbezogener Erkenntnisprozeß" (Schmitz 1984).

- "... Aber leider ohne erkennbaren Erfolg im alltäglichen Handeln" - so notierte ein Teilnehmer; andere schrieben einfach und ehrlich: "Nein, kaum". Diese Aussagen kommen des öfteren im Verlaufe der Nachbefragungen; sie sind vielleicht als Kritik am laufenden Lehrgang zu werten, denn offenbar ist für diese Ausbilder die Praxisrelevanz gering gewesen. Oft verbindet sich diese Figur mit einer ähnlichen: "War mir immer schon wichtig"; daß "immer schon" zeigt gleichermaßen, daß die Fortbildungen doch wenig Nachhall hatten; der Teilnehmer bedarf eigentlich keines neuen Wissens, nach seiner Auffassung hat er keine Handlungsunsicherheit.

● "Nicht schlecht, aber der Alltag... ", so könnte man diese Position zusammenfassen. Ein Teilnehmer notiert dazu folgendes: "Sicherlich habe ich meine Ansichten im Punkt 'Wahrnehmen, Beurteilen und Handeln' geändert. Doch ich habe kaum die Möglichkeit - wie im Rahmen des Modellversuchs - davon etwas in unserem Betrieb unterzubringen". Hier sehen wir die grundsätzlichen Schwierigkeiten von erwachsenenpädagogischen Veranstaltungen, daß den Ergebnissen von Lehrgängen gleichsam ausgewichen wird. Der Alltag ist in sich zu konsistent, als daß man ihn verändern könne; würde der Ausbilder auf die vorhandene Lebenspraxis einwirken, stünde er vor einer "potentiellen Krise" (Schmitz 1984, S. 119). Die Ausbilder sehen sich faktisch außerstande, das unbekannte Neue auf Bekanntes zurückzuführen und neu zu verwenden; um ihre eigenen Handlungen weiterhin sinnvoll zu interpretieren, müssen die gefährdeten Fortbildungsinhalte zurückgewiesen und mit Sachzwang-Argumenten vertagt werden.

● "... Man sieht die Probleme in einem anderen Licht", notiert ein Ausbilder; ein anderer schreibt: "Das Verständnis für den Auszubildenden und seine Probleme sind gewachsen". "Ich verstehe die Erzieher nun besser, habe Einblick in ihre Arbeit bekommen" - so eine dritte Stimme. Die Ausbilder fühlen sich in ihrer sozialen Wirklichkeit bestärkt; die Praxisrelevanz des Wissens ist nicht so groß, daß man anders handelt, aber immerhin so einprägsam, daß Verständnis für den anderen wächst, daß mehr Toleranz geübt wird. Die Fortbildung hilft, den "lebensweltlichen Erkenntnisprozeß" (Schmitz 1984, S. 94 ff.) besser zu balancieren; der Ausbilder ist in die Lage versetzt, den anderen besser zu verstehen, dessen subjektive Erwartungen zu deuten und in seine Sprache zu übersetzen. Diese Form der Praxisrelevanz von Fortbildung ist häufig anzutreffen.

● "... und versuche auch, die Themen und Inhalte in meine Arbeit mit einzubringen", merkt ein Ausbilder an; ein anderer hält fest: "Durch den Erfahrungsaustausch mit den Kollegen konnte über die eigene Werkstattsituation nachgedacht und einige fremde Verfahrensweisen übernommen werden". Diese Teilnehmer beobachten an sich, daß sie nicht nur etwas gelernt haben, sondern daß sie versuchen, dieses Wissen in Handlungen umzumünzen, es also anzuwenden. Sie können neuartige Erkenntnisse für sich selbst handhabbar machen; sie haben von anderen etwas übernommen, was ihnen offenbar nützlich ist und was sich auch mit dem "alten" Handeln verträgt. Dieses "neue" Handeln freilich wirkt noch verschwommen, ist nur in dem Sinne bestimmbar, daß der Handelnde neue, globale Handlungsorientierungen gewonnen hat, die ihm helfen, versuchsweise unbekannte Wege zu gehen.

• "Bewertung jetzt offener"; "bessere Absprachen"; "stärkere Beteiligung der Jugendlichen an der Ausbildungsplanung" - vermerken andere Teilnehmer. Diese und andere Stichworte ("Ausbildungsgesprächsprotokolle", "Unterweisungstechniken") finden sich ebenfalls in vielen Nachbefragungsbögen vor allem der letzten Fortbildungen eingestreut. Einige Teilnehmer wenden also die konkreten Hilfen für den pädagogischen Alltag, die in den Fortbildungen angeboten und geübt wurden, stückchenweise an. Man versucht einen neuen Handlungsentwurf aufzubauen und "Regeln und Deutungen nach Maßgabe praktischen Handlungserfolgs" (Schmitz 1984, S. 108) zu revidieren. Natürlich geht dieses nur scheibchenweise, aber offenkundig versuchen hier die Individuen, ihren Erfahrungshorizont handlungspraktisch zu transformieren.

3.3 Ausbilderinterviews: Meinungen und Einschätzungen

Zur Begründung der Fragen

Neben den regelmäßigen Nachbefragungen wurden eine Reihe von Gesprächen mit den Ausbildern der Jugendheime Karlshof und Staffelberg durchgeführt. Die Gespräche hatten zwei Aufgaben. Einmal sollten sie eine Reflexion über die Fortbildungen leisten, um die Erinnerung an das Geschehene wach zu halten. Zum anderen sollten Lücken und offengebliebene Fragen, die sich aus den Nachbefragungen und aus den sonstigen Eindrücken der Teamer und der übrigen Modellversuchsmitarbeiter herausgeschält hatten, in einer etwas geordneten Form geklärt werden. Es ging also um eine Überprüfung und Erhärtung der schon gemachten Thesen, Eindrücke und Befunde. Dazu bot sich die Form des offenen Interviews mit Hilfe von Orientierungsfragen an. Diese Fragen sollten also grob die "Eckpfeiler" des Gesprächs abstecken ohne jedoch zugleich das Gespräch vorschnell einzuengen.

• Bei den zu klärenden "Lücken" handelt es sich einmal um die Frage nach dem Beginn und den inneren Voraussetzungen, mit denen die Meister in die Fortbildung gingen. Die Fragen in den Nachbefragungsuntersuchungen hatten hierzu nur wenig Aussagekräftiges ergeben. Entsprechend lautete die Erkundigung: *"Fühlten Sie sich vor der Fortbildung eher 'abgeordnet' oder 'abkommandiert', oder war die Entscheidung freiwillig? Hatten Sie (starke) Vorbehalte?"*

• Sodann wollten wir doch einmal genauer nachhalten, welche Inhalte und Stoffgebiete bei den Ausbildern "angekommen" waren und worin der Grund für die Zurückhaltung hinsichtlich des Annehmens von Lerninhalten lag. Daher sollte nach zentralen Gebieten und Diskussionen der Fortbildungen (und auch der Praxisgespräche im Heim) gefragt werden: *"Erinnern Sie sich an Themen/Inhalte/Stoffgebiete und andere Diskussionen der Fortbildung?"*

• Als Drittes war in den Nachbefragungen die Betonung des Zwischenmenschlichen und Sozialen aufgefallen. Um hierzu noch mehr Gewißheit zu erlangen - und dazu bot sich das offene Gespräch geradezu an - wurde die folgende Frage eingebracht: *"Wie beurteilen Sie das Klima auf den Fortbildungen? Haben sich Konflikte zu Kollegen ergeben? Akzeptieren Sie sich gegenseitig anders?"*

• Und schließlich sollte noch ein Bereich angesprochen werden, der letztlich nur über persönliche Gespräche und ein wechselseitiges Vertrauen thematisiert werden kann, nämlich der Bereich möglicher Veränderungen, die die Ausbilder bei sich selbst vielleicht entdeckt haben und die evtl. durch die Fortbildungen (und durch den Modellversuch) angestoßen wurden. Hier lautete die Formulierung: *"Ist die Fortbildung ein bißchen zu Ihrer Sache geworden? Hat sich damit bei Ihnen (im Inneren) etwas geändert?"*

Diese Fragen wurden selten in genau dieser Form gestellt, weil der Gesprächsablauf oft andere Strukturierungen mit sich brachte. Oft kam es zu sehr nachdenklichen, kritisierenden und/oder befürwortenden Einschätzungen, die ehrlich vertreten wurden. Die *narrative Struktur* der Gespräche - bei manchen kann man durchaus von "narrativen Interviews" im Verständnis von Fritz Schütze (Schütze 1978) sprechen - konnte leider, bedingt durch die gewählte Form der Protokollierung, kaum festgehalten werden. Ich hoffe dennoch, daß gleichsam der Ertrag der Gespräche in die Deutung eingeflossen ist.

Mögliche Vorbehalte gegen die Fortbildungen

Den Einstieg in die meisten Gespräche bildete eine Frage, die den Umkreis möglicher Vorbehalte der Ausbilder vor und zu Beginn der Durchführung der Fortbildung ausloten sollte. Aus den Erzählungen und Berichten lassen sich grob zwei Positionen entnehmen.

Einige fühlten sich in der Tat *"abgeordnet"* oder *"abkommandiert"*, hatten sich im Vorfeld gar *geweigert*, an den Fortbildungen teilzunehmen, weil sie mehr Arbeit befürchteten. Im letzteren Falle plädierten sie für eine entsprechend bessere Besoldung als Konsequenz aus der Fortbildung, die ihnen freilich nicht zugesagt werden konnte. Betont wird jedoch auch, daß man die Fortbildung von Anfang an von der Idee her für "nicht schlecht" hielt. Ärgerlich war wohl, daß die Intention und Zielrichtung des Modellversuchs nicht voll in allen Werkstätten bekannt gemacht worden war. Man wußte, daß Berufspädagogen für die Dauer von drei Jahren eingestellt werden würden, war aber offenbar von der parallel laufenden Fortbildung überrascht. Entsprechend artikulierten einige auch, daß vorher wohl eine "Einteilung von oben" stattgefunden habe (was richtig ist!). Andere aus dieser Gruppe hatten zwar keine tiefgehenden Vorbehalte, signalisierten aber in den Gesprächen, daß sie auf Beschluß der Konferenz hin zu den Fortbildungen gegangen sind. Ähnlich klingen weitere Stimmen, die von einem "*freiwilligen Muß*" sprechen: Man empfand zunächst die Ankündigung von Fortbildungen als "zusätzliche Belastung", als "Unterbrechung der fachlichen Ausbildung", als "zusätzliche Belastung in der Werkstatt", es "blieb alles im Dunkeln". Diese Gruppe hatte zwar keine tiefen Vorbehalte, es blieb jedoch zu Anfang eine gewisse Reserviertheit.

Die zweite Gruppe von Stimmen läßt sich mit "*wohlwollender Zustimmung*" zusammenfassen. Man war "neugierig auf den Gedankenaustausch", die Teilnahme war gar auf eigenen Wunsch entstanden, einige hatten Hoffnungen auf neue Materialien für den Arbeitsplatz im Heim. Weitere schließlich waren schon vorher besser informiert worden und hatten vielleicht sogar die Fortbildung im internen Gespräch mit angeregt:

> "Es war ja unser Entschluß, auch in der Mammolshöhe eine Weiterbildung zu machen. Auch beim Start des Modellversuchs haben wir ja von Anfang an gesagt, wir möchten auch eine Weiterbildung außerhalb dieser Mauern. Es kam also aus der Werkstatt, schon bei der Planung. Es war eine von uns selbst gewollte Sache."

In diesem Zitat wird deutlich, daß die Ausbilder auch selbst ein Interesse daran hatten, "außerhalb dieser Mauern" eine Fortbildung zu machen.

Diese unterschiedlichen Vorbehalte hingen zum einen an dem verschiedenen Grad der Informiertheit der Ausbilder. Wenn die Ausbilder spät einbezogen worden waren, dann reagierten sie stärker mit Mißtrauen und Ablehnung der geplanten Tagungen, waren sie besser einbezogen, bejahten sie die Idee einer Fortbildung als Ganzes viel stärker. Hinzu kommt aber noch ein zweiter Tatbestand. Wie nämlich schon in Kapitel 1 berichtet, hatten die Ausbilder die älteren Fortbildungslehrgänge im FZM zumeist als nicht besonders ertragreich im Gedächtnis behalten. Hier kamen mit anderen Worten die Vorbehalte heraus, die auch schon die Befragung der Sozialpädagoginnen (vgl. Kapitel 1.3) herausgearbeitet hatte. Ohne die Bemerkungen im einzelnen zu wiederholen, stellte sich doch heraus, daß der Modellversuch und die neue Fortbildung zu Anfang letztlich doch durch Vorbehalte geprägt wurden, die auf der Folie der Erfahrung mit den vorigen Fortbildungen formuliert wurden. Dies machte dem Modellversuch einerseits Schwierigkeiten, denn was auch immer man versucht hätte, es wäre von den Ausbildern als "sowieso bekannt" abgelehnt worden; andererseits war die Anfangssituation vielleicht auch erleichternd, weil man relativ unproblematisch aufgrund der artikulierten Kritiken, die sich in Gesprächen tatsächlich fast wörtlich wiederholten, bestimmte Fehler vermeiden konnte. Auf jeden Fall aber mußte man mit dieser Hypothek, daß die Ausbilder die neuen Tagungen vor dem Hintergrund ihrer früheren Erfahrungen interpretieren, erst einmal leben. Man mag daraus lernen, daß eine frühe und rechtzeitige Vorbereitung und eine entsprechend lange Vorlaufphase für die innere Akzeptanz von derartigen Prozessen unerläßlich ist (vgl. Furth/Lehning 1984, S. 84).

Erinnerung an Themen und Stoffgebiete

Der Bereich der Inhalte und Themen sollte deshalb noch einmal genauer angegangen werden, weil die Nachbbefragungen doch eine gewisse Distanz der Ausbilder zu den angebotenen Lehrstoffen ausgedrückt hatten. Eingeleitet wurde das Gespräch zu diesem Themenkreis in der Regel mit eine "*Schock-Frage*" seitens des Wissenschaftlichen Begleiters: "Ich stelle jetzt mal eine freche Frage: Erinnern Sie sich spontan an irgendwelche Themen und Inhalte der Fortbildungen?" Diese Frage mochte etwas unfair klingen, aber ich wollte etwas genauer nachhalten, ob man sich spontan an inhaltliche Dimensionen der Fortbildung erinnern würde. Das Gesamtergebnis dieses Vorgehens macht nun freilich in der Tat etwas perplex, denn bis auf zwei Ausnahmen kam in den Gesprächen keine unmittelbare Reaktion oder eine prompte Antwort. Die Ausbilder, die die Frage sofort sehr ernst nahmen, wunderten sich dann selbst über sich, daß ihnen jetzt so rasch kein wichtiges Thema präsent war oder daß ihnen das für den Augenblick alles entfallen war. Alle Gesprächsteilnehmer fanden vermutlich diesen Moment etwas peinlich, weil sie so unvermittelt angegangen wurden und nach ihrem Wissen befragt wurden.

Aus diesen Erfahrungen ließe sich gedankenexperimentell die These ableiten, daß also weniger "hängengeblieben" ist, als die Ausbilder in ihren Selbsteinschätzungen in den Nachbefragungsbögen jeweils zum Ausdruck gebracht hatten. Dieser Befund, würde man ihn so stehenlassen, könnte sogar die Konsequenz haben, das Fortbildungsprogramm darauf für sinnlos zu erklären und abzubrechen. Hier sei eine weitergehende Interpretation nahegelegt, die sich auf eine Denkfigur der Psychoanalyse stützt. Ich vermute, daß die Ausbilder erst einmal die neuen und Forderungen stellenden Inhalte des Fortbildungsprogramms gleichsam "verdrängen", da ein Großteil der inhaltlichen Angebote der Fortbildungen tatsächlich auf ein weiteres Verändern ihrer Alltagspraxis im Heim und in der Werkstatt zielen. Die Ausbilder "wehren" sich also innerlich gegen die angebotenen Themen und Stoffe, weil sie auch unangenehme Konsequenzen für das eigene Handeln haben könnten und haben werden. Ich hatte andere Figuren der Abwehr und des Zurechtkommens mit dem Modellversuchsangeboten schon im Kapitel 3.2.3 unter dem Stichwort "Typische Formen der Informationsverarbeitung" diskutiert. Diese Abwehrfiguren könnten ebenso als Belege für das herausgearbeitete Verhalten eingebaut werden.

Nun reicht diese These freilich noch nicht aus. Sie erklärt nur einen Teil der inneren Prozesse. Wie ging das Gespräch nach der "Schock-Frage" weiter? Die Schock-Frage sollte eigentlich ja, wie ihre Bezeichnung sagt, provozieren und auch im Gespräch auf die Problematik des "Behaltens" von Lerninhalten aufmerksam machen, nicht jedoch die Ausbilder in die Rolle eines dummen Schülers drängen, der alles schon wieder vergessen hat. Dementsprechend wurden dann einige Themen aus den verflossenen Fortbildungen in das Gespräch eingestreut und die Ausbilder um Meinung und Einschätzung gebeten. Und auch das Ergebnis dieses zweiten Schritts dürfte frappieren: Alle Ausbilder hatten bei den in das Gespräch eingeworfenen Stichworten sofort eine klare Erinnerung und eine deutliche Meinung; es gelang aus dem Stand heraus über die entsprechenden Gegenstandsbereiche eine intensive Diskussion anzuzetteln!

Bei den Gesprächen, die um die inhaltliche Seite der Fortbildung kreisen, wird immer wieder deutlich, daß die Ausbilder *stabile Meinungen* haben, die nur schwer zu erschüttern sind. Wenn sie sich eine Meinung gebildet haben, dann halten sie erst einmal hartnäckig daran fest. So kann man eine Kontinuität von Einschätzungen und Meinungen über die Eindrücke auf den Tagungen (Blitzlicht/Kurskonferenz), den Nachbefragungen bis hin zu den ausführlichen Gesprächen erkennen. Diese Meinung wird in der Regel *hoch engagiert vertreten* und auch gegen andere Meinungen kräftig verteidigt. Diese Haltung ist jedoch stets mit fast *diskursivem Gesprächsverhalten* gepaart. Man weiß, daß der Modellversuch und auch die Wissenschaftliche Begleitung eine weitergehende Position vertritt und qua Definition vertreten muß. Mit diesen wechselseitigen Einschätzungen kann es zu inhaltsreichen Gesprächen kommen. Auf jeden Fall, das zeigen gerade die Beiträge zu dem Inhaltsbereich, argumentieren die Ausbilder aus ihren Alltagserfahrungen heraus, wobei sie allmählich gewisse Inhalte, Begriffe und Definitionen aus den Fortbildungen (und natürlich aus den Praxisgesprächen und sonstigen Modellversuchsgesprächen) einfließen lassen.

Man könnte diese beobachtbaren Prozesse zwanglos an das Piaget'sche Konzept der kognitiven Entwicklung anschließen. Ganz knapp: Piaget geht u.a. davon aus, daß ein Organismus durch "Assimilation und Akkomodation" lernt. Assimilation meint das Sich-Anpassen an Umweltbedingungen und neue Situationen, Akkomodation meint den Prozeß der "Einverleibung" einer neuen Struktur oder eben eines neuen Inhaltes.

Nach Piaget ist dieser Vorgang ein aktiver Prozeß, den das Individuum an sich und mit sich vollzieht (vgl. Piaget 1976, Heidegger 1985). Übertragen auf unser Beispiel der Fortbildungen hieße das: Wären gar keine Auseinandersetzungen der Meister mit den Angeboten der Fortbildung aufzuspüren, dann wären in der Tat die Teilnehmer nichts anderes als eben teilnahmslose, passive Zuhörer, die sich "berieseln" lassen. So aber ist zu vermuten, daß die Ausbilder erst ganz langsam einige der Fortbildungsinhalte in ihren lebensgeschichtlich gewachsenen Wissensvorrat einbauen und auch erst langsam aktivieren werden. So gesehen paßt auch das oben heraus gearbeitete "Sich-Wehren" durchaus in diese Interpretation: Durch die Fortbildung werden - wie gesagt - Ansprüche formuliert, die man, weil sie Anstrengungen versprechen, sich vom Leibe halten will; zugleich aber werden diese prozeßhaft und nicht interessenlos "einverleibt". Wir finden hier also ein fast idealtypisches Modell für Lernen im Erwachsenenalter, ein Muster, das auch von Dozenten der Erwachsenenbildung, beispielsweise bei den Volkshochschulen, berichtet wird.

Das Klima aus den Tagungen

Der dritte Gesprächsbereich bezog ich auf das "Soziale" auf den Fortbildungen. Zumeist fragte ich, wie der jeweilige Gesprächsteilnehmer das Klima empfindet, ob er Verbesserungen beobachtet habe und worauf die Entwicklungen zurückzuführen seien. Oft war es so, daß man von selbst darauf zu sprechen kam. Wie schon in den Nachbefragungen zu bemerken war, scheint der ganze Bereich des Sich-Kennenlernens für die Teilnehmer die entscheidende Rolle zu spielen. Auch in allen Interviews kam immer wieder durch, daß man das Klima sehr angenehm empfindet und daß es sich extrem verbessert habe. Wechselseitige Bedenken sind abgebaut, man geht sogar recht gerne auf eine Fortbildung. Einige Bemerkungen möchten diese Feststellung erhärten:

- "Wir gehen miteinander um wie mit Kollegen in der eigenen Einrichtung".
- "Heute ist man ehrlich zueinander".
- "Die Konkurrenz ist abgebaut, die anderen kochen auch nur mit Wasser".
- "Die Situation hat sich extrem verbessert".
- "Steile Aufwärtsentwicklung".
- "80 % besser geworden".

Weitere Bemerkungen mit dem gleichen Tenor finden sich zuhauf. Das Klima wird also ausnahmslos gelobt - was übrigens auch von allen Teamern ähnlich empfunden wird (auch vom Wissenschaftlichen Begleiter). Hier bestätigen sich also ganz deutlich die Bemerkungen und Kommentare aus den Nachbefragungen. Es ist offenbar gelungen, auf den Fortbildungen einen *neuen Stil und eine andere Umgangsweise* zu verankern. M.E. ist diese Tatsache nicht selbstverständlich, sondern eine herausragende Leistung des Modellversuchs, die vermutlich längere Zeit auch die Zusammenarbeit der verschiedenen (an den Fortbildungen beteiligten) Jugendhilfeeinrichtungen in Hessen beeinflussen wird.

Worin nun mag diese positive Entwicklung begründet liegen? Zunächst, so wird in mehreren Gesprächen hervorgehoben, war durchaus das Klima nicht so gut, man ging zumindestens auf den ersten beiden Tagungen etwas *mißtrauisch* miteinander um. Dazu zwei Stimmen:

- "Wir haben am Anfang versucht, die eigene Situation so rosig darzustellen wie es nur geht. Schön weiß malen, wenig schwarz".

- "Am Anfang war das Verhältnis ein bißchen gespannt".

Diese Ausgangssituation, die einerseits typisch für jegliche Fortbildungen und Tagungen (vielleicht sogar für einen Großteil sozialer Situationen) ist, wurde andererseits noch durch einen Sachverhalt verschärft, der in dieser Form bisher nur sehr vorsichtig angesprochen worden war, nämlich durch die *Konkurrenz zwischen den verschiedenen Heimen*, die offenbar ehemals geherrscht hatte. In den früheren Fortbildungen war wohl von den Meistern wechselseitig der Eindruck einer jeweils exzellent funktionierenden Werkstatt aufgebaut worden, hinter dem man sich verschanzte und den man nicht in Frage stellen ließ. In einem der Nachbefragungsbögen mag dieses mit der Verwendung des Wortes "Potemkinsches Dorf" angedeutet worden sein. Diese frühere Konkurrenz zwischen den Einrichtungen hat die Ausgangssituation der ersten beiden Fortbildungen geprägt. Als dann das Klima sich verbesserte und auch die Inhalte wohl ansatzweise ankamen, spielte diese Konkurrenz keine so große Rolle mehr. Entsprechend wurde dann von allen ein Abbau der Distanz konstatiert. Vermutlich war wichtig, daß die Ausbilder merkten, die anderen Einrichtungen haben dieselben Probleme und die andere Werkstatt in dem anderen Heim hat ja ebenso Problemjugendliche, mit denen der Kollege fertigwerden muß, etc. Wie kam es aber nun zu diesem Abbau von Vorurteilen und von Mißtrauen innerhalb der Fortbildungen selbst? Meine zweite These lautet, daß hierzu das *spezifische Arrangement der Fortbildung* entscheidend beigetragen hat. Einmal wird es die *Gruppenarbeit* gewesen sein, die ja in den Nachbefragungen stets sehr hervorgehoben wird. Dort konnte sich eine Kontinuität der Begegnungen und eine Intensität des Kennenlernens entwickeln, was dann zu einem wechselseitigen Akzeptieren führte. Entsprechend formulierte ein Meister:

- "Der will mir nichts!"

Also der andere Ausbilder aus dem anderen Heim ist kein Gegner oder kein Konkurrent mehr. Viele ähnliche Formulierungen weisen in die gleiche Richtung. In den Gruppen gelang es, anhand der jeweiligen Inhalte einander zuzuhören, miteinander Erfahrungen auszutauschen und einander zu schätzen. Dort hat sich zu allererst ein persönliches Klima des Zuhörens und Diskutierens entwickelt. Weiterhin, und das wird ebenfalls stark hervorgerufen, wird es an dem *Gespräch zwischen den Fortbildungsstunden und am Abend* gelegen haben. Oft erwähnen die Ausbilder den "Biertisch", an dem man sich untereinander und die Teamer besser kennengelernt hat. Offenbar hat sich neben der offiziellen Seite der Fortbildung eine *"inoffizielle"* etabliert, die für das Fortkommen dieses Weiterbildungsprozesses sehr wichtig ist. Schließlich - dies als dritte These - finden sich in den Gesprächen viele Belege für den Gedanken, daß nicht zuletzt die *Eingebundenheit der Teamer* in die Jugendheime eine derartige klimatische Aufwärtsentwicklung stimuliert hat. So ein Ausbilder zu den Teamern aus dem Modellversuch:

- "Die (Mitarbeiter des Modellversuchs) haben mittlerweile auch den Einblick in die Einrichtungen gefunden. Sie wissen, wie es läuft, was läuft, was nicht läuft."

Diese Erfahrung wird mehrere Male bestätigt: Die Ausbilder merkten schnell, daß sie gar keine "Potemkinschen Dörfer" mehr aufbauen konnten, da ihnen dann erbarmungslos von den Teamern die reale Situation entgegengehalten wurde. Wir finden also auch bei den Ausbildern Hinweise dafür, daß sie den Ansatz des Modellversuchs, aus der Praxis heraus zu argumentieren, durchaus wahrgenommen haben und wohl auch in seinen produktiven Momenten annehmen.

Hat sich im "Inneren" der Ausbilder etwas getan?

Zum Schluß der Interviews stand zumeist eine Frage nach der Bejahung der Fortbildung und dann, ob sich durch die Tagungen etwas geändert habe. Durch eigene persönliche Kontakte und durch Berichte der Berufspädagogen aus den Werkstätten war oft zu verstehen gegeben worden, daß die Ausbilder von dem Modellversuch und von den Fortbildungen profitieren - naturgemäß auch mit Gewinn für die Werkstatt und die Ausbildung der Jugendlichen. Es schien mir am redlichsten, die Ausbilder wiederum selbst zu fragen und nicht etwa durch Befragungen der Jugendlichen - wie es ein Ausbilder vorschlug - nach möglichen Veränderungen zu spüren. Bei den Fragen wurde davon ausgegangen, daß schon das Akzeptieren und Verteidigen der Fortbildung ein erster Ansatz einer möglichen Veränderung sei. Diese wird natürlich erst einmal nur auf der Ebene der verbalen Äußerung konstatiert werden können.

Zunächst einmal gab es einige Ausbilder, die sagten:

- "Ich bin so geblieben wie ich war".

- "Ich bin nicht anders geworden oder verunsichert".

Diese Gruppe von Ausbildern hatte nicht den Eindruck, daß die Fortbildung sie "umgekrempelt" oder verunsichert hat. Sie hatten nichts gegen die Fortbildung - oft im Gegenteil -, aber schätzten die Tagungen doch sehr zurückhaltend ein. Manchmal sagten sie auch:

- "Es ist doch eigentlich alles so wie früher geblieben, sowohl im FZM wie in der Werkstatt".

Diese Bemerkungen sind sehr wichtig, weil sie vor *überschneller Euphorie warnen* und darauf verweisen, daß für die Entwicklungs- und Innovationsprozesse lang andauernde Schübe angesetzt werden müssen.

Dem ungeachtet aber sei, bei genauer Sichtung des Materials und erneut mit Hilfe der dargestellten Untersuchungen mit aller Vorsicht behauptet, daß sich tatsächlich bei etlichen Ausbildern "im Inneren" etwas geändert hat. Hierzu seien einige Belege aufgeführt. Zunächst wird von fast allen Ausbildern explizit oder implizit unterstrichen, daß man die Fortbildung *angenommen* hat:

- "Wenn ich schon da bin, dann soll da auch was laufen, so gut ich kann".

Hier ist das Bemühen zu sehen, auf jeden Fall mitzumachen und sich nicht einfach "berieseln" zu lassen, sondern vielmehr nutzbringend dabeizusein. Eine andere Stimme:

- "Es ist ein Teil meiner Sache geworden, weil ich etwas davon habe. Ich gebe nicht nur, ich nehme auch was mit. Ich verteidige die Fortbildung auch nach außen".

Hier wird die Fortbildung durchaus instrumentell verstanden; sie wird akzeptiert um der Sache willen, weil man selbst davon profitiert, weil man hier etwas lernen kann und weil man wieder etwas mit nach Hause nehmen kann. Die Fortbildungsveranstaltungen, die ja nur von einem Teil der Ausbilder der jeweiligen Heime besucht werden können, sind offenbar auch nicht ganz unumstritten; sie werden jedenfalls von diesem Ausbilder verteidigt. Auch dieser Hinweis ist wichtig, weil damit eine stärkere Verankerung der Fortbildung im Heim signalisiert wird. Eine dritte Stimme geht in die gleiche Richtung:

- "Ich will auch mal was anderes hören; ich erwarte was Neues".

Bei diesen Ausbildern, die durchaus den Sinn der Fortbildung eingesehen haben, könnte man von einer *"sachlich motivierten Veränderung"* sprechen. In erster Linie

200

geht es ihnen um eine Verbesserung der Ausbildung und um ein Dazu-Lernen, wobei man bereit ist, sich auch entsprechend einzubringen und zu engagieren.

Eine zweite Gruppe von Ausbildern formuliert anders:

- "Ich habe auch gewisse Stärken gekriegt".

- "Geändert hat sich bei mir was, daß ich gewisse Dinge, die wir jahrelang gemacht haben, in Frage gestellt habe, ja geändert habe. So den Umgang mit den schwachen Jugendlichen".

- "Ich gehe anders beispielsweise bei der Aufnahme eines Jungen vor, indem ich ihn nicht alleine einfach so in die Werkstatt übernehme, sondern mich woanders über ihn sachkundig mache".

Bei diesen Meistern hat die Fortbildung etwas angestoßen, etwas bewirkt, sei es, daß man sicherer geworden ist, oder daß man neue Handlungsformen erprobt. Es ist zumindest zu vermuten, daß diese Ausbilder derartige Sätze nicht nur beim Nachfragen durch den Wissenschaftlichen Begleiter aussprechen, sondern auch in oftmaliger Konfrontation mit den Modellversuchsmitarbeitern und den anderen Ausbildern, Erziehern und Mitarbeitern in den Jugendheimen. Ohne die obigen Bemerkungen in überzogener Weise zu interpretieren, kann man von einer *"autonomie-orientierten Veränderung"* sprechen. Damit wäre ansatzweise das angesprochen, was schon in Kapitel 1 als ein Ziel der Modellversuchsmitarbeiter anvisiert worden war, nämlich die Ausbilder so in die Fortbildung einzubeziehen, daß sie für sich selbst daraus einen echten Gewinn ziehen.

3.4 Abschlußerhebung: Ergebnisse und Interpretation

Zum Abschluß der Fortbildungsreihe wurde den Teilnehmern ein Fragebogen gesandt ("Was hat mir die Fortbildung gebracht?"), den die Teilnehmer nicht zurücksenden, sondern ausgefüllt zur letzten, der 10. Fortbildung mitbringen sollten. Mit dem Fragebogen wollten die Teamer gemeinsam mit den Fortbildungsteilnehmern ein Resümee aller Fortbildungsveranstaltungen ziehen. Im Plenum dieser Fortbildung wurde dann ein Tag lang über den Gesamtertrag der Lehrgänge debattiert. Die Ergebnisse dieser Diskussion und die (natürlich freiwillig) zurückgegebenen Fragebögen (leider nur 10 von 18 Teilnehmern) werden in diesem Kapitel wiedergegeben. Dazu bedarf es sofort einer einschränkenden Bemerkung. Die Teilnehmer beantworteten weniger die Fragen zur Fortbildung, sondern gingen eher auf den Modellversuch und seine Ergebnisse ein. Da also nur wenig unmittelbare Verbindungen zur Fortbildung geschlagen wurden, relativieren sich die Ergebnisse.

• *"Welche Rolle messen Sie heute der projektorientierten Ausbildung zu? Haben Sie den Eindruck, daß Sie den Jugendlichen mehr Raum zum Probieren und zum selbständigen Planen geben? Nennen Sie Beispiele und Probleme."* - Das Spektrum der Stimmen reicht weit. Wir finden deutlich positive Äußerungen wie "diese Ausbildungsform halte ich für die geeignetste. Sie erfüllt nach meiner Ansicht alle Kriterien einer sinnvollen und interessanten Ausbildung für den Ausbilder und den Auszubildenden". Andere Äußerungen zeigen zwar Zustimmung, sehen aber auch Probleme: "Die individuelle Betreuung, der Schlüssel von 1:6 wird zu einer Belastung". Oder: "Möglich ist die Planung des gesamten Projekts ab 2.-3. Lehrjahr". Man stimmt der projektorientierten Ausbildung zum Beispiel auch zu, weil man sich von ihr mehr Effektivität verspricht. Andere plädieren für eine "gesunde Mischung" verschiedener Ausbildungsformen. Schließlich finden sich Äußerungen, die davon ausgehen, daß sie "immer schon projektorientierte Ausbildung gemacht haben". Man kann wohl folgern, daß in der Tat die Ausbilder schon in Richtung Projektorientierung gearbeitet haben, "allerdings nicht immer so gezielt"; indes sind sie durch den Modellversuch und auch durch die Fortbildung stärker darauf gebracht worden, daß man eine Ausbildung offener und jugendgemäßer gestalten kann und daß man den Jugendlichen mehr Raum geben sollte. In den Äußerungen ist kaum Euphorie zu entdecken, stets werden zustimmende Aussagen zur Projektorientierung zusammen mit Rückverweisen auf Probleme eingebracht.

• *"Setzen Sie den Ausbildungsplan während der Ausbildung ein? Wie setzen Sie ihn ein? Welche Erfahrungen haben Sie gemacht? Und welche Probleme traten auf? Verwenden Sie andere Planungshilfen für die Ausbildung?"* Ein Teil der Ausbilder unterstreicht, daß man den Plan einsetzt, allerdings manchmal "lückenhaft". Ihnen ist dabei wichtig, daß der Auszubildende den Plan akzeptiert, weiterhin, daß man nicht mehr vergißt, auf welchem Leistungsstand der Jugendliche ist, daß dies der Jugendliche auch selbst ablesen kann und daß über den Ausbildungsplan das Gespräch vertieft werden kann. Diese Argumente entsprechen vielen Diskussionen auf den Fortbildungen und in den Werkstätten. Gefahren sieht man im "Kontrollverlust über Lernleistung" und in der "Relativierung des Lernerfolgs"; weiterhin sind "Zeit" und "Prüfungslernen" Probleme, die durch den Ausbildungsplan verwischt werden könnten. Auch wenn Aufträge erledigt werden, passe der Plan nicht in den Arbeitsablauf: "Improvisation ist sehr oft nötig". Dann gibt es Ausbilder, die bis jetzt den Plan noch nicht einsetzen: "... werde dies aber noch tun." Andere geben zu verstehen, daß sie ja den Ausbildungsrahmenplan haben: "Wie man ihn einsetzt, bleibt dem Ausbilder selbst überlassen". Bei diesen Aussagen, und auch bei den Diskussionen auf der 10. Fortbildung, überrascht die kritische Zustimmung zum Ausbildungsplan. Man hat vermutlich aus den Diskussionen der Fortbildung (und des Modellversuchs?) einiges an Problematisierungsfähigkeit mitgenommen: Wichtig scheint, daß nicht allein der Plan eingesetzt wird, was ja in der Praxis kaum überprüft werden kann, sondern daß die Ausbilder in ihren Äußerungen ansatzweise begründen, warum solch ein Plan für die Arbeit in der Werkstatt sinnvoll sein kann. Hier ist zumindest auf der Ebene der Äußerungen die Bereitschaft zu entdecken, sich auf die produktiven Seiten von Ausbildungsplanung durch den werkstattspezifischen Ausbildungsplan einzulassen.

• *"Wie weit waren die Fortbildungen für die Nachhilfe förderlich? In welcher Form findet heute bei Ihnen die Nachhilfe statt? Nennen Sie Beispiele und Probleme!"* Die Antworten zu diesem Bereich zeigen eine weite Spannbreite: Einige Ausbilder betonen, daß die Nachhilfe "als Beitrag des Ausbilders akzeptiert ist". Andere Ausbilder bieten sporadische Nachhilfe an, etwa, wenn in der Schule Arbeiten geschrieben werden müssen oder als "Belohnung" für die Jugendlichen. Wiederum andere Ausbilder sind aufmerksamer geworden, bspw. durch "Diskussionen im Plenum" und kümmern sich darum, daß auch auf der Gruppe durch die Erzieher eine Nachhilfe veranlaßt wird. Andere verweisen auf das Problem, daß durch den Modellversuch die Nachhilfe erleichtert wird: "Bei zwei Personen und 14 Auszubildenden ist Nachhilfe nicht möglich". Hier schimmert nur selten durch, daß die Fortbildung eine gewisse Sensibilisierung für das Problem gebracht hat. Es zeigt sich, daß die Aufgabe, den Jugendlichen durch Werkstattunterricht zu stützen, zwar von einigen inzwischen gesehen wird, aber nur zu besonderen Anlässen akzeptiert wird. Hinzu kommt, daß man glaubt, die Nachhilfe sei faktisch durch den Nachhilfelehrer im Heim erledigt und man müsse sich insofern gar nicht darum kümmern.

• *"Wieweit waren die Lehrgänge für den Einsatz der Ausbildungsgesprächsprotokolle hilfreich? Bitte nennen Sie Beispiele und Probleme! Verwenden Sie auch andere Bewertungsmodelle?"* Von einigen Ausbildern werden die Ausbildungsprotokolle als "gutes Mittel" anerkannt: "Ausbilder, Erzieher und Jugendliche an einem Tisch". Jedoch "füllen manche Jugendliche den Bogen nur sehr ungern aus". Hier haben vermutlich die Praxisgespräche geholfen, damit sich auch "Ausbilder und Erzieher besser verstehen". Andere Ausbilder verwenden andere Bewertungsbögen, um die berufliche Entwicklung zu verfolgen, schließlich gibt es auch in einigen Heimen Gesprächsrunden und Entwicklungsbeobachtungen. Indes: "Man hat keine Zeit zum Schreiben". Aus den Antworten wird nicht direkt ersichtlich, wieweit die Fortbildungen etwas angestoßen haben. Ein Ausbilder berichtet sehr genau über den Sinn und Zweck des Bogens, aber es ist nicht erkennbar, ob dies auch mit der Fortbildung verknüpft war. Man kann vermuten, daß es noch längerer Schulungen und Fortbildungen bedarf. Die in Kapitel 3.2.3 herausgearbeitete Figur des "Überspringens von Ohnmachtsgefühlen" soll damit nicht außer Kraft gesetzt werden; nur zeigt sich, und das hat gerade diese Nachbefragung erbracht, daß keine überzogenen Erwartungen an die Wirkung von Fortbildungsveranstaltungen gehegt werden sollten.

● *"Haben die Fortbildungsveranstaltungen geholfen, die Jugendlichen in ihrer Werkstatt genauer zu beobachten und ihre individuelle Problematik zu berücksichtigen?"* Einige Antworten auf diese Frage sind bemerkenswert: "Der Blick für bestimmte Situationen ist feiner und besser geworden - durch den Erfahrungsaustausch mit anderen Kollegen, die ähnliche Situationen schon erlebt haben". Eine andere Stimme: "Beobachten muß ich jeden Tag neu. Dafür gibt es kein Schema". Andere notieren lapidar: "Nein". Diese Antworten sind insofern interessant, als hier ein unmittelbarer Bezug zu den Lehrgängen abgefragt und entsprechend engagiert beantwortet wurde. Zwar sind niemals Lobeshymnen zu erwarten, doch erstaunt, wie wenig man auf bestimmte Lehrgänge Bezug nimmt, etwa auf den Lehrgang "Wahrnehmen, Beobachten und Handeln" (5. Woche), in dem diese Dinge angesprochen worden waren. Nur einmal wird das Ausbildungsprotokoll erwähnt, dies jedoch mit dem Kommentar, es sei für die Fortbildungsentwicklung zu wenig genutzt worden. So fällt auch hier in den Äußerungen der Teilnehmer erst einmal der Ertrag gering aus: Man hat gewiß durch den Erfahrungsaustausch voneinander gelernt oder auch vom Kollegen etwas abgeguckt, doch hatte das beileibe nicht die Konsequenz, daß man nun in einer veränderten Art und Weise mit dem Jugendlichen in der Werkstatt umgeht.

● *"Die Fortbildungen sollten konkrete Handlungshilfen für den Werkstattalltag bieten. Haben die Lehrgänge das, aufs ganze gesehen, geleistet?"* Die Aussagen schwanken: Die eine Seite: "Im ganzen waren die Lehrgänge hilfreich im Hinblick auf den Umgang mit den Jugendlichen"; oder: "Mir ist bewußter geworden, wo ich arbeite". Eine andere Stimme betont sehr selbstbewußt: "Ich habe viele Anregungen erhalten. Ich hoffe jedoch, daß ich anderen Kollegen auch mit meinen Erfahrungen weiterhelfen konnte". Demgegenüber unterstreichen andere Ausbilder: "Zum Teil. Manche Sachen konnte ich nicht von der Theorie in die Praxis umsetzen". Es werden aber in Stichworten die Hilfsmittel benannt, die er für interessant fand. Ein anderer Ausbilder schreibt: "Teils. Benötigen Verstärkung". Gemeint ist wohl, daß man als Ausbilder noch weiterhin Hilfen bräuchte. Somit läßt sich zusammenfassen, daß in den Notizen der Ausbilder die Lehrgänge "teils-teils" geholfen haben, konkrete Handlungshilfen für den Alltag zu entwickeln. Man hat wohl einige Anregungen mitgenommen, doch trotz der Konkretheit der Fortbildungen und der dort angebotenen pädagogischen Hilfsmittel scheint das Echo im Alltag nicht besonders tief zu gehen. Insofern wirkt auch dieser Befund nicht gerade ermutigend, aber er scheint realistisch.

● *"Auf zwei Lehrgängen wurden Kooperationsprobleme im Heim angesprochen. Wie sehen Sie heute die Kooperationsproblematik? Wie kooperieren Sie heute? Nennen Sie negative und positive Beispiele!"* Die Antworten auf diese Frage fallen allesamt sehr skeptisch aus. Es überwiegen Stimmen wie: "Die Probleme bleiben immer dieselben. Die Erzieher haben andere Vorstellungen von Zusammenarbeit". Oder: "Nicht besser und nicht schlechter. Die Problematik ist geblieben". Noch härter formuliert ein Ausbilder: "Die Kooperation Ausbilder-Erzieher funktioniert nicht!" Eine weitere Stimme verdeutlicht, daß das Kooperationsproblem "im Stellenwert nicht genügend ausdiskutiert wurde". Dieses insgesamt auch recht negative Bild von der Kooperation zeigt Grenzen von Fortbildung auf. Denn im Gegensatz zu der Notiz, daß man dies Problem nicht genügend ausdiskutiert habe, sei behauptet, daß die Fortbildungen das Thema zu heftig "aufgerührt" haben; mit den Fortbildungen ist erst einmal ein latenter Problemdruck offenkundig geworden. Es wäre zu fragen, ob zur Lösung dieser Problematik externe Fortbildungen überhaupt etwas leisten können, da es oftmals um Kleinigkeiten geht, oder wie ein Ausbilder notiert: "Gute Kooperation mit Erziehern geht nur dann, wenn man sich auch *versteht*". Und das kann man nur schwer anregen; solche Prozesse bedürfen gezielter Hilfen vor Ort. Darüber hinaus können solche Prozesse des Einander-"Mögens" gar nicht "gelehrt" werden; mittelfristig wäre freilich zu überlegen, ob durch eine Verstärkung nicht-kognitiver Angebote im Rahmen von Fortbildungen hier Vorurteile abgebaut werden könnten (vgl. Brater/Büchele/Herzer 1985).

● *"Die Lehrgänge sollten dazu beitragen, die Aufgaben und das Selbstverständnis des Ausbilders im Jugendhilfebereich genauer zu klären. Ihre Stellungnahme."* Etliche Aussagen deuten darauf hin, daß die Fortbildungen dazu beigetragen haben, das Selbstverständnis des Ausbilders zu klären: "Ist mit Sicherheit besser geworden"; "ganz gute und wichtige Stärkung erfolgt"; "dazu nur ein Satz: Vom Handwerker zum Ausbilder". Es wird aber auch darauf hingewiesen, daß "bei den Vorgesetzten dieses neue Selbstverständnis nicht angekommen sei: Der Ausdruck 'Ausbilder' ist zur Einstufung für entsprechende Bezahlung nirgendwo zu finden". Nun ist der Fortbildung die mangelnde Gratifikation nicht anzulasten, da sie keine Verbesserung der finanzielle Situation der Ausbilder im Auge hatte. Aber etwas anderes klingt, sowohl bei den Diskussionen auf der Fortbildung, als auch in den Nachbefragungsbögen durch: Diese Frage nach dem Selbstverständnis und den Aufgaben des Ausbilders sind drängend. Es bedarf unabdingbar einer solchen Aufgabenfeldbeschreibung, die gekoppelt ist mit klaren pädagogischen Empfehlungen für einzelne Arbeitsfelder. Die Ausbilder lassen zwischen den Zeilen durchschimmern, daß die Fortbildung dazu beigetragen hat, ihr Selbstverständnis zu festigen, es bedarf aber einer verstärkten Verankerung dieses

Bewußtseins in den Heimen - angeregt durch die Leitung, und auch durch das Fachdezernat.

Fasse ich diese Abschlußbefragung zusammen, so muß ich die in Kapitel 3.2.5 angedeutete Möglichkeit, daß die Fortbildung partiell das Alltagshandeln erreicht hat, wieder relativieren. Gewiß wurde, dies zeigen die Notizen sehr deutlich, etliche neue Begriffe und Sachverhalte in das alltägliche "Sprachspiel" der Ausbilder eingebaut, jedoch besteht kein Anlaß für Enthusiasmus. Die Fortbildungen haben zumeist die Ebene der "Vorstellungen" erreicht (vgl. Heidegger 1985, S. 266, et passim), auf die durch die Lehrgänge eingewirkt wurde. Das reale Handeln hat sich vielleicht nicht sehr weit bewegt, und wenn, dann nur bei einigen Ausbildern, und in der Form, wie ich es unter 3.2.5 versucht hatte, anzureißen.

Jedoch sei, über diese Einschätzung hinaus eine Interpretation gewagt, die versucht, die gewisse Unwilligkeit der Ausbilder hinsichtlich dieser Nachbefragung und auch der Abschlußdiskussion auf der letzten Fortbildungsveranstaltung nachzuspüren. Schlüssel dieses Interpretationsversuches ist die 8. Fortbildungswoche, in der es um das Unterweisungstraining ging und die nur unter Kämpfen und anschließender herber Kritik "durchgezogen" werden konnte. Ich glaube, daß bei dieser Abschlußbefragung - trotz der schon verflossenen Zeit - immer noch der "Knacks" der 8. Fortbildung eine Rolle gespielt hat. Hier wurde erst dem Ausbilder bewußt, daß die Fortbildung tatsächlich *ernst* gemeint sei, daß dies keine Spielerei, keine nette Woche auf der Mammolshöhe sei, *sondern daß die Fortbildungen auf ein veränderndes und verändertes Handeln der Ausbilder zielen.* Und da wurde - vielleicht - den Teilnehmern erst richtig bewußt, was für Anforderungen an sie gestellt sind: Ausbilder im Jugendhilfebereich können sich nicht darauf beschränken, gratifikatorische Forderungen zu stellen, sondern sie müssen auch gleichsam "beweisen", daß ihnen dieses mehr Geld auch wirklich zukommt. Sie haben sich über den Zeitraum hinweg ein Stück weit auf die neuen Anforderungen eingelassen und auch zugelassen, daß ihre bisherigen Deutungs- und Handlungsversuche "angekratzt" wurden. Die Erschütterung der 8. Woche hat hier (erst einmal) zu einer Beendigung dieses Prozesses geführt. Und das ist das Paradoxe: Damit es dazu kommen konnte, bedurfte es eines lang angelegten Aktionsprozesses - der Ausbilder untereinander und der Ausbilder und Teamer. Nur so konnten die Ausbilder gleichsam "reif" sein für die Krise. Kurzzeitige Fortbildung hätte nur der Auffrischung von Wissen oder des Einfühlens in neue Inhaltsbereiche oder des wechselseitigen Vergewisserns der Schwierigkeiten mit sich gebracht; Langzeitfortbildung zielt auf den "Wandel der subjektiven Wirklichkeit" (Schmitz 1984, S. 106), auf das tiefergreifende In-Frage-Stellen biografisch sedimentierter Lebensmuster; zugespitzt: auf eine gewisse Krise der Persönlichkeit, um vermöge des Erwerbs instrumentellen

Wissens und durch "neue Deutungsschemata" (Schmitz) den sich wandelnden Berufsalltag zu verstehen und zu bewältigen.

4 Didaktische, organisatorische und inhaltliche Perspektiven und Empfehlungen zur Ausbilderfortbildung

4.1 Vorbemerkung

In diesem Kapitel werden einige zentrale Erfahrungen mit den Fortbildungslehrgängen festgehalten (Kapitel 4.2) und in ihren Konsequenzen für eine weiterentwickelte Fortbildung diskutiert. Sodann werden einige Konturen für eine erwachsenengerechte Didaktik und Methodik der Fortbildung umrissen. Die Mitarbeiter des Modellversuchs hatten schon früh versucht, ihre Erfahrungen als Teamer auch für die Weiterentwicklung einer Fortbildungsdidaktik fruchtbar zu machen. Dazu werden hier unter Rückgriff auf prägnante Beispiele der Fortbildungslehrgänge wichtige Kriterien entwickelt (4.3). Der Text dieses Kapitels basiert u.a. auf einem Protokoll des Erfahrungsaustausches der Modellversuche für die Berufsausbildung benachteiligter Jugendlicher (Popp/Carstensen-Bretheuer 1987; die Zitate dieses Protokolls werden im Text nicht philologisch exakt nachgewiesen, da hier quasi eine Gemeinschaftsarbeit vorliegt). Im Kapitel 4.4 schließlich werden Ziele und Inhalte des revidierten Fortbildungskonzepts vorgestellt.

4.2 Folgerungen für die Weiterentwicklung der Fortbildungslehrgänge

Die Ergebnisse der Prozeßdokumentation (Kapitel 2) und der einzelnen Befragungen haben entscheidend mit dazu beigetragen, daß eine Fortführung der Fortbildungskonzeption durch den Landeswohlfahrtsverband politisch abgesichert wurde. Auf dem BIBB-Erfahrungsaustausch wurde erstmalig angekündigt, "daß der Ansatz des Modellversuchs im Bereich Ausbilderfortbildung im Sinne einer Regelfortbildung weitergeführt werden sollte" (Bojanowski/Lehning 1987, S. 41). Durch einen Beschluß des Verwaltungsausschusses des LWV steht fest, "daß es regelmäßige Fortbildungsveranstaltungen für Ausbilder hessischer Jugendheime geben werde" (a.a.O.). Das ist für einen Modellversuch ein in seiner Tragweite nicht zu unterschätzender Erfolg! Für die argumentative Durchsetzung einer Regelfortbildung spielten auch eine Reihe der in diesem Buch aufgeführten Argumente eine wesentliche Rolle. Wenn natürlich auch nicht alle Ergebnisse in der hier geordneten Form vorlagen, so war doch zum Zeitpunkt der Ankündigung der Regelfortbildung (Ende 1985) in groben Zügen schon erkennbar, daß die Ausbilderfortbildung im "jugendhilfepolitischen Raum" in Hessen einen gewissen Anklang gefunden hatte (siehe hierzu auch Teil E). Das neue Konzept der Ausbilderfortbildung sieht nun vor, daß es 6 Lehrgangswochen geben wird. "Zwei Dozenten werden praxisbegleitend eine Vor- und Nachbereitung der Lehrgänge in den jeweiligen Einrichtungen durchführen" (Bojanowski/Lehning 1987, S. 41). Wie im Kapitel 1 dieses Teils C dargetan, ist der offene Prozeß der Curriculumentwicklung auch heute noch nicht abgeschlossen. Dieser rollende Prozeß zur Weiterentwicklung des gesamten Konzepts wurde wesentlich auch durch die Diskussion auf dem "Erfahrungsaustausch der Modellversuche 1985" (Zielke/Furth 1987) bestärkt. Es kamen Anregungen zu Inhaltsfeldern der Fortbildung, zur Didaktik und auch zur Organisierung solcher Lehrgangswochen. Einer der Grundgedanken lautete, "interne und externe Veranstaltungen" (Lemke/Furth/Lehning 1987, S. 65) miteinander zu kombinieren. Resümieren wir nun rasch einmal die Erfahrungen, aus dem Geflecht von Prozeßdokumentation, Forschungsergebnissen und Erfahrungen anderer Fortbildungen, die zu einer solchen politischen Verankerung der Fortbildung wesentlich beigetragen haben:

• Wenn man die Dynamik der Lernentwicklung der Lehrgangsgruppe nachträglich betrachtet, dann fällt nicht nur das "Auf und Ab" des Prozesses auf, sondern auch das prinzipiell produktive Moment, das auf einer folgenden Fortbildung immer auch die vorige Fortbildung auf- bzw. nachgearbeitet werden konnte. Bei einigen Lehrgängen wäre es nie zu offenen und lernintensiven Gesprächen und Auseinandersetzungen gekommen, wenn es vorher keine Fortbildung gegeben hätte. Daher ist am Gedanken der Langzeitfortbildung mit einem festen Stamm von Ausbildern unbedingt festzuhalten.

• Die in den Interviews durchschimmernden Vorbehalte gegen die Fortbildung müssen behutsam abgebaut werden. Es muß nicht nur sichergestellt sein, daß weiterhin die Fortbildung gleichsam als "exterritorialer Bereich" gilt ("es darf nichts nach draußen gelangen"), sondern in den Jugendheimen sollte man auch weiterhin verstärkt die positive Seite der Fortbildung aufzeigen und für die Fortbildung werben.

• Vor allem die Untersuchungen aus Kapitel 3.2.2 zur Gestaltung des Lehrgangsverlauf durch die Dozenten und die Beobachtung aus dem gesamten Kapitel 2 zeigen überdeutlich, daß der Teamer kein wie auch immer gearteter Dozent "von außen" sein darf, sondern unabweislich von den Ausbildern als Fachmann/-frau anerkannt sein muß. Ich kann dazu uneingeschränkt die Charakterisierung der Teamer aus dem Modellversuch im christlichen Jugenddorf übernehmen:

"Für alle Lehrgangsreferenten war wesentlich, daß sie langjährige Erfahrungen in der Ausbildung behinderter junger Menschen, wie mit den inhaltlichen Schwerpunkten in Berufspädagogik, Sonderpädagogik, Sozialpädagogik, Sozialpsychologie und Organisationlehre haben. ... Voraussetzung für die Referententätigkeit ist die mehrjährige reflektierte Erfahrung in der Ausbildung behinderter Jugendlicher. Denn der einzelne Lehrgangsreferent wird von den Teilnehmern danach beurteilt, ob er nur angelesenes Wissen vermittelt oder in seiner Identität von 'Reden und Handeln' erkennbar ist. Unter dem Anspruch der Verzahnung von berufspädagogisch-sonderpädagogischen mit sozialpädagogischen Inhalten in einem Lehrgang ist dieses Konzept von einem Referenten nicht vermittelbar" (Cramer 1984, S. 71/72; siehe auch Michelsen 1979, S. 288).

● Es gab unbestritten alles in allem eine spürbare Ermüdung der Teilnehmer am Ende der 10 Lehrgänge und manche zu weitgehende Wiederholung von Sachverhalten (siehe z.B. in Kapitel 2.7 das vermutete "gelangweilte Schweigen"). Es scheint einen Punkt zu geben, an dem der Teilnehmer zwar noch zur Fortbildung kommt, sich innerlich aber schon "verabschiedet" hat. Dieser Zeitpunkt ist schwer zu bestimmen. Auf jeden Fall lassen diese Erfahrungen es angeraten erscheinen, das Inhaltsprogramm zu straffen und die Dauer der Fortbildung abzukürzen. Aufgrund von LWV-internen Überlegungen, bei denen gewiß auch finanzielle Aspekte eine Rolle spielen, einigte man sich auf den insgesamt akzeptablen Kompromiß von 6 Lehrgängen innerhalb von 2 Jahren.

● Die Inhaltsfelder der neuen Lehrgänge sollten sich eng an den zum großen Teil bewährten Feldern der 10 Lehrgänge orientieren. Dabei können aufgrund der Erfahrungen mit den Fortbildungen einige Themen straffer angegangen werden. Auf jeden Fall sollte jedoch die didaktische Leitfigur der "individuell gestalteten Berufsausbildung" angemessen berücksichtigt werden; zum zweiten sollte die Kooperationsproblematik zwischen Ausbildern und Erziehern zum Gegenstand der Fortbildung werden. Da es sich gezeigt hat, daß diejenigen Lehrgänge, die das Selbstverständnis, die Rolle und die Funktionen des Ausbilders zum Thema hatten, von den Teilnehmern sehr wichtig genommen wurden, sollten diese Fragen gleichermaßen auftauchen.

● Der in den Kapiteln 3.2.4 und 3.3.4 herausgearbeitete Tatbestand des guten sozialen Klimas ist auch bei der Fortführung der Lehrgänge nicht zu vernachlässigen. Dabei wäre die Kritik an dem Fortbildungszentrum FZM ebenso zu berücksichtigen, wie die positiven Erfahrungen der Teilnehmer mit der gesamten Fortbildungsmethodik, der Gruppenarbeit und dem Verhältnis zu den Teamern.

● Die sehr vorsichtig herausgearbeiteten Befunde zu möglichen persönlichen Veränderungen der Ausbilder verweisen auf mehr Selbstbewußtsein und Autonomie. Diese Zielrichtung sollte auch bei den kommenden Lehrgängen grundsätzlich beibehalten werden und durch die Inhaltsauswahl der Fortbildungsthemen berücksichtigt werden.

- Es sollte an den inzwischen entwickelten Strukturen einer Didaktik der Fortbildung angeknüpft werden; es bedarf des Einbringens von Theorieelementen, des Aufgreifens der Erfahrungen der Teilnehmer, der Partizipation der Teilnehmer im Sinne von Selbst- und Mitgestaltung, der Alltags- und Handlungsorientierung durch Einbringen konkreter pädagogischer Hilfsmittel. Diese Aspekte einer Fortbildungsdidaktik werden im kommenden Kapitel zusammenfassend erörtert.

4.3 Konturen einer erwachsenengerechten Didaktik und Methodik der Fortbildung

Eine Ausbilderfortbildung braucht ihre eigenständige Didaktik und Methodik, die, will sie nicht an den Teilnehmern vorbeigehen, erwachsenengerecht sein muß. Herkömmliche Fortbildungsveranstaltungen haben noch keinen Weg gefunden, um wirklich die Ausbilder an ihre wichtige Aufgabe, einen Teil der Jugend im praktischen Bereich zu qualifizieren, heranführen. Dabei gibt es durchaus fortbildungsdidaktische Vorgehensweisen, die das Erfahrungswissen der Ausbilder, das oft mit intuitiver pädagogischer Kompetenz und Handlungsgeschick gepaart ist, weiterzuentwickeln. Aus der Praxis seiner Fortbildungen heraus hat der Modellversuch eigenständige Ansätze einer Fortbildungsdidaktik entworfen. Dabei wurde keine allgemeine Didaktik-Diskussion geführt, sondern es wurde in der täglichen Auseinandersetzung vor Ort und in den Lehrgängen im FZM die Einsicht gewonnen, daß die Fortbildungsdidaktik nicht losgelöst von der Zielgruppe "Ausbilder in den Jugendheimen" entwickelt werden kann. Zugleich wurde die Fortbildungsdiskussion theoriegeleitet geführt, indem Untersuchungen und Erfahrungen der traditionellen Erwachsenenpädagogik herangezogen wurden (z.B. Siebert 1984). So kam es zu einem Wechselspiel von praktischen Lehrgangserfahrungen und Rückbeziehen auf Theorien der Pädagogik und der Erwachsenenbildung. Die nachfolgend beschriebene Struktur ist in Abhängigkeit von den Zielsetzungen und den Erwartungen, die von verschiedenen Seiten an die Fortbildung gestellt werden, entwickelt worden (Erwartungen der Institutionen, die Teilnehmer zur Fortbildung entsenden; Entlastungserwartungen und Vorerwartungen der Teilnehmer; Erfahrungen und Zielvorstellungen der Dozenten).

- *Ebene der Theorievermittlung:* Für die Didaktik der Fortbildung galten insbesondere die Prinzipien der Partizipation und der Handlungsorientierung. Partizipation auf der Ebene von Theorievermittlung heißt: die Einbeziehung der Teilnehmer und der von den Dozenten beobachteten Probleme im Heim. Diese Erfahrungen werden in einen Zusammenhang gestellt und verallgemeinert; der Hintergrund wird beleuchtet und notwendige Informationen und Fakten werden vermittelt. Problemlösungen werden jedoch nicht vorgegeben, vielmehr werden Problemlösungsansätze beschrieben und zur Diskussion gestellt. Mögliche Lösungen sollen im weiteren Verlauf der Fortbildung mit den Teilnehmern gemeinsam und damit praxisnah erarbeitet werden. Art und Weise der Theorieverarbeitung bedeutet immer eine Konfrontation mit den alltäglichen Erklärungsmustern der Ausbilder. Das kann zu Verunsicherungen und zu Blockaden führen oder produktiv zur weiteren Beschäftigung mit der Theorie motivieren. Offenkundige Blockaden werden von den Dozenten während der Fortbildung thematisiert, wobei entsprechendes Vertrauen geschaffen sein muß. *Beispiel:* In zwei Lehrgängen wurde der BIBB-Bogen (nach Sturzebecher und Klein) mit den Ausbildern erarbeitet. Das Ziel lautete, den Bogen zu verstehen, ihn eigenständig zu handhaben und schließlich eine eigene Fassung zu erstellen. Dazu wurden offene Arbeitspapiere verteilt; leere Spalten mußten mit dem BIBB-Bogen verglichen und mit eigenem Erfahrungswissen vervollständigt werden. In einem nächsten Schritt wurden die schon vorhandenen Kategorien des BIBB-Bogens hinzugenommen und mit dem Erarbeiteten verglichen. Aus dieser Zusammenstellung entstand ein neuer und modifizierter Bogen. *Kommentar:* Hier ging es darum, das Erfahrungswissen der Ausbilder mit anderen Anforderungen so zu konfrontieren, daß das vorhandene Wissen der Teilnehmer allmählich "umgebaut" wurde. Die Fortbildungsteilnehmer wurden damit in die Lage versetzt, sich einen neuen Inhalt anzueignen und zugleich mit ihren Beiträgen den Fortbildungsprozeß aktiv mitzugestalten. Theorievermittlung heißt hier: aktiver Prozeß des Teilnehmers.

• *Ebene der Theorieverarbeitung:* Ist die Fortbildung auf der Ebene der Theorievermittlung methodisch eher dozentenorientiert, so wird auf der Ebene der Theorieverarbeitung versucht, überwiegend in Kleingruppen zu arbeiten, wobei die Teilnehmer oft die Diskussionsleitung und die Protokollführung übernehmen. Sie erhalten jedoch Strukturierungshilfen, z.B. Protokollformulare, Lehrgraphiken und Fragebögen. Die Theorie wird der Alltagspraxis gegenübergestellt, unterschiedliche Erfahrungen werden ausgetauscht und Lösungsstrategien erarbeitet. Um eng an den Erfahrungen zu arbeiten und gleichzeitig zu Ergebnissen zu gelangen, ist ein entsprechendes Lernmilieu entscheidend. Lernmilieu heißt, daß die jeweilige Fortbildungsgruppe vertrauensvoll zusammenarbeitet und keine Hierarchien entstehen. *Beispiel:* In einem Lehrgang bildeten sich nach einem Vortrag vier Arbeitsgruppen. Die Gruppen bearbeiteten anhand von Arbeitsblättern jeweils ein Handlungsfeld der individuell gestalteten Berufsausbildung und sammelten Erweiterungs- und Kritikpunkte. Diskussionsleitung und Protokollführung wurde je von einem Teilnehmer der Arbeitsgruppe übernommen (vgl. Kapitel 2.7). Die Teamer verhielten sich wie normale Arbeitsgruppenteilnehmer; der Diskussionsprozeß verlief insofern positiv, als die Diskussionsleiter rasch in der Lage waren, das Wesentliche in den Beiträgen der übrigen Diskutanten zu erkennen und herauszuarbeiten; auch die Protokolle waren informativ. *Kommentar:* Methoden, Medien und Sozialformen werden so eingesetzt, daß die Teilnehmer selbständiger werden können. Die didaktische Kette läßt sich so beschreiben, daß letztlich nur selbständige Ausbilder die Jugendlichen zur Selbständigkeit führen können. Insofern suchte der Modellversuch stets nach Formen, an und mit denen die Ausbilder "modellartig" erfahren konnten, daß es Formen des Lehrens und Lernens gibt, die Selbständigkeit und Selbstverantwortung ermöglichen.

● *Ebene der Handlungsstrategien:* Hierzu gleich ein *Beispiel:* Zu einer Fortbildungsveranstaltung hatten die Ausbilder nach vorheriger Absprache umfangreiche Materialien für individuelle Lernhilfen mitgebracht. Es handelte sich um Bücher, Demonstrations- und Unterrichtsmaterialien, Diaserien, Arbeitstransparente, Gesetzestexte, etc. Diese Materialsammlung wurde auf Tischen aufgebaut und vorgestellt; alle Teilnehmer konnten umherwandern und nachfragen. *Kommentar:* Dieser intensive Material- und Informationsaustausch ermöglichte den Ausbildern praxisnahe Kontakte. Solche Materialbörsen bieten den Vorteil, daß das Hintergrundswissen und die didaktischen Vorstellungen der Ausbilder zwanglos in den Fortbildungszusammenhang eingebracht werden können. Daneben wird stets bei jedem Lehrgang eine Exkursion in eine Werkstatt organisiert. Diese Exkursionen werden durch Informationspapiere vorbereitet und in Gesprächen problematisiert. Damit werden für den Ausbilder allmählich Handlungsstrategien sichtbar, mit denen er sein eigenes didaktisches Handeln verbessern kann.

● *Ebene der Umsetzung:* Mit Anregungen und Materialien ausgestattet, kehren die Teilnehmer in ihre Institutionen zurück. Um die entwickelten Handlungsstrategien umzusetzen, wird die Fortbildung im Heim in Form von Konferenzen und Praxisgesprächen fortgesetzt und die Teilnehmer bei der Umsetzung begleitet und unterstützt. Dazu müssen die Teamer die jeweiligen Jugendheime und Werkstätten gut kennen; nur wenn sie im Heim selbst integriert sind, können die während der Fortbildung geführten Diskussionen an der Praxis überprüft werden. *Beispiel:* In einem Beitrag im Plenum "prahlte" ein Ausbilder mit den optimalen Bedingungen seiner Werkstatt und den allesamt "prächtigen Burschen", die er ausbildet: "Wir haben keine Probleme". Ein Teamer, der die Werkstatt gut kannte, argumentierte gegen diese Auffassung. Es verwies u.a. auf die Tatsache, daß einige Jugendliche im Wohnbereich große Probleme haben. Ergebnis der Diskussion: Es existiert keine "Top-Werkstatt"; alle müssen tagtäglich darum kämpfen, mit den schwierigen Jugendlichen klarzukommen. *Kommentar:* In ihrer Rolle als Teamer geht es - neben den sonstigen Aufgaben der Organisierung, Diskussionseröffnung, etc. - besonders darum, als kompetenter und unangenehmer Nachfragender zu insistieren, um kontroverse Diskussionen auszulösen. Damit können Erfahrungen oder Wissensvorräte der Ausbilder gleichsam zur Sprache gebracht, aktiviert sowie diskussions- und revisionsfähig werden. Darüber hinaus muß der Teamer aber auch Zuhörer sein, der auf Widersprüche zwischen bestimmten Aussagen der Ausbilder aufmerksam macht.

- *Ebene des Alltagshandelns:* Hier wird innerhalb des didaktischen Konzepts erwartet, daß der Ausbilder in der Werkstatt sich folgenreich geändert hat, daß der Ausbilder nach den Fortbildungslehrgängen verstärkt eine Individualisierung der Ausbildung (u. mit den vom Modellversuch entwickelten Materialien) betreibt. - Eine Zusammenfassung dieser verschiedenen Ebenen zeigt Grafik C 4.3.

Arnulf Bojanowski / Erika Carstensen-Bretheuer / Klaus Lehning / Karin Picker

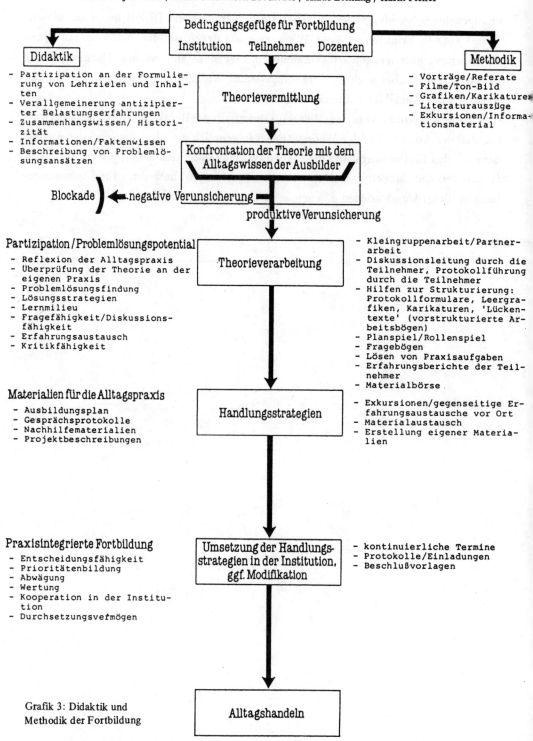

Bedingungsgefüge für Fortbildung
Institution   Teilnehmer   Dozenten

Didaktik

- Partizipation an der Formulierung von Lehrzielen und Inhalten
- Verallgemeinerung antizipier-
  ter Belastungserfahrungen
- Zusammenhangswissen/ Histori-
  zität
- Informationen/Faktenwissen
- Beschreibung von Problemlö-
  sungsansätzen

Methodik

- Vorträge/Referate
- Filme/Ton-Bild
- Grafiken/Karikaturen
- Literaturauszüge
- Exkursionen/Informa-
  tionsmaterial

Theorievermittlung

**Konfrontation der Theorie mit dem
Alltagswissen der Ausbilder**

Blockade ◄— negative Verunsicherung

produktive Verunsicherung

Partizipation / Problemlösungspotential

- Reflexion der Alltagspraxis
- Überprüfung der Theorie an der
  eigenen Praxis
- Problemlösungsfindung
- Lösungsstrategien
- Lernmilieu
- Fragefähigkeit/Diskussions-
  fähigkeit
- Erfahrungsaustausch
- Kritikfähigkeit

Theorieverarbeitung

- Kleingruppenarbeit/Partner-
  arbeit
- Diskussionsleitung durch die
  Teilnehmer, Protokollführung
  durch die Teilnehmer
- Hilfen zur Strukturierung:
  Protokollformulare, Leergra-
  fiken, Karikaturen, 'Lücken-
  texte' (vorstrukturierte Ar-
  beitsbögen)
- Planspiel/Rollenspiel
- Fragebögen
- Lösen von Praxisaufgaben
- Erfahrungsberichte der Teil-
  nehmer
- Materialbörse

Materialien für die Alltagspraxis

- Ausbildungsplan
- Gesprächsprotokolle
- Nachhilfematerialien
- Projektbeschreibungen

Handlungsstrategien

- Exkursionen/gegenseitige Er-
  fahrungsaustausche vor Ort
- Materialaustausch
- Erstellung eigener Materialien

Praxisintegrierte Fortbildung

- Entscheidungsfähigkeit
- Prioritätenbildung
- Abwägung
- Wertung
- Kooperation in der Institu-
  tion
- Durchsetzungsvermögen

**Umsetzung der Handlungs-
strategien in der Institution,
ggf. Modifikation**

- kontinuierliche Termine
- Protokolle/Einladungen
- Beschlußvorlagen

Grafik 3: Didaktik und
Methodik der Fortbildung

Alltagshandeln

4.4 Ziele und Inhalte des revidierten Fortbildungskonzepts

Die Ziele der neuen Lehrgänge lassen sich vor dem skizzierten Hintergrund genauer umreißen. Die Ausbilder sollen grundsätzlich durch ein differenziertes Angebot von Fortbildungsveranstaltungen dazu befähigt werden, sich besser auf die schwierigen Jugendlichen einzustellen und besser mit ihnen umgehen zu können. Für diese Zielgruppe heißt das, daß die Ausbilder lernen sollen, noch viel konsequenter und gezielter als bislang gewohnt, die Individualität jedes einzelnen Jugendlichen, seinen Lernstand und seine Entwicklungsmöglichkeiten ins Zentrum der Werkstattdidaktik zu rücken. Die Ausbilder sollen über ihr handwerklich-technisches Können und über ihre langjährigen Alltagserfahrungen im Unterweisen in der Werkstatt hinaus lernen, ihre genuine Rolle als erziehende Ausbilder wahrzunehmen und zu vertreten. Die Lehrgänge sollen diese Fähigkeiten systematisch erweitern helfen und den Ausbildern pädagogische Mittel an die Hand geben, mit denen sie gezielter als bisher in der Werkstatt handeln können. Die allgemeinen Ziele der Lehrgänge beziehen sich auf vier Dimensionen:

● Die Ausbilder sollen verstärkt darauf vorbereitet werden, neue curriculare Entwicklungen für das Unterweisen und das Lernen in der Werkstatt in ihre vorhandenen Kenntnisse einzubauen. Dazu gehören ein durchdachtes Einsetzen von Projekten gemäß dem Entwicklungsstand und dem jeweiligen Lernniveau jedes Jugendlichen, zum anderen sollte der Ausbilder erfahren, wie man die geforderten Ausbildungsinhalte auf die spezifische Situation seiner Werkstatt übertragen kann, so daß ein werkstattspezifischer Ausbildungsplan entsteht.

● Die Ausbilder sollen sich vermehrt damit auseinandersetzen, auf welchem Lernniveau sich der jeweilige Jugendliche befindet, und zwar nicht nur zu Beginn der Ausbildung, sondern auch im Verlauf. Dazu sollten die Ausbilder neuartige Formen des Beobachtens, des Bewertens und des Beurteilens entwickeln. Unabdingbar sind hierfür elementare Kenntnisse von explorativen Formen des Gesprächs in der Werkstatt, Formen des Festhaltens von Lernentwicklungen (Ausbildungsgesprächsprotokolle) sowie offene Formen des Bewertens.

● Die Ausbilder sollten in die Lage versetzt werden, gezielter, genauer und enger mit anderen Pädagogen zusammenzuarbeiten. Wichtig ist auf jeden Fall die Absprache mit dem zuständigen Berufsschullehrer, um Defizite und Lücken der Jugendlichen besser einschätzen zu können. Ebenso bedeutsam ist aber auch die Zusammenarbeit mit Sozialpädagogen und Erziehern. Der Ausbilder muß wenigstens ansatzweise über Gruppensituation, Familienkontext, Freizeitverhalten und Erziehungsprobleme seiner Jugendlichen informiert sein, damit der Jugendliche gleichsam in ein "Netz" eingespannt ist, durch das er nicht einfach hindurchschlüpfen kann.

• Angesichts der zunehmenden Bedeutung der Berufsausbildung für die personale Stabilisierung der Jugendlichen kommen auch auf die Ausbilder neue Aufgaben zu, wie ausbildungspolitisches Handeln, Interessen des Ausbildungsbereichs verdeutlichen und durchsetzen, Profilierung des Ausbildungsbereichs im Jugendheim oder in der berufsbildenden Maßnahme, Durchsetzen der Werkstattbedürfnisse gegenüber der Verwaltung und dem Träger der Werkstatt.

Diese Ziele sollen über folgende Lehrgangsinhalte angegangen werden:

1. Woche: *Merkmale einer besonders gestalteten Berufsausbildung in der Jugendhilfe. Die Aufgaben und die Rolle der Ausbilder.* Nach der Erarbeitung eines gemeinsamen Verständnisses von Verhaltensauffälligkeiten und Lernschwächen sollen die didaktisch-methodischen Vorgehensweisen einer besonders gestalteten Berufsausbildung gemeinsam erarbeitet werden. Im Mittelpunkt des Lehrgangs stehen die Bereiche: Wahrnehmen - Beobachten - Beurteilen - Handeln und die Kennzeichen einer besonders gestalteten Berufsausbildung. Materialien: BIBB-Bogen und Materialien des 7. Fortbildungslehrganges.

2. Woche: *Planung und Durchführung einer individuell gestalteten Berufsausbildung I.* Werkstattspezifische Ausbildungspläne und projektorientierte Berufsausbildung; Konstruktionsprinzip und Einsatz der Ausbildungspläne sowie Thesen zur Projektorientierung. Materialien: Werkstattspezifische Ausbildungspläne des Modellversuchs; Ausbildungsrahmenpläne der betreffenden Berufe; Handreichungen/Projektbeschreibungen.

3. Woche: *Planung und Durchführung einer individuell gestalteten Berufsausbildung II.* Diskussionen der Merkmale eines qualifizierten Ausbilders im Jugendhilfebereich, d.h. eines Ausbilders, der nicht in erster Linie Pädagoge ist und zudem nebenbei Jugendliche ausbildet, sondern der fachpraktisch und fachtheoretisch qualifizierte Ausbilder mit berufspädagogischen Zusatzqualifikationen. Materialien: Konzeptpapier des Modellversuchs für Nachhilfe; Materialbörse; Ausbildungsgesprächsprotokolle.

4. Woche: *Kooperation: Erzieher - Ausbilder I:* Die Berufsausbildung im Heim durch sozialpädagogisches Handeln der Ausbilder und Erzieher zu unterstützen, war ein zentrales Anliegen des Modellversuchs. Im Rahmen dieser Veranstaltung sollen Ausbilder und Erzieher gemeinsam Erziehungs- und Ausbildungsplanungen diskutieren und sich über ihre gemeinsamen Aufgaben hierbei verständigen. Materialien: Referat des Modellversuchs/Kooperationsgraphik.

5. Woche: *Verschiedene Ausbildungsmethoden - praktische Übungen:* Die Arbeitsmittel des Ausbilders sind in erster Linie seine verschiedenen Lehr- und Unterweisungsmethoden (Lehrgespräch, Einzelarbeit, Gruppenarbeit, Demonstration, etc.). In dem Lehrgang soll an praktischen Übungen geprobt werden, wie die Prinzipien einer projektorientierten Ausbildung auch in kleinen Schritten im Werkstattalltag verankert werden können.
Materialien: Thesenpapiere, Wandzeitungen und Protokollformulare des 8. Lehrgangs (siehe oben, Kapitel 2.9).

6. Woche: *Kooperation: Erzieher - Ausbilder II:* Das Heim als lohnender Lebensort. Was leisten wir für die Erziehung zur Selbständigkeit und Existenzsicherung unserer Jugendlichen?
Materialien: Videofilm und Materialmappe des Diakonischen Werks Münster; Handreichung für die Erziehung zur Selbständigkeit.

Die Dauerthemen, Exkursionen und der Fotokurs sollen in der bisher bewährten Form beibehalten werden. Neben den sechs Lehrgängen wird praxisbegleitend durch zwei Dozenten eine Vor- und Nachbereitung der Lehrgänge in den entsendenden Jugendheimen durchgeführt.

Teil D
Fallstudie 3:
Leben, Wohnen, Arbeiten im Heim.
Sozialpädagogik, Kooperationsproblematik und Selbständigkeitserziehung im Lernortverbund

Zur Einführung in diesen Teil

Mit diesem Teil D wende ich mich der 3. Interventionsebene des Modellversuchs zu. In der Vorstrukturierung dieses Forschungsfeldes (Wissenschaftliche Begleitung 1984, S. 22 ff.) war deutlich geworden, daß es schwierig sei, diesen Forschungsbereich zu strukturieren; es existierten keine grundlegenden Forschungsarbeiten zu diesem Bereich, die Unterstützung für die empirischen Arbeiten gewähren konnten. Ich vermute, daß das empirische und theoretische Defizit hinsichtlich der Zusammenarbeit von Wohnbereich und Werkstatt im Jugendheim letztlich darin begründet liegt, daß weder die Schulpädagogik und die Sozialpädagogik genuine Berührungspunkte entwickelt haben, noch - und erst recht nicht - Berufspädagogik und Sozialpädagogik weitergehende Gemeinsamkeiten aufweisen. Produktive Anstöße kamen aus der Praxis: Der Modellversuch hatte inzwischen neue und überraschende Aufgabenfelder, die vordem gar nicht in den Blick gekommen waren, "entdeckt" (besondere Akzentsetzung auf Freizeitaktivitäten; Handreichungen für die Erziehung zur Selbständigkeit, Kooperationsproblematik im Heim, etc.). Es schien wichtig, vor allen Dingen diese Aktivitäten mitzuverfolgen, zumal sie wiederum konkrete Innovationsimpulse für beide Jugendheime und eine Weiterentwicklung der Heimerziehung bedeuteten.

Die angedeuteten Aktivitäten werden in diesem Teil D beschrieben, begründet, dokumentiert und argumentativ weitergeführt. Damit markiert dieser Teil ein besonders gutes Beispiel für praxisorientierte Forschung und Praxisdokumentation. Fragestellungen und Probleme aus der praktischen Arbeit wurden vom Modellversuch aufgegriffen, aus den Interessen der Mitarbeiter heraus und gemäß den Bedürfnissen der Einrichtungen nach eingegrenzt, versuchsweise begrifflich gefaßt und dann in Auseinandersetzung mit den verschiedenen Beteiligten näher untersucht und einer ersten Lösung zugeführt. Die Erfahrungen, die wir in diesem Interventionsschwerpunkt gesammelt haben, scheinen mir zentral für die weitere Entwicklung und die zukünftige Heimerziehung zu sein; sie weisen über die Aufgaben der Berufsausbildung hinaus. Zum Verständnis des Textes bedarf es aber einer grundlegenden Einschränkung. Die hier dokumentierten Aktivitäten sind gleichsam aus einer berufspädagogischen Sicht geschrieben worden, die durch sozialpädagogische Überlegungen erweitert werden. Sozialpädagogik wird hier stärker in ihrer Zuarbeitsfunktion für eine verbesserte Berufsausbildung interpretiert, nicht aus ihrer eigenen Fragestellung heraus entfaltet. Denn mit dem Modellversuch sollte keine neue Heimpädagogik begründet werden, sondern er hatte die Aufgabe, vom Zentrum der Berufsausbildung her, an andere Bereiche des Jugendheims Fragen zu stellen. Insofern muß gerade für den Sozialpädagogen der Erwartungshorizont eingegrenzt werden (vgl. Blandow 1987; Freigang 1986; Gründer 1985; Hottelet 1986; Joos 1983; Rössler 1982; Schmidle/Junge 1985).

1 Ursprüngliche und im Verlauf des Modellversuchs veränderte Aufgabenstellung der Sozialpädagogik im Heim

1.1 Vorbemerkung

In diesem Kapitel soll versucht werden, den Hintergrund und die Entstehung des Problemfeldes "Leben - Wohnen - Arbeiten" zu rekonstruieren. Dazu werden insbesondere die Sachberichte des Modellversuchs, eigene Aufzeichnungen und Protokolle einer Klärungswoche herangezogen. Es geht in diesem Kapitel darum, zu zeigen, wie sich zunächst eher intuitiv, dann von der Sache her zwingend, der Modellversuch ausgeweitet hat, besser, wie der Modellversuch Felder entdeckt und besetzt hat, die nicht nur für die Berufsausbildung in den Heimen von Bedeutung sind, sondern die generell auf die Perspektive von Heimerziehung in der heutigen Zeit verweisen.

1.2 Zum Zusammenhang von Leben, Wohnen und Arbeiten — Skizzen aus dem Heimalltag

Man muß sich klarmachen, daß die Verbindung von Berufsausbildung und Heimerziehung auf den ersten Blick etwas befremdlich wirkt. Beide Bereiche aufeinander zu beziehen, erscheint schwierig und nicht recht einleuchtend. So notieren Sturzebecher und Klein: "Da ist zum einen die Berufsausbildung als ein in aller Regel geordnetes und geplantes System zielgerichteter Aktivitäten... Da ist zum anderen das Erziehungsheim, das entschieden weniger Menschen kennen.... Stellt denn nicht eine ordentliche Berufsausbildung in einem Heim, anstatt in einem Betrieb, und dann auch noch in einer Wohnstätte, in der Problem-Jugendliche konzentriert sind, von vornherein einen unauflösbaren Widerspruch dar?" (Sturzebecher/Klein 1983, S. 13). Genauer betrachtet, wird die Berufsausbildung in der Heimerziehung noch komplizierter, weil weitere

Bereiche herzutreten; genannt seien hier nur die Berufsschule als Ergänzung zur praktischen Ausbildung im Rahmen des dualen Systems der Berufsausbildung, oder die Nachhilfe, die von eigens dazu vorgesehenen Nachhilfelehrern gegeben wird. Mithin sind verschiedene Instanzen für die Erziehung der Jugendlichen verantwortlich. Schon daraus kann man folgern, daß ein Modellversuch, der sich lediglich auf eine Instanz im Geflecht der gesamten Heimerziehung bezieht, sich rasch vor zwei Probleme gestellt sieht: Konzentriert er sich ohne Umschweife nur auf den Bereich der Berufsausbildung, dann läuft er Gefahr, daß seine eventuellen Erfolge im Gesamt des Jugendheimes gleichsam "versickern", also nicht innerhalb der Koordination und Kooperation des Handlungsgeflechts im Jugendheim zur Kenntnis genommen werden; berücksichtigt der Modellversuch hingegen diese Situation, droht er durch die Überkomplexität der Handlungsmöglichkeiten gleichsam zu "ersticken", er würde handlungsunfähig. Solche hier bewußt zugespitzten Konstellationen galt es sorgsam zu vermeiden.

Doch bevor die entsprechenden Konsequenzen der Akteure des Modellversuchs (und der Funktionsträger des Jugendheims, gemeinsam mit der Heimaufsicht und der Wissenschaftlichen Begleitung) geschildert werden, will ich die Heimrealität durch kleinere Alltagsskizzen etwas durchschaubarer machen. Dazu wähle ich als Zugang eine (gekürzte) Schilderung eines Tagesablaufs, den ein Heimjugendlicher in der Heimzeitung eines der Jugendheime veröffentlichte:

"Jeden Morgen dasselbe, mitten in der Nacht (sieben Uhr) wird man vom Erzieher aus den schönsten Träumen gerissen. Naja, man kriecht halt aus den Federn, um den Erziehern einen Gefallen zu tun. Überhaupt, die Erzieher sehen in allem noch was Positives. Wer zu spät aufsteht, ersetzt das Frühstück durch eine 'Selbstgedrehte', manchmal bleibt sogar noch Zeit für einen Kaffee im Büro, dort ist sowieso immer Treffpunkt. Man 'nervt' den Erzieher ein bißchen und dann heißt es meistens gleich: Los, schwingt die Hufe, es ist kurz vor acht. *Arbeitszeit:* Dazu läßt sich nicht viel sagen, außer, daß es manchmal ganz schön nervend sein kann. Ein Dankeschön an den, der die Pausen erfunden hat. In der Mittagspause läßt sich auch mit dem Erzieher einiges regeln (Taschengeld, Formulare, Heimfahrt, Urlaub und und und...). *Feierabend, Freizeit:* Um 17.00 Uhr fällt der Hammer. Nichts wie weg aus der Werkstatt und auf die Gruppe. Duschen (wegen der Hygiene) und Abendessen um 17.30 Uhr. Jetzt endlich Freizeit, aber halt, wer hat Küchendienst? Hoffentlich machen die anderen von der Gruppe nicht so viel Unordnung, wenn man selbst dran ist. Aber wir haben ja unsere Erzieher, die auf alles achten. (Auf alles?) Der große Treffpunkt ist wieder im Büro. Dort befaßt sich dann der Erzieher mit unseren Problemen, wenn er nicht gerade selbst welche hat. So ab 19.00 Uhr verläuft der Abend eigentlich immer auf die gleiche Weise: ab zur Freundin, ein kurzer Abstecher in die Disco, auf ein Bierchen in Hühner's Kneipe, bis zum Sendeschluß vor der Flimmerkiste, ein paar Spielchen mit den anderen aus der Gruppe, Diskussionen im Büro, sportliche Betätigung (Tischtennis, Fußball, Lauftraining). Es gibt auch welche, die gehen früh ins Bett wegen der anstrengenden Arbeit. Ach ja, manchmal bleibt auch ein bißchen Zeit für das Berichtsheft, oder um das Zimmer aufzuräumen."[1]

---

[1] Oliver Kruse: "Ein Tagesablauf auf der Wohngruppe Schloß I", in: Wir über uns, Wabern 1985,

Was fällt an diesem Bericht auf, abgesehen davon, daß er witzig, selbstironisch und nicht unkritisch geschrieben ist? Zunächst sei gefolgert, daß sich die unterschiedlichen pädagogischen Instanzen und Bereiche durchaus in der Schilderung des Jugendlichen niederschlagen: Erziehungsbereich, Ausbildungsbereich, desgleichen die Versorgung durch die Heimküche. Sodann wird deutlich, daß diese verschiedenen "Systeme" von dem Jugendlichen als ein vollständiger und lückenloser Zusammenhang wahrgenommen werden, geordnet durch den Ablauf der Zeitstruktur des Tages. Der Jugendliche kann gleichermaßen wie selbstverständlich erwarten, daß er in diesem Zeitablauf als einheitliche Person gesehen wird, nicht nur als "Jugendlicher aus der Gruppe", oder als "Auszubildender in der Werkstatt", oder als "Essensempfänger" in der Kantine, sondern eben als der Oliver K., der er nun einmal ist. Diese zitierte Passage zeigt, daß die pädagogischen "Systeme" und Instanzen eines Jugendheimes stets - wie, das sei erst einmal dahingestellt - aufeinander verweisen, und sei es nur in der Wahrnehmung des Jugendlichen. Um es an einem absurden Beispiel klarzumachen: Es wäre offensichtlich fatal und würde das Heim als Institution paralysieren, wenn die Erzieher davon ausgingen, die tägliche Arbeitszeit begänne erst um 9.30 Uhr, mit der Konsequenz, die Jugendlichen morgens einfach ausschlafen zu lassen! Schließlich ist in dieser Passage recht gut erkennbar, daß das pädagogische Feld "Gruppenerziehung", so wie es der Jugendliche wahrnimmt, von einer ganzen Reihe von Unwägbarkeiten beherrscht ist, angefangen vom Wecken über die Frage des Auszahlens vom Taschengeld bis hin zur persönlichen Beziehung des Jugendlichen zu dem Gruppenerzieher. Das Handlungsfeld "Gruppenerziehung" wirkt somit schwer überschaubar und schwer strukturierbar. Wenn man parallel dazu Tagesabläufe von Erziehern untersucht, mit all den kleinen Ärgerlichkeiten des Alltags, dann wird dieser Eindruck verstärkt.

Betrachtet man nun dagegen die Berufsausbildung in den Werkstätten, so entsteht ein anderes Bild (vielleicht sollte man vorher noch anmerken, daß in der Schilderung des Tagesablaufs die Werkstatt nur wenig Beachtung gefunden hatte, sie wird als quasi selbstverständlich hinzugenommen):

> "Um 8.00 Uhr werden alle 'Maler' pünktlich von der Meisterin, dem Meister und dem Gesellen in der Werkstatt erwartet. Um die erwartete Arbeitseinstellung zu bekommen, wird erstmal eine geraucht. Jeder 'Stift' erhält dann seinen Arbeitsauftrag und stellt sich das dazu erforderliche Werkzeug und Material zusammen. Jetzt kann uns keiner mehr von der Arbeit abhalten... ! Fassaden, Zimmer und Fenster sind im Karlshof reichlich vorhanden, damit die Pinsel immer in Bewegung bleiben, auch wenn Abwechslung nicht gerade groß geschrieben wird. Aber unter Anleitung unserer Ausbilder geht die Arbeit leicht von der Hand und um 12.00 Uhr wird man durch die Mittagspause voll aus dem Tatendrang gerissen. Ja, und die Nachmittagszeit bringt im allgemeinen auch keine großen Neuigkeiten, die begonnenen Arbeiten werden fortgesetzt, oder man erhält ei-

nen neuen Auftrag. Die vier verbleibenden Stunden reißen wir jedenfalls mit links ab. Es kommt hin und wieder vor, daß eine Tasse Kaffee getrunken werden muß, wegen der besseren Arbeitsmoral! Das wären eigentlich alle wesentliche Punkte, die vom Maleralltag erwähnenswert sind. Auf jeden Fall bekommt bei uns keiner einen Herzinfarkt."[2]

Diese kleine Skizze eines Jugendlichen über seine Ausbildung in der Malerwerkstatt zeigt die eher systematischen Tendenzen der Berufsausbildung: Der Beginn und die Pause sind festgelegt, die Arbeitsgegenstände sind klar, die Arbeitsaufträge sind eindeutig erkennbar, man weiß, was man zu tun hat, etc. Die Berufsausbildung wirkt im Geflecht der Handlungsvarianten im Jugendheim weitgehend geordnet und durchschaubar. Sie ist in der Tat durch den rechtlichen Rahmen, durch innere curricularen Vorgaben, durch tageszeitliche und räumliche Verortung weitgehend vorstrukturiert. (Daß das natürlich nicht alles ist, zeigen überdeutlich die vorigen Teile, vor allem der Teil B!).

Ohne diese illustrativen Beschreibungen aus dem Alltag des Heims jetzt überdehnen zu wollen, wird doch klar, daß die verschiedenen pädagogischen Systeme durchaus verschiedene Aufgaben zu bewältigen haben. Das Leben im Jugendheim birgt in sich eine Vielfalt von Elementen und Instanzen, die allesamt darauf hindeuten, daß ein Modellversuch, der sich nur auf die Werkstätten beschränken würde, vermutlich nur geringe Chancen hätte. Weiterhin wird aus den Skizzen deutlich, daß zwar ein durch die Ausbildung und Erziehung der Jugendlichen gegebener Zusammenhang zwischen den beiden Hauptbereichen Werkstattausbildung und Gruppenerziehung besteht, aber daß dennoch in jedem Bereich durchaus eigenständige Aufgaben bestehen und unterschiedliche Anforderungen herrschen. Entsprechend oft kommt es in der Praxis zu ganz verschiedenen Entscheidungen und Handlungen, die jeweils von der anderen Seite nicht verstanden werden. Zwar ist eine integrative, übergreifende Erziehungsaufgabe gestellt, nämlich den Jugendlichen, der im Rahmen von Fürsorgeerziehung oder Freiwilliger Erziehungshilfe ins Heim eingewiesen wurde, gemäß Jugendwohlfahrtsgesetz, so zu fördern, daß seine Einbindung in die Gesellschaft nachträglich glückt, aber es zeigt auch, daß die unterschiedlichen Erziehungsinstanzen und Sozialisationsträger durchaus unterschiedliche Interessen einbringen, die es für die Erziehung des Jugendlichen auszubalancieren gilt. Für einen Modellversuch, der auf einen Bereich festgelegt ist, gleichwohl aber explizit in seiner Aufgabenstellung sozialpädagogische Anteile enthält, stellt sich somit das Problem, wie er vom Ausbildungsbereich her Brücken zum sonstigen Heimleben schlagen kann.

---

[2] Oliver Kruse: "Was tagsüber in der Malerei abgeht", in: Wir über uns, Wabern 1985, S. 30/31

1.3 Ausgangslage des Modellversuchs

Die Aufgabenstellung des Modellversuchs war vom Antragskonzept und den Intentionen des Trägers eng gefaßt: Er war deutlich auf die Werkstätten und die Berufsausbildung in den Jugendheimen eingegrenzt. Vom Antragstext her war vorgesehen, mit dem Modellversuch in einem gewissen Rahmen - hier dem der Berufsausbildung - Verbesserungen der Heimausbildung zu sondieren und damit auch an einer Neuprofilierung der Berufsausbildung in beiden Jugendheimen zu arbeiten. Daß diese Position spätestens mit dem aktiven Einsatz der beiden neueingestellten Sozialpädagoginnen nicht in dieser Form durchhaltbar war, zeigt eine Notiz aus einem Protokoll des Modellversuchs: Im Zusammenhang der Frage, wie die Inhalte der ins Auge gefaßten Fortbildungen an die Ausbilder und Erzieher im jeweiligen Heim weitergegeben werden können, wird klargemacht, daß im Rahmen des Modellversuchs die "Kommunikation und Kooperation zwischen Ausbildern und Erziehern gefördert und verbessert werden sollen" (Ergebnisprotokoll v. 18.7.83). Offensichtlich ist es den Beteiligten rasch klargeworden, daß der Anspruch, Sozialpädagogik und Berufsausbildung miteinander zu verbinden, so wie es programmatisch in den Modellversuchen zum Rahmenthema "Berufsvorbereitung und Berufsausbildung jugendlicher Problemgruppen (Lernschwache und Lernbeeinträchtigte)" des Bundesministeriums für Bildung und Wissenschaft, mit der Zielrichtung einer sozialpädagogisch orientierten Berufsausbildung (Zielke/Lissel/Lemke 1984), angelegt ist, *im Kontext der Heimerziehung neu durchdacht werden mußte.* Das genannte Konzept einer sozialpädagogisch orientierten Berufsausbildung fußt auf dem Gedanken, daß es für Jugendliche, die der "betrieblichen Ausbildung offensichtlich nicht gewachsen sind", Möglichkeiten geben muß, ihre "Eingliederungsschwierigkeiten... zu beheben, und es entstand der Gedanke, ob nicht auch die Sozialpädagogik hierzu einen Beitrag leisten können" (Zielke/Lissel/Lemke 1984, S. 2). Das Einbeziehen der Sozialpädagogik war für viele Betriebe und außerbetriebliche Einrichtungen eine wichtige und stimulierende Herausforderung, ihre Ausbildung neu zu durchdenken und zu ordnen und stärker auf die Lernbedürfnisse und Motivationen der ihnen anvertrauten Jugendlichen einzugehen; für die Heimerziehung war die Sozialpädagogik, repräsentiert durch die Gruppenerzieher, eher eine Selbstverständlichkeit. Denn in einer Jugendhilfeeinrichtung ist viel stärker von vornherein vorgesehen und notwendig, daß die Erzieher solche Aufgaben mittragen, wie sie von den Sozialpädagogen in den anderen Modellversuchen und außerbetrieblichen Werkstätten erst übernommen wurden, wie z.B. Verständniswecken beim Ausbilder, Unterstützung geben bei Konfliktlagen, Diskussion von Lösungsmöglichkeiten, pädagogische Gruppenarbeit in handwerklich-künstlerischen Bereichen, oder die Zusammenarbeit mit den Ausbildern.

Es galt zu überdenken, wie weit die nun einmal in den Modellversuch einbezogenen Sozialpädagoginnen für weitergehende Aufgaben eingesetzt werden könnten.

1.4   Erste Entwicklungen und Konkretisierungen

Recht früh, zu Anfang des Modellversuchs, zeigten die Erfahrungen aus der alltäglichen Praxis der beiden Sozialpädagoginnen, daß die Mitarbeit an der Berufsausbildung (und an der Fortbildung der Ausbilder) nicht der einzige Arbeitsschwerpunkt bleiben würde. Sehr rasch zeichnete sich die Notwendigkeit ab, die Kooperation von Werkstatt- und Wohnbereich zu erweitern und zu vertiefen. Von allen Seiten wurde verstärkt gesehen, daß der Zusammenhang von Leben, Wohnen, Arbeiten und Lernen im Heim gerade für die Jugendlichen von eminenter Bedeutung ist. Curriculumentwicklung, in der Projekte entwickelt wurden, mußte sich notwendigerweise auf die Motivation der Jugendlichen in der Gruppe, auf ihre Probleme mit anderen Heimjugendlichen und den Heimerziehern beziehen. Darüber hinaus stellte sich schnell die Notwendigkeit, die Kooperation zwischen Werkstatt und Wohnbereich bzw. zwischen Ausbildern und Heimerziehern anzusprechen und zum Thema zu machen. Zwar gab es immer schon in der Praxis vielfältige Abstimmungen von Werkstatt- und Wohnbereich, beginnend mit der Aufnahme in das Jugendheim und der die Besonderheiten des Jugendlichen berücksichtigenden Erstellung des Erziehungs- und Ausbildungsplans. Ebenso notwendig war es, aktuell zusammenzuarbeiten; dies wird einsichtig, wenn ein Jugendlicher ausreißt und nach Ursachen geforscht wird, oder im Krankheitsfall, oder wenn ein Jugendlicher in der Werkstatt so verhaltensschwierig wird, daß er die anderen stört und "entfernt" werden muß. Es stellte sich jedenfalls heraus, daß die Kommunikation zwischen Werkstatt und Wohnbereich weiterhin der Verbesserung bedarf, um vom "Krisenmanagement" zu einer kontinuierlichen Beobachtung der Entwicklung der Jugendlichen zu gelangen. Die beiden Sozialpädagoginnen waren in diesen Bereichen intensiv von Anfang an damit befaßt, dieses Aufgabenfeld mit zu erschließen. Aus der Fülle der damaligen Diskussionen sei nur eins aufgeführt: Gibt es zur Zeit überhaupt *den* Sozialpädagogen, der Berufliches und Heimbezogenes miteinander verbinden kann? Die Erfahrungen aus anderen, oben genannten Modellversuchen waren uneinheitlich: Z.T. arbeiteten die Sozialpädagogen in der Werkstatt oder beim Außenauftrag mit, z.T. setzten sie sich davon explizit ab und betonten ihre Beratungsfunktion. Andere definierten ihre Aufgaben vor allem für den Freizeitbereich. Aber auch für stützende schulische Maßnahmen (Nachhilfe) wurden Sozialpädagogik eingesetzt, etwa wenn das Berichtsheft verludert war und dringend der Vervollständigung bedurfte, oder aber im ganzen Bereich des Nachlernens zum Berufsschulunterricht. Dies zeigt, daß die Sozialpädagogik unstrittig einen bedeutsamen Beitrag bei der Berufsausbildung Jugendlicher leistet und darüber hinaus von vornherein in den Blick nimmt, daß der Jugendliche nicht um fünf Uhr nach der Werkstatt aufhört zu existieren. Insofern kam es stets zu Annäherungen und Berührungen mit den anderen Bereichen der Heimerziehung.

Diese Erfahrungen wurden systematisch auf einer "Klärungswoche" des Modellversuchs reflektiert. In mehreren Diskussionsrunden wurde der Beitrag der Sozialpädagogik näher untersucht und konkretisiert. Besonders ein Leiter eines des den Modellversuch tragenden Jugendheims machte darauf aufmerksam, daß es sich nicht werde durchführen lassen, den Modellversuch einzig und allein auf die vier Werkstätten zu beschränken. Entsprechend schlug er vor, die Aufgaben des Modellversuchs *explizit* zu erweitern und den Zusammenhang von Leben, Wohnen und Arbeiten zum eigenständigen Aufgabengebiet zu machen. Diese These kam, wie gesagt, den Mitarbeitern des Modellversuchs entgegen, weil sie selbst ähnliche Erfahrungen gemacht hatten.

Unsere Beobachtungen und Festlegungen konnten dann auf dem "Erfahrungsaustausch Modellversuche 1983" im Jugendheim Börgermoor vertieft werden. In den Diskussionsgruppen, die sich mit der sozialpädagogischen Arbeit befaßten, wurde deutlich zwischen den Einrichtungen der Heimerziehung und den außerbetrieblichen Ausbildungsstätten differenziert. Auch die Handreichungen und Empfehlungen, die aufgrund dieser Tagung entstanden, unterscheiden präzise zwischen den Bedingungen von Berufsausbildung im Heimbereich und denen der außerbetrieblichen Ausbildungsstätten (vgl. Jugendheim Johannesburg 1984, z.B. S. 9; et passim). Sicherlich hat der Erfahrungsaustausch wichtige Denkanstöße gegeben, die besondere Rolle der Sozialpädagogik im Kontext der Heimerziehung zu reflektieren. In diesem Kontext kam es dann auch zu engen Kontakten mit dem Modellversuch im Jugendheim Börgermoor. Die dortige pädagogische Praxis (und Theorie) setzt auf den engen Zusammenhang von Gruppenerziehung und Berufsausbildung:

> "Die sozialpädagogisch angeleitete Wohngruppenarbeit sowie die schul- und berufspädagogisch ausgerichtete Unterweisung in Schule und Werkstätten können als Hauptachsen bezeichnet werden, um die die Erziehungsarbeit im Jugendheim Johannesburg zentriert ist. Schul- und Berufsausbildung wären ohne den sie begleitenden gruppenpädagogischen Ansatz in dieser Form nicht leistbar, während die berufliche Unterweisung und die schulische Arbeit wiederum auch positive Rückwirkungen auf die sozialpädagogischen Bemühungen in der Gruppe haben. Durch eine Fülle offizieller wie auch informeller Kommunikationskanäle (Konferenzen, Besprechungen, Gespräche, Beurteilungsbögen usw.) wird versucht, ein einheitliches, abgestimmtes, sich gegenseitig akzeptierendes Handeln zwischen Erziehern, Lehrern und Ausbildern zu fördern, um eine kontinuierliche und verstärkerorientierte Erziehungsarbeit zu ermöglichen" (Sturzebecher/Klein 1983, S. 27/28).

Dieser Grundgedanke der Konzeption des Jugendheims Börgermoor wurde im Modellversuch produktiv aufgegriffen; man versuchte, diesen Erfahrungshintergrund mit in das eigene Verständnis einer Verbindung von Sozial- und Berufspädagogik einfließen zu lassen, besonders ablesbar an der Ausbildungs- und Erziehungsplanung, oder an den Praxisgesprächen.

1.5 Die ersten Aufgabenfestlegungen für die Verbesserung des Zusammenhangs von Leben, Wohnen und Arbeiten im Heim

Nach gut einem 3/4 Jahr Versuchsablauf stellten die Mitarbeiter des Modellversuchs eine erste umfassende Aufgabenbeschreibung zusammen, die in den 1. Sachbericht übernommen wurde. Ausgehend von dem Grundgedanken, daß es im Interesse der Jugendlichen unabweislich sei, eine gemeinsame Ausbildungs- und Erziehungsplanung unter Unterstützung der Sozialpädagoginnen anzupacken, wurden eine Reihe von Modellversuchsaktivitäten umrissen, die "zugleich ein Spiegelbild der Bemühungen des Modellversuchs um die Verbesserung von Kommunikation und Kooperation in den Bereichen Leben - Wohnen - Arbeiten" (S. 43) darstellen. Die Leitgedanken des Modellversuchs werden folgendermaßen umrissen:

> "Schon die Entscheidung für eine bestimmte Berufsausbildung sollte von allen Beteiligten gemeinsam unter Berücksichtigung des Berufswunsches des Jugendlichen, sowie dessen Eignung und Lernvoraussetzung, gründlich geprüft werden, um Enttäuschungen und dadurch bedingt Demotivierungen zu vermeiden. Kennzeichen einer sozialpädagogisch- strukturierten Berufsausbildung soll eine von Ausbildern und Erziehern gemeinsam erarbeitete und ständig aktualisierte Ausbildungs- und Erziehungplanung sein... In Einzel- und Gruppenarbeit mit den Jugendlichen und in Kooperation mit Ausbildern, Erziehern, Berufspädagogen und Berufsschullehrern wird von den Sozialpädagoginnen die pädagogische Arbeit in den Werkstätten und den Wohngruppen unterstützt und weiterentwickelt. Einerseits werden sie mit Ausbildern und Erziehern den Verhaltensauffälligkeiten und Lernschwächen entsprechende Problemlösungsstrategien erarbeiten und erproben, andererseits auf Verhaltensänderungen, Lernbereitschaft und Eigenverantwortlichkeit der Jugendlichen hinarbeiten" (Furth/Lehning 1984, S. 43/44).

Von diesen Überlegungen ausgehend und vor dem Hintergrund der schon entwickelten Praxis im Modellversuch werden dann im Sachbericht eine Fülle von Aktivitäten zu dieser Interventionsebene vorgestellt. Diese werden hier zur Information über die Weiterentwicklung des Modellversuchs wiedergegeben.

- *Praxisgespräche/integrierte Mitarbeiterfortbildung.* (Näheres zur Begründung und zur Rolle des Praxisgesprächs siehe vor allem in Teil E).

- *Ausbildungsgesprächsprotokolle/Ausbildungsfahrplan.* (Näheres zu den Ausbildungsgesprächsprotokollen siehe Teil B).

- *Beratung der Jugendlichen, der Ausbilder und der Erzieher:* Ausbildung und sozialpädagogische Betreuung können im Rahmen des Modellversuchs, insbesondere durch die Sozialpädagoginnen, enger miteinander verknüpft werden. Hervorzuheben sind Einzelgespräche, die am Arbeitsplatz, bei gemeinsamen Heimfahrten, in den Pausen und auf den Gruppen stattfinden. Die in zwei Werkstätten einmal wöchentlich stattfindenden Werkstattgespräche (Teilnehmer sind die Jugendlichen, die Meister, Berufs- und Sozialpädagogen des Modellversuchs) dienen zum einen der Reflexion über die getane Arbeit, der Aufarbeitung aktueller Probleme, berufsausbildungsbezogener Fragestellungen, zum anderen werden auch Probleme und soziale Schwierigkeiten der Jugendlichen angesprochen, die gegebenenfalls - nach Rücksprache mit Ausbildern und Erziehern - in Einzelgesprächen fortgeführt werden.

- *Freizeitaktivitäten:* Bisher finden beobachtende und aktive Teilnahme an Gruppenabenden und gemeinsame Teilnahme an kulturellen Aktivitäten in der Umgebung der beiden Jugendheime statt (Foto AG).

- *Werkstattgespräche:* Bewährt hat sich bisher die Mitarbeit der Sozialpädagoginnen an Planung und Durchführung projektorientierter Berufsbildung. Hierbei erwies es sich als wichtig, daß durch gemeinsames Tun Beziehungsebenen geschaffen wurden. Dann konnten interessante Gesprächssituationen am Arbeitsplatz durch gezielte Fragestellungen initiiert werden. Aufschlußreich erscheinen uns u.a. Interviews zu durchgeführten Projekten.

- *Mitarbeit an Ausbildungs- und Erziehungsplanung* (entnommen aus: Furth/Lehning 1984, S. 44-47).

Im Verlaufe des Modellversuchs wurde dieser Katalog weiter verfolgt; die Aufgaben wurden z.T. modifiziert und ergänzt. So wurden besonders verstärkte Freizeitaktivitäten für die Jugendlichen angepackt, z.B. Badminton, Tanzkurs, Fotowerkstatt; ebenfalls wurden von Erziehern angebotene und von ihnen getragene Freizeitangebote verstärkt ins Zentrum gerückt. In den folgenden Kapiteln berichte ich nun über diese Aktivitäten.

2 Schwerpunkte und Beispiele sozialpädagogischer Arbeit im Jugendheim

2.1 Vorbemerkung

Mit diesem Kapitel will ich dazu beitragen, die Fülle der verschiedenen Arbeiten von Sozialpädagogen in der Heimerziehung sichtbar zu machen. Darauf hingewiesen hatte ich schon, daß die Arbeit der zwei Sozialpädagoginnen sich erst herauskristallisieren mußte, daß also zu Beginn noch gar nicht klar war, was sie eigentlich zu tun hätten. Die im folgenden skizzierten exemplarischen Tagesabläufe (Kapitel 2.3) und die Auswertung der zentralen Tätigkeitsmerkmale (Kapitel 2.4) zeigen nun, daß die Sozialpädagoginnen sich nicht nur ein Arbeitsfeld erschlossen haben, - was eher unter

Professionalisierungsgedanken von Bedeutung wäre - sondern auch, daß pädagogische Arbeit im Jugendhilfebereich vor einer schier unerschöpflichen Fülle von Aufgaben steht; insofern geben die Handlungen, Gespräche, Gedanken und Gefühle, über die hier gesprochen wird, einen vertieften Einblick in die Praxis und den Alltag der Heimerziehung, so wie er sich jeden Tag auf der Gruppe oder im Freizeitbereich wiederfindet. Mit dieser Darstellung kann es vielleicht gelingen, die Facettierungen der Erziehungsarbeit (die sich nicht stark von der hier herausgearbeiteten Sozialpädagogik unterscheidet) konturenreicher zu umreißen. Zwar liegt hierzu einige Literatur vor, etwa Untersuchungen über Zeit- und Arbeitsregelungen in der Heimerziehung (Lemp u.a. 1978), Studien zu Jugendhilfesystem (Jordan/Sengling 1975), ein zur Fortbildung der Erzieher geeigneter Problemaufriß zur Arbeit in Erziehungsheimen (Augustin/Brocke 1979), Erkenntnisse über Umgangsweisen, Erziehungsstile und Therapiemethoden dieses Bereiches (Mehringer 1977), Untersuchungen zur Institutionsproblematik (Wiedemann 1977), schließlich auch das grundlegende Konzept von Sturzebecher/Klein zu einer besonders gestalteten Berufsausbildung Verhaltensauffälliger und Lernschwacher im Rahmen der Heimerziehung (Sturzebecher/Klein 1983). Doch für die mich interessierenden Fragen nach dem Alltag bleiben diese Untersuchungen wenig bildkräftig. Daher scheint es hilfreich zu sein, etwas genauer in den Alltag der Erziehungsarbeit im Jugendheim einzusteigen.

2.2 "Zwei-Wochen-Dokumentation" — Herkunft, Begründung und Einsatz des Forschungsinstruments

Mit dem Ansatz, pädagogische Prozesse im Sinne einer Selbstbeobachtung zu dokumentieren, gehe ich auf einen Gedanken von Wilhelm Flitner zurück. Flitner postulierte, daß "jedes erzieherische Handeln... unausgesprochen, d.h. auch unbewußt und hinter dem Rücken des Handelnden, eine Rationalität (enthält), die als die erste grundlegende Schicht von Theorie begreifbar war" (Blankertz 1982, S. 268). Dieses implizite Handlungswissen eines jeden Erziehenden wird auf eine zweite Stufe der Theoriebildung gehoben, wenn es kodifiziert wird. Die darauf aufbauende dritte Ebene, die pädagogische Theorie als Wissenschaft, bedarf - so ein Grundsatz der geisteswissenschaftlichen Pädagogik - dieses "Ausgangs von der Erziehungswirklichkeit" (a.a.O., S. 269). Nun war oft zu beobachten, daß pädagogische Theorie zwar dieses Postulat des Anschlusses an die Erziehungswirklichkeit aufrecht zu erhalten suchte, gleichwohl sich stark von der Wirklichkeit abkoppelte - in dieser Hinsicht sollte durchaus wieder an die genannte geisteswissenschaftliche Traditionslinie des pädagogischen

228

Denkens angeknüpft werden. Dementsprechend gibt es inzwischen eine - vor allem: schulpädagogische - Literatur, die sich speziell auf das alltägliche Handeln des Lehrers in der Schulstube bezieht. Erinnert sei an Konrades Wünsches Tagebuch einer Klasse (Wünsche 1972), an Job-Günter Klinks Klassentexte (Klink 1974) oder an Horst Rumpfs Untersuchungen und Beobachtungen (Rumpf 1971). In allen diesen Berichten geht es um die bisher nicht hinreichend aufgearbeitete Erziehungswirklichkeit, die es hermeneutisch zu entschlüsseln gilt.

Von diesen Gedanken her lag es nahe, sich nach praktikablen Forschungsinstrumenten umzusehen, die Hilfestellung leisten könnten, um der sozialpädagogischen Arbeit, also der Erziehungswirklichkeit im Bereich des Jugendheims, näher zu kommen. Hierzu boten die Vorschläge von Hoschka, Hössl und Raab, die anläßlich eines Evaluationskonzeptes für ein Erprobungsprogramm von Curricula für Kindergärten eine Reihe von Anregungen gegeben hatten, einen wichtigen Anstoß. Für Erhebungen bei Erziehern im Rahmen ihres Forschungskonzepts stellten sie eine "Drei-Wochen-Dokumentation" vor: "Zur Dokumentation des Praxisalltags notieren Erzieher mit Hilfe eines Schemas - gleichsam in Tagebuchform - die täglichen Aktivitäten und Ereignisse über einen Zeitraum von drei Wochen. Um Verläufe und Entwicklungen im Praxisgeschehen erfassen zu können, werden solche Dokumentationen im Laufe des Erprobungsprogrammes wiederholt" (Hoschka/Hössel/Raab 1978, S. 112). Leider gelang es nicht, daß die Autoren ein Exemplar ihres "Schemas" zur Verfügung stellten; wir entwickelten daraufhin ein einfaches Blatt, das jeden Tag ausgefüllt werden sollte. Dabei wurden zwischen den Dimensionen "Berichterstattung/Dokumentation der Arbeit" und "Reflexion über die Arbeit" unterschieden. Mit der ersten Dimension sollten hauptsächlich die realen Handlungen des Arbeitsalltags erfaßt werden, etwa um eine Arbeitsplatzbeschreibung aus dem eigenen Tun heraus zu entwickeln. Hier lassen sich Verbindungen zur Arbeitshandlungstheorie schlagen (Volpert 1979, S. 24), die auch erstmal von den äußeren Handlungen und den vorfindlichen Tätigkeiten ausgeht. Mit der - möglichst erschöpfenden - Beschreibung aller anfallenden Handlungen sollte die *"unsichtbare Arbeit"* der Sozialpädagoginnen etwas besser erfaßt werden. Mit diesem Begriff wollte ich lose an die derzeitige Diskussion über "Schattenarbeit" oder "Reproduktionsarbeit" erinnern; diese Begriffe machen, erst seit jüngster Zeit, darauf aufmerksam, daß es in vielen Bereichen der Gesellschaft und des Alltags eine Vielzahl von Arbeiten gibt, die noch gar nicht ins allgemeine Bewußtsein gerückt sind und entsprechend vernachlässigt wurden. Den gleichen Eindruck hatte ich, wenn beispielsweise seitens der Ausbilder über die Arbeit der Erzieher oder der Sozialpädagogen gesprochen wurde. Der zweite Begriff, den ich aufhellen wollte, lautete: *"stille Arbeit"*; er meint etwas anderes. Ich entlehne diesen Begriff dem Erziehungswissenschaftler Thomas Ziehe, der ihn dazu verwendet, um deutlich zu machen, daß Lehrer nicht um 13.00 Uhr abschalten können, sondern daß es in ihnen gleichsam "still arbeitet": Nachdenklichkeit, Ärger, Trauer, etc. Jeder, der selbst in pädagogischen Feldern handelt oder gehandelt hat, wird wissen, daß es - so man nicht gänzlich durch die Berufsroutine abgestumpft ist - diese inneren Bewegungen gibt. Dieser Bereich sollte mit den möglichen Notizen in der zweiten Rubrik ("Reflexion...") des Selbstbeobachtungsschemas näher beleuchtet werden. Leider gelang dies jedoch nur unzureichend. Auf einigen Bögen wurden zwar Bemerkungen notiert, die etwas über Lust und Unlust aussagen, jedoch wirken sie sehr unsystematisch. Sie waren sinnvoll zum "Dampfablassen", aber zum Beschreiben einer intensiv erlebten Situation reichen sie nicht aus, um hinreichend die "stille Arbeit" für unsere Zwecke aufzuschließen. Die wenigen Notizen aus diesem Bereich sind dementsprechend nur kurz in Kapitel 2.4 aufgeführt.

Mit diesem Untersuchungsinstrument waren aber noch weitere Intentionen verknüpft. Die Bögen sollten gleichsam eine *Hilfe zur Selbstfindung* und zur Einordnung der eigenen, oft gar nicht aktuell überschaubaren, Arbeit bieten; sie sollten mithin dazu beitragen, die eigene Tätigkeit zu systematisieren und zu strukturieren. Im Sinne einer handlungsorientierten Forschung sollte so ein Lernen im Prozeß möglich werden (ähnliche Gedanken finden sich bei Heidegger 1983, S. 110 ff., S. 124 ff.), daß sich mit Hilfe dieses Beobachtungsschemas allmählich ein etwas besser abgesichertes Arbeits- und Tätigkeitsfeld herausschält. Dazu wurden nach Durchführung der Zwei-Wochen-Dokumentationen gemeinsam mit den beiden Sozialpädagoginnen erste große Bereiche gebildet, die dann im Modellversuch diskutiert wurden (siehe 2.3 und 2.4 dieses Teils). Für das Ausfüllen der Blätter wurden Merkregeln vorgegeben:

- Möglichst jeden Tag während der Arbeitszeit und am Abend ausfüllen.

- Keinen Arbeitstag auslassen.

- Relativ spontan ausfüllen, vor allem die untere Rubrik.

- Auf jeden Fall zumindest die realen Handlungen in die obere Rubrik eintragen.

- Die Notizen des/der Vortags/e nicht durchlesen oder gar verändern.

Es kam also darauf an, an jedem Tag relativ spontan Handlungen und Gedanken zu notieren, und dann die Aufzeichnungen nicht mehr zu verändern, um die Frische und Dichtheit der Notizen zu erhalten. Erst die gemeinsame Auswertung sollte dann gewisse Schwerpunkte setzen; "anstößige" Gedanken und Handlungen, die die ausfüllende Person bzw. andere hätte verletzen können, wären dann entschärft worden.

Die Zwei-Wochen-Dokumentationen wurden zweimal durchgeführt, und zwar wurden parallel von beiden Sozialpädagoginnen im jeweiligen Heim 2 Wochen lang die Bögen ausgefüllt.

2.3   Zwei exemplarische Tagesabläufe

Im folgenden werden zwei Tagesabläufe der beiden Sozialpädagoginnen dokumentiert, die helfen können, Einblick in einen - zugegeben willkürlich ausgewählten - Ausschnitt des Berufsalltags zugeben. Hierzu wurden die für Außenstehende zumeist nicht verständlichen Kürzel und hingeworfenen Notizen aus den Blättern in eine Art "laufendes Tagebuch" umgeschmolzen. Dabei aber wurde versucht, Formulierungen und Ausdrücke des pädagogischen Alltags so beizubehalten, daß noch etwas von der Authentizität der Notizen erhalten bleibt.

Tagesablauf I

7.30 Uhr: Der Tag beginnt mit einem allgemeinen Palaver im Büro des Modellversuchs. Gegen 8.00 Uhr bin ich in der Bauschlosserei und erfahre, daß S. wieder da ist. Er war vor einigen Tagen verschwunden. Gemeinsam mit dem Berufspädagogen und einem Jugendlichen wird dann ein Ausbildungsgesprächsprotokoll erstellt. Das Gespräch dauert recht lange, wir sind erst um 9.30 Uhr fertig. Danach wird auf einer Gruppenleitersitzung eine Bilanz der langdauernden Diskussion über den Pausenraum geführt. Um 10.00 Uhr wird es wieder interessant: Die Heimaufsicht kommt und bespricht einen Besuch von Italienern, mit denen dann später zwischen den Partnerstädten Kassel und Florenz ein Austausch von Jugendlichen vereinbart werden soll. Die Jugendlichen sollen aus Italien nach Nordhessen kommen und hier in den Werkstätten arbeiten; umgekehrt sollten unsere Jugendlichen dann nach Italien fahren. Mittagspause!

12.30 Uhr: Ein Gespräch mit A. ist dringend notwendig. Er hatte seine Mutter besucht und war auf neue Gedanken gekommen. Er möchte in dem BVJ, in dem er z.Zt. lernt, bleiben und nicht in den Förderlehrgang der Malerei überwechseln. Danach sofort in die Info-Runde; 13.00 Uhr. Dort geht es um das Praxisgespräch, um das leidige Thema Berufsschule und die Vorbereitung eines Besuches eines Ausbildungsleiters eines Berliner Modellversuchs und Heimprojekts. Um 13.30 Uhr ein Gespräch mit Mitarbeitern des Modellversuchs, es geht um Alltäglichkeiten des Arbeitens, Überstunden, Schreibtischarbeiten u.a. aktuelle Probleme. Ebenfalls wichtig die Verständigung mit einem Berufspädagogen über die morgige Arbeit. Um 15.30 Uhr gehe ich nochmal hoch in die Bauschlosserei, um kurz über den Tag zu berichten und noch einmal die Bilanz zum Pausenraum mit den Ausbildern und dem Berufspädagogen zu diskutieren.

Tagesablauf II:

8.00 Uhr: Der Tag beginnt mit einem Gespräch mit Modellversuchskollegen über den Besuch aus einem Berliner Modellversuch. Danach werden arbeitsorganisatorische Probleme in der Malerei angesprochen und schließlich das Praxisgespräch inhaltlich und organisatorisch (Fotokopien als Tischvorlage) vorbereitet. Das Praxisgespräch findet von 10.00-12.00 Uhr statt. Das Thema lautet: "Veränderte Anforderungen von Erziehern und Ausbildern". Danach Mittagspause.

Von 13.00 Uhr bis 14.00 Uhr mache ich ein längeres Gespräch mit einem Jugendlichen in der Schlosserei; er ist verdächtigt, auf der Gruppe einen Kassendiebstahl vorgenommen zu haben und wurde deswegen von der Polizei vernommen. 14.00 Uhr. Ich führe mit dem Jugendlichen L. ein Gesprächsprotokoll durch. Es wird danach mit dem zuständigen Erzieher durchgesprochen und ergänzt, sodann gebe ich es bei der Heimleitung als Entwicklungsbericht ab. Die Zeit drängt schon, denn ich bin um 15.00 Uhr mit D. im Fotolabor verabredet. Wir vergrößern einige Negative, die wir vor kurzem fotografiert haben. Um 16.00 Uhr spreche ich mit L. den Anhang des Gesprächsprotokolls (Fahrplan) durch, um ihn auf gewisse Schwachstellen bei ihm aufmerksam zu machen. L. ist sehr interessiert und konnte sehr gut mit diesem Gespräch umgehen, er weiß jetzt ziemlich genau, wo seine Stärken und Schwächen liegen. Schließlich fahre ich schnell in die Gemeinde, um für einen Mitarbeiter des Heims versprochene Farbfotos einer Hausfassade abzuholen. Danach geht es in den Urlaub!

Beide Tagesabläufe zeigen in aller Deutlichkeit die *Heterogenität der Anforderungen*, die an die sozialpädagogische Arbeit gestellt werden. Allein im Verlaufe eines Tages müssen sehr verschiedene Aufgaben angepackt und rasch gelöst werden. Gerade unter dem Aspekt der Routine, die, nicht zu leugnen, "der Stabilisierung von System/Umwelt - Beziehungen unter der Bedingung unvollständiger wechselseitiger Kontrolle" dient (Luhmann 1971, S. 132), muß festgestellt werden, daß sozialpädagogische Arbeit wohl nur in geringem Maße auf stündlich oder täglich wiederkehrende Handlungswiederholungen sich stützen kann, wie es doch typisch ist für stärker formalisierte Arbeiten, etwa in der Verwaltung oder auch in einer Werkstatt. Somit kann dieser erste heuristische Zugang durchaus zeigen, welchem unaufhörlichen Handlungszwang der sozialpädagogisch Arbeitende ausgesetzt ist. Er ist zumeist auf Improvisation und schnelles Handeln im Einzelfall verwiesen. Gleichwohl lassen sich neben dieser Beobachtung typische und zentrale Tätigkeitsmerkmale feststellen, - wäre dies nicht der Fall, könnte diese Arbeit gar nicht geleistet werden, dann würde sozialpädagogische Arbeit zur Auflösung des Persönlichkeitssystems, zur Anomie führen. Diese, wenn man so will, Querschnittsbetrachtung sei im nächsten Kapitel näher untersucht.

2.4 Tätigkeitsmerkmale sozialpädagogischer Arbeit im Jugendheim

Die zentralen Merkmale sozialpädagogischer Arbeit lassen sich dann erkennen, wenn man die Zwei-Wochen-Dokumentationen genauer nach "Häufungen" ähnlicher Tätigkeiten durchsieht. Dies kann naturgemäß nur in vorsichtiger Annäherung geschehen - relativ sinnlos wäre es, die Stunden auszuzählen, die für das jeweilige Handeln angesetzt wurden. Ein derartiges Vorgehen verbietet sich schon deshalb, weil dazu die Basis (8 Wochen von ca. 160 Arbeitswochen) zu schmal ist und außerdem die Angaben in den Formblättern selbst oft nur Annäherungswerte darstellen. Es läßt sich auch nur schwer ermitteln, ob beispielsweise ein Gespräch sehr intensiv war und daher subjektiv viel mehr Zeit in Anspruch nahm als etwa das öde Absitzen von vorgeschriebenen Konferenzen. Im Sinne des Praxisforschungsansatzes, mit dem Hilfen zur Selbsthilfe gegeben werden sollen, habe ich die Zwei-Wochen-Dokumentationen in erster Linie dazu benutzt, um Tendenzen und zentrale Merkmale der Aufgabenbereiche der Sozialpädagoginnen zu erfassen, um so zu einer allmählichen Konzentration der Kräfte zu gelangen. In einer ersten ad-hoc-Auswertung (1 1/2 Jahre nach Beginn des Modellversuchs) schälten sich vier Schwerpunkte der Aktivitäten heraus:

- Beiträge zur Erziehungsplanung durch die Ausbildungsgesprächsprotokolle und -fahrpläne, aber auch durch die konkrete Interaktion in der Werkstatt;

- Fotokurse im Freizeitbereich; immer mehr Jugendliche meldeten Interesse an; inzwischen werden auch Kurse für Erzieher angeboten;

- Vorbereitung und Durchführung der Fortbildungstagungen und der Praxisgespräche im Jugendheim (sowie die Koordination von Aktivitäten, die aus den Praxisgesprächen herauswachsen);

- Berufsschulkontakte und Nachhilfe.

Diese erste Festlegung im Sinne einer Legitimation der Arbeit der Sozialpädagoginnen trug ein Stück weit dazu bei, den Arbeitsauftrag der neuen Heimmitarbeiterinnen, wohl zwar anders als ursprünglich vorgesehen, im Rahmen des Modellversuchs zu festigen. Über diese praxisorientierte Hilfestellung hinaus habe ich die Zwei-Wochen-Dokumentationen nachträglich genauer untersucht und festgestellt, daß wir gewisse Tätigkeitsmerkmale unterschätzt und daß sich die Bereiche verschoben haben. Betrachten wir nun einmal die Tätigkeitsfelder, die sich aus der Nachauswertung ergeben haben, etwas genauer.

- *Arbeit im Zusammenhang mit der Berufsausbildung in den Werkstätten:* In diesem Arbeitsbereich, der einen merklichen Schwerpunkt innerhalb des Tätigkeitsspektrums der Sozialpädagoginnen bildet, überwiegen die Besuche in den Werkstätten und die damit verbundenen Gespräche mit Ausbildern, den Berufspädagogen und den Jugendlichen. Diese Gespräche erstrecken sich über ein breites Feld: Oft wird besprochen, wie ein Jugendlicher sich in der Berufsschule verhalten hat, oder wie sich sein derzeitiger Lernentwicklungsstand im praktischen Bereich darstellt. Aktuelle Probleme, wie die Teilnahme eines Jugendlichen am Fotokurs in seiner Freizeit werden genauso besprochen wie das Weglaufen ("auf Flatter") eines Auszubildenden oder eine polizeiliche Verdächtigung. Weiterhin beziehen sich die Gespräche auf Kooperationsprobleme im

Heim, oder auf Berichte von Konferenzen, an denen die Sozialpädagoginnen oder andere teilnahmen. Die Einladungen zum Praxisgespräch sind gleichermaßen ein Anlaß zum Gedankenaustausch wie die Klärung von Einzelproblemen, etwa wenn besprochen wird, ob eine Werkstatt für eine Ausstellung Bilderrahmen fertigstellen kann. In diesen losen Gesprächsanlässen sind die Sozialpädagoginnen wichtige Gesprächspartner z.B., wenn es um das Belohnungssystem geht (siehe Teil C); hierbei helfen sie, gemeinsam mit den Ausbildern und Erziehern Einschätzungen über die Verhaltensentwicklung des Jugendlichen in der jeweiligen Woche zu geben, oder Unterlagen von der Gruppe in die Werkstatt zu bringen. Neben diesen Gesprächen sind sie vielfältig daran beteiligt, die Berufsausbildung zu unterstützen, etwa durch Übernahme von Nachhilfeanteilen oder dadurch, daß sie Materialien für die Nachhilfe suchen, zusammenstellen, fotokopieren und den Ausbildern oder den Berufspädagogen zur Verfügung stellen. Schließlich sind sie daran beteiligt, die Projektbeschreibungen für den Modellversuch mitzuverfassen oder eine Projektskizze durch Fotos anzureichern.

• *Organisierung von Freizeitaktivitäten für die Heimjugendlichen:* Während der Zwei-Wochen-Dokumentationen nahmen bei beiden Sozialpädagoginnen die Vorbereitung und Durchführung von Fotokursen für Erzieher und Jugendliche einen breiten Raum ein. Die Fotokurse für die Erzieher waren so gedacht, daß diese dann später mit den Jugendlichen gemeinsam fotografieren sollen. Demgegenüber schien es ebenso günstig, mit einigen Jugendlichen selbst diese Kurse durchzuführen. Neben diesen Aktivitäten im Fotobereich - das Spektrum reicht vom Fotografieren von Werkstücken bis hin zum Verkauf eines Fotokalenders - finden sich weitere Freizeitangebote wie die Durchführung eines Leichtathletikwettkampfes für die Jugendlichen oder das Organisieren von Badminton-Nachmittagen oder Schreiben und Herausgeben einer Heimzeitung. Ebenso wichtig ist auch die Organisierung einer Ausbildungsfahrt mit den Jugendlichen einer Werkstatt, was mit vielfältigen Vorbereitungsbemühungen verbunden ist (Paßbilder besorgen, verbindliche Teilnehmerzusammensetzung, Visa für ausländische Jugendliche, etc.). In diesen Bereich der Freizeitaktivitäten fallen schließlich noch halb private, gleichwohl aber sehr wichtige Kontakte mit Jugendlichen, etwa wenn man gemeinsam auf der Gruppe ißt oder gemeinsam einen Geburtstag feiern will.

• *Hilfen bei der Ausbildungs- und Erziehungsplanung:* In beiden Jugendheimen gibt es - mehr oder weniger strukturiert - eine Ausbildungs- und Erziehungsplanung, die ein wichtiges Element für die Einschätzung der gesamten Lern- und Verhaltensentwicklung eines Jugendlichen bildet. Hierbei ist es naturgemäß wichtig, daß Ausbilder und Erzieher zusammenkommen und gemeinsame Absprachen treffen. Nach Auskunft der Zwei-Wochen-Dokumentationen spielten die beiden Sozialpädagoginnen bei dem Zustandekommen der Absprachen eine wichtige Rolle. Es kam zum einen häufig vor, daß die Sozialpädagogin bei der Erziehungsplanung auf der Gruppe anwesend war und half, eine situationsangemessene Einschätzung zu formulieren. Zum anderen entwickelte sich durch die Ausbildungsgesprächsprotokolle, die durch den Modellversuch eingeführt wurden, eine intensiven Ausbildungs- und Erziehungsplanung. Der Sozialpädagogin oblag es vielfach, mit den Berufspädagogen oder den Ausbildern und dem Jugendlichen das entsprechende Formular durchzugehen und Eintragungen vorzunehmen. Dies ist kein formaler Vorgang, bei dem Punkte "abgehakt" werden, sondern jedesmal findet ein ausführliches (und manchmal erschöpfendes Gespräch) statt. Denn in diesem Gespräch soll der Jugendliche auf bestimmte Entwicklungen aufmerksam (gemacht) werden, hier sollen auch Lösungen und Perspektiven besprochen werden. Entsprechend kann es heftige Auseinandersetzungen geben, etwa wenn ein Jugendlicher nicht mit zusammenfassenden Einschätzungen des Ausbilders oder des Erziehers einverstanden ist. Das Ausbildungsprotokoll wird dann an alle Beteiligten weitergereicht, so daß auch die Erzieher und die anderen Funktionsträger informiert sind. Mit diesem Aufgabenschwerpunkt gewannen die Sozialpädagoginnen eine nicht unbedeutende Vermittlerrolle zwischen den verschiedenen Instanzen des Heims.

• *Teilnahme an (selbst-)organisierten Gesprächsrunden und Konferenzen:* In jedem Jugendheim gab es eine Reihe von organisierten Gesprächsrunden und Konferenzen, an denen auch bald die Sozialpädagoginnen teilnahmen. Die Zwei-Wochen-Dokumentationen nennen hier: Erzieher-Konferenz, Bereichskonferenz der Ausbilder, Gesamtkonferenz, Übergabekonferenz u.a.m. Einen breiten Raum nahm daneben die Vorbereitung und Durchführung der Praxisgespräche ein, die auf Anregung des Modellversuchs entstanden waren (siehe Teil E, Kapitel 1). Die Sozialpädagogin kümmert sich um die Einladungen an Ausbilder und Erzieher, die verteilt werden müssen, fragt durch telefonischen Rundruf nach, ob man wirklich kommt, bereitet Themen und Tischvorlagen vor, führt die Sitzung durch und schreibt hinterher das Protokoll, das wiederum verteilt werden muß, ganz abgesehen davon, daß der gelegentlich unbefriedigende bzw. überraschende Verlauf verarbeitet sein will. Ohne Zweifel kann man sagen, daß das Praxisgespräch in erster Linie vom Engagement der Sozialpädagogin lebte.

• *Teilnahme an losen Gesprächen und Gesprächsrunden mit verschiedenen Personen im Heim:* Neben den wichtigen Gesprächen mit den Ausbildern und Erziehern auf den Konferenzen war die Sozialpädagogin an vielen losen Gesprächszusammenhängen beteiligt; es ging dabei z.B. um Konflikte eines Jugendlichen mit einem Ausbilder, um die (Wochenend-)Heimfahrt eines Jugendlichen, um Geburtstagsgeschenke, um Freizeitaktivitäten der Jugendlichen, etc. Immer wieder kam es auch zu anregenden und unentbehrlichen Zwiesprachen mit den Jugendlichen. Einige beispielartige Themen: Besuch eines Jugendlichen bei seinen Eltern; Werkstattwechsel; Interesse am Fotokurs in der Freizeit; Diebstahl auf der Gruppe; Ausbildungsfahrt; Anmietung einer Wohnung; etc. Der Gedankenaustausch war hier natürlich besonders wichtig, damit Jugendliche immer wieder mit anderen Meinungen, Einschätzungen und Werthaltungen konfrontiert wurden und somit andersartige Orientierungen bekommen (könnten). Die Sozialpädagoginnen erwähnen ferner Unterredungen mit den verschiedenen Funktionsträgern im Heim, mit dem Heimleiter, dem Erziehungsleiter oder dem Psychologen; man gibt Rückmeldung über gelaufene Gespräche und über Probleme, über bestimmte Vorhaben, u.a.m. In den Zwei-Wochen- Dokumentationen finden sich darüberhinaus noch eine ganze Vielfalt von Formen des Meinungsaustausches, der wohl zumeist "zwischen Tür und Angel" stattfindet, gleichwohl nicht unwichtig ist. Ich nenne hier nur einmal zur Verdeutlichung Themen aus den Dokumentationen: Nachbetreuung, Arbeitsmarktsituation, Kegelabend, ABM-Stellen im Heim, Freizeitpädagogik, Veränderungen im Wohnalltag, Arbeitszeitregelungen. Das Gesamt dieser losen Gespräche bildet ein unerläßliches, gleichwohl kaum einfangbares Element der sozialpädagogischen Arbeit. Die Gespräche sind oft unstrukturiert und entstehen spontan, sie lassen sich mithin nicht planen. - Nicht vergessen werden darf in diesem Zusammenhang, daß auch oft kleinere Gesprächsrunden stattfinden, in denen informelle Beziehungen gepflegt werden (Ausbilderrunde, Runde von Sozialpädagogen und Berufspädagogen, u.a.m.). Schließlich wären hier noch die Modellversuchszusammenkünfte zu erwähnen, die Teamsitzungen mit dem Koordinator oder der Wissenschaftlichen Begleitung, und auch die verschiedenen Arbeitsgruppen: "Sozialpädagogische Arbeit" (siehe in diesem Teil Kapitel 2.5), "Ausbildungscurriculum" (siehe Teil B, Kapitel 2.5) und die Arbeitsgruppe "Fortbildung", die oft noch vielfältig vorbereitet werden muß und einen großen Raum einnimmt (Literatursichtung, Stichworte suchen, etc.).

• *Schreibtischarbeit:* Aus den Notizen der Zwei-Wochen- Dokumentationen geht hervor, daß dieser Bereich oft unterschätzt wird. Hier nur in Stichworten Themen, die auf den Blättern genannt wurden: Vorlage für eine Gruppenleiter-Sitzung erstellen; pädagogische Zeitungen unter der Frage der Heimerziehung durchsehen; Protokolle anfertigen, andere lesen; Unterlagen ordnen; Dienstreiseanträge; Aushänge vorbereiten; Telefonate führen; Dienstplanerstellung; Post fertig machen. Es wäre müßig, diese Liste zu komplettieren, gleichwohl darf diese Arbeit nicht vergessen werden, da sie oft mehr Zeit und Konzentration kostet als man wahrhaben möchte.

• *Die "stille Arbeit":* In den Notizen überwiegen die Seufzer ("war abends ziemlich ausgepowert", "bin total geschafft", "bin ausgebufft") über die tägliche Arbeit. Es fällt auf, daß die Arbeit der Sozialpädagoginnen oft erhebliche Kraft kostet und -

Zeit: "Ich stehe unter Zeitdruck" oder "tausend Sachen müßten schon gestern gemacht sein", so und ähnlich lauten die Eintragungen. Die beiden Frauen müssen vielfach einspringen, rasch Dinge erledigen, die bis zur Erschöpfung gehen. Dann fällt ihnen ein, was sie nicht gemacht haben, und sie notieren es sich als Erinnerung. Man spürt, auch während des Eintragens läßt sie die Arbeit nicht los. Hier lassen sich vielleicht einige kleine Belege dafür entdecken, in welchem Umfang den Erziehenden die Anstrengungen und die Bemühungen, die er sich tagtäglich macht, umkrallen. - Selten sind optimistisch akzentuierte Bemerkungen zu finden ("das Gespräch mit S. war intensiv und gut"); sie können signalisieren, daß man unabdingbar auch der positiven Erlebnisse bedarf, um das pädagogische Geschäft durchzuhalten. Aufs Ganze gesehen aber sind, wie gesagt, die Angaben zu spärlich, um sie reichhaltiger nutzen zu können. Sie machen jedoch darauf aufmerksam, daß es Bewältigungsprozesse gibt, die ein zentrales Merkmal der sozialpädagogischen Arbeit bilden. Hier gälte es in Zukunft weitere Forschungen anzustreben.

Wenn man diese Tätigkeitsmerkmale versuchsweise in die derzeitige Diskussion über sozialpädagogisch orientierte Berufsausbildung einbettet, dann ergeben sich Unterschiede zu den Tätigkeitsmerkmalen in Ausbildungswerkstätten und Projekten. Zur Verdeutlichung greife ich auf einen Text des BIBB zurück, in dem die zentralen Merkmale sozialpädagogischer Arbeit aufgrund von Modellversuchserfahrungen zusammengestellt wurden. Das BIBB nennt folgende "typische Aufgabenfelder", die "jedoch nicht in jedem Falle stets alle und mit gleicher Intensität abgedeckt (werden)" (Bundesinstitut 1985, S. 3):

- "Mitarbeit bei der Ansprache und Auswahl der Jugendlichen

- Mitarbeit an der Planung und Durchführung der Ausbildung durch: teilnehmende Beobachtung, Beratung von Ausbildern, Lehrern und Auszubildenden, Planung, Durchführung und Auswertung von Ausbildungsprojekten gemeinsam mit Ausbildern und Lehrern

- Organisation und Durchführung von Förderunterricht

- Vorbereitung, Durchführung und Auswertung von betrieblichen Praktika bzw. betrieblichen Phasen gemeinsam mit Ausbildern und Lehrern

- Beratung der Mitarbeiter

- Beratung der Auszubildenden

- Freizeitangebote

- Elternarbeit

- Nachbetreuung."

Die sozialpädagogische Arbeit, so wie sie sich in den verschiedenen Modellversuchen entwickelt hat, unterscheidet sich doch in vielen Punkten von der Sozialpädagogik des hier beschriebenen Modellversuchs. Besonders fällt auf, daß die Arbeit viele zusätzliche Tätigkeitsmerkmale aufweist, vor allem im Bereich der Gespräche und Gesprächsrunden, die in dieser Form nicht im BIBB-Text genannt werden. Nun ist der Zeitpunkt zu früh, um sagen zu können, wie sich die Sozialpädagogik und die Berufsausbildung generell annähern werden. Für die "Modellversuche zur Berufsausbildung benachteiligter Jugendlicher" läßt sich durchaus die These wagen, daß es sich gelohnt hat, die Berufsausbildung und die Sozialpädagogik aufeinander zu beziehen (Zielke/Lissel/Lemke 1984), mag auch der Ertrag gemäß neueren Erforschungen noch nicht sehr überzeugend sein (Lemke/Lissel/Zielke 1986); speziell für unseren Modellversuch ist das Ergebnis in *seiner Struktur uneindeutig*. Denn wenn man die herausgearbeiteten Tätigkeitsmerkmale der Sozialpädagoginnen mit denen der sonstigen sozialpädagogisch Tätigen, nämlich denen der Erzieher, vergleicht, so zeigt sich, daß die Sozialpädagogin quasi ähnliche Aufgaben wie ein Erzieher übernommen hat; z.T. waren die Aufgaben auch schwieriger, z.T. waren es Aufgaben, die sonst Funktionsträger übernehmen. Damit soll nicht gesagt sein, daß die Arbeit der beiden Sozialpädagoginnen überflüssig war! Hier soll nur in analytischer Zielrichtung festgehalten werden, daß ein wichtiges Konstruktionselement des Modellversuchs eigentlich nicht realitätsangemessen war. Im Nachhinein wäre es vielleicht sinnvoller gewesen, die Sozialpädagoginnen viel stärker dem Erziehungsbereich zuzuordnen, damit sie von hier gezielt erste Brücken in Richtung einer Kooperation von Ausbildungs- und Erziehungsbereich hätten schlagen können. Ebenso deutlich zeigt sich, daß im Hinblick auf das Modellversuchsprogramm des Bundesinstituts für Berufsbildung noch gewichtiger zwischen Versuchen der Heimerziehung und Modellversuchen im Bereich außerbetrieblicher Lehrwerkstätten und alternativer Projekte unterschieden werden muß. Da gerade die Heimerziehung auf eine alte pädagogische Tradition zurückgreifen kann, bedarf sie - zugespitzt - einer veränderten Form der Ausbildung, die konsequenterweise im Modellversuch unter dem Stichwort "individuelle Gestaltung der Berufsausbildung" figuriert. Den alternativen Projekten und den außerbetrieblichen Lehrwerkstätten hingegen scheint der Stachel der sozialpädagogischen Anfrage an die Berufsausbildung, in vieler Hinsicht ein produktives Element gewesen zu sein.

Gleichwohl haben die Sozialpädagoginnen, ohne daß das sofort deutlich wurde, über das bis eben Diskutierte hinaus eine sehr bedeutende eigenständige Rolle gespielt, die noch einiges Nachdenken wert ist. Es sei vermutet, daß - vor allem - die Sozialpädagoginnen eine Problemlage, nämlich die der mangelnden Kooperation im Heim, gleichsam *zugespitzt* haben. Ausgangspunkt war die Erfahrung, daß eine Reihe von Jugendlichen offenkundig in der Werkstatt "gut laufen", aber auf der Gruppe Schwierigkeiten haben und machen. Bei Gesprächen zwischen dem Ausbilder und dem zuständigen Erzieher kam es dann oft zu wechselseitigem Unverständnis bzw. Rätselraten darüber, warum die Jugendlichen sich so unterschiedlich verhalten; es soll nicht verschwiegen werden, daß dies auch zu wechselseitiger Konfrontation zwischen den beiden Bereichen führte. Zugleich litten die betreffenden Jugendlichen unter dieser Diskrepanzerfahrung. Institutionssoziologisch gesehen finden hier zwar Austauschprozesse zwischen Werkstatt und Gruppe statt, jedoch zumeist nur über die Jugendlichen als "Grenzgänger" zwischen den beiden Systemen (vgl. hierzu: Rüdell 1983, S. 43 ff.). In der Regel erzählen die Jugendlichen auf der Gruppe ihre Erlebnisse in und mit der Werkstatt, umgekehrt berichten sie in der Werkstatt über das Gruppenleben, oftmals mit dem Wunsch nach Bestätigung verknüpft. Es läuft also des öfteren eine vermittelte "Kommunikation über einen Dritten". Natürlich finden auch "unvermittelte" Gespräche zwischen Ausbildern und Erziehern statt, sei es bei aktuellen Anlässen oder bei der Erziehungsplanung. Dennoch sei vermutet, daß durch den Modellversuch gleichsam "professionalisierte Grenzgänger" eingesetzt wurden, die einerseits die Dichte der Austauschprozesse erhöhen konnten und auch erhöht haben, andererseits aber, wenn wenig Austausch stattfand, dieses deutlich gezeigt haben, und zwar dadurch, daß nur über sie die Kommunikation funktionierte. Der Vorteil der beiden Sozialpädagoginnen lag darin, daß sie nicht nur in der Werkstatt, sondern auch auf den Gruppen tätig waren, und, bedingt durch die Ausbildungsgesprächsprotokolle, die Funktionen beider Bereiche sehr gut kannten. Sie konnten dadurch auch oft zwischen den beiden Bereichen vermitteln. Der Modellversuch hat damit ein Problem angesprochen, es aktuell entschärft und zugleich zugespitzt, ein Problem, das den Heimalltag fortwährend bestimmt, ohne daß echte Lösungsansätze zu erkennen waren; im kommenden Kapitel 3 wird genauer gezeigt, welche Modelle inzwischen diskutiert werden. Als Erfahrung aus den drei Jahren Modellversuch läßt sich ohne weiteres formulieren, daß solche praxiseingebundenen "Grenzgänger" im Jugendheim eine interessante und sehr sinnvolle Institution sind. Denn die Lösung, die Erzieher verstärkt mit den Bedingungen der Werkstätten vertraut zu machen, ist ebenso unzureichend wie den Ausbilder zum Erzieher weiterzubilden. Desgleichen würde es wohl wenig nützen, Personen einzustellen, die zugleich in beiden Bereichen arbeiten könnten, denn es gibt grundsätzliche, sachlich gebotene Unterschiede zwischen Wohnbereich und Arbeitsbereich, die sich nicht einfach miteinander versöhnen lassen: In der

Werkstatt herrschen nun einmal die Bedingungen des Betriebes mit seinen Anforderungen und Nötigungen, die allein durch Arbeitsablauf und -organisation erzwungen sind; die Gruppe ist demgegenüber durch die "Freizeit" definiert, in der andere Lebensformen und -wünsche herrschen. Da erscheint es langfristig produktiver, mit den handelnden Personen in beiden Bereichen eine Selbstverständigung über die jeweilige Rolle und Funktion voranzutreiben und darüberhinaus vermittels der Strategie "der professionalisierten Grenzgänger" produktive Vermittlungsformen zu entwickeln, auf die ich in Kapitel 3 dieses Teils noch näher eingehe.

2.5 Die Inhalte der Arbeitsgruppe "Sozialpädagogische Arbeit"

Die Arbeitsgruppe "Sozialpädagogische Arbeit" sollte als drittes Gremium zwischen den Mitarbeitern des Modellversuchs und den Mitarbeitern der Jugendheime die Tätigkeiten der Sozialpädagoginnen koordinieren und verbreitern. Entsprechend saßen in der Runde die beiden Erziehungsleiter der Heime, die beiden Sozialpädagoginnen, Projektleitung, Koordinator und Wissenschaftliche Begleitung. Die in der Arbeitsgruppe angesprochenen und verhandelten Themen unterscheiden sich in vielen Punkten von den oben berichteten Tätigkeitsschwerpunkten der sozialpädagogischen Arbeit. Mit der Arbeitsgruppe sollte nämlich auch versucht werden, allmählich eine Aufgabenkonzentration vorzunehmen und Anregungen zu entwickeln, die nach Ende des Modellversuchs weiterhin den Jugendheimen nützlich sein könnten. Dazu waren die beiden Erziehungsleiter wichtig; sie sollten für eine Fortentwicklung des Erziehungsbereichs Sorge tragen und einen "verbindlichen Rahmen" schaffen, in dem neue Vorschläge überdacht und auf ihre Umsetzbarkeit hin geprüft werden können. Dieser Ansatz war wiederum typisch für das Innovationsverständnis im Modellversuch, nämlich zu versuchen, auf bestimmten Ebenen zwischen und in den Heimen Arbeitsgruppen zu schaffen, in denen gemeinsam mit den Beteiligten Neuerungen diskutiert werden konnten. Im Gegensatz zu der Arbeitsgruppe "Ausbildungscurriculum" (vgl. Teil B, Kapitel 2.5) standen hier keine harten Kontroversen zur Debatte, vielmehr ergaben sich die Themenschwerpunkte zwanglos aufgrund der Vorschläge der Mitarbeiter des Modellversuchs. Zur Information und zur Abrundung des Tätigkeitsspektrums der Arbeitsgruppe soll im folgenden auszugsweise aus den internen Protokollen zitiert werden.

• *Schwerpunkte der sozialpädagogischen Arbeit:* In diese Diskussionsrunde fielen Beobachtungen und Ergebnisse der sozialpädagogischen Arbeit und der Zwei-Wochen-Dokumentation, über die schon ausführlich in dem vorigen Kapitel 2.4 berichtet

240

wurde.

● *Rolle der Praxisgespräche des Modellversuchs:* Das Praxisgespräch habe sich zu einem wichtigen Forum entwickelt. "Dort werden gemeinsam Überlegungen und Anstöße für eine Verbesserung der Zusammenarbeit zwischen Ausbildern und Erziehern angestellt. Es findet ein Austausch statt über die wechselseitigen Rollen. Das Praxisgespräch ist kein Forum zum Austausch gegenseitiger Vorwürfe, vielmehr wird versucht, gemeinsam zu Selbstdefinitionen und neuen Lösungen zu kommen". Von allen Beteiligten wird in der Diskussion hervorgehoben, "daß aufgrund der bisherigen Erfahrungen das persönliche und das formelle Ansprechen der Teilnehmer sehr wichtig ist, weiterhin das 'auf die Gruppe gehen' und das unentwegte Nachfragen". In diesen Absprachen in der Arbeitsgruppe gelang es also, das Praxisgespräch bei den beiden Funktionsträgern des Erziehungsbereiches noch einmal ausführlich zu begründen und zu verändern. Es wurde im Prinzip von den Beteiligten begrüßt. (Zum Praxisgespräch siehe Teil E).

● *Freizeitpädagogik:* Neben der Diskussion über Fotokurse und einem Fotowettbewerb werden am Beispiel einer Fahrradwerkstatt eines Jugendheims weitere Freizeitaktivitäten diskutiert. "Zunächst lautet die Frage, wie es gelingen kann, derartige Aktivitäten auszubauen, da es schon immer mal wieder derartige Versuche gab. Man ist sich einig, daß zumindest die *räumlichen Voraussetzungen* geschaffen werden müssen, und daß es Personen geben muß, die als Verantwortliche und Interessierte das jeweilige Freizeitangebot in der Hand halten. Immer wieder hat sich aufgrund der Erfahrung aller herausgestellt, daß die Jugendlichen, wenn sie erst einmal in eine Freizeitaktivität hineingewachsen sind, sehr stark motiviert sind... Wichtige methodische Frage bleibt, wie kann der Erzieher selbst die Jugendlichen motivieren. Die alte pädagogische Leitformel lautet hierzu: 'Hier bin ich'! Damit ist gemeint, daß der Erzieher selbst ein Angebot in seiner Person und durch seine Person glaubhaft vertreten muß. Erst wenn der Erzieher diesen Ansatz hat, wird er auch die Jugendlichen für Aktivitäten, die durchaus an seinen privaten Hobbys und Fähigkeiten anknüpfen können und sollen, begeistern". Es werden dann zur Strukturierung von Neigungsgruppen folgende Sachthemen aufgeführt: Foto, Badminton, Tanzkurs, Theater-AGs, Heimzeitung, Kegeln, Musik-AGs, Rock-Feste, Kochen, Fußball.

● *Verselbständigung/Erziehung zur Selbständigkeit:* Dieses Thema nimmt auf zwei Sitzungen einen breiten Raum ein. Es bestand in der Arbeitsgruppe Einigkeit, daß die Bereitschaft der Ausbilder und Erzieher gefördert werden muß, sich zu diesem Thema sachkundig zu machen. Zu diesem vorliegenden Bericht habe ich ein eigenes Kapitel (Kapitel 4) verfaßt, das dieses Thema näher beleuchtet und zu dem die Diskussionen in der Arbeitsgruppe einige Anstöße gaben.

• *Silentium:* Hier wurde eine Anregung aus dem Ausbildungsbereich aufgegriffen, nämlich feste Zeiten auf der Gruppe als Stillarbeitszeiten festzulegen, damit dann z.B. das Berichtsheft geschrieben oder Hausaufgaben der Berufsschule bzw. der Nachhilfe erledigt werden können. Die Einschätzungen waren unterschiedlich; die Erzieher selbst stehen dem Silentiumsgedanken verständlicherweise skeptisch gegenüber, da sie wenig Möglichkeiten sehen, diesen Ansatz durchzuhalten. Die Ausbilder hingegen fordern sehr stark ein derartiges Silentium, um die Absicherung gerade des theoretischen Lernens auf der Gruppe zu erreichen. Leider gelang es nicht, in der Arbeitsgruppe "Sozialpädagogische Arbeit" diese Diskussion entscheidend weiterzuführen (siehe auch: Planungsgruppe Petra 1980).

Die Arbeit der Arbeitsgruppe "Sozialpädagogische Arbeit" ist - aufs Ganze gesehen - relativ unbefriedigend verlaufen. Zwar wurden durchaus gewichtige Punkte der sozialpädagogischen Arbeit angesprochen, doch gelang es meistens nicht, diese angesprochenen Punkte entscheidungsreif zu verabschieden. Das mag zweierlei Gründe haben: Einmal konnte die Gruppe keine Kontinuität gewinnen; sie wurde spät einberufen und tagte relativ selten; manchmal schien es auch, als sei nicht so recht eindeutig, warum sie überhaupt existiert. Zum zweiten gelang es nicht, die beiden Erziehungsleiter für verbindliche Absprachen zu gewinnen. Obwohl der Austausch zwischen den Heimen als anregend beschrieben wurde, kam es nicht zu Handlungskonsequenzen auf der Leitungsebene. Insofern hatte das Gremium eher eine legitimative Bedeutung insofern, als hier vom Modellversuch geplante Entwicklungen von beiden Erziehungsleitern mit beobachtet, diskutiert und abgesprochen werden konnten. Besonders im Bereich "Erziehung zur Selbständigkeit" wird dies noch genauer gezeigt. Rückschauend muß man aber sagen, daß sich an der Arbeitsgruppe "Sozialpädagogische Arbeit" leider festmachen kann, daß der Modellversuchsschwerpunkt, nämlich Berufsausbildung in der Heimerziehung zu verbessern, zu wenig von vornherein die Bedingungen des Heimes selbst ins Auge gefaßt hatte. Insofern spiegelt sich hier ein mißlicher Ausgangspunkt wieder; daß es dennoch gelang, neben diesen eher weniger geglückten Arbeiten einige fruchtbare Verbesserungen im Heim ins Auge zu fassen, soll nun in den beiden folgenden Kapiteln demonstriert werden.

3 Kooperationsprobleme und Lösungsansätze im Lernortverbund Jugendheim

3.1 Vorbemerkung

Wie schon in Kapitel 2.4 bei der Diskussion der sogenannten "Grenzgänger" angedeutet, schälte sich als eine zentrale Modellversuchserfahrung heraus, daß es nicht ausreicht, gleichsam qua Person Brücken zwischen den verschiedenen Bereichen zu schlagen. Vielmehr wurde es immer notwendiger, die verschiedenen Instanzen und Systeme im Heim aus ihrer "naturwüchsigen" Gewordenheit herauszulösen und systematischer zu diskutieren, wie sich das Verhältnis der verschiedenen Bereiche zueinander darstellt. Ausgangspunkt einer solchen Diskussion ist die These von verschiedenen Theoretikern der Heimerziehung (z.B. Sturzebecher/Klein 1983; Orlowski 1985; Doerfert 1985), daß das Heim als Lernortverbund zu sehen und zu gestalten sei. In diesem Kapitel werde ich, vor dem Hintergrund dieser Diskussion, systematisch die Bezüge der Teilelemente eines Lernortverbundes klären und insofern erste praktische Erfahrungen für den Bereich Leben, Wohnen, Arbeiten vorstellen.

3.2 Heimerziehung und Berufsausbildung im Lernortverbund

In den letzten Jahren ist das Netz ambulanter Maßnahmen im Rahmen der Jugendhilfe ausgebaut worden; jedoch bleibt die stationäre Erziehungshilfe im Rahmen der Heimerziehung für einen Teil der Jugendlichen notwendig. Denn die Jugendlichen, die von der Heimerziehung angesprochen sind, weisen erhebliche Bildungs- und Sozialisationsdefizite auf; gleichzeitig ist ihr soziales Umfeld durch Konflikte so belastet, daß ihnen eine *Distanz zu ihren bisherigen Erfahrungen* ermöglicht werden muß, verbunden mit der Chance, Alternativen dazu zu erleben. "Heimerziehung ist nach Thiersch... eine radikale und einschneidende Maßnahme, weil im Gegensatz etwa zu Beratung oder sporadischer Therapie dem Individuum hier ein neues, pädagogisch strukturiertes Lernfeld angeboten wird, was immer auch die Herausnahme aus einem bestehenden, vielfach konfliktreichen Sozialisationszusammenhang bedeutet" (Sturzebecher/Klein 1983, S. 30 ff.). In dieser Formulierung wird deutlich charakterisiert, was Heimerziehung von den sonstigen ambulanten Maßnahmen der Jugendhilfe unterscheidet (z.B. Beratungsdienste, Jugendzentren, Jugendbildungsstätten, Jugendsozialarbeit, Freizeitbetätigung, Jugendtourismus; vgl. Eyferth 1979, S. 181 ff.). Für diesen Bereich der stationären Hilfen in einem Erziehungsheim werden von dem Sozialpädagogen Thiersch folgende allgemeine aufgabenorientierte Intentionen angegeben:

a.) "Ermöglichung von Distanz und Entlastung von Beziehungen und Aufgaben, in und an denen Heranwachsende gescheitert sind,

b.) Bereitstellung eines die Bedürfnislagen berücksichtigenden spezifischen Lebensraumes mit zusätzlichen therapeutischen Hilfen,

c.) Schaffung stabiler, affektiver Beziehungen im Umgang mit Erwachsenen,

d.) Anbieten attraktiver Lernfelder" (zitiert nach Sturzebecher/Klein 1983, S. 32).

Unter Aufgreifen dieser Grundintentionen der Heimerziehung schlagen Sturzebecher und Klein vor, die Erziehungsarbeit unter drei Perspektiven zu betrachten:

a) "Erfassen der individuellen Problematik und Aufstellen eines Erziehungsplanes" (Sturzebecher/Klein 1983, S. 32).

b) "Aufarbeitung und Kompensierung festgestellter emotionaler, kognitiver und sozialer Defizite, sowie Bereitstellung von Einübungs- und Bewährungsfeldern zur Erprobung neuer Verhaltenstechniken" (a.a.O.).

c) "Befähigung zu einer späteren selbständigen und eigenverantwortlichen Lebensgestaltung" (a.a.O.).

Diese Perspektiven gelten erst einmal unspezifisch für jedes Kinder- und Jugendheim. Insbesondere im Hinblick auf die Zeit nach dem Heimaufenthalt sind Heime mit angeschlossener Berufsausbildung gut in der Lage, mit den Jugendlichen eine belastbare Perspektive für die Zukunft zu entwickeln und vorhandene Defizite aufzuarbeiten. Dazu dienen einmal selbstredend die in der Berufsausbildung eingeübten Qualifikationen und Berufsfähigkeiten, die helfen können, die Existenz zu sichern. Berufsausbildung kann aber über ihr eigentliches Ziel hinaus eine *wesentliche Maßnahme zur Korrektur von Sozialisationsdefiziten* darstellen, indem sachlich begründete Anforderungen an den Jugendlichen gestellt werden, er also mit Anforderungen konfrontiert wird, die seine Persönlichkeit entscheidend "nachprägen" können. Dazu bedarf es unabdingbar einer sehr genauen Ausrichtung an den jeweiligen Fähigkeiten und Möglichkeiten des Jugendlichen, mithin: es bedarf differenzierter Angebote. Das Angebot differenzierter Fördermöglichkeiten im Heim setzt jedoch, wie in den beiden Einrichtungen, in denen der Modellversuch stattfand, eine Größe voraus, die diese Heime ohne ein differenziertes, gegliedertes Angebot zu einem unüberschaubaren anonymen Gebilde werden ließe.

In diesem Diskussionszusammenhang muß es darum gehen, das Heim als Lernortverbund auszubauen. Denn in den Jugendheimen mit Berufsausbildung findet Lernen, Erziehung und Ausbildung tatsächlich "unter einem Dach" statt. Diese räumliche Nähe vermittelt den Jugendlichen den Zusammenhang zwischen Leben, Lernen und Arbeiten, den sie bisher existentiell nicht erfahren haben. Schule, Elternhaus, Freizeit waren stark voneinander getrennte Bereiche, die häufig nicht durch Personen verbunden waren, z.B. durch Kontakte der Eltern zur Schule. Die so entstandenen "Lücken" boten den Jugendlichen oft Freiräume, Anforderungen auszuweichen, denen sie sowieso kaum nachkommen konnten, beispielsweise die Schulaufgaben zu erledigen. Freilich gewährleistet allein die Tatsache der räumlichen Nähe ohne das Vorhandensein eines Verbundsystems nicht die Ganzheitlichkeit der Lern- und Lebensprozesse, sondern bietet zunächst lediglich die materiellen Voraussetzungen. Erst die enge Zusammenarbeit aller am Erziehungsprozeß beteiligten Personen auf der Grundlage einer gemeinsamen pädagogischen Zielsetzung ermöglicht die Erfahrung ganzheitlichen Lernens sowie das Erkennen der jeweiligen Besonderheiten. Damit wird der Lernortverbund immer fälliger! Die Jugendlichen im Bereich der Heimerziehung haben nicht nur katastrophale Lebensgeschichten und zerrissene Lebenszusammenhänge bewältigen müssen, sie kennen auch i.d.R. nur zwiespältige oder amorphe Beziehungen, seien es die zu den Eltern bzw. zu den Erziehungsberechtigten, seien es die zu den Geschwistern, seien es schließlich die zu den Gleichaltrigen. Die Lebenserfahrungen eines diffusen und orientierungslosen Ichs müssen durch *produktive Gegenorientierungen* im Jugendheim behutsam, aber konsequent ersetzt werden. Dazu bedarf es eher eines stabilen und enggeknüpften Netzes sozialer Beziehungen, in denen der Jugendliche mit halbwegs einheitlichen Anforderungen konfrontiert wird. Das gelingt aber nur, wenn alle an der Erziehung des Jugendlichen Beteiligten im Interesse der Entwicklung des Jugendlichen miteinander engen Kontakt halten. Dann erhöht sich die Chance, daß die materiellen Voraussetzungen des Lebens "unter einem Dach" zu einer echten Weiterentwicklung des Jugendlichen führen. Zur Verbesserung der Kooperationsformen bedarf es nun einer genaueren Analyse der jeweiligen Bedingungen (vgl. Lumma 1982, S. 157 f.).

3.3 Grundelemente der Kooperation im Lernortverbund

Voraussetzung für eine sinnvolle Zusammenarbeit ist zunächst eine Aufgabenklärung der einzelnen Bereiche und die entsprechende Abgrenzung der Aufgaben sowie ein Höchstmaß an Selbständigkeit der einzelnen Bereiche. So entstehen für den Jugendlichen klar abgegrenzte Bezugssysteme, entsprechend der jeweiligen Aufgabe. Die Beziehung des Jugendlichen zum Ausbilder wird und soll sich von der Beziehung zu dem Erzieher unterscheiden - dies ist nicht nur von der Sache her nötig, sondern soll dem Jugendlichen auch erleichtern, zwischen verschiedenen Rollen zu unterscheiden. Um jedoch die zuvor angedeuteten "Lücken" zu vermeiden und den Jugendlichen umfassend zu fördern, ist Kooperation auf verschiedenen Ebenen notwendig.

- *Information:* Alle Beteiligten informieren sich gegenseitig über die Belange, die für den anderen Bereich notwendig sind. Dabei ist es jedoch wichtig, darauf zu achten, daß das Vertrauensverhältnis zu den Jugendlichen nicht gestört wird, gleichzeitig die Information umfassend genug ist. Deshalb ist es sicher gut, wenn Informationen in Gegenwart des Jugendlichen ausgetauscht werden, auch um "Tratsch" zu verhindern. Natürlich wird es auch interne Informationsgespräche zwischen den Erziehenden geben, an denen der Jugendliche nicht beteiligt ist. Genaue Definitionen von jeweils notwendigen Informationen sind wenig sinnvoll, sondern sind der individuellen Problemlage des Jugendlichen anzupassen. So ist es trotz der oben beschriebenen Abgrenzung durchaus möglich, daß der Jugendliche aus persönlich bedingten Gründen engere Beziehungen zum Ausbilder als zu Erzieher aufbaut. Dann werden private Dinge des Jugendlichen eher zum Informationsgegenstand als in anderen Fällen.

- *Beratung:* Mit Beratung soll insbesondere der jeweilige Experte angesprochen werden, der den Kollegen berät. Dies ist vor allem die Aufgabe der Funktionsdienste, wobei dem psychologischen Dienst die wesentliche Rolle zukommt. Dabei geht es darum, daß die Beteiligten die Probleme des Jugendlichen und deren Ursachen besser verstehen und auf dieser Grundlage Handlungsalternativen für den Umgang mit den Jugendlichen entwickeln.

- *Zusammenarbeit:* Diese Aufgabe wird sich auf wenige wesentliche Bereiche beschränken, insbesondere bei der Erziehungs- und Ausbildungsplanung sowie der schulischen Förderung. Die Zusammenarbeit sollte sich so gestalten, daß die jeweiligen Bereiche gemeinsam mit den Jugendlichen ein Problem bearbeiten, und zwar auf der Grundlage der jeweiligen Aufgaben, aber mit der gleichen Zielsetzung, nämlich den Jugendlichen in seiner Entwicklung nachhaltig zu stabilisieren und zu fördern.

Diese drei entscheidenden Merkmale von Kooperationsbeziehungen zwischen den verschiedenen Bereichen sollten für die im Lernortverbund Arbeitenden stets präsent sein. Sie sollten sich darüber im klaren werden, in welchen Zusammenhängen sie jetzt gerade mit einem anderen Erziehenden zusammenwirken.

3.4 Kooperation: Erzieher - Ausbilder

Insbesondere die Kooperation zwischen Erziehungs- und Ausbildungsbereich sowie den schulischen Lernfeldern ist unerläßliche Bedingung, um eine sinnvolle Förderung der Jugendlichen im Heim zu gewährleisten. In der Heimrealität ist jedoch die Beziehung von Ausbildern und Erziehern durch Differenzen gekennzeichnet, so daß der Anspruch, die Kooperation zu fördern, entgegen dem ursprünglichen Ansatz des Modellversuchs als dritter Aufgabenbereich notwendig wurde (siehe Kapitel 1). Wie dort gezeigt, war deutlich geworden, daß die Kooperation als wesentliche Aufgabe ideell sehr wohl von allen Beteiligten gesehen, in der Praxis aber wenig realisiert wurde. Die Schuld daran schob man dem jeweilig anderen Bereich zu, wobei häufig die divergierenden Erziehungsstile Gegenstand der Vorwürfe waren. "Es müssen alle an einem Strang ziehen, aber die Erzieher sind nicht konsequent", diese Aussage wurde so oder ähnlich häufig von Ausbildern vorgebracht. Sie korrespondiert in vielen Punkten mit empirischen Beobachtungen und Untersuchungen zu Problemen in der Zusammenarbeit zwischen Ausbildern und Sozialpädagogen: "Divergierende Einstellungen hinsichtlich der Erziehungsziele, des Erziehungsstils und des pädagogischen Selbstverständnisses sind gleichfalls Ursachen für Probleme in der Zusammenarbeit zwischen Ausbildern und Sozialpädagogen" (Doerffert 1985, S. 114). Durch die divergierenden Stile gerät selbstverständlich die eigene Erziehungsarbeit des Einzelnen schnell an Grenzen, so daß auch hier die *Schuldzuweisungen für eigene Mißerfolge* an den jeweils anderen Bereich erfolgen: "Die Erzieher sorgen nicht für eine genügende Motivation der Jugendlichen zur Ausbildung, sie fordern die Jugendlichen ungenügend", versus: "Wir müssen die Aggressionen der Jugendlichen, die sie aus der Werkstatt mitbringen, am Abend ausbaden", so zugespitzt die wechselseitigen Vorwürfe. Sind die Einstellungen und Erziehungsstile zu unterschiedlich, ist eine Zusammenarbeit nicht möglich; sie bedürfte struktureller und inhaltlicher Förderung. Jedoch wird z.Zt. eher die Konkurrenz der Bereiche betont (bessere Besoldung der Erzieher, undurchschaubarer Schichtdienst der Erzieher, u.a.m.). Aber nicht nur differierende Einstellungen prägen die Konfliktlinien, sondern auch *real unterschiedliche Aufgaben und Funktionen:* "Die Erzieher trinken nur Kaffee und machen dann Dienst, wenn keine Jugendlichen auf der Gruppe sind", versus: "Die Ausbilder haben es einfach, ihr Aufgabenfeld ist klar strukturiert". Mögliche Ursachen für die gegenseitigen Animositäten liegen vermutlich in dem unterschiedlichen Berufsbild und den damit verbundenen Vorurteilen, die gesellschaftlich gegenüber Pädagogik bzw. Kopfarbeit und andererseits gegenüber Praktikern bestehen. Deshalb wird ein Verständnis der Gruppen für die gemeinsame Lösung von Aufgaben schwerlich zu erreichen sein. Sinnvoll und sicher eher realistisch ist ein Kooperationsverständnis, das deutlich die Bereiche, in denen Zusammenarbeit unerläßlich ist, beschreibt, strukturell absichert und die Instrumente bereitstellt. Dabei geht es in erster Linie darum, die gegenseitige Information zu intensivieren. Vor allem Instrumente, die informative Gespräche strukturieren, erweisen sich als sinnvoll.

Eine weitergehende Zusammenarbeit erfordert zunächst die Klärung der Aufgabenbereiche, sowie die gemeinsame Auseinandersetzung über divergierende Einstellungen und Ziele. Dabei soll es aber nicht darum gehen, unbedingt diese Unterschiede auszugleichen, sondern zu klären bzw. Verständnis zu entwickeln. Dazu wurden im Rahmen des Modellversuchs zwei Fortbildungswochen durchgeführt (siehe Teil B). In der ersten Fortbildungwoche ging es insbesondere darum, mit Hilfe eines Planspiels zunächst durch Rollentausch Verständnis für die jeweils anderen Bereiche zu entwickeln. Ziel der zweiten Tagung war die Beschreibung der eigenen Aufgaben, sowie das Herausarbeiten notwendiger Kooperationsbereiche. Dabei schälten sich insbesondere Bereiche im Rahmen von Erziehungs- und Ausbildungsplanung sowie schulischer Förderung heraus, wobei hier als weitere Kooperationspartner die jeweiligen Lehrer hinzukommen. Nun reichen die Kooperationserfahrungen aus wenigen Fortbildungswochen nicht aus. So muß im Rahmen von gemeinsamen Konferenzen ebenso die Auseinandersetzung über Erziehungsstile und -ziele stattfinden. Diese Auseinandersetzung betrifft ebenfalls die Funktionsdienste, wobei hier die Hierarchie erschwerend wirkt, so daß ebenfalls die Beratung im Heim als Kooperationsbereich verbessert werden muß. Auch hier dürften die gesellschaftlich verankerten gegenseitigen Vorurteile und Einstellungen eine Ursache sein. Trotz dieser Widrigkeiten ist es, wie bereits erwähnt, möglich, auf der Ebene der gegenseitigen Information sowie in klar abgegrenzten Bereichen bei der Lösung gemeinsamer Aufgaben Kooperationsformen zu entwickeln.

3.5 Kooperation am Beispiel der Erziehungs- und Ausbildungsplanung

Wie zuvor erwähnt, stellt sich die Frage nach Zusammenarbeit, insbesondere im Bereich der Erziehungs- und Ausbildungsplanung. Dabei beschränkt sich diese auf folgende Punkte:

- die Entwicklung notwendiger Arbeitstugenden und extrafunktionaler Qualifikationen,

- Motivation zur Ausbildung, Einsicht in die Notwendigkeit zu arbeiten zu vermitteln,

- schulische Förderung,

- Maßnahmen zur Verselbständigung.

In diesen Problemfeldern haben Erzieher und Ausbilder in ihrem jeweiligen Bereich Aufgaben zu lösen, bei denen eine dezidierte Aufgabenverteilung notwendig ist. Um u.a. derartige Absprachen zu ermöglichen, wurden im Rahmen des Modellversuchs Ausbildungsgesprächsprotokolle von einem Berliner Modellversuch übernommen und weiterentwickelt (vgl. hierzu Teil B, Kapitel 2). In diesen Bögen ist neben Informationsteilen über das Verhalten des Jugendlichen in der Gruppe und in der Werkstatt ein

Abschnitt enthalten, in dem Erzieher und Ausbilder aufgefordert sind, Perspektiven zu entwickeln, um aufgetretenen Problemen zu begegnen. Diese Bögen werden inzwischen in ca. halbjährlichem Turnus bearbeitet, so daß die Beteiligten aufgefordert sind, jeweils für den Zeitraum von 6 Monaten perspektivenreiche Aufgaben festzulegen.

Am Beispiel der schulischen Förderung soll diese Vorgehensweise verdeutlicht werden: Ein Jugendlicher weist so erhebliche schulische Defizite auf, daß er ohne entsprechende Hilfen nicht in der Lage ist, eine Ausbildung zu absolvieren. Dabei geht es darum, die Defizite im Zusammenhang mit den fachlichen Gegebenheiten zu bearbeiten, also in enger Verknüpfung zu konkreten Problemen das Lernen zu erleichtern, aber auch, um den Berufsschulstoff aufzuarbeiten. Es wurden folgende Verabredungen mit dem Jugendlichen gemeinsam getroffen: Der Ausbilder nimmt Kontakt zum Berufsschullehrer auf und informiert sich über die jeweiligen Inhalte sowie den Stand des Heranwachsenden. Auf dieser Grundlage wird ein Nachhilfekonzept erarbeitet. Gleichzeitig erhält der Jugendliche durch die Werkstatt Aufgaben, die er in seiner Freizeit lösen soll. Der Erzieher motiviert den Jugendlichen zum Lernen, weist ihn auf die Aufgaben hin und hilft ihm auch dabei; weiterhin hält er Rücksprache mit den Ausbildern und gibt Nachhilfe in Politik und Wirtschaftskunde. In dem beschriebenen Fall wurde die fachliche Nachhilfe ohne Nachhilfelehrer durch den Berufspädagogen des Modellversuchs durchgeführt. Nach anfänglichen Schwierigkeiten konnte der Jugendliche Fortschritte erkennen, so daß er sich im weiteren Verlaufe weitgehend selbständig um die Erledigung der Aufgaben bemühte. Bei einer derartigen Zusammenarbeit können durchaus unterschiedliche Erziehungsstile vorhanden sein ("Druck" und "Zug"). Wichtig ist die *Abstimmung über das zu erreichende Teilziel*, in diesem Fall: die Aufarbeitung der Defizite.

Mit den oben erwähnten Ausbildungsgesprächsprotokollen findet eine Zusammenarbeit direkt am einzelnen Jugendlichen entlang statt. Dabei ist es leichter, Teilziele gemeinsam zu formulieren als bei übergreifenden Dimensionen über Einstellungen und Erziehungsziele. Selbstverständlich ersetzen diese Protokolle nicht die alltägliche gegenseitige Absprache, sie erleichtern sie aber und bieten eine Grundlage dazu.

3.6   Kooperation mit der Berufsschule

In dem eben erwähnten Beispiel einer schulischen Förderung wurde der Bereich einer Kooperation mit den Lehrern weitgehend außer acht gelassen. Dabei ist hier zu unterscheiden zwischen der Kooperation mit Lehrern an öffentlichen Schulen und Lehrern, die im Heim angestellt sind. Soweit es die Lehrer an den öffentlichen Schulen betrifft, ist aufgrund des dualen Systems davon auszugehen, daß das "Verhältnis von Schule und Betrieb... eher ein unkoordiniertes Nebeneinander praktischer und methodischer Abstimmung (ist) als ein integriertes Miteinander... Für den Mangel an Abstimmung und Zusammenarbeit gibt es vielfältige Gründe. Es ist zu denken an

- rechtlich-institutionelle Gegebenheiten
- personalbedingte Probleme und
- theoriebedingte Probleme" (Doerffert 1985, S. 109).

Dieses Nebeneinander hat zur Folge, daß Lehr- und Ausbildungspläne und Ziele weder einheitlichen Konzepten folgen noch entsprechend kontrolliert werden. Kooperationsprobleme resultieren weiter aus den unterschiedlichen Grundlagen für die Lernprozesse. Während für schulischen Unterricht die Systematik der Lehrpläne konstituierend ist und Lehrer häufig über wenig Kenntnisse betrieblicher Realität verfügen, wird die Ausbildung im Betrieb produktions- und auftragsnah strukturiert, so daß eine Verknüpfung theoretischer und praktischer Lernprozesse vom Auszubildenden allein geleistet werden muß. Nicht koordinierte Hilfen erschweren eine derartige Verknüpfung. Somit kann schulische Förderung nur dann sinnvoll sein, wenn entsprechende *Absprachen* getroffen werden. Um eine Verknüpfung zu erreichen, ist es sinnvoll, daß diese Absprachen in der Hauptsache zwischen den Ausbildern und den Lehrern stattfinden. Dadurch wird gleichzeitig erreicht, daß dem Jugendlichen deutlich wird, daß die Berufsschule ein wichtiger Bestandteil seiner Ausbildung ist. Diese Absprache werden in der Regel einseitig sein, d.h. die schulische Förderung wird sich den vorgegebenen Lehrplänen anpassen müssen.

Neben der fachlichen Absprache ist ein wesentlicher Bestandteil der Kooperation die Problematik des Jugendlichen, seine Verhaltensauffälligkeiten und Lernschwächen. Erfahrungsgemäß begreifen viele Lehrer diese Problematik nicht als ihre Aufgabe (vgl. Linke 1979, S. 795), sondern erwarten von den Mitarbeitern im Heim, daß sie diese Probleme abstellen. Hier wird es darum gehen müssen, einerseits die individuelle Problematik jedes Jugendlichen zu verdeutlichen und gemeinsam zu überlegen, wie dieser zu begegnen ist. Dabei kommt dem jeweiligen Lehrer die Aufgabe zu, bei seinen didaktisch-methodischen Überlegungen auch die Jugendlichen aus dem Heim mit ihren speziellen Problemen einzubeziehen. Im Rahmen dieser Zusammenarbeit soll auch der Erzieher beteiligt sein, indem er sozusagen Elternfunktion übernimmt.

3.7   Zur Förderung der Kooperation

Alle zuvor beschriebenen Kooperationsformen zwischen Lehrern, Erziehern und Ausbildern zu fördern und zu entwickeln, ist in letzter Instanz *Aufgabe der Funktionsdienste*. Dabei kommt den Funktionsträgern die Rolle des Beraters zu, der Strukturen und Instrumente zur Kooperation bereitstellt, bei der Entwicklung von Perspektiven für den Jugendlichen hilft, sowie darauf achtet, daß die pädagogische Zielsetzung, die Selbständigkeit des Jugendlichen sowie Aufarbeitung von Sozialisations- und Bildungsdefiziten gewährleistet wird. Im Rahmen des Modellversuchs konnte vor allem erreicht werden, Kooperation im Heim als Notwendigkeit zu verdeutlichen. Gleichzeitig wurde eine Abgrenzung der Bereiche erreicht, so daß die Tatsache weitgehend akzeptiert wird, daß im Ausbildungsbereich andere Erziehungsziele und -stile vorherrschen als im Erziehungsbereich. Die begonnene Auseinandersetzung darüber erweckt jedoch zunächst den Anschein, als hätte sich die Zusammenarbeit verschlechtert, weil sie konfliktreicher geworden ist. Dies ist jedoch nicht der Fall. Denn so wird z.B. das Ausbildungsgespräch von einer Reihe von Mitarbeitern als nützliche Hilfe erkannt und angewendet. In Zukunft wird es darum gehen, das Verständnis dafür weiterzuentwickeln, daß Ausbilder, Erzieher und Lehrer ein Team darstellen, mit dem Ziel, den jeweiligen Jugendlichen zu fördern, ohne dabei ihre spezifischen Eigenheiten zu verlieren.

4 Entstehung und Begründung des Konzepts einer "Erziehung zur Selbständigkeit"

4.1 Vorbemerkung

Parallel zu der Kooperationsproblematik beschäftigte sich der Modellversuch damit, wie die Selbständigkeit der Jugendlichen im Rahmen der Heimerziehung besser gefördert werden könne. Die Anstöße für die Entwicklung eines eigenständigen Konzepts kamen sowohl von "innen", also durch Erfahrung von Modellversuchsmitarbeitern aufgrund konkreter Anlässe, und von "außen", durch Entwicklungen im Bereich der Heimerziehung und der Jugendhilfe. In diesem Kapitel sei der Hintergrund näher umrissen. Ich stütze mich dabei zum einen auf mündliche Berichte von Modellversuchsmitarbeitern, zum anderen vor allem auf die "Handreichungen für die Erziehung zur Selbständigkeit", die der Modellversuch nach einem 1 1/2jährigen Entwicklungsprozeß veröffentlichte (Lehning/Picker/Guderjahn 1986). Zunächst berichte ich in diesem Kapitel darüber, wie sich den Modellversuchsmitarbeitern gleichsam induktiv die Problemstellung erschloß (Kapitel 4.2), streife kurz den jugendpolitischen Kontext (Kapitel 4.3) und begründe dann im Rückgriff auf die "Handreichungen" das von mir miterarbeitete pädagogische Konzept einer "Erziehung zur Selbständigkeit" (Kapitel 4.4.; die Zitate dieses Kapitels werden nicht eigens nachgewiesen); den Abschluß bildet eine kurze Skizze der Problemfelder des "Alleinelebens" (Kapitel 4.5).

4.2 Wie kam es zu der Problemstellung einer "Erziehung zur Selbständigkeit"?

Ausgangspunkt waren die Erfahrungen von Modellversuchsmitarbeitern, daß bei mehreren internen Mitarbeiterfortbildungen von Erziehern im Jugendheim und bei einer Erzieherfortbildung in einer regionalen Arbeitsgruppe der Internationalen Gesellschaft für Heimerziehung die Frage nach der "Verselbständigung" der Jugendlichen fast nur abwehrend und unzulänglich beantwortet wurde. Bei diesen Fortbildungen wurde i.d.R. eine Tonbildschau gezeigt, "... und plötzlich stehst Du alleine da - was man alles können muß, wenn man alleine lebt", die von dem Diakonischen Werk Münster zusammengestellt wurde und die einen sinnvollen Einstieg in die Problematik darstellt. Die zentrale Aussage dieser Tonbildschau, die dann in den Fortbildungsgesprächen immer wieder aufgegriffen wurde, lautet:

> "Nach einer Untersuchung des DEUTSCHEN JUGENDINSTITUTS - MÜNCHEN erhalten über 86 % der Mädchen und über 78 % der Jungen, die nicht in Einrichtungen der Jugendhilfe leben, über 18 Jahre hinaus von ihren Eltern weiterhin finanzielle Unterstützung. Beratung und andere Hilfen durch die Eltern nehmen 83 % der Befragten noch nach Erreichen ihrer Volljährigkeit in Anspruch.
>
> Im Gegensatz hierzu die Situation der Jugendlichen, die aus der Jugendhilfe entlassen werden: 80 % der jungen Leute erhalten von zuhause weder finanzielle Hilfen, noch können sie auf elterliche Beratung zurückgreifen" (entnommen aus: Lehning/Picker/Guderjahn 1986, S. A 1).

Die Erzieherinnen und Erzieher waren von der Tonbildschau zwar betroffen, vor allem von dem lebendig dargestellten Gegensatz zwischen Heimjugendlichen und "normal" mit Eltern lebenden Jugendlichen; sie konnten aber keine konstruktive Antwort darauf geben, wie sich denn in ihrem eigenen Handeln als Erziehender eine Vorbereitung auf das Leben nach dem Ende der Heimerziehung ausdrückte. Die Betroffenheit kam unter anderem auch daher, daß sie deutlich spürten, daß sie als realer Elternersatz fungieren, mit vielen Pflichten und einer hohen Verantwortlichkeit. In den Fortbildungsgesprächen kam es vor diesem Hintergrund eher zu Allgemeinplätzen und deklamatorischen Bekundungen, wie denn ihre pädagogische Verantwortlichkeit im Hinblick auf die Betreuung und Vorbereitung der Jugendlichen auf das Alleineleben aussehe. Es fehlten sowohl konkrete pädagogische Interventionsüberlegungen als auch einfaches Wissen, wie denn ein Leben nach der Heimerziehung, eben das Alleineleben, angepackt werden müsse. In Gesprächen im Modellversuch war man erschüttert, wie offenkundig hilflos und unvorbereitet die Jugendlichen nach mehreren Jahren der "Behütung" ins "kalte Wasser" geworfen wurden. Um es überscharf zu formulieren: Der Lebenszusammenhang im Heim ist so angelegt, daß die Jugendlichen zur Unselbständigkeit erzogen werden!

Aus dieser Erfahrung heraus wurde mit einigen Jugendlichen einer sogenannten "Verselbständigungsgruppe" gewissermaßen geübt, wie denn das Leben "draußen" bewältigt werden könne. (In der "Verselbständigungsgruppe" haben die Jugendlichen andere Freiheiten und mehr Möglichkeiten, sich auf das Leben nach dem Heim vorzubereiten; es gilt als Übergangsmöglichkeit zum Leben nach der Heimerziehung.) In diesen "Übungen" und Gesprächen mit den Jugendlichen wurde wiederum rasch deutlich, wo weitere Probleme liegen. Einige Beispiele:

Beispiel 1: Mit einigen Jugendlichen wurde ein Bewerbungsgespräch geübt und dieses auf Video aufgenommen. Ein Jugendlicher (ein zukünftiger Energieanlageninstallateur) spielte den 'Bewerber', ein zweiter Jugendlicher den 'Personalbeauftragten' eines kleineren Betriebes. Ergebnis nach einigem Bemühen: Der 'Personalbeauftragte' weiß nicht, was er den 'Bewerber' fragen soll, der 'Bewerber' weiß nicht, wie (und ob) er Bedingungen und Vorstellungen artikulieren soll. Der Versuch mündet in verlegenem Grinsen und hilflosem Lachen. Nun übernimmt ein Erzieher der Gruppe die Rolle des 'Personalbeauftragten'. Ein nahezu wörtlicher Dialog zwischen dem 'Personalbeauftragten' (P.) und dem 'Bewerber (B.) läuft dann so: P: "Warum haben Sie sich beworben?" B: "Ich will Geld verdienen." P: "Machen Sie auch Schichtdienst?" B: "Nein" P: "Fahren Sie auf Montage?" B: "Nein." P: "Was wollen Sie verdienen?" B: "5.000 DM!" P: "Brutto?" B: "Nein, netto." P: "Im Jahr?" B: "Im Monat!" Nach Abbruch dieses Versuchs war klar, daß nicht nur die Jugendlichen völlig überzogene (und hilflose) Vorstellungen haben, sondern daß auch ihre Erzieher keinerlei methodisch-didaktische Fähigkeiten haben, solche Rollen- und Simulationsspiele so anzulegen, daß die Jugendlichen dabei etwas lernen können. Zunächst gelang es nicht, die Erzieher davon zu überzeugen, daß dieses Übungsgespräch praktisch völlig sinnlos ist, da hier keiner angemessene Vorstellungen hatte.

Beispiel 2: Ein nächstes Mal wurde über die Wohnungssuche gesprochen. Was sei dabei zu beachten? Rasch konnte festgestellt werden, daß die Jugendlichen die Inserate in der örtlichen Zeitung wegen der vielen Abkürzungen gar nicht verstehen konnten (2 ZKBBalk; 4-ZiWg; etc.). Sie kannten weder den Unterschied von Kalt- und Warmmiete oder die Bedeutung von Chiffreanzeigen. Sodann wurden sie aufgefordert, eine eigene Anzeige aufzugeben. Eine besonders 'erfolgsversprechende' Wohnungsannonce lautete dann: "Geiler Nena-Fan sucht große Dachwohnung in bester Lage, oh. Kaution. Zuschrift unter..." (Lehning/Picker/Guderjahn 1986, S. C/D 5). Erst nach langen Diskussionen konnte man die Jugendlichen davon überzeugen, daß mit solch einer Anzeige der Mißerfolg gleichsam vorprogrammiert ist, daß sie sich, ob sie nun wollen oder nicht, auf die Vorurteile von Vermietern einlassen müssen. Ergebnis einer solchen, oft lang dauernden Diskussion war dann der folgende Anzeigentext: "Jg. Handwerker, sucht z. 1.8.86 oder später 1 ZKB oder kl. 2 ZW in Biedenkopf, übernehme auch kl. Hausmeistertätigkeiten. Zuschriften unter... " (a.a.O.). Auch hier zeigte sich, daß didaktisch- methodische Phantasie entwickelt werden muß, um den Jugendlichen klarzumachen, welcher Weg sinnvoll wäre.

Beispiel 3: Mit den Jugendlichen wurde besprochen, wie sie eine eigenständige Lebensführung finanzieren würden. Bei Addition der von den Jugendlichen aufgeschriebenen Zahlen für Miete, Auto, Essen, Bekleidung, Körperpflege, u.a. kamen regelmäßige Summen zustande, die weit über dem Normalverdienst eines Facharbeiters lagen. Die Differenzbeträge, so dann das Standardargument der Jugendlichen, würde man halt durch Kredite abdecken. Erst nach vielem Rechnen, bei dem gezeigt wurde, wie sich durch Kredite die Spirale des Verschuldens immer weiter dreht, konnte den Jugendlichen einsichtig gemacht werden, daß das Führen eines Haushaltes mit einer realistischen Einschätzung der eigenen finanziellen Möglichkeiten angepackt werden müsse.

Das Resümee dieser Gespräche: Die Jugendlichen müssen unbedingt in ganz elementare Alltagsprobleme eingeführt werden; die Erzieher und Erzieherinnen wiederum müssen einfache Hilfen bekommen, mit denen sie diese Einführung in die Verselbständigung in die Hand nehmen können. Es bedarf dazu keiner Rezepte, sondern didaktisch-methodischer Handlungshilfen und möglicher Materialien für das Gespräch auf der Gruppe. Aus diesem Zusammenhang heraus entwickelte der Modellversuch z.B. Arbeitsblätter, die die Erzieher dann einsetzen konnten und mit denen bestimmte Fragen geübt wurden, so etwa das Berechnen der eigenständigen Haushaltsführung oder die Bedeutung einer Lebensversicherung. Zu den Arbeitsblättern wurden didaktisch-methodische Hinweise ihres Einsatzes gegeben. Im Laufe von mehreren internen Erzieherfortbildungen wurde der Katalog von Arbeitsblättern, Materialien und didaktisch-methodischen Hinweisen erweitert. Allmählich entwickelte sich eine umfängliche Mappe, die dann den Titel "Handreichungen für die Erziehung zur Selbständigkeit" erhielt.

4.3 Der jugendhilfepolitische Kontext der "Erziehung zur Selbständigkeit"

Da das Problem, wie eine Erziehung zu mehr Selbständigkeit zu bewerkstelligen sei, mit anderen Entwicklungen in der Jugendhilfe einherging, bat der Modellversuch einen externen Wissenschaftler, für die Handreichungen den allgemeinen jugendhilfepolitischen Kontext zu erläutern. Unter der provozierenden Überschrift "Die Jugendhilfe muß offensiv werden - zum Teil ist sie es schon" (Rehbein 1986) wird skizziert, daß der Berufsausbildung im Rahmen der öffentlichen Erziehung inzwischen eine Schlüsselfunktion zukomme: "Im Verlaufe eines mehrjährigen und offensichtlich konstruktiven Entwicklungsprozesses... wurde etwa Mitte der 70er Jahre die Berufsausbildung als ein zentraler Ausgangspunkt für die Entwicklung einer langfristigen und belastbaren, auch durch beruflichen Erfolg gesicherten Lebensperspektive ganz allgemein und insbesondere auch der Jugendlichen in öffentlicher Erziehung wiederentdeckt. In fachpolitischen Diskussionen und im Erziehungsalltag verschiedener Einrichtungen der Jugendhilfe wurde und wird zunehmend dieser neue Akzent gesetzt" (Rehbein 1986, S. A 2). Die großen Jugendhilfeverbände wie AFET (Arbeitsgemeinschaft für Erziehungshilfe), IGFH (Internationale Gesellschaft für Heimerziehung) und die AGJ (Arbeitsgemeinschaft für Jugendhilfe) haben, so Rehbein, inzwischen eine "pädagogische Offensive" gestartet, in der die Verantwortung der Jugendhilfe für die Berufsnot der

Jugendlichen und eine bessere Vorbereitung auf ihre Existenzsicherung umrissen werden. Dazu wird ein erläuterndes Zitat einer Jugendhilfepolitikerin, I. Mielenz, herangezogen: "Trotz heftiger, nicht nur interner Auseinandersetzungen um die 'Zuständigkeit' der Jugendhilfe für die Berufsausbildung dieses Personenkreises ist seit Mitte der 70er Jahre eine Entwicklung in Gang gekommen, die durch die Jugendministerkonferenz und ihre Beschlußfassung zur Jugendarbeitslosigkeit (1. Juni 1984 in Mainz) aufgegriffen und bestätigt worden ist. Damit wird nicht nur das Ausbildungsangebot der Jugendhilfe in die fachpolitische Öffentlichkeit gerückt, sondern auch der weitere Ausbau von Ausbildungs- und Beschäftigungsmaßnahmen für die betroffenen Jugendlichen im Jugendhilfebereich gefördert" (Mielenz 1984, S. 7, entnommen aus Rehbein, S. A 2). Um die Berufsausbildung durchführen zu können, so folgert Rehbein, sind "Einrichtungen einer bestimmten Mindestgröße" (S. A 3) erforderlich, also etwa Jugendheime, in denen mehrere Berufe oder Berufsfelder in entsprechenden Werkstätten vorgehalten werden. Dieser Prozeß ist Antwort der Jugendhilfe und Herausforderung zugleich: "Wenn Erziehung auch Vermittlung einer sinnvollen Lebensperspektive bedeutet, haben ihre Institutionen - sollen sie nicht erneut zu einer reinen Legitimationsfunktion lediglich sanktionierenden Handelns verkommen - die Aufgabe, in den Vergesellschaftungsprozeß der Jugend weiter strukturierend einzugreifen" (S. A 3). Hier wird noch einmal der Kontext der neuen Aufgabe der Heimerziehung deutlich. Es geht nicht um Aufbewahren oder Absondern, sondern darum, Jugendlichen eine *"sinnvolle Lebensperspektive"* zu bieten. Hatte die Heimkampagne zu Recht darauf aufmerksam gemacht, daß haltlose Zustände in den "Anstalten" herrschen, so ist die neue Phase der Reform der Heimerziehung dadurch geprägt, daß versucht wird, den Jugendlichen durch Eingriff in ihr eigenes Leben erste Strukturen und Konturen einer sinnvollen Existenzbewältigung zu vermitteln: "Die Vorbereitung der Jugendlichen auf eine eigenständige Lebensführung nach Beendigung der Jugendhilfemaßnahme ist mit entscheidend für den Erfolg der Erziehungsmaßnahme" (a.a.O.). Hiermit wird der weite Horizont eines *offenen Konzepts von Heimerziehung* angedeutet. Die Erziehung zur Selbständigkeit muß mit dem Tag der Aufnahme beginnen; sie darf aber noch nicht mit dem Tag der Entlassung beendet sein; es bedarf darüberhinaus einer "qualifizierten Nachbetreuung, will diese nicht lediglich Verlängerung der Heimerziehung mit anderen Mitteln sein. Für einen gelingenden Alltag der später aus der öffentlichen Jugendhilfe endgültig zu entlassenen jungen Menschen ist die Entwicklung weiterer Aspekte einer umfassenden nachgehenden Betreuung dringend geboten" (a.a.O.). Die Perspektive einer umfassenden Vorbereitung auf das Leben auch nach dem Ende der Jugendhilfe wird hier angedeutet. Langfristig gilt es an diesen Bestimmungen anzusetzen (vgl. auch Niemietz 1983, J. Schmitz 1983).

4.4 Die pädagogische Begründung des Konzepts der "Handreichungen"

Der Grundgedanke des Konzepts lautet, daß die Jugendlichen im Bereich der Heimerziehung gleichsam "nacherzogen" werden (müssen) (vgl. auch Teil A, Kapitel 4; Teil B, Kapitel 4.2). Die "Nacherziehung" des Willens jedes einzelnen Jugendlichen und die Vorbereitung auf eine eigenständige, gesellschaftlich anerkannte Lebensführung stellt hohe Anforderungen an die Mitarbeiter in den Einrichtungen der Jugendhilfe. Neben den notwendigen theoretischen und berufspraktischen Qualifikationen werden von ihnen vor allem Geduld, Beharrlichkeit, Überzeugungs- und Durchsetzungsvermögen verlangt. Wie diese pädagogischen Qualifikationen zu erreichen sind, wird in dem Konzept im Rückgriff auf den bekannten Heimpädagogen *Paul Moor* umrissen. In der Einleitung zur Handreichung werden einige zentrale Zitate aus einem bedeutenden Text von Paul Moor so zusammengestellt, daß die Grundintentionen sichtbar werden. Zur Verdeutlichung sei der Text hier wiedergegeben:

> "Die wesentliche pädagogische Aufgabe besteht nicht darin, etwas gegen den Fehler zu tun, sondern etwas zu tun für das Fehlende. Nicht der Ungehorsam ist Gegenstand der Pädagogik, sondern die Erziehung zum Gehorsam; nicht das Lügen ist dem Kinde zu verleiden, sondern die Wahrhaftigkeit ist ihm möglich zu machen. Im Volksmund heißt es über 'schwache Kinder': 'Es will ja schon, aber es kann nicht!' Von schwererziehbaren Kindern wird häufiger das Umgekehrte gesagt: 'Er könnte schon, wenn er nur wollte'. Wir halten hier nur dieses fest: Zu jedem Wollen gehört auch ein Können, zu der Lebensführung eine Lebenstechnik. Wollen heißt, sich selber befehlen und sich selber gehorchen. Es beginnt die Erziehung des Willens mit der Gewöhnung; Gewöhnung an Arbeit, Gewöhnung an Ordnung, Gewöhnung an gesittetes Benehmen, Gewöhnung an Einordnung, Gewöhnung an Rücksichtnahme auf andere, Gewöhnung an all das, was wir erwachsene Erzieher für unser Leben im Heim als notwendig erachten...". "Das Vorbildlichsein wird mir zur Last, wenn es mir im Wege ist, daß sich beständig neue Aufgaben stellen, wenn ich immer wieder Ausschau halte nach Arbeiten, die mir weniger Verantwortung aufbürden. Dann habe ich entweder meinen Beruf verfehlt, oder ich muß erkennen, daß ich mich selber erst noch zu erziehen habe"... "Wer immer nur versucht, es sich leicht zu machen, klug abzuwägen und den Schwierigkeiten aus dem Wege zu gehen, der nähme sich damit die Möglichkeit, an seiner Aufgabe zu wachsen. Weil aber nur der der erzieherischen Aufgabe gewachsen ist, der beständig an ihr zu wachsen versucht, lähmt sich selber, wer das Klügere dem Richtigen vorzieht, und erreicht mit der Zeit nur, daß er immer weniger aushält!" (Moor 1963, S. 19-24; zitiert nach Lehning/Picker/Guderjahn 1986, S. A 6/A 7).

Von diesen pädagogischen Reflexionen ausgehend, wurden Handlungsempfehlungen entwickelt, die sich auf die Probleme des Gruppendienstes beziehen. Die Problemfelder des Gruppendienstes ergaben sich aus seinem Erziehungsziel, die Jugendlichen auf eine eigenständige Lebensführung vorzubereiten. Der Gruppendienst und der damit verbundene ständige Wechsel der Bezugspersonen sowie die Gruppengröße (6-10 Jugendliche unterschiedlichen Alters und unterschiedlicher Individualitäten) erleichtern die Arbeit der Erzieher nicht. Gleichwohl darf die Gruppe kein Selbstzweck sein, nicht ein harmonisches Gruppenleben, sondern die Entwicklung der Individualität des einzelnen Jugendlichen muß im Mittelpunkt der erzieherischen Aktivitäten stehen. Zwar kann ein "geschickter" Erzieher ein gutes Gruppenleben herstellen, eine Gruppe, in der der Putz- und Kochdienst bestens organisiert ist, eine Gruppe, die gemeinsame Aktivitäten unternimmt und oberflächlich harmonisch erscheint; jedoch hält das ganze nur, solange der Erzieher selbst da ist. Das "Alleine leben danach" verlangt mehr. Die Erziehung bzw. Vorbereitung auf eine eigenständige Lebensführung muß sich auch im Betreuungsbereich unter der Maxime "Fördern durch Fordern" vollziehen. Die "auffällige Individualität" jedes Jugendlichen darf nicht durch Hilfe ("ich helfe Dir, ich mach das schon für Dich" usw.) verschleiert, sondern muß als notwendige "Reibungsfläche" erkannt und produktiv genutzt werden, in dem Sinne, wie es in dem Text von Paul Moor angedeutet wurde. Wegen der oft schwierigen individuellen Voraussetzungen der Jugendlichen muß sich der Erziehende und das Jugendheim als Ganzes im besonderen Maße seiner Aufgabe als Sozialisationsinstanz bewußt sein. Die Tatsache, daß man als Ausbilder oder Erzieher sozialisiert, ist unhintergehbar: Man ist, ob man will oder nicht, (positives oder negatives) Vorbild für die Jugendlichen. Die Jugendlichen übernehmen durch Nachahmung (und Abwehr!) die Werte und Verhaltensweisen der Erziehenden. Mit dieser unverrückbaren Tatsache kann ein Erziehender auf zweierlei Weise umgehen: Entweder man läßt es so laufen und macht sich keine Gedanken über seine Sozialisationsrolle ("unbewußtes Sozialisieren"); oder man übernimmt entschlossen die Aufgabe, den Jugendlichen (oft gegen dessen Willen!) aktiv zu beeinflussen ("bewußtes Sozialisieren"). Dazu braucht der Erziehende den Mut zur ständigen Auseinandersetzung, weiterhin den Willen zur ständige Reflexion und Vergewisserung über die notwendigen Erziehungsziele und ihnen entsprechende Aktivitäten. "Wenn sich die im Heim tätigen Erzieher in ihrem Selbstverständnis gegenüber den Jugendlichen als deren Lobby, als soziale Heimat, zu Hause, Beziehungsanker, Grundlage und Garant menschlicher Nähe begreifen, dann kann das Heim als Angebot sozialer Zuständigkeit für zwischenmenschliche Beziehungen gefordert und gefragt sein, dann kann das Heim 'lohnender Lebensort' für Jugendliche und junge Erwachsene sein" (Netzeband 1984, S. 201 f.; zitiert nach Lehning/Picker/Guderjahn 1986, S. A 8).

Das Erziehen mit dem Ziel des Erwerbs allgemeiner *Lebensqualifikationen* und die Entwicklung einer realistischen Lebensvorstellung sind die Aufgaben, die die Erzieher im Heim zu leisten haben. Die Vermittlung von *Lebenstechniken* zielt darauf ab, Jugendliche und junge Erwachsene in die Eigenständigkeit und Eigenverantwortlichkeit zu entlassen, d.h. systematisch auf das "Alleine leben" und die damit verbundenen Anforderungen vorzubereiten. Beispiele wären etwa die, daß die Jugendlichen Bewerbungen schreiben können, Umgang mit Geld beherrschen, Fomulare kennen, u.a.m. Die Erzieher müssen die Jugendlichen des weiteren an gesellschaftliche Werte und Normen, beispielsweise Ordnung, Sauberkeit, Hygiene und Pünktlichkeit heranführen. Sie müssen für und mit den Jugendlichen lebensnotwendige Handlungsstrategien entwickeln, etwa alleine aufstehen können, seine Wohnung sauberhalten können, Schwellenangst bei Behörden abbauen, u.a.m. Für die Stabilisierung und Selbständigkeit der Jugendlichen ist die Fähigkeit zu einer sinnvollen Freizeitgestaltung sehr bedeutend. Die eigene Gestaltung der arbeitsfreien Zeit ist für das spätere Leben wichtig. Kreative Anregungen durch Vormachen und/oder Nachmachen könnten erste Lernschritte sein. Später geben ausgeprägte Interessen, Neigungen und Können Sicherheit, erleichtern und fördern Kontaktbereitschaft zu anderen Jugendlichen und Erwachsenen. Neigungsgruppen im Schonraum des Heimes und außerhalb müssen kontinuierlich angeboten und gezielt durchgeführt werden. Die Vermittlung der oben beispielartig genannten Lebensqualifikationen reichen jedoch nicht aus, dem umfassenden Erziehungsauftrag gerecht zu werden, es bedarf dazu ferner des Aufzeigens von Verhaltensmustern in bestimmten Situationen, die den Jugendlichen neue Orientierungen und die Möglichkeiten der Identitätsfindung bieten. Dies ist für den späteren Aufbau eines eigenen Beziehungsnetzes unabdingbar. Der Erzieher muß auch hier Vorbild sein und bereit sein, das Verhalten der Jugendlichen als Gesprächsanlaß zu nutzen, um Verhaltensalternativen anzubieten. Dies geht aber nur, wenn sich der Erzieher als beziehungszuständig, als Begleiter, Berater und Vorbild begreift und er sich der tatsächlichen Lebenswelt der Jugendlichen öffnet. Deshalb muß sich der Erzieher auf die Konflikte, die einen solchen Beziehungs- und Erziehungsprozeß begleiten, einlassen; er muß Möglichkeiten schaffen und Grenzen setzen, definieren, klarmachen, ständige Gesprächsbereitschaft dokumentieren, Orientierungs- und Verhaltensmuster aufzeigen und die Individualität der Jugendlichen begreifen. Persönliche Autonomie heißt in letzter Instanz, so das Konzept der Handreichungen: Die Jugendlichen sollen lernen, im Rahmen von gegebenen Bedingungen und unter Berücksichtigung ihrer eigenen Fähigkeiten zu entscheiden und zu handeln. Für die Entwicklung dieser Selbständigkeit sind *Erfahrungslernen, Hilfe zur Selbsthilfe und Fördern durch Fordern* grundlegende Erziehungs- und Handlungsprinzipien der pädagogischen Mitarbeiter in den Einrichtungen der Jugendhilfe.

Mit diesen Bestimmungen wird empfohlen, eine interne Mitarbeiterfortbildung durchzuführen. Eine erste Einführung und Problematisierung der Handreichungen ist durch die oben schon genannte Tonbildschau des Diakonischen Werkes Münster sinnvoll. Nach der inhaltlichen Einführung sollte die Frage geklärt werden, wie gewährleistet werden kann, daß die Erziehung zur Selbständigkeit mit dem Tag der Aufnahme beginnen kann. Nach Erfahrungen von Mitarbeitern des Modellversuchs mit solchen heiminternen Mitarbeiterfortbildungen und aufgrund der Erfahrungen mit der Erprobung der Handreichungen im Erziehungsalltag wird empfohlen, die ständige Nachfrage zu dem Lernentwicklungsstand des Jugendlichen mit Hilfe einer kontinuierlichen Erziehungsplanung durchzuführen. Zu einzelnen Problemfeldern, die im nächsten Kapitel aufgeführt werden, könnte ein im gruppenübergreifenden Bereich tätiger Mitarbeiter in die jeweilige Wohngruppe kommen.

4.5   Problemfelder des "Alleine-lebens"

In den "Handreichungen für die Erziehung zur Selbständigkeit" werden eine Reihe von Problemfeldern aufgeführt, die einen Überblick geben können, in welchen Bereichen der Jugendliche sich nach seiner Entlassung aus dem Heim bewähren muß. Zur Orientierung:

Existenzsicherung durch Arbeit	B
Wohungssuche/Wohnung	C/D
Führung eines eigenen Haushaltes	E
Freizeit und Freizeitgestaltung	F
Bank- und Postverkehr	G
Ordnungs- und Einwohnermeldeamt	H
Straßenverkehrsamt	I/J
Stadtwerke	K
Versicherungen	L
Krankenkasse	M
Arbeitsamt	N/O
Sozialamt	P/Q
Finanzamt	R
Bundeswehr/Zivildienst	S
Beratung und Aufklärung	Sch
Gewerkschaft	St
Jugendstrafen, Bewährung, Bewährungshilfe	T/U
Anhang: Weitere Materialien zur Freizeitgestaltung	V
Schlußbemerkung der Autoren	W
Adressen und Materialien zur Nachbetreuung	X-Z

Für jedes dieser Problemfelder gibt es Stichworte, didaktisch-methodische Hinweise und eine Reihe von Übungsmaterialien. Als Beispiel sei abschließend und zur Illustration das Problemfeld "Existenzsicherung durch Arbeit" wiedergegeben.

Stichworte:

- Es gibt verschiedene Möglichkeiten eine Stelle zu suchen:
  Über den Ausbilder bzw. Kollegen, das Arbeitsamt, Stellenangebote in der Zeitung, Firmen direkt anschreiben oder anrufen, nach Stellen erkundigen.

- Lebenslauf schreiben (mit Foto)

- Bewerbung schreiben

- Zeugnisse und Bescheinigungen zusammenstellen, ordnen

- Vorstellung auf Einladung und persönliche Stellensuche vor Ort

- Arbeitsvertrag

- Rechte und Pflichten kennen

- Kündigung und Rechtsmittel dagegen kennen

- Arbeitspapiere kennen: Lohnsteuerkarte, Sozialversicherungsnachweis (insbesondere Krankenkasse), Gesundheitszeugnis, evtl. polizeiliches Führungszeugnis

- Gehalt und Gehaltsberechnung kennen.

Didaktisch-methodische Hinweise:

- Erzieher/Ausbilder erstellen einen Ausschreibungstext und bitten um Bewerbungen. Anschließend werden die Bewerbungsunterlagen mit den Jugendlichen besprochen und Hinweise auf 'korrektes Verhalten', z.B. bei Vorstellungsgesprächen gegeben.

- Jeder Jugendliche soll sich eine Mappe mit seinen Bewerbungsunterlagen zusammenstellen (incl. beglaubigter Zeugniskopien) mit einem Zeugnis des Ausbilders im Jugendheim incl. evtl. Zusatzqualifikationen

- Aufklärung über Privatvermittler/Zeitarbeiten

- Ausbildungsleiter oder Ausbilder auf die Gruppe einladen; Vorstellungsgespräche durchspielen (ggf. Einsatz der Videokamera)

- Das Heim als Wohnort auf dem Bewerbungsschreiben? Wir meinen ja! (Zu diesem Punkt ergeben sich wichtige Diskussionen).

Diese Gliederung wird für die anderen Problemfelder mehr oder weniger ausführlich durchgehalten. Dem Erzieher sind damit Übungsmaterialien an die Hand gegeben, mit denen er die geschilderten Lebenstechniken/-qualifikationen schulen und die Erziehungsarbeit in der Gruppe auf eine tragfähige Grundlage stellen kann.

5 Perspektiven des Lernortverbundes "Jugendheim mit Berufsausbildung"

In diesem Abschlußkapitel zum Teil D sei nun aus meiner Sicht zusammengetragen, was im Modellversuch in seinem Engagement in der Interventionsebene "Leben - Wohnen - Arbeiten" gelernt worden ist und in welchen Bereichen weitergearbeitet werden sollte. Zunächst freilich muß festgehalten werden, daß es sich "gelohnt" hat, die Aufgaben des Modellversuchs nicht auf die Berufsausbildung im engeren Sinne einzugrenzen. Vielmehr machte erst die Aufgabenerweiterung deutlich, daß Innovationen letztlich das *ganze* Jugendheim betreffen; eine Beschränkung auf den Teilbereich der Ausbildung in den Werkstätten hätte dazu weniger Gewinn erbracht. Die Aktivitäten in diesem Bereich zeigen, daß Heimerziehung sich systematisch weitere Erziehungsfelder erschließen muß, will sie den Notlagen der Jugendlichen auch in Zukunft gerecht werden. Verschärfend treten z.Zt. und absehbar neue Anforderungen und Entwicklungen herzu, die die Heimerziehung neu herausfordern. Genannt sei nur die (demographisch-objektiv) absinkende Zahl der jungen Menschen, ein Prozeß der auch die Heimerziehung betreffen wird, auch wenn niemand weiß, in welcher Form. Aber auch außerbetriebliche Lehrwerkstätten, alternative Formen der Jugendhilfe und die öffentlichen Schulen werden durch sozialpädagogische Bemühungen verstärkt schon im Vorfeld versuchen, Jugendliche für ihre Einrichtungen zu gewinnen. Obschon dieser Vorgang nicht zu kritisieren ist, bleibt die Anfrage, ob diese Einrichtungen stets für Jugendliche gemäß den in Kapitel 3.2 formulierten Kriterien von Thiersch und Sturzebecher/Klein angemessene und förderliche Angebote entwickeln können. Ich vertrete, auch aus intensiver Beobachtung der Heimerziehung, nachdrücklich die Auffassung, daß gesellschaftliche Institutionen wie die der Heimerziehung nicht etwa nur historische gewachsene "Repressionsinstrumente" darstellen, wie es im Anschluß an die Studien von Foucault oft nahe gelegt wird (Foucault 1969; Foucault 1979), sondern daß sie dazu beitragen können, die Folgeprobleme eines verfehlten Aufwachsens (z.B. im Elternhaus) zu mildern und durch "Ersatzheimat" und "Nacherziehung" den Jugendlichen noch Anschluß an die normativen Imperative einer modernen Gesellschaft zu ermöglichen. Damit freilich wächst der Heimerziehung die Aufgabe zu, ihre qua Institution unumgängliche Beharrungstendenz in Frage zu stellen, um nicht selbst den Anschluß an gesellschaftliche Entwicklungen zu verlieren. Heimerziehung braucht den permanenten Wandel!

Unter den derzeitigen Bedingungen scheint die Perspektive günstig, daß sich ein Jugendheim mittelfristig - in Anlehnung an Gedanken aus der neueren Gesamtschuldiskussion (vgl. z.B. Schlömerkemper 1984) - pädagogisch so profiliert, daß es sich zu einem *sozialpädagogischen Zentrum innerhalb einer Region* entwickelt. Fasse ich meine Erfahrungen zusammen, so ergeben sich acht perspektivenreiche Handlungsfelder, in denen die Jugendheime aktuell in weitere Innovationen investieren müßten. Diese Handlungsbereiche besitzen noch keine strenge Systematik und ergeben sich auch nicht zwingend aus den empirischen Untersuchungen, theoretischen Abklärungen und gesammelten Erfahrungen, die ich in diesem Teil niedergelegt hatte. Gleichwohl sind sie nicht zufällig! Sie mögen im Sinne einer Empfehlung der Wissenschaftlichen Begleitung an den Durchführungsträger des Modellversuchs dienen und zugleich Anregungen geben für weitere Forschungs- und Innovationsuntersuchungen. Die Gliederung nach kurzfristig, mittelfristig, langfristig, die ich diesen Handlungsbereichen unterlege, ergibt sich aus einem Innovationsverständnis, das nicht auf feste Pläne setzt, sondern auf die Selbstaktivität der Beteiligten, denen die Wissenschaft einige Entwicklungslinien als Orientierung und zur Hilfe aufzeigt (vgl. Bojanowski/Dedering/Heidegger 1983).

• Das schon bestehende Angebot an *Neigungsgruppen und Freizeitaktivitäten* muß kurzfristig ausgebaut und vervollkommnet werden. Nur wenn Heimerziehung den Auftrag von Thiersch, attraktive Lernfelder zu schaffen, auch für die Zeit "nach 17.00 Uhr" ernst nimmt, wird sie tiefergehende Einwirkungsmöglichkeiten auf die Jugendlichen gewinnen. Freizeitangebote stehen in dem Spannungsfeld der persönlichen Interessen des Erziehers, des Ausbilders, des Sportlehrers oder anderen Erziehenden und den Wünschen und Bedürfnissen der Jugendlichen. Unabdingbar wird sein, daß der Erwachsene ein Angebot formuliert, daß er in verläßlichem Rahmen dem Jugendlichen dieses Lernfeld eröffnet und daß er ihn anspornt, sich in diesem Felde zu erproben. Gleichzeitig aber wird es darauf ankommen, zeitgemäße und der aktuellen Jugendkultur entsprechende Vorschläge zu machen, um so die Heranwachsenden zu "packen" und sie zu "faszinieren".

• *Die schon begonnene Öffnung vieler Heime zur Region* sollte fortgesetzt und vertieft werden. Ohne Einschränkung kann man sagen, daß die Integration externer Jugendlicher sinnvoll ist und auch glückt. Wenn dadurch mehr Jugendlichen aus dem regionalen Umfeld eine Berufsausbildung ermöglicht wird, dann bedeutet das auch eine erneute Verbesserung des Ansehens der Heime und eine Verankerung im allgemeinen Bewußtsein. In diesem Zusammenhang sollte es gleichermaßen selbstverständlich werden, daß externe Jugendliche die Dienste des Heims in Anspruch nehmen können (Freizeitangebote, pädagogische und psychologische Beratung, etc.). Damit würde eine Ghettoisierung der Heimjugendlichen vermieden, sie könnten verstärkte soziale Kontakte vor Ort gewinnen. Weiterhin wäre es denkbar, daß die Freizeitangebote des Heimes im Sinne eines Vereins auch den Jugendlichen des Ortes offenstehen. Damit würde wiederum der Austausch zwischen Umland und Einrichtung der Jugendhilfe verbessert und verstärkt.

• Unabweislich sind kurzfristig die *vorberuflichen Angebote* zu verbessern. Es muß ein differenziertes Angebot entwickelt werden, das wirkliche Berufsfindung und Berufsorientierung ermöglicht. Ein Verschieben der Jugendlichen von Förderlehrgang zu Förderlehrgang darf es nicht mehr geben. Vielmehr muß versucht werden, im Verlaufe verschiedener Hilfs- und Fördermaßnahmen die wirklichen Interessen des Heranwachsenden auszuloten, und ihm dann geholfen werden, diese zu erproben, wobei es immer möglich sein muß, daß er Modifikationen vornimmt. Erst wenn das Berufsvorbereitungsjahr und die Berufsförderlehrgänge echte Experimentierfelder für die Jugendlichen bieten, kann das unwürdige und inhumane "Reindrücken" in irgendeine Werkstatt, nur weil dort gerade Platz ist, vermieden werden. Das differenzierte Angebot muß von Einzelfördermaßnahmen im Rahmen des Werkstattlernens bis zu Erprobungspraktika in nahen Betrieben nebst Heimunterbringung umfassen. Ebenso muß es möglich sein, daß die Jugendlichen erst allmählich in Arbeit und Lernen hineinfinden, etwa dadurch, daß sie ein Vierteljahr nur 10-15 Stunden in der Werkstatt arbeiten und das nächste Vierteljahr dann eine längere Zeit. Ferner bedarf es dann der Überlegungen und Anstrengungen, ihnen Hilfen für die regelmäßige Struktur ihres Tagesablaufes zu geben. Insgesamt gesehen bedarf es eines neuen Konzeptes, das entscheidend neue Kooperationsformen vorsieht: Psychologe (Diagnose, Hilfe zur Berufsfindung), Lehrer (Vorbereitung des Hauptschulabschlusses bzw. Nachgehen der schulischen Defizite), Erzieher (Aufnahmegespräche und Unterbringung) und Ausbilder (Einführung in die Werkstatt) sowie die Funktionsdienste müssen gezielt zusammenarbeiten, um dem Jugendlichen vielleicht zum erstenmal in seinem Leben das Gefühl zu geben, daß man sich ernsthaft um ihn kümmert und daß er eine echte Chance erhält, seinem Leben eine produktive Wendung zu geben. Wenn diese Findungs- und Experimentiermöglichkeiten zu Beginn der Heimerziehung nicht eröffnet werden, dann heißt das für viele Jugendliche tatsächlich, daß ihnen niemals mehr im Leben eine Möglichkeit gegeben wird, sich selbst zu finden.

• *Das bestehende Angebot an Wohngruppen und Wohnformen* muß kurzfristig weiterdifferenziert und ausgebaut werden. Dazu bedarf es unterschiedlichster Betreuungskonzepte und -angebote, die von der traditionellen Gruppenerziehung bis hin zum betreuten Einzelwohnen reichen. Bei der bekannten Form der Gruppenerziehung sind unhintergehbar rasche Umstrukturierungen in Richtung "Bezugserzieher" geboten, um zu gewährleisten, daß der Jugendliche kontinuierlich mit einer einzigen Person auf der Gruppe zu tun hat und nicht zwischen stark wechselnden Anforderungen verschiedener Erzieherpersonen zerrieben wird. Bei der Differenzierung der Wohnangebote ist auf Vielfalt zu achten, so wie sie sich in den letzten Jahren im Bereich der ambulanten Hilfen entwickelt haben (Kriterium "Enge - Weite" der Beziehungen): Formen der Wohngemeinschaft mit loser Betreuung, oder Formen der Wohngemeinschaft mit reiner Selbstversorgung, Einzelwohnen in der benachbarten Gemeinde, internatsähnliche Wohnformen mit Erziehern als Hauseltern, u.a.m. Stets müssen die entwickelten Angebote so angelegt sein, daß die Jugendlichen sich in ihnen wohlfühlen können, damit sie wenigstens ein Stück "Heimat" empfinden. Besonders für Mädchen müssen neue Wohn- und Lebensformen entwickelt werden, die der Tatsache Rechnung tragen, daß die jungen Frauen in der Zerrissenheit zwischen möglichem Kind und Berufsorientierung zur Zeit auf sehr wenige funktionierende und vorgelebte Lebensmodelle zurückgreifen können.

• Kurz- bis mittelfristig sollte das oben skizzierte und ansatzweise erprobte Konzept einer *individuell gestalteten Berufsausbildung* in den Werkstätten der Jugendheime eingeführt werden. Dabei kommt es nicht so sehr darauf an, daß formal - etwa durch das bloße Aufhängen eines verbesserten Ausbildungsplanes - die Kriterien dieser Form der Berufsausbildung eingehalten werden, sondern daß der Geist und der Sinn einer solchen modifizierten Berufsausbildung in den nächsten Jahren herausgestellt wird. Dazu bedarf es nicht nur der schon in den Verwaltungsgremien beschlossenen Fortführung der Ausbilderfortbildung, sondern auch einer Erzieherfortbildung, die gerade die Bedeutung von individuell gestalteten beruflichen Angeboten für die Heimjugendlichen herausarbeitet. Es bedarf ferner der Verstärkung einer gemeinsamen Ausbildungs- und Erziehungsplanung, so wie sie in den Kapiteln angedeutet worden ist, sowie der verstärkten Orientierung am Einzelfall bzw. am einzelnen Jugendlichen, dessen Lebensgeschichte und jeweilige Situation in regelmäßiger Folge von Erziehenden besprochen werden muß.

• Es bedarf kurz- und mittelfristig einer genaueren Definition des *Selbstverständnisses und der Berufsaufgaben der Funktionsträger* der Jugendheime. Die Funktionsträger müssen sich nicht nur weiterqualifizieren (externe Fortbildungen), sondern auch eine neue, eigenständige Selbstdefinition ihrer jeweiligen Beratungs- und Koordinationsaufgaben entwickeln. Die Funktionsträger müssen, so es um die Beratung geht, wirkliche Ansprechpartner der übrigen Erziehenden werden, ja sie sollten in vielen Fällen gleichsam als Vorbild für die Erziehenden fungieren. Im Bereich der Kooperation sind sie aufgerufen, klare Institutionalisierungen zu schaffen, in denen die verschiedenen Bereiche und Systeme des Heims miteinander arbeiten können. Sie sollten dazu sinnvolle Absprachen mit allen Beteiligten herbeiführen, und zwar konsensorientiert, aber auch stets das Interesse der Jugendlichen gegen die nun einmal vorhandene Schlamperei, Nachlässigkeit und Ungeduld der Erziehenden vertreten.

● Das in Kapitel 4 dargestellte Konzept einer *Erziehung zur Selbständigkeit* muß kurz- bis mittelfristig weiter ausgebaut und verankert werden. Wenn die These richtig ist, daß mit dem Tag der Aufnahme die Erziehung zur Selbständigkeit beginnen muß, dann bedarf es verstärkter Anstrengungen in den Jugendheimen, über interne Mitarbeiterfortbildungen gerade die Erzieher weiterzuqualifizieren. Dazu müssen eingeschliffene Formen des beruflichen Selbstverständnisses der Erzieher behutsam verändert werden. Weiterhin bedarf es auch der Verankerung des Ansatzes einer Erziehung zur Selbständigkeit im Ausbildungsbereich, damit die Jugendlichen wirklich nach der Heimentlassung ihr Leben in die Hand nehmen können. Keine Institution kann individuelle seelische Nöte, wie Einsamkeitsgefühle, Liebeswünsche, Hilflosigkeit, Angst, Unfähigkeits- und Ohnmachtsgefühle der jungen Erwachsenen, so sie dann alleine leben, bekämpfen. Aber Heimerziehung muß der Pflicht nachkommen, wenigstens die technische und praktische Bewältigung des Lebensalltags umfassend so vorzubereiten, daß die jungen Leute befähigt sind, ihrem Leben überhaupt erst einmal, beispielsweise durch Ämterbesuch, Gewinn einer Zeitstruktur oder durch Hilfen zur Selbsthilfe, eine angemessene Grundlage zu geben.

● Die Jugendheime werden mittel- bis langfristig nicht umhinkommen, sich grundlegend neue Gedanken darüber zu machen, was aus den *heimentlassenen Jugendlichen* wird. Das z.Zt. verstärkt anlaufende Konzept der Nachbetreuung wird und muß ergänzt werden durch eine "berufliche Nachbetreuung". Diese sollte sich dann aber nicht nur darauf beschränken, daß die Ausbilder dem Jugendlichen helfen, einen Arbeitsplatz zu finden und dann auch weiterhin Kontakt mit ihm halten. Vielmehr wird es im Laufe der Jahre darauf ankommen, neben Aquirierung von Einarbeitungszuschüssen durchs Arbeitsamt und weiteren verstärkten Kontakten mit Betrieben aus der Region, mit Hilfe staatlicher Beschäftigungsprogramme subventionierte Betriebe in der Nähe der Heime anzusiedeln, um den Jugendlichen Erfahrungen des Betriebsalltags zu ermöglichen, ohne daß sie gleich völlig der Härte des normalen Arbeitslebens ausgesetzt sein müssen. Solche Betriebe - z.B. eine Berufsersterfahrungs-GmbH - sind inzwischen in den größeren Kommunen und den Stadtstaaten eingeführt; daran gilt es anzuknüpfen, um zu verhindern, daß die Jugendlichen aus dem Jugendhilfebereich immer weniger Chancen bekommen, die 2. Schwelle von Ausbildung zur Existenzsicherung zu überschreiten.

Teil E
Aus dem Alltag der Innovation: Zur Sicherung und Generalisierung von Modellversuchserfahrungen

Zu diesem Teil

Ursprünglich war dem Modellversuch die Aufgabe gestellt, eine Übertragung der Versuchsergebnisse auf andere Jugendhilfeeinrichtungen in Hessen einzuleiten. Dazu wurden dann eine Reihe von Aktivitäten begonnen, über die in diesem Teil berichtet werden soll. Jedoch verweist die Fragestellung auf ein grundlegendes Problem, das erst die Ausführlichkeit dieses Teils zu rechtfertigen vermag. Wenn man den Modellversuch als einen "Nukleus", also als einen Entwicklungskern von Innovationsimpulsen auffaßt, aus dem heraus etwas entwickelt wird, das dann verbreitert werden soll, dann stellt sich die Frage, wie denn die Innovationsideen überhaupt ins Laufen, bzw. in die Köpfe der unmittelbar am Geschehen Beteiligten und anderer Beteiligter gekommen sind. Es soll also der Frage nachgespürt werden, über welche "Transmissionsriemen" und über welche Aktivitäten der Innovationsprozeß so in Gang gekommen ist, daß nunmehr ein Ensemble von Gestaltungsvorschlägen für die Heimerziehung vorliegt. Diese Gestaltungsvorschläge mußten nun freilich nicht nur erarbeitet, sondern auch angewandt, eingebracht und durchgesetzt werden, soweit das irgend ging. Ebenso sind die Gestaltungsvorschläge als Antworten auf aufgeworfene Probleme innerhalb der Heime zu verstehen. Hier stellt sich aber die Frage, wie man überhaupt die Bereitschaft von Personen, die schon jahrelang in ein und derselben Einrichtung arbeiten, gewinnen kann, an solchen Neuerungen mitzuarbeiten. Zwar existiert eine Fülle von Literatur zu Problemen der Innovation (z.B. Aregger 1976; Bauer/Rolff 1978; Charlton u.a. 1975), aber es gibt wenig Wissen darüber, wie nur zeitweilig in einer Einrichtung arbeitende Mitarbeiter - also die Mitglieder des Modellversuchs -, die mit dem Auftrag ausgestattet sind, eine Institution in bestimmten Elementen zu verändern, sich in dieser Umgebung zurechtgefunden haben und wie sie sie gestalteten. Der Modellversuch selbst konnte sich in dieser Hinsicht nur auf wenige Vorbilder beziehen, und für die Heimerziehung gab es eigentlich nur drei Modellversuche, das Jugendheim Börgermoor, das Stephansstift (vgl. Filthut/Gürtler 1983) und den Berliner Modellversuch im Jugendhilfebereich (z.B. Collingro u.a. 1983), die man allesamt als Leitbilder mit heranziehen konnte, ohne daß sie freilich in allen Punkten Vorbild waren. Aus der innovationstheoretischen Literatur ist vor allem die Figur des "social change agent" bekannt geworden. Waren die Mitglieder des Modellversuchs solche "Agenten des sozialen Wandels"? Ich werde mich diesen Fragen aus zwei Blickwinkeln, einem eher institutionellen, und einem eher individuellen annähern. Zunächst schildere ich am Beispiel der *Praxisgespräche*, wie sich bestimmte und sinnvolle Inhaltsbereiche mit einer Gruppe von Heimerziehern, Ausbildern und anderen Erziehenden im Heim erarbeiten lassen (Kapitel 1). Sodann referiere ich aus einigen *Innovationsinterviews*, die ich mit den Modellversuchsmitarbeitern gemacht hatte, um noch genauer Innovationsperspektiven für die Veränderung sozialer Institutionen zu gewinnen und um zu erfahren, mit welchen Auffassungen, Gefühlen und Verhaltensweisen Innovateure agieren und "sich inszenieren" (Kapitel 2).

Erst aus dieser Fragestellung heraus erwächst sinnvoll die Überlegung nach einer Übertragbarkeit von Modellversuchsergebnissen. Doch auch dieses Problem ist weder praktisch noch theoretisch befriedigend gelöst. Nach meiner Auffassung ist es im strengen Sinne nicht möglich, Ergebnisse und Erfahrungen so zu verallgemeinern, daß die gewonnen Erkenntnisse quasi als Sozialtechnologie "nur" auf andere Situationen angewandt werden müßten. Dazu lassen sich die Bedingungen einer sozialen Situation nicht beliebig auf andere übertragen; denn das hieße, soziale Situationen wie im naturwissenschaftlichen Labor zu simulieren und beliebig wiederholen zu können. Schon das Alltagswissen lehrt, daß die Menschen verschieden sind, unterschiedliche Temperamente und Gefühle haben und in verschiedenen Situationen unterschiedlich mit ihrer Lebenserfahrung umgehen. Systematisch wäre hier anzusiedeln, was Donald A. Schon "Rashomon-Effekt" nennt: "Das heißt, daß dieselbe Geschichte, die unter dem Gesichtspunkt verschiedener Beteiligter erzählt wird, gewissermaßen in verschiedene Geschichten auseinanderbricht, die untereinander gar nicht mehr vereinbar sind" (Schon 1973, S. 217). Dasjenige, was in einer bestimmten sozialen Situation von einer Gruppe Menschen wahrgenommen und akzeptiert wurde, kann von einer anderen Gruppe doch recht anders interpretiert und gehandhabt werden. (Natürlich gilt dieser Rashomon-Effekt auch für die Ergebnisse einer Wissenschaftlichen Begleitung; in strukturierter Untersuchung wird freilich versucht, die verschiedenen Blickweisen in ihrer Spannung zueinander darzustellen). Jedenfalls zeigt dieses offene Umgehen mit bestimmten Modellversuchsergebnissen, daß es "theoretisch unzulässig und praktisch fruchtlos (scheint), Pläne zu entwerfen, die dem Faktischen unverbunden ein Sollen gegenüberstellen" (Bojanowski/Dedering/Heidegger 1983, S. 25). Vielmehr käme es darauf an, die gewonnenen Erkenntnisse für andere so fruchtbar zu machen, daß sie in je eigener Weise mit ihnen umgehen können. Entsprechend diesen Überlegungen haben die Mitglieder des Modellversuchs nie versucht, anderen Werkstätten oder Jugendheimen ihre Erfahrungen "aufzudrücken" nach dem Motto "Vogel friß oder stirb". Es wurde vielmehr versucht, im Rahmen von Informationsveranstaltungen,

Praxisbesuchen, Diskussionsrunden, wechselseitigen Besuchen von Ausbildern in den jeweils anderen Werkstätten, etc., die im Modellversuch gewonnenen Erkenntnisse zu erklären. Sodann prüfte man gemeinsam, ob von dem "Geist" des Ansatzes für den Gesprächspartner brauchbare Konzepte herausspringen. Auf diese Art ließen sich einige Erkenntnisse durchaus weitergeben. Da gerade die Diffusionsforschung noch am Anfang steht (vgl. Schon 1973, S. 111 ff.; siehe auch Vester 1976, Grießinger 1981, als Beispiele von kollektiven Lernprozessen), ist es wichtig, sich - wiederum an "Fällen" - darüber zu verständigen, wie gemeinsame Lernprozesse ablaufen können, ohne daß es "Drahtzieher" gibt, noch "Übertölpelte". Dies soll am Beispiel der Übertragung von Modellversuchserkenntnissen in andere Werkstätten und in andere Einrichtungen und Institutionen näher aufgehellt werden (Kapitel 3).

1 Praxisgespräche als Beispiele für das Verankern von Innovationen

1.1 Vorbemerkung

Die "Praxisgespräche im Heim" wurden schon in Teil C bei der Deskription und Analyse der Fortbildungen erwähnt. Die Praxisgespräche sollten dazu beitragen, die Inhalte der Fortbildungen in die praktische Arbeit vor Ort umzusetzen, u.a. deshalb, weil die Fortbildungslehrgänge im Fortbildungszentrum Mammolshöhe von der Sache her "extern" abliefen und auch nur vierteljährlich stattfanden. Daher wurde dies Forum im Heim geschaffen, auf dem die Anstöße und Gedanken der Lehrgänge fortgeführt werden konnten. An den Praxisgesprächen nahmen nicht nur die Ausbilder der "Kerngruppe" der Fortbildungstagungen teil, sondern auch Funktionsträger und Erzieher, um von vornherein das Praxisgespräch im gesamten Heim zu verankern. Unter der Hand entwickelte sich aber das Praxisgespräch zu etwas Neuem. Da hier nicht nur Inhalte der Fortbildungen besprochen wurden, sondern auch vielfältige Probleme aus dem Heimalltag, entwickelte sich das Praxisgespräch zu einer *zentralen Schaltstelle für Innovationen* im Heim. Die Erzieher und Ausbilder brachten genauso Anfragen und Vorschläge ein wie die Mitarbeiter im Modellversuch, daraus konnte dann oft ein für alle Beteiligten sinnvoller Innovationsvorschlag formuliert werden.

Aus diesem Ansatz heraus wurden in beiden Heimen die Praxisgespräche ins Leben gerufen, über die in diesem Kapitel berichtet werden soll. Vorab bedarf es noch Erklärungen zum Material, auf das sich dieser Bericht stützt:

- Da wären in erster Linie die Protokolle zu nennen, die im Modellversuch über die einzelnen Sitzungen angefertigt wurden. Es sind zumeist ausgeweitete Ergebnisprotokolle, die einen guten Einblick in die Diskussion geben. (Die Protokolle werden oft referiert, aber nicht jeweils im philologisch exakten Sinne ausgewiesen).

- Dabei wurden etliche Praxisgespräche vom Wissenschaftlichen Begleiter besucht und ebenfalls protokolliert. Die Wissenschaftliche Begleitung hatte sich aber erst relativ spät beteiligt, um die interne Konsolidierung dieses Gesprächskreises nicht zu stören; ferner schien es günstiger zu sein, erst dann mitzudiskutieren, wenn der Wissenschaftliche Begleiter besser im Heim bekannt war.

- Weiterhin wurden im Rahmen der Ausbilderbefragungen auch einige Fragen zu Praxisgesprächen lose eingeworfen, um auch von dieser Seite her Einschätzungen und Urteile zu gewinnen. Diese Gespräche waren jedoch nicht repräsentativ; desweiteren wurden keine Gespräche mit Erziehern/innen geführt. Insofern kann hier das Urteil der Beteiligten nur in eingeschränktem Maße gelten.

- Schließlich stützt sich die Berichterstattung auf viele engagierte Diskussionen mit einer Reihe von Beteiligten aus dem Modellversuch und anderen Heimmitarbeitern oder Funktionsträgern, oft auch am Rande von Fortbildungen, Gesprächen in der Werkstatt und sonstigen Diskussionen. Es handelt sich um eine Reihe unsystematischer Eindrücke, die aber naturgemäß auch in Einschätzungen einfließen.

Das Material wird jeweils anhand der Punkte "Ankündigung des Praxisgesprächs", "Kontinuität der Teilnehmergruppe", "Inhalte und Themen", aufgeschlüsselt (Kapitel 1.2 und 1.3). Im Kapitel 1.4 wird ein Resümee zu den Entwicklungen in den beiden Heimen gezogen und versucht, die Innovationschancen dieses Forums auszuloten. Die Praxisgespräche jedes Heimes werden einzeln behandelt, weil hier jeweils eine soziale Einheit vorliegt. Nicht beabsichtigt ist, eine Gegenüberstellung oder gar Konkurrenz der Heime zu suggerieren, vielmehr sollen die Prozesse der speziellen sozialen Wirklichkeit aus sich heraus sprechen. Gleichwohl wollen wir uns der Frage stellen, wie es dazu kam, daß in beiden Jugendheimen unterschiedliche Entwicklungen in Gang kamen.

1.2 Die Praxisgespräche im Karlshof

Ankündigung: Die Gespräche im Karlshof wurden durch kurze Papiere der Sozialpädagogin, die den Mitarbeitern oft persönlich übergeben wurden, angekündigt. Die Papiere greifen den Beschluß zum Praxisgespräch argumentativ auf, erläutern kurz, daß auch seitens der Werkstätten ein Interesse artikuliert wurde, "vor Ort praxisbezogene Handlungsstrategien zu entwickeln", stellen eine Palette möglicher Themen und Inhalte vor und machen Themenvorschläge für die ersten Sitzungen. Diese Ankündigung wurde drei Wochen später in kürzerer Form mit einer konkreten Terminangabe wiederholt. Bei Durchsicht der Protokolle ergibt sich, daß recht schnell ein Rhythmus gefunden wurde (anfangs 2-Wochen-Abstand, später 3-Wochen-Abstand). Im Berichtszeitraum - vom 3.11.1983 bis zum 1.11.1986 - sind 33 Praxisgespräche durchgeführt worden.

Kontinuität der Teilnehmergruppen: Es nahmen im Schnitt 13 Personen teil (Ausbilder, Erzieher, Funktionsträger und Modellversuchsmitarbeiter). Bei den im Durchschnitt 5 Ausbildern handelte es sich stets um diejenigen, die auch an den heimexternen Fortbildungslehrgängen teilnahmen. Die Gruppe der Erzieher hatte nicht gleiche Kontinuität, man kommt auf ca. 20 verschiedene Namen von Erziehern, die jeweils an einem Praxisgespräch oder an mehreren Zusammenkünften dabei waren. Auffällig ist noch die sehr hohe Beteiligung bei Gesprächsthemen wie "Kooperation von Erziehern und Ausbildern" und "Arbeitszeitregelung". Nicht konstant nahmen die Funktionsträger im Heim (Heimleiter, Erziehungsleiter, Ausbildungsleiter, Verwaltungsleiter, Psychologe) teil. Dies war nicht nur negativ, da im Praxisgespräch allmählich auch interne Sachverhalte besprochen wurden, die in Anwesenheit einer Leitungsperson vielleicht nicht so offen ausgesprochen worden wären. Bei den Mitgliedern des Modellversuchs ist verständlicherweise eine hohe Regelmäßigkeit der Teilnahme zu finden, da sich der Modellversuch eng mit dem Praxisgespräch identifizierte. Vergröbert kann man sagen, daß der Kern des Praxisgespräches sich aus den Modellversuchsmitarbeitern und den Ausbildern zusammensetzte, die von einer stärker wechselnden Gruppe von Erziehern begleitet wurden.

Inhalte und Themen: In wechselseitiger Überschneidung hat sich das Praxisgespräch mit 19 Haupt-Themenkreisen befaßt. Natürlich können hier nicht alle Themen und alle damit zusammenhängenden Aktivitäten dargestellt werden, vielmehr soll ein geraffter Überblick über die Schwerpunkte des Praxisgesprächs gegeben werden. Zugleich kann man wiederum einen Einblick in die Vielfalt und die Variationsbreite der Probleme gewinnen, die verdeutlichen, daß die Forderung "Innovationen zu machen", alsbald in der Praxis versickern kann, weil die Komplexität des Innovationsfeldes immer neue Problemvarianten generiert.

- Berichtsheftführung. Schon auf der ersten Sitzung wurden Vereinbarungen getroffen, wie die Jugendlichen besser zu motivieren wären, wöchentlich ihre Berichte zu verfassen: Die Erzieher werden in der Gruppe verstärkt auf das Führen der Hefte achten; die Ausbilder wollen genauer nachfragen und kontrollieren. In Nachfolgediskussionen stellte sich heraus, daß für das Berichtsheftführen auch auf der Gruppe ein fester zeitlicher Rahmen gegeben werden muß.

- Arbeitskleidung. Die Erzieher wußten z.T. nicht, welche Arbeitskleidung in welchem Berufsbereich getragen werden müsse. Aus den Werkstätten kommen Kriterien und Hinweise, mit denen die Erzieher über die jeweiligen Anforderungen (z.B. Sicherheitsschuhe, Gummistiefel, Schutzbrille, etc.) informiert werden. Man verständigt sich darauf, "klare Absprachen, Regeln und Festlegungen zu treffen".

- Lernschwächen und Verhaltensprobleme. Auf den Sitzungen zu diesem Thema werden die Inhalte der externen Fortbildungen aufgegriffen. Erzieher und Ausbilder bringen ihre eigenen Beobachtungen ein und machen sich intensiv Gedanken darüber, wie man klimatische Verbesserungen im Jugendheim anregen könne. Es werden also zumindest Fortbildungsinhalte aufgearbeitet und dann so vertieft, daß sie sich besser mit der Problematik vor Ort verbinden lassen.

- Ausbildungsgesprächsprotokolle. Das Instrument (siehe Teil B) wurde auf den Praxisgesprächen vorgestellt, diskutiert und in einigen Punkten überarbeitet. Man verständigte sich darauf, die Ausbildungsgesprächsprotokolle in regelmäßigen Abständen in die allgemeine Erziehungsplanung einfließen zu lassen. Ohne Zweifel waren gerade die Praxisgespräche wichtig, um ein verbessertes Instrument zur Entwicklungsbeobachtung der Jugendlichen einzuführen.

- "Belohnungssystem". Grundgedanke des "Belohnungssystems" im Karlshof war es, mit diesem Modell die Erzieher und die Ausbilder zu einem kontinuierlichen Dialog über die Leistungen der Jugendlichen anzuregen. Das "Belohnungssystem" wurde auf mehreren Sitzungen intensiv erörtert und ausgefeilt. Dann wurde es allgemein in den Werkstätten und im Erziehungsbereich bekanntgegeben, auch auf etlichen Konferenzen erörtert. Am Ende steht ein Beschluß, das Modell zu erproben.

- Nachhilfe. Zur Vorbereitung auf einen Lehrgang wurde ein Nachhilfelehrer eingeladen, der über den Nachhilfeunterricht, die Rekrutierung der Jugendlichen und allgemeine Probleme berichtet. Da es immer wieder die Fachtheorie ist, an der die Jugendlichen scheitern, wird gemeinsam überlegt, wie Nachhilfe, Wohnbereich und Werkstatt enger zusammenarbeiten können. Dazu werden einige konkrete Schritte eingeleitet (Austausch von Arbeitsblättern, Verwendung des gleichen Lernmaterials, u.a.m.).

- Erfahrungsaustausch mit dem Jugendheim Johannesburg, Börgermoor. Auf der Sitzung, die sich hiermit beschäftigte, wurde auf den Erfahrungsaustausch mit Ausbildern aus dem Jugendheim Börgermoor aufmerksam gemacht und Fragestellungen erarbeitet.

- Kooperation Erzieher und Ausbilder. Kam es zunächst im Anschluß an die externen Fortbildungen zu einer Diskussion über die Schwierigkeiten der Kooperation, so ging recht bald das Gespräch zu grundsätzlichen Problemen des Heims über. Aus einem Protokoll: "Die Teilnehmer... brachten zum Ausdruck, daß in den letzten Jahren eine Verschiebung stattgefunden hat; die Berufsausbildung habe einen höheren Stellenwert erfahren, gleichzeitig sei die Rolle des Ausbilders verändert worden und zwar sei seine Bedeutung im gesamten Erziehungsprozeß wichtiger geworden, dagegen sei die Rolle der Erzieher zurückgedrängt worden, was bleibe, sei oft nur noch die 'Versorgerfunktion' ". In der nächsten Sitzung wurden dann konkrete Kooperationsüberlegungen erörtert. Hier hat offenbar das Thema der Fortbildung eine sehr intensive Suche nach der Klärung von wechselseitigen Rollen im Heim angestoßen; man begnügte sich also nicht nur mit dem Nacharbeiten eines bestimmten Fortbildungsinhaltes, sondern benutzte ihn, um bestimmte Problemlagen zu reflektieren.

- Erziehung zur Selbständigkeit. (Es sind die Gebiete, die im Teil D, Kapitel 4 angerissen wurden).

- Ruhezeiten auf der Gruppe. Die Debatte über ein "Silentium" ging auf Anregung des Modellversuchs, auf Wunsch der Erzieher und auf Anfrage der Ausbilder zurück. Man erörterte erste Erfahrungen und überlegte, wie man ein tägliches Silentium im Heim einrichten könne.

- Aktenstudium. Die Ausbilder hatten sich als Aufgabe mehrere Akten angesehen, um zu prüfen, ob es sinnvoll sei, sich mit Hilfe des Aktenlesens mehr Informationen über einen Jugendlichen zu verschaffen. Das Gespräch stellt heraus, daß die Akten fast immer mühselig zu lesen sind, aber daß einige Daten wichtig wären (schulischer und beruflicher Werdegang, bestimmte Verhaltensauffälligkeiten, etc.). Daher soll für den Ausbildungsbereich eine Kurzakte angelegt werden.

- Was heißt Berufserziehung im Heim? Auch hier ging es u.a. um das Vertiefen eines externen Lehrgangs. Die Aufgaben von Ausbildern und Erziehern wurden verglichen und so durchgesprochen, daß sinnvolle Abgrenzungen entstehen, die wiederum die gemeinsame Aufgabe der Berufserziehung vor Augen führen.

- Arbeitszeitregelung. Eine Debatte aus dem Heim wurde aufgegriffen und von allen Seiten in dem Praxisgespräch näher beleuchtet.

- Heim als lohnender Lebensort. Mit Texten und einem Film wurde darauf aufmerksam gemacht, daß die Umgebung, also das Heim, die Jugendlichen spezifisch prägt und erzieht, und daß man sich Gedanken machen müsse, wie man den funktional geregelten Rahmen der Heimerziehung verändern könne. Sind intensive Beziehungen zu den Jugendlichen überhaupt möglich? Identifiziert man sich überhaupt mit dem Jugendheim als seinem Lebensort? Wie können sich dann die Jugendlichen mit dem Heim identifizieren?

- Für die Ausbildung wichtige schulische Kenntnisse: Es werden diejenigen Anforderungen und Inhalte (Deutsch, Biologie, Mathematik, etc.), die nach Meinung der Ausbilder in den Hauptschulkursen unabdingbar vor Beginn der Ausbildung vermittelt sein sollten, diskutiert, damit die Jugendlichen leichter in die Lehre hineinfinden. Die Anforderungen werden im Praxisgespräch zusammengetragen und mit den Lehrern erörtert.

Urteile einiger Beteiligter: Auf Fragen zum Praxisgespräch antwortete ein Ausbilder, daß er durchaus Verbindungen zwischen den Fortbildungen im Fortbildungszentrum und dem Praxisgespräch sehe, jedenfalls, daß diese "Kette" ein bißchen zu erkennen sei. Bei den Fragen nach wichtigen Themen wurden das Belohnungssystem, die Berichtsheftführung und die Arbeitskleidung genannt. Die Frage, ob aus den Praxisgesprächen etwas "rausgekommen" sei, wurde recht positiv beantwortet: "50 % hängengeblieben", "weitermachen", "hat etwas gebracht", "die Konferenzen bringen nicht viel" (damit waren die regelmäßigen Werkstattkonferenzen und sonstigen Besprechungen gemeint). Die Frage, ob Anstöße aus den Praxisgesprächen spürbar in den Werkstattalltag eingeflossen sind, wurde zurückgehalten erwidert; man habe "viel gelernt", aber es wäre "nicht viel anders gelaufen", wenn es die Praxisgespräche nicht gegeben hätte. - Wie gesagt, es sind nicht alle beteiligten Ausbilder befragt worden und auch nicht die Erzieher, insofern bleibt dies nur ein sehr kleiner, gleichwohl nicht unrealistischer Ausschnitt.

Einschätzung: Insgesamt mag aus diesen Skizzen deutlich geworden sein, daß sich das Praxisgespräch im Karlshof in dreifacher Weise entwickelt hat. Einmal ist merklich die Verbindung zu den Fortbildungen zu erkennen, so bei den Themen "Lernschwächen und Verhaltensauffälligkeiten", bei dem "Belohnungssystem", bei "Wahrnehmen - Beurteilen - Handeln" u.a.m. Diese Verbindung zur Fortbildung ist auch insofern wechselseitig fruchtbar geworden, als die Themen zum Teil aus den Praxisgesprächen heraus in die Fortbildung hineingegeben wurden, so beispielsweise die Frage der "Kooperation von Erziehern und Ausbildern", ebenso das Thema "Nachhilfe". Zum zweiten wurden aktuelle Probleme im Heim in das Praxisgespräch eingebracht: "Ruhezeiten auf der Gruppe" oder "Aktenstudium" oder "Arbeitszeitregelung". Für diese Anfragen aus dem Heim war wohl das Praxisgespräch ein wichtiges Forum der Begegnung, der Selbstbefragung und der Selbstverständigung. Desgleichen war das Thema "Kooperation von Ausbildern und Erziehern" inzwischen ein "Dauerbrenner" geworden; es fand eine intensive und tiefe Suche nach Ursachen der real bestehenden Kooperationsprobleme im Heim statt. Man kann sagen, daß sich in diesen Themen und auch wohl in seinem gesamten Klima das Praxisgespräch vom Fortbildungszusammenhang produktiv abgekoppelt hat; es werden viele Probleme, die etliche Mitarbeiter im Heim bedrängen, in einer nicht alltäglichen Art weiter verfolgt. Zum dritten schließlich haben nach einiger Zeit die Mitarbeiter des Modellversuchs das Forum Praxisgespräch immer mehr genutzt, um über die Fortbildung hinausgehend Fragestellungen in die Debatte einzuwerfen: "Erziehung zur Selbständigkeit", "Heim als lohnender Lebensort" wären da als Beispiele zu nennen. Damit gewann das Praxisgespräch die Funktion, Innovationselemente gleichsam zu "testen". Im Praxisgespräch konnte man ausprobieren, wie Themen ankamen, ob sie Empörung auslösten oder Zustimmung, um sie dann weiter ins Heim einzubringen. So hat sich im Laufe der drei Jahre das Praxisgespräch bei einer Reihe von Personen im Karlshof - Erzieher, Funktionsträger und Ausbilder - wohl als ein Forum verankert, das wichtige Anstöße für die Verbesserung der gesamten Atmosphäre und für die Abläufe im Heim geben konnte. In der letzten Sitzung wurde ein neuer Ansatz beschlossen: nicht mehr allgemeine Zusammenkünfte zu machen, sondern Teamsitzungen, auf denen jeweils Ausbilder, Erzieher, Psychologe und Funktioner genauer über *einen* Jugendlichen sprechen. Es bleibt abzuwarten, wie dies abläuft - fest steht aber, daß solche Innovation ohne das Modell des Praxisgespräches nicht denkbar gewesen wäre.

1.3 Die Praxisgespräche im Staffelberg

Ankündigung: Die Praxisgespräche im Staffelberg wurden den Erziehern und Erzieherinnen aus den Wohngruppen und den Ausbildern aus den Werkstätten zumeist mündlich durch die Sozialpädagoginnen bzw. den Koordinator des Modellversuchs mitgeteilt, nachdem in Vorgesprächen mögliche Themen und dringliche Probleme andiskutiert worden waren. Der Turnus der Sitzungen ist unregelmäßig, so kommt das zweite Praxisgespräch erst zwei Monate nach dem ersten zustande, dann gibt es kurzzeitig einen Zwei-Wochen-Rhythmus bzw. einen Vier-Wochen-Rhythmus, dann klafft eine relativ große Lücke und immer wieder fallen Termine aus. Man muß feststellen, daß es nicht gelang, obwohl im Heim Interesse an den Themen und dem Modellversuch signalisiert wurde, dem Praxisgespräch eine feste Kontinuität zu verschaffen. Oft werden wohl auch bestimmte Themen wieder aufgegriffen, ohne daß eine Entscheidung darüber fällt, ob es lohnt, das Thema weiter zu diskutieren. Im Frühjahr 1986 wird das Praxisgespräch mangels Nachfrage nach drei Anläufen dann faktisch abgebrochen. Vom 5.12.83 bis zum April 1986 haben 19 Praxisgespräche stattgefunden.

Kontinuität der Teilnehmergruppen: Es nahmen durchschnittlich 13 Personen teil (wiederum Ausbilder, Erzieher, Funktioner und Mitarbeiter des Modellversuchs). Die Ausbilder, aus der Kerngruppe der Fortbildungslehrgänge, besuchen z.B. sehr regelmäßig das Praxisgespräch (ein Ausbilder hat nahezu an allen Praxisgesprächen teilgenommen). Die Erzieher teilen sich hingegen auf sehr viel mehr Personen auf. Auch hier war - wie im Karlshof - der Wechsel zwischen den Personen sehr hoch. Von der Sache her läßt sich das Argument anführen, daß der Nachteil einer nicht kontinuierlich arbeitenden Gruppe von dem Vorteil aufgewogen wurde, daß mit der wechselnden Besetzung das Praxisgespräch allmählich im Heim bekannter wurde. Die Funktionsträger waren zumeist mit 2 Personen regelmäßig vertreten. Abermals waren alle Modellversuchsmitarbeiter aus den Werkstätten, die Sozialpädagogin, der Koordinator und ab und zu auch die Wissenschaftliche Begleitung anwesend. Im Prinzip ist die Teilnahme immer recht gut, erst im Frühjahr 1986 machten sich deutliche Ermüdungserscheinungen bemerkbar.

Inhalte und Themen: Das Staffelberger Praxisgespräch nahm rasch eine eigene Entwicklung. Acht Hauptthemen wurden, oft über mehrere Gespräche hinweg, behandelt. Auch hier will ich abermals die Themen knapp charakterisieren, um einen Eindruck dieser Gesprächszusammenhänge zu vermitteln:

- Berichtsheftführung. Zunächst gelang es schon auf der ersten Sitzung, einige mögliche Regelungen ins Auge zu fassen. So sollte in den Werkstätten täglich eine Viertelstunde ein Tagesrückblick (durch einen Tageszettel) gehalten werden, der als Grundlage für das Berichtsheft dienen sollte. Weiterhin wurde u.a. vorgeschlagen, die Berichtshefte täglich auf der Gruppe zu führen und dann in der Werkstatt zu kontrollieren. Hier wären also die Erzieher gefragt gewesen, verstärkt für die tägliche Kontrolle zu sorgen. Schließlich wird später dieser Beschluß in das Regelbuch des Heimes eingetragen.

- Ausbildungsgesprächsprotokolle. Man prüfte zuerst, in welcher Form das Ausbildungsgesprächsprotokoll (vgl. Teil B) in die dreimonatliche Erziehungsplanung des Jugendheims eingebaut werden könne. Dazu mußte die Vorlage entsprechend überarbeitet und ergänzt werden. Nach drei Sitzungen wurde ein wesentlich verbesserter und für alle gut zu handhabender Bogen fertiggestellt. Hier ist es dem Praxisgespräch gelungen, eine wesentliche Hilfe für eine kontinuierliche Beobachtung und Betreuung der Jugendlichen in das Heimgeschehen einzubringen.

- Pausenraum. Nach Vorgesprächen mit den Jugendlichen in den Wohngruppen und den Werkstätten mit den Jugendlichen wird vor allem aus einer Werkstatt das Bedürfnis nach einem Pausenraum artikuliert. Die Protokolle der Praxisgespräche zeigen überdeutlich, wie mühsam solch eine kleine Innovation vonstatten geht (finanzielle Probleme; heiße Getränke im Pausenraum? Schließung der Wohngruppe während der Pausenzeiten? Getränkekasse? etc.) Nach einigen Monaten der Vorbereitung wurde dann der erste Pausenraum eingerichtet. Erste Erfahrungen, die in das Praxisgespräch getragen wurden, zeigten, daß der Pausenraum rasch von den Jugendlichen angenommen wurde. Mit dem Pausenraum wurde also ebenfalls eine Veränderung im Heimgeschehen vorgenommen, die unmittelbar aus Anstößen des Praxisgespräches erwachsen war.

- Verbesserung der Zusammenarbeit zwischen Ausbildern und Erziehern. Dieses Thema war zum erstenmal angesetzt worden, um eine externe Fortbildung mit den Teilnehmern und anderen Erziehern nachzubereiten. Nach Diskussion der Erfahrungen mit dem Planspiel der Fortbildung wurde vor allem über die wechselseitigen Vorurteile von Erziehern und Ausbildern und die realen Schwierigkeiten bei der Kooperation im Heim debattiert (z.B.: Wer wird aktiv, wenn ein Junge nicht zur Arbeit kommt? Wie kann man das "Hindurchschlüpfen" zwischen Gruppe und Werkstatt vermeiden? Freizeit sollte anders und besser genutzt werden!). Auf einer späteren Sitzung wurde darüber diskutiert, wie die Erziehungsplanung vor dem Hintergrund der Debatte um die Kooperationsproblematik konkreter gestaltet werden sollte.

- Silentium. U.a. auf Anregung der Ausbilder wurde die Frage erörtert, ob nicht ein- bis zweimal in der Woche eine Stunde für die Berichtsheftführung und für spezielle Hausaufgaben verwendet werden sollte. Das Thema wird breit diskutiert. Der von der Sache her sinnvolle und von allen unterstützte Vorschlag stößt auf viele Vorbehalte (keine angemessene personelle Besetzung auf der Gruppe; Vereinsmitgliedschaften der Jugendlichen; Schülersilentium steht dagegen; Jugendliche sind mit dem Erledigen der Hausaufgaben nach 8 Stunden Arbeit überfordert; u.a.m.). Das Resümee: "Nach dem derzeitigen Diskussionsstand im Praxisgespräch und dem Stand der Diskussion in der gemeinsamen Runde mit Ausbildungsleiter, Erziehungsleiter und Psychologe des Jugendheims Staffelberg ist es für die Mitarbeiter des Modellversuchs z.Zt. noch nicht absehbar, ob und wenn ja, wie und wann ein Silentium eingeführt werden könne".

- Erziehung zur Selbständigkeit. Auf zwei Sitzungen wurden Überlegungen angestellt, wie man die Erziehung zur Selbständigkeit besser fördern könne. (Die Ergebnisse finden sich u.a. in Teil D, Kapitel 4).

- Wahrnehmen, Beurteilen, Handeln. In dieser Runde wurden sehr ausführlich Erfahrungen und Lernprozesse eines externen Lehrgangs besprochen.

- Aktenstudium. Einigkeit bestand zwischen den Diskussionsteilnehmern, daß Aktenaussagen nicht zu vorzeitigen Festlegungen in der Einschätzung des betreffenden Jugendlichen führen dürfte, daß aber andererseits, trotz der "Subjektivität" vieler Aussagen, Ausbilder und Erzieher gerne besser informiert wären. Man verständigte sich darauf, daß der Erziehungsleiter nach der Aufnahme eines Jugendlichen rasch Informationen über den Jugendlichen zusammenfaßt und an die Ausbilder weitergibt; darüber hinaus wird ein fester Aufnahmetag für das Jugendheim erörtert.

Urteile einiger Beteiligter: Auch im Staffelberg wurden lose Gespräche mit den Ausbildern über die Praxisgespräche geführt, in denen oft darüber gesprochen wurde, wie man das Praxisgespräch besser im Heim verankern könnte. Gefragt nach der Verbindung von externer Fortbildung und internem Praxisgespräch sahen die Ausbilder sehr wohl, daß das Praxisgespräch eine Brücke zwischen den Lehrgängen und dem Werkstattalltag bilden solle, meinten indes, daß es noch einiger Verbesserungen bedarf. So sollte "mehr geworben werden", oder es solle "10 Minuten vorher noch einmal angekündigt werden", da man es, wie ein Ausbilder sagte, "manchmal vergißt, weil man sagt, es ist nicht so wichtig". Auf die Frage nach zentralen Themen wurde von einigen Ausbildern die "Berichtsheftführung" genannt; zugleich wurde aber beklagt: "Wenn ein Vorschlag kommt, dann muß er auch anderswo gehört werden" - die Klage bezog sich auf die Tatsache, daß die Berichtsheftführung (damals) immer noch nicht hinreichend festgelegt worden war. Sie bezog sich in einem späteren Gespräch deutlich auf das Hin-und-Her zum "Silentium". Daß das Praxisgespräch im Grunde genommen wichtig ist, wurde gar nicht bestritten; rasch wurden in diesen Gesprächen auch neue Themen genannt. Auf die Frage, ob die Praxisgespräche Ergebnisse gezeigt hätten, wird auf den Erfolg des Pausenraums verwiesen. Ein anderer meinte freilich lapidar: "Wenn ein Thema andiskutiert wird, muß zu Ende diskutiert werden und nicht abgebrochen werden, weil's verschiedenen Leuten unangenehm ist". Keine Stimme signalisierte, daß man das Praxisgespräch nicht weiterführen solle, aber dennoch war man nicht sehr angetan von dem, was bisher gelaufen ist.

Einschätzung: Aus diesen Skizzen wird deutlich, daß das Praxisgespräch im Staffelberg zwar einige kleine, aber nicht unwichtige Dinge angestoßen hat, z.B. das Einfügen der Ausbildungsgesprächsprotokolle in die Erziehungsplanung und das Durchsetzen des Pausenraums in einer Modellversuchswerkstatt. Beide Male zeigten die Protokolle der Sitzungen und die Gespräche mit den Beteiligten (und auch die eigenen Erfahrungen des Wissenschaftlichen Begleiters), welche auf den ersten Blick unwichtig erscheinenden Probleme sich in den Weg stellen können. So war die Berichtsheftführung bislang trotz der geschilderten Sitzungen noch nicht gemäß den Beschlüssen des Praxisgespräches voll in die sogenannte "rote Mappe" des Jugendheims übernommen worden (gemeint ist das Regelbuch des Heimes). Hier ist also nur sehr begrenzter

Einfluß des Praxisgesprächs möglich gewesen. Ungeachtet der genannten Erfolge hatte sich das Praxisgespräch aber noch nicht richtig im Heim verankert, was besonders an der unregelmäßigen Abfolge der Sitzungstermine, an den Gesprächen mit den Ausbildern und an dem Beispiel des "Silentiums" deutlich wird. Auch ist es nicht gelungen, kontinuierlich die Themen der Fortbildung aufzugreifen und die Ausbilder weiter und genauer mit der jeweils angerissenen Problematik vertraut zu machen. Besonders bitter war dann die Erfahrung, daß sich ab Anfang 1986 keiner mehr recht für das Praxisgespräch interessierte. Es wurde nicht von den Mitarbeitern des Heimes akzeptiert, man sah wohl keinen rechten Sinn darin, dort zusammen zu sitzen. So muß man konstatieren, daß das Praxisgespräch in diesem Jugendheim offenkundig kein günstiges Instrument war, um Innovationen anzuregen bzw. durchzusetzen. Ich stellte mir manchmal die Frage, ob das Praxisgespräch nicht eine geduldete "Spielwiese" war, in der zwar diskutiert werden durfte; aber wenn konkrete Folgerungen, wie bei der Berichtsheftführung, gezogen wurden, verschleppte man die Sache so lange, bis sie quasi vergessen war. Die Teilnehmer haben sich offenkundig auch selbst blockiert, ablesbar an dem Thema "Silentium", das faktisch bis zur Handlungsunfähigkeit problematisiert und zerredet wurde. Vermutlich war da das Praxisgespräch auch ein Spiegelbild der Einrichtung; hier wurden Stellvertreterkämpfe ausgefochten, die offenbar andere Ursachen hatten. Denn es verwundert schon, daß das Jugendheim Staffelberg, das als das "modernere" Heim den Modellversuch ursprünglich stark begrüßt hatte, so abweisend auf die gewiß nicht revolutionären Vorschläge des Praxisgespräches reagierte. Jedenfalls zeigt sich auch hier deutlich, daß es für Innovationen keine Rezepte gibt.

1.4 Probleme und Möglichkeiten zur Verankerung von Innovationen in Institutionen

Vom Selbstverständnis her hatte das Praxisgespräch in beiden Einrichtungen - neben der konkreten Arbeit in der Werkstatt und auf der Gruppe - eine zentrale Rolle als Schaltstelle von Innovationen. Und dennoch gab es so unterschiedliche Entwicklungen! Da ich in diesem Teil E den Abläufen von Innovationsprozessen genauer nachspüren will, sei hier intensiver über die Frage nachgedacht, wieso es dazu kam, daß in dem einen Jugendheim das Praxisgespräch angenommen wurde, in dem anderen sich nicht recht etablieren konnten. Damit sollen die Entwicklungen *nicht wertend verglichen* werden, was von der Sache her ziemlich sinnlos ist, vielmehr soll versucht werden, das jeweils Eigene des Entwicklungsprozesses so herauszuarbeiten, daß Defizite sichtbar werden, die dann hilfsweise in Regeln für Innovationsprozesse umformuliert werden können. Innovationstheoretische Ansätze - z.B. jener von G. Rüdell - stellen hierzu

Kriterien bereit, die zur Beurteilung von Innovationsprozessen hilfreich sein können (vgl. Rüdell 1982, S. 227 ff.). Aus den von Rüdell zusammengestellten Kriterien greife ich einige heraus, die sich auf die Entwicklungsverläufe des Praxisgespräches übertragen lassen.

"Deutlichkeit und Prägnanz" wäre das erste Kriterium. Allgemein ist zu sagen, daß die Praxisgespräche dazu beitragen konnten, die Innovationen im Heim zu präzisieren, und zwar dadurch, daß hier Innovateure und "Anwender" von Veränderungen nicht nur diese gemeinsam definierten, sondern sie auch in die Praxis umsetzen konnten. Dieser "selbstdefinitorische Prozeß einer Innovation" (Rüdell 1982, S. 229) legt die Entscheidungen über den Wandel an Elementen einer Institution in die Hand der zukünftigen Anwendenden, hier also in die der Ausbilder und Erzieher. Nun gelang es offenkundig im Karlshof, einige Ziele zu verdeutlichen, im Praxisgespräch zu besprechen und auch versuchsweise in die Tat umzusetzen. Im Staffelberg scheint das Praxisgespräch diese "Deutlichkeit" nicht erreicht zu haben; es wurde nur ansatzweise als ein Diskussionsforum begriffen, auf dem drängende Probleme des Heimes besprochen werden könnten. Wenn man also in einer Einrichtung solche Diskussionskreise etabliert, müßte man viel stärker ihre innovatorische Funktion hervorheben: jeder Mitarbeiter könnte dazu beitragen, durch Kritik und Vorschläge Wandel der Einrichtung zu initiieren. Die Gesprächsrunden müßten also explizit mit dem Auftrag versehen werden, für Deutlichkeit und Prägnanz der Reform bzw. der Innovation zu sorgen.

"Rückkopplungsprozeß": Für jedes Innovationsvorhaben ist ein organisiertes Feedback unerläßlich, weil sonst die an der Innovation Beteiligten keine Einschätzung über Reichweite und Bedingungen ihrer Vorschläge bekämen und somit vom sonstigen Geschehen abgekoppelt wären. Für den Karlshof ist zu sagen, daß von einem bestimmten Zeitpunkt an Rückmeldung kam: Aus den Werkstätten kamen oft informelle Meldungen; die Leitung machte sich mehrere Vorschläge zu eigen und reagierte durch positives Feed-back. Im Staffelberg gab es wenig Feed-back; informell wurde eher öfters die "Zeitverschwendung" beklagt. Die Leitung hatte das Praxisgespräch wenig akzeptiert, ja sogar anfänglich eine Art "Konkurrenzrunde" einberufen, jedenfalls gab es nur bei ganz wenigen Punkten Akzeptieren oder Ermutigung. Für die Zukunft hieße das, vielmehr auf formelles und informelles Rückfragen und Ermutigen zu achten, gerade von denjenigen, die am Wandel der Einrichtung interessiert und engagiert sind. Erst wenn es gelingt, diese informellen Rückkopplungsprozesse dann zu institutionalisieren, könnte die Chance bestehen, den Wandel in einer geordneten Form voranzutreiben.

Das nächste relevante Kriterium ist die "Adoption" oder "Übernahme": Für unsere

Zwecke könnte man fragen: Wie weit wurde das Praxisgespräch im Heim als Innovationsinstanz akzeptiert oder adoptiert? War es bekannt, daß das Praxisgespräch die Aufgaben bekam, Neuerungen zu diskutieren und zu initiieren? Im Jugendheim Karlshof war zu beobachten, daß man zum Praxisgespräch ging, weil dort wichtige Diskussionen stattfanden und natürlich auch Informationen ausgetauscht wurden. Im Jugendheim Staffelberg gab es andere, wichtigere, informelle Runden (z.B. die "Meisterrunde" in der Mittagspause), auf denen aktuelle Fragen besprochen und interne Informationen ausgetauscht wurden. Den Prozeß der Adoption zu planen, erscheint kaum möglich; durch symbolische Gesten seitens der Leitung (angekündigte Teilnahme am Gespräch; Veranlassen des Aushängens von Protokollen; Hinweisen auf die Bedeutung) oder durch Hinweise der am Wandel Interessierten (Bedeutung betonen; "Bereden wir dann am besten auf diesem Forum", etc.) ließen sich solche Übernahmeprozesse in Einrichtungen auf jeden Fall aber erleichtern. Es wäre Aufgabe der verschiedenen Personen, die am Wandel der Einrichtung interessiert sind, solche symbolischen Gesten zu verstärken.

"Reformklima": Dies Kriterium ist uneindeutig; gleichwohl ist nicht zu vernachlässigen, welches Klima in einer Einrichtung herrscht. Für die Schule gibt es eine ganze Reihe von Untersuchungen, die den latenten Problemen von Schulen nachgehen (z.B. Fend 1977; Rutter 1980). Beispielsweise wird beobachtet, wie die Kommunikationswege laufen, wie man voneinander Distanz hält, welche Fraktionen existieren, ob es ein "Wir-Gefühl" gibt, ob es noch ein gemeinsames (mag es auch unscharf sein!) Ziel gibt, ob nur Gleichgültigkeit herrscht, etc. Für das Heim könnte man hier auch vom "Heim-Ethos" sprechen (- im Anschluß an die Begrifflichkeit des Schulpädagogen Rutter). auf einer AFET-Tagung wurde dies versuchsweise umrissen: "Damit (mit dem 'Heim-Ethos') soll gemeint sein, daß der 'äußeren Ordnung' eine andere 'innere Ordnung' (Paul Moor) entsprechen müsse, damit die Institution als pädagogische wirke. Ein Heim-Ethos sage auch etwas aus über Reform- und Innovationsbereitschaft, über die Bereitschaft der Mitarbeiter und Funktionsträger, sich in Frage zu stellen, innezuhalten und neue Wege zu beschreiten" (Bojanowski/Glapka 1987, S. 9/10). Jedenfalls, und dies ist eben nur zu "spüren", scheint man im Karlshof dem Praxisgespräch offener gegenüber gestanden zu haben. Hängt das mit der Tradition zusammen? Verbürgen 100 Jahre Heimerziehung mehr symbolische Sicherheiten, so daß man auch mal etwas Neues probieren könne, ohne daß die Identität der Einrichtung bestandsgefährdet ist? Das Jugendheim Staffelberg scheint demgegenüber dem Praxisgespräch und dem darin mitschwingenden Anspruch nach Wandel skeptischer gegenüber gestanden zu haben. Hängt es vielleicht mit einer unterirdischen traumatischen Erinnerung an die Heimkampagne (die u.a. vom Staffelberg ausging) zusammen, daß man Reformen sofort mit "Chaos" und mehr verbindet? Allgemein heißt das: Ein "Reformklima" kann man nicht planen; jede Innovation muß damit rechnen, daß sie auf eine Subgeschichte der Einrichtung trifft, die nicht einschätzbar ist. Insofern muß jeder Reformversuch in einer Einrichtung gleichsam eine "Archäologie" betreiben, indem sie versucht, auch diese verborgene Geschichte der Identität einer jeden Einrichtung aufzudecken.

"Anreizsysteme": Damit sei gemeint, daß die "Anwender" für die Zeit und Mühe, die die eingebrachten Verbesserungen in der Regel kosten, eine wie auch immer geartete Unterstützung erhalten, etwa mehr Reputation im Heim, bessere Gratifikation, andere Arbeitszeiten, mehr Selbstbestimmungsmöglichkeiten u.a.m. Dieser innovationstheoretischen Fassung des Brecht'schen Diktums, demzufolge erst das Fressen, dann die Moral komme, hatte das Praxisgespräch in beiden Einrichtungen nichts Entsprechendes entgegenzuhalten. Es konnte durchgängig auf nichts anderes setzen, als auf die "Moral" und den guten Willen der Beteiligten, sonst nichts. Und daß die Beteiligten oft engagiert mitarbeiteten, war vor dem Hintergrund mangelnder Anreizsysteme eigentlich verwunderlich und sehr bewundernswert. In Zukunft müßte bei Innovationsvorhaben dieser Ansatzpunkt der Anreizsysteme viel stärker berücksichtigt werden. Dabei sollten nicht nur symbolische Gesten wie Zertifikate oder Ansprachen genügen.

2 Das Innovationshandeln
— Idealtypische Klugheitsregeln
für das Verändern von (und in) Institutionen

2.1 Vorbemerkung

Die Tatsache, daß die Mitglieder des Modellversuchs für eine gewisse Zeit als Mitarbeiter in den Heimen arbeiteten, provoziert geradezu die Frage, wie sie es geschafft haben, mit dieser Situation zu "leben". Sie sollten ja nicht nur drei Jahre im Heim arbeiten, sondern auch Neuerungen anstoßen. Um die Erfahrungen nicht verlorengehen zu lassen, führte die Wissenschaftliche Begleitung am Ende des Modellversuchs mit einer Reihe von Modellversuchs-Mitarbeitern ausführliche und oft mehrstündige Gespräche. In diesen Gesprächen ging es weniger darum, einen umfassenden Gesamteindruck der Arbeit des Modellversuchs zu gewinnen, sondern die Modellversuchsmitarbeiter sollten nachgängig darüber sinnieren, wie sie sich im Jugendheim bewegt hatten, welche Handlungsformen sie entwickelt haben, welche "Tricks" man kennen muß, ob man subjektiv das Gefühl hatte, Erfolg zu haben, u.a.m. Für das praxisnahe kontinuierliche Handeln in Institutionen gibt es nur wenig empirische Literatur; die meisten Handlungsforschungsprojekte sind so angelegt, daß ein Forscher kurze Zeit in einer Einrichtung arbeitet, ein Sachverhalt, der naturgemäß seine Sicht- und Handlungsweise prägt (besonders krasse Beispiele für naives Handeln im Feld finden sich z.B. bei Schweitzer/Mühlenbrink/Späth 1975, S. 180 ff.; siehe auch die Beispiele bei Birke u.a. 1975, S. 145 ff.). Hier war man in der glücklichen Situation, daß die Mitarbeiter des Modellversuchs viel stärker gezwungen waren, sich auf die Institution Jugendheim einzulassen, ohne daß sie sich darin verlieren mußten.

Die folgenden kleinen Skizzen aus dem Alltag des Innovierens sind "Destillat" aus diesen Gesprächen. Gewiß sind sie subjektiv geprägt; ich denke aber, daß Grundzüge innovativen Handelns stärkere Konturen gewinnen. Aus diesen Skizzen schälen sich einige "Klugheitsregeln" heraus, die man beim Innovationshandeln beachten könnte; ich habe aber keine Verallgemeinerungen gezogen, weil jeder Innovateur wiederum auf sich selbst gestellt ist und diese Erfahrungen nur als Handlungsimpuls auffassen sollte. Manche Äußerungen sind nicht mehr als ein Durchspielen des Alltagsverstandes; denn Innovationshandeln ist zumeist kaum mehr als das. Dennoch könnten einige Passagen und Aussagen "wichtigtuerisch" und arrogant klingen; so wie eine "Drahtziehertheorie", um Institutionen taktisch geschickt "umzudrehen". Das soll aber so nicht gemeint sein. Denn die Organisationstheorie lehrt, wie mir scheint mit Recht, daß eine Einrichtung ein höchst komplexes Gebilde ist, "ein chaotischer Dschungelkampf mit ungeraden Frontläufen, trojanischen Pferden, wechselnden Koalitionen, Kollaborateuren, Mauscheleien - ; und vor allem mit viel stillem Einverständnis" (Ortmann 1987, S. 19). Und wenn diese Einschätzung zutrifft, dann kommt es vielmehr darauf an, zu erfahren, wie die Innovateure unter dem Anspruch, Wandel zu initiieren, im Heim "über"-lebt haben. Schauen wir nun, wie da unsere Innovateure, die hier schon aus Geheimhaltungsgründen nur in idealtypischer Form auftreten, in diesem Dschungel rumgekrabbelt sind!

2.2 Vorverständnis der Innovateure

Die Arbeit der Innovateure im Jugendheim begann oft mit schlichter Unwissenheit über die Strukturen eines Heimes. Man hatte wenige bis keine Kenntnis der Heimerziehung bzw. der Heimrealität ("Blauäugigkeit"). Gleichwohl war man von Tatendrang beseelt; man wollte etwas ändern, versuchte auch Erfahrungen aus anderen Arbeitszusammenhängen in den neuen Kontext einzubeziehen. Demgegenüber begannen andere ihre Arbeit mit einer abstrakten Kritik, die sich zumeist aus ähnlichen Motiven speiste, wie ich eingangs in Teil A, Kapitel 3 angedeutet hatte: Im Jugendheim werde die

Individualität eines jungen Menschen abgebügelt oder gleichgemacht; das Jugendheim sei eine Einrichtung, die eigentlich schon lange abgeschafft gehört. Erschwerend trat bei diesen Erfahrungsfiguren herzu, daß die Aufgaben und Ziele des Modellversuchs nicht offen ausgesprochen worden waren, sondern zumeist blumig umschrieben. So machten z.B. in den Vorstellungsgesprächen der Träger des Modellversuchs (und die Jugendheime) wenig konkrete Auskünfte über die späteren Tätigkeitsfelder. Daher war es eher ein verwirrender Anfang, man mußte mit den neuen Personen im Jugendheim zurechtkommen und sich sein Aufgabengebiet erst noch erschließen. Negative Erfahrungen am Anfang kamen herzu, da es kaum möglich war, Heimstrukturen in wenigen Wochen zu erfassen und man nicht wußte, wie man sich bewegen sollte. Außerdem wurde einigen der Innovateure bald deutlich, daß offene Diskussionen scheinbar nicht möglich sein werden, sie lernten also sich vorsichtig zu verhalten, um nicht zu rasch in "Fettnäpfchen" zu treten. Und dennoch schienen alle Innovateure - mehr oder weniger ausgeprägt - ein inneres Motiv zu besitzen, in dem Jugendheim zu arbeiten, sei es wegen des "Jobs", ein Motiv, das wegen seiner Ehrlichkeit von den Kollegen im Heim offenbar akzeptiert wurde, sei es aus dem Antrieb, deshalb eine andere Form der Berufsausbildung durchsetzen zu wollen, weil man "auch derart hätte ausgebildet werden wollen" - ebenfalls ein für die Kollegen des Innovateurs verständliches Argument.

2.3 Ausgangspunkt der Arbeit mit den Kollegen

Das Auftreten des Innovateurs ist von einer gewissen Angestrengtheit geprägt, zumindest am Anfang. Man gibt sich "verdeckt liebenswürdig", auf jeden Fall zurückhaltend und suchend. Dem Innovateur wird sehr schnell klar, daß er ja, einfach durch die Tatsache, daß er geholt wurde, die *"personifizierte Kritik"* an den übrigen Kollegen darstellt. Er wird genau beobachtet, seine Schritte verfolgt; die anderen wollen schnell wissen, ob es tatsächlich notwendig war, den Neuen einzustellen: "Die Millionen für den Modellversuch hätte man besser für eine höhere Besoldung anlegen sollen!" (so die Ausbilder beispielsweise am Anfang). Der Neue versucht dagegen unentwegt, Vertrauen der Kollegen zu erwerben, macht Kompromisse, trinkt "Kaffee auf der Gruppe", auch wenn er das ewige Kaffeetrinken kritisiert, grinst bei den Witzen in der Meisterrunde mit, auch wenn die Witze frauenfeindlich oder dümmlich sind, etc.

Unumgänglich scheint es zu sein, relativ rasch einen definierten oder abgrenzbaren Aufgabenbereich zu suchen, damit aus der Fachlichkeit heraus Stärke und Selbstgewißheit erwächst. Ohne den fachlichen Einstieg wird es schwieriger, einen Anschluß

283

zu gewinnen und mit den Kollegen auf einer persönlichen Ebene Kontakt zu bekommen. Bei dem wechselseitigen Abtasten und Kennenlernen freilich steigen die Erwartungen: Trotz aller Kritik am Modellversuch und an dem Neuen wird von ihm durchaus etwas erwartet; die altgedienten Kollegen sind sehr wohl daran interessiert, daß der Neue auch mal Impulse gibt, daß er neue Begriffe einführt, neue Vorgehensweisen ins Gespräch bringt, etc. Auf dieser fachlichen Ebene sind oft Details nicht unwichtig, weil sich Verbesserungen oft nur millimeterweise erreichen lassen und es deshalb für den Innovateur darauf ankommt, einen kleinen Punkt zu entdecken, an dem man den Kollegen "packen" kann, an dem man auf etwas aufmerksam macht, das dem anderen "eigentlich auch schon immer auf den Nägeln brannte".

Eine hierbei immer wieder geübte Verhaltensfigur zu Anfang ist das *"Fragen"*; der Innovateur, der nun wirklich vieles nicht kennt, fragt nach, informiert sich, macht sich allmählich sachkundig und spürt, daß seine Fragen wohlwollend entgegengenommen werden, weil der Befragte um seinen Vorsprung weiß und ihn - ein bißchen stolz und herablassend, meist ohne jedoch arrogant zu sein - gerne preisgibt. Denn wer gefragt wird, hat auch die "innere Verpflichtung" Fragen zu beantworten - dies scheint eine unumstößliche sprachlogische Figur zu sein. Aus diesem Gesprächs- und Handlungszusammenhang entwickelt sich dann doch recht schnell ein enger Kontakt von wechselseitiger fachlicher Wertschätzung, in dem dann auch allmählich stärkere Kritikpunkte eingebaut werden dürfen. So bildet sich ein gewisses Teamgefühl heraus; "Einzelkämpfertum" ist schwierig oder fast unmöglich. Denn man muß gemeinsame Ansatzpunkte finden, an denen etwas geschafft wird: das hier ist "unsere Sache", "Sache der Werkstatt", nicht des Modellversuchs!

Für die Neuen in der Werkstatt ist darüber hinaus von entscheidender Bedeutung, wie sie mit den Jugendlichen klarkommen. Diese müssen bald merken: "Der/die hat einen eigenen Stil!" Dieser Stil sollte sich nicht extrem von dem der Meister unterscheiden; gleichwohl können die Akzente anders gesetzt werden. Man muß schnell mit den Auszubildenden etwas Eigenständiges machen, dazu gehören auch Gespräche am Rande, die oft intensiver sein können, als dies die Jugendlichen herkömmlicherweise gewohnt sind.

2.4 Zum Auftreten und Umgehen im Heim

Allgemein im Heim kommt es darauf an, die Tatsache der "personifizierten Kritik" auf keinen Fall durchschimmern zu lassen, oder sie zumindest runterzuspielen: "Was wollt Ihr denn, das Heim ist doch o.k.!" Dabei sollten stets die wirklich "positiven Sachen" herausgestellt und betont werden; zuviel Kritik ist sicher ungünstig. Viel besser ist es dabei, in seinen Bedenken nicht zu verharren, sondern selber Ideen entwickeln und deutlich zu machen, daß man in konstruktiver Absicht diskutiert, nicht als Miesmacher und "Beckmesser". Der Neue muß deutlich machen, daß er dazu gehört; daß er durchaus auch "Wir-Gefühl" mitempfinden kann, manchmal eingesetzt als Gemeinsamkeitsfigur, die gegen Ansprüche von "draußen" gerichtet ist (andere Heime, Jugendamt, Fachdezernat, etc.). Für bestimmte Argumente braucht man ergänzend unbedingt *"Verbündete"*, z.B. Personen, die selbst auch schon eine gewisse Kritik hatten. Deren Kritik gilt es mit aufzugreifen und ernsthaft weiterzutreiben. Oft lassen sich mit diesen Kritiken Ziele identifizieren, die weit ins Heim hineinreichen. Solche Ziele sollten aufgegriffen und gemeinsam in das Heim hineingetragen werden. Mit diesen neuen Argumenten können die Innovateure also anderen den Rücken stärken, beispielsweise dann, wenn ein Funktionsträger - verunsichert - unklare Entscheidungen trifft; es gilt dann, anfangs oft intuitiv, mit dem jeweiligen zu sprechen und ihn zu beraten. Diese Vorgehensweise scheint viel ratsamer, weil gerade die Funktionsträger Konkurrenzgefühle und Ängste hinsichtlich des Modellversuchs entwickelten; dabei haben sie im Herzen durchaus Verbesserungsideen, freilich ist das innere Feuer schon etwas aufgezehrt.

Ohne Verbündete jedenfalls geht nur sehr wenig. Fraglos ist es denkbar, daß die Verbündeten auch einmal wechseln, doch scheint es empfehlenswert, eine gewisse Konstanz der Beziehungen und der gemeinsamen Argumentationen zu erreichen bzw. zu erhalten. Oft ist es angebracht, daß gemeinsame Anliegen des Heims, sein engeres Motiv zu entschlüsseln, gerade, weil die im Heim Arbeitenden es oft durch den Alltagstrott vergessen. So studierte ein Innovateur wochenlang Akten von Jugendlichen, um sich allgemein über die Lebensgeschichten von Jugendlichen zu verständigen. Das heimliche Ergebnis, wie sich erst später herausstellte, dabei war, daß der Innovateur die realen Sozialisationsfunktionen der Heimerziehung sehr sicher kannte und Diskussionen im Kollegenkreis schnell auf das Zentrum, das zentrale Motiv der Einrichtung, zurücklenken konnte, nämlich, daß es darum geht, hier für Jugendliche angemessene Erziehungsfelder zu schaffen. Wenn man so vorgeht, ist man schnell mit seiner ganzen Persönlichkeit gefordert. Der Innovateur ist offenbar öfter als andere im Heim präsent, er gibt stets ausführliche Rückmeldung, er erledigt schon mal auch unnötige Dienste, und er tut einem altgedienten Kollegen gerne einmal einen Gefallen, vielleicht, damit eine bestimmte Sache vorankommt. So wurde berichtet, daß die Einladungen zum Praxisgespräch in der Werkstatt und in der Gruppe immer persönlich abgegeben wurden, um Verbindlichkeit herzustellen: es geht um "unsere Sache", um "unser Heim", und dafür "renne ich auch mal stundenlang hinter Euch her".

Der Innovateur muß dabei manchmal ein taktisches Verhalten entwickeln. Auch wenn es ihn ärgert, daß die Erzieher nun schon wieder langwierig ihre Probleme mit dem Schichtdienst erörtern, darf er nicht ungeduldig werden. Er muß das Gespräch vorsichtig ändern; denn gewiß, die Berufsprobleme der Erzieher sind für diese ja subjektiv wichtig; werden aber die Belange der Jugendlichen vernachlässigt, bedarf es einer behutsamen Rückbesinnung auf das Wesentliche. Dazu muß man dann irgendwann mit seinen Argumenten sich Gehör und Respekt verschaffen. Der eigene Stil muß im Heim akzeptiert werden; man darf nicht "hofieren", weil die Kollegen solchen Opportunismus spüren, sie dürfen nicht "verschaukelt" werden, sonst ist der Innovateur unglaubwürdig. Stets sollte er offen sein und Vorschläge machen; Anordnungen nützen nichts. In Diskussionen benutzt man häufig die Figur "Ja, aber...". Vorsichtiges Widersprechen ist gefordert, nicht Ablehnen. Manchmal wird auch eine andere Figur genommen, wenn man etwas durchsetzen will: "Nutzt mich doch aus!" - als Aufforderung, den Innovateur als strategisches Mittel einzusetzen, etwa wenn in der Werkstatt mehr Material gebraucht wird, dann dies im Verweis auf den höheren Verbrauch durch die Projektorientierung des Modellversuchs zu begründen. Dieses wechselseitig verschränkte Verhalten gegenseitiger Nichtabhängigkeit führt zu merkwürdigen, aber wohl notwendigen Verhaltensweisen, der taktischen Instrumentalisierung. Dies hat zwei Seiten. In dem "Nutzt mich doch aus" signalisiert der Innovateur, daß man im Heim mit Rückverweis auf die Notwendigkeiten des Modellversuchs manches "durchkriegen" kann, was sonst nicht möglich ist. Andererseits aber muß der Innovateur manchmal auch seinen Kollegen bewußt instrumentalisieren, um ihn "auf seine Seite zu ziehen". Dies ist die extremste Variante des taktischen Verhaltens; sie wird dann eingesetzt, wenn ein gemeinsamer Gegner auftaucht: "Die vom Dezernat/Leitung/Hochschule wollen *uns* Vorschriften machen". Man weiß, daß man einen Pseudokonsens beschwört, nur um jemanden vermittels des gemeinsamen Engagements für die Sache der Weiterentwicklung der Heimerziehung zu gewinnen. Wohl nicht ohne Grund sagte ein Innovateur eher zu sich selbst: "Ich muß hier nicht auf Dauer arbeiten". Damit unterscheidet sich ein Innovateur von sonstigen neu angestellten Mitarbeitern, die alsbald - irgendwie - vom Korpsgeist der Einrichtung aufgesogen werden, durch eine gewisse Distanz, die Wandel der Institution Jugendheim zu stimulieren vermag.

2.5   Keine Innovation ohne "Vorleben" und "Vormachen"

Die skizzierten Argumente und Auseinandersetzungen reichen allerdings nicht aus. Der Innovateur muß Vertrauen erwerben. Vertrauen freilich, so scheint es, läßt sich erst dann erwerben, wenn man etwas vorlebt und vormacht. Dazu ist nicht nur selbstverständlich, daß man genauso pünktlich da ist wie die anderen, oder - besser! - lieber 5 bis 10 Minuten früher kommt und manchmal länger bleibt, als die anderen, sondern entscheidend ist, daß Worten *Taten* folgen. Bestimmte Ideen müssen zur Praxis werden! Der Innovateur sollte die Sachen, die er vertritt, vorleben und vormachen. Wenn er beispielsweise davon überzeugt ist, daß Fotografieren für die Erzieher sinnvoll ist, dann muß er das mit ihnen gemeinsam machen, und vielleicht auch mal sich länger im Labor aufhalten und die gemeinsam geknipsten Bilder entwickeln. Mit diesem Beispiel kann er befähigen, ermutigen, mitreißen. Dabei ist er nicht Oberlehrer, sondern einer, der Schlummerndes wecken kann. Das "Vormachen" und "Vorleben" scheint deshalb so wesentlich, weil es ein wichtiges Engagement des Innovateurs signalisiert, das er selbst durch seine Person überzeugend demonstriert: "Ich will in einem bestimmten Bereich eine bestimmte Sache tatsächlich aus mir heraus selbst verbessern". Argumenten kann man offenbar leichter mißtrauen als Taten; "praktische Widerlegung" durch Vormachen entkräftigt offenkundig deutlicher artikulierte Vorbehalte. (So wurde in einem Jugendheim faktisch gegen die warnenden Stimmen vieler Erzieher vom Modellversuch ein Karnevalsfest durchgesetzt; inzwischen ist das Karnevalsfest dort schon Tradition.)

Einige Erziehende im Heim haben dieses "Vormachen" als Angebot aufgegriffen und bestimmte Anregungen erst einmal "nachgemacht". Daraus kann dann allmählich ein eigenständiges Handeln resultieren, das die Anregung ohne schlichtes Imitieren aufgreift und umsetzt. Oft war es wohl so, daß der Innovateur durch sein "Vormachen" an tradierte Formen der Heimerziehung anknüpfte, an das gemeinsame Erlebnis des Ausflugs mit den Jugendlichen oder an das Abenteuer der Exkursion. Oft erfolgte wohl auch ein Appell an den "Primärimpuls der Hilfeleistung" (Buchkremer 1980, S. 221), wie er allen Menschen innewohnt, aber durch die Routinisierung der Erziehungstätigkeit oft bis zur Unkenntlichkeit deformiert ist. Dieses Anknüpfen an eigentlich schon Vorhandenes, aber "Verschütt-Gegangenes" ist ein unerläßlicher Ansatzpunkt, weil es dem Heimmitarbeiter nicht Kompetenz abspricht, sondern im Gegenteil, an seine eigenen Vorerfahrungen, seine eigenen Phantasien, wie Heimerziehung aussehen könnte und an seine eigene pädagogische Utopie appelliert. Durch das "Vormachen" wird also ein Impuls in Gang gesetzt, sich mit dem Vorgemachten und der Person, die da etwas vormacht, zu identifizieren, weil damit eigene lebensgeschichtlich tief verankerte Schichten aktiviert werden ("interaktionelle Identifikation" - Buchkremer 1980, S. 221).

2.6 Schwierigkeiten beim Innovieren

Das Innovationshandeln ist von einer Palette von Gefühlen begleitet. Man hat "Freude, Lust und Spaß", wenn man etwas bewirken konnte oder kleinere Erfolgserlebnisse hatte. Demgegenüber gibt es auch viele entnervende Situationen, begleitet von "Wut und Frust" darüber, daß man "Knüppel zwischen die Beine geworfen kriegt". Man braucht ein "dickes und ein dünnes Fell" zugleich; Konflikte kann man nur dann aushalten, wenn man ein entsprechendes "dickes Fell" hat, doch wenn man nicht "dünnhäutig" ist, kann man nicht genau wahrnehmen, keinen Problemen nachspüren und Ansätze für Verbesserungen entdecken. Hinzu kommt, daß man oft im Heim "von Pontius zu Pilatus laufen muß", da sich niemand für bestimmte Innovationen zuständig fühlt. Und der Innovateur hat keine Weisungskompetenz, er darf nicht anordnen, sondern ihm bleibt nur das Überzeugen, sei es durch Worte oder durch Taten. Bei all dem erntet der Innovateur oft *Häme* und *Mißgunst*. Oft wird er z.B. unter hohen Erwartungsdruck gestellt: "Entweder Du löst jetzt mein pädagogisches Problem oder es geht gar nichts mehr", so eine Forderung eines Erziehers an einen der Innovateure, der so eigentlich nur scheitern kann. Häme klingt dann durch, wenn man etwas probiert hatte und es klappte nicht. Dann hatten alle es schon "von Anfang an gewußt". Mißgunst kommt auf, wenn der Innovateur sich neuen Feldern zuwendet, weil man, vermutlich nicht ganz zu Unrecht fürchtet, daß hier eine "gefährliche Koalition" entstehen könnte. Gleichwohl bedarf es, trotz des Mißtrauens, des Beäugt-Werdens und des Neides einer gewissen inneren Sicherheit und Festigkeit: "Es gibt keinen anderen Weg", als den, den der Modellversuch "als große Leitlinie" vorgezeichnet hat, - solche und ähnliche Gedanken muß der Innovateur entwickeln, damit er die schwierige Arbeit ohne Magenschmerzen und ohne schlechtes Gewissen durchhalten kann. Seine innere Balance freilich ist oft prekär; zu schwierig scheint das Geschäft zu sein.

3 "Übertragung" und "Verbreiterung" von Modellversuchsergebnissen und -erfahrungen

3.1 Vorbemerkung

Das folgende Kapitel mag zeigen, wie man in gelenkter Form Ausbreitungsprozesse initiieren kann (vgl. Schon 1973, S. 81-119); es soll aber auch darauf aufmerksam machen, daß es keine "Innovationstechnologie" gibt, die quasi automatisch funktioniert.

288

Immer wieder bedarf es argumentativer Vorgehensweisen, bedarf es des Aufklärens und des Informierens. Im Sprachgebrauch der Theorien des sozialen Wandels handelt es sich bei den Anstößen des Modellversuchs um "kleinformatige Wandlungen" oder um "mikrodynamische Vorgänge" (Moore 1968, S. 83), bei denen zwar bestimmte Merkmale eines Sozialgebildes sich verändern, ohne daß aber unmittelbar größere Auswirkungen erkennbar sind. Damit soll aber nicht behauptet werden, es habe sich nichts geändert! Vielmehr sind gemäß der Theorie sozialen Wandels Spannungen, Auseinandersetzungen, Reibungspunkte und Konflikte "eine Quelle möglichen Wandels" (Moore 1968, S. 99); wir müssen uns nur im klaren sein, daß die gewünschte Richtung oft nicht von den Akteuren eingeschlagen wird. Dabei ist eine gewisse Diskrepanz zwischen innerem Wandel und äußerer Darstellung zu beobachten. Im Inneren der beiden Heime haben recht verschiedene Wandlungsprozesse stattgefunden, wie in Kapitel 1 am Beispiel des Praxisgespräches berichtet. Nach außen hin wirkte der Modellversuch außerordentlich erfolgreich, wandlungsorientiert und geschlossen.

Handelte es sich hierbei um *Wirkungen*, so sind diese von den *Erfahrungen und Ergebnissen* abzugrenzen. In diesem Kapitel will ich in groben Strichen berichten, wie der Modellversuch seine Ergebnisse und seine Erfahrungen für andere Personen zugänglich machte. Ich stütze mich dabei auf Protokolle von Übertragungsaktivitäten, aus Unterlagen über Fortbildungsseminare, die von Modellversuchsmitarbeitern veranstaltet wurden und andere Materialien. Unter Ergebnisse seien hier die folgenen Gestaltungsvorsschläge gefaßt:

- das Konzept einer individuell gestalteten Berufsausbildung, wie es im Teil B beschrieben wurde;

- Kernelemente einer Didaktik der Fortbildung, die erfahrungsbezogen und theorieorientiert ist, sowie zentrale in der Fortbildung erprobte Inhaltsfelder (vgl. Teil C);

- erste konzeptionelle Überlegungen darüber, wie die Kooperation im Heim verbessert werden kann (vgl. Teil D, Kapitel 3; schließlich die Überlegungen, daß über Lebenstechniken eine Erziehung zur Selbständigkeit angegangen werden kann (vgl. Teil D, Kapitel 4).

Wenn immer von Erfahrungen die Rede ist, sind eher allgemeine Einschätzungen gemeint, die naturgemäß auch oft auf Fortbildungen, Seminaren und in Übertragungsgesprächen "abgefragt" wurden.

3.2 "Übertragung" von Modellversuchsergebnissen in andere Heimwerkstätten

Die Ergebnisse des Modellversuchs sollten in zwei Runden übertragen werden; nur die 1. Übertragungsphase ist so dokumentiert worden, daß sich ein Einblick lohnt. Was waren die Voraussetzungen der Übertragung? Um es noch einmal deutlich zu machen: Der Modellversuch war in vier Werkstätten zweier Heime angesiedelt. Der Gedanke der Übertragung war nun, daß jede Modellversuchswerkstatt die jeweils parallele Werkstatt im anderen Heim umfassend über die Modellversuchsergebnisse informieren sollte. Schematisch sah das so aus:

Modellversuchswerkstatt Elektro   (Staffelberg)   - Elektrowerkstatt Karlshof

Modellversuchswerkstatt Metall   (Staffelberg)   - Metallwerkstatt Karlshof

Modellversuchswerkstatt Holz   (Karlshof)   - Holzwerkstatt Staffelberg

Modellversuchswerkstatt Malerei   (Karlshof)   - Malerei Staffelberg

Die Übertragung war so organisiert, daß die Ausbilder der jeweiligen Modellversuchswerkstatt, die Berufspädagogen und der jeweils zuständige Ausbildungsleiter der Parallelwerkstatt einen zumeist halbtägigen "Besuch" abstatteten, bei dem sie ausführlich über ihre Ergebnisse und Erfahrungen berichteten. Umgekehrt kam es auch vor, daß die Ausbilder aus der Parallelwerkstatt erst einmal in die Modellversuchswerkstatt fuhren, um sich dort genauer vor Ort zu informieren. Diese wechselseitigen Besuche waren u.a. schon zu Anfang des Modellversuchs initiiert worden, da es sich durch die Erkundungen und Exkursionen der Fortbildungen als sehr hilfreich erwiesen hatte, die Örtlichkeit kennenzulernen, an der der Kollege des anderen Heims arbeitet. Vor Ort, an den Werkbänken und Maschinen konnte man stets am besten erfahren, wie es der andere Ausbilder macht, welche Kniffe er anwendet, welche Maschinen günstig sind, wie die Arbeitszeiten aussehen, wie groß die Werkstätten sind, ob die Jugendlichen den Schilderungen entsprechen und viele weitere Probleme, die sich eben nur *praktisch* erklären lassen. An diese Tradition konnte leicht angeknüpft werden.

Meist konzentrierten sich die Gespräche während des Besuchs auf die vier Felder der individuell gestalteten Berufsausbildung, verbunden mit wechselseitiger fachlicher Informierung über Schwerpunkte der jeweiligen Arbeit. In der Regel waren die werkstattspezifischen Ausbildungspläne den "besuchenden" Ausbildern bekannt; es ging dann entweder um Detailfragen und Erläuterungen: Warum ist ein bestimmter Inhalt so und nicht anders angeordnet? Was bedeuten die entwicklungsorientierten Kriterien? Wie wird die praktische Handhabung des Ausbildungsplanes durchgeführt? Oder aber es ging um Grundsatzfragen: Warum solche offenen und gesprächsorientierten Formen des Bewertens? Muß denn der Plan öffentlich aushängen? - Die projektorientierte Ausbildung wurde zumeist an einigen Beispielen von den Ausbildern der Modellversuchswerkstatt erläutert. Deutlich wird aus den Protokollen, daß die Vorzüge der Projektorientierung herausgearbeitet werden: ganzheitliches Lernen, Motivationsanreiz, soziales Lernen, neue Erfahrungen. Weiterhin waren mit den Besuchen oft ein ganzes Spektrum von interessierenden und brennenden Themen angesprochen: Kontakte zur Berufsschule, Verhalten des Ausbilders bei Arbeitsverweigerung, Schule schwänzen, Disziplinverstöße, Berichtsheftführung, Gruppenprobleme in der Werkstatt, u.a.m. Dazu kamen oft noch Ratschläge und Tips zur Werkstattausrüstung, über Demonstrationsmittel, über Fachmessenbesuche, u.a.m. Meist wurde vereinbart, den Kontakt zu halten und zu intensivieren, denn immer wieder bestätigte sich der Lehrsatz aus den ersten Fortbildungswochen: "Die anderen haben dieselben Probleme wie wir!"

In den Protokollen wird manchmal vermerkt, daß gegen den Einsatz der vom Modellversuch eingebrachten pädagogischen Hilfsinstrumente (z.B. Ausbildungsplan) "keine Einwände erhoben werden". Natürlich heißt das nicht, daß die Ausbilder der Parallelwerkstatt nun einfach die Dinge nehmen und anwenden! Diese Übertragungsphase hat gewiß die Kontakte verstärkt; auch auf der menschlichen Ebene fanden viele gute Gespräche statt, jedoch wäre es verfehlt, zu behaupten, die Ergebnisse des Modellversuchs seien nun gleichsam übertragen. Würde man so argumentieren, verstieße man nicht nur gegen die empirische Erfahrung, daß eben die anderen Werkstätten in der Realität noch nicht so weit waren, sondern würde auch ein verkürztes Verständnis von Innovationen anlegen. Die Übertragungsaktivitäten waren vielmehr ein notwendiger Schritt hin zu anderen Werkstätten, aber noch kein hinreichender, um die Innovation zu implementieren. Die wechselseitigen Besuche hatten doch eher die Funktion zu informieren, zu beraten und dem anderen erste Hinweise zu geben, daß er doch mal ruhig probieren solle, Elemente des Modellversuchs zu übernehmen. Insofern muß das Fazit relativ zurückhaltend ausfallen, was die heiminterne Übertragung angeht. Es wäre indes falsch, wenn man behauptete, daß aus den Übertragungsversuchen gar nichts entstanden sei; dann würde man die Informationsverarbeitungskapazität eines Menschen zu sehr herunterspielen. Denn es ist auch wichtig, was der einzelne an Anregungen aus diesen Besuchen gezogen hat. Mittelfristig gesehen kann nur empfohlen werden, daß sich die Ausbildungsleiter verstärkt darum kümmern müssen, die Modellversuchsergebnisse in die anderen Werkstätten hineinzutragen. Es bedarf also der unterstützenden Hilfen der Funktionsträger und der Heimleitung, mit Aufforderung und Überzeugung die Ausbilder auf die produktiven Ergebnisse des Modellversuchs aufmerksam zu machen. Das heißt, daß die Ausbildungsleiter diesen Prozeß kontrollieren sollten, aber auch, daß sie Hilfen geben müssen und ebenfalls, wie der Innovateur, Vorbild sein müssen und praxisnahe Ratschläge geben müssen (etwa helfen, das Ausbildungsgesprächsprotokoll auszufüllen, u.a.m.). Dieser Übertragungsprozeß ist damit noch längst nicht abgeschlossen. Es bedarf weiterer intensiver Überzeugungsarbeit, um in kleinen Schritten die Innovationen in den Werkstätten zu verankern. Diese "kleinformatigen Wandlungen" (Moore) sind nichtsdestotrotz ein wichtiges Entwicklungsmoment für die weitere Modernisierungsstrategie in den Jugendheimen; offenkundig geht sozialer Wandel nur so und nicht anders.

3.3 "Verbreiterung" der Modellversuchserfahrungen und -ergebnisse

Um die Modellversuchserfahrungen und -ergebnisse einem größeren Kreis bekannt zu machen, entfalteten die Mitarbeiter des Modellversuchs nach ca. 2 1/2 Jahren Laufzeit, in der faktisch alle wichtigen Gesichtspunkte gewonnen waren, erhebliche Anstrengungen zwecks "Diffusion" (Verbreiterung) des Modellversuchs (vgl. auch Hoge 1982b). Man war davon überzeugt, daß die Erfahrungen mitteilenswert sind und daß andere davon lernen könnten. Dabei braucht nicht weiter betont zu werden, daß ein Modellversuch im Gespräch mit vielen Personen steht, in dem auf Probleme der Berufsausbildung aufmerksam gemacht wird. Hier interessiert mehr die systematische Form der Verbreiterung des neuen Wissens; und da waren viele Ebenen angesprochen, die ich im folgenden kurz umreiße (vgl. auch den "Diffusions"-Katalog von Didszuweit u.a. 1981, S. 196-198):

• Mitarbeiter-Fortbildung (Tagesseminare) in einer anderen Einrichtung: Man wandte sich an Mitarbeiter in anderen Jugendhilfeeinrichtungen, für die dann i.d.R. eintägige Fortbildungen angeboten wurden, um sie mit Inhalten des Modellversuchs vertraut zu machen. Diese Seminare fanden in drei Einrichtungen statt, oft auch aufgrund von Anfragen der Mitarbeiter dieser Einrichtungen, die von der Arbeit des Modellversuchs gehört hatten. Ausgangspunkt dieser Tagesseminare war zumeist die Problematik der Kooperation zwischen Ausbildern und Sozialpädagogen oder Erziehern. Sodann wurden am Beispiel der Ausbildungsgesprächsprotokolle und eines Rückmeldebogens über die Zusammenarbeit mit der Berufsschule Organisationsformen für die Kooperation diskutiert. Bei dieser Form der Fortbildung war es wichtig, daß die eigenen Probleme der jeweiligen Einrichtung eingebracht werden konnten, die dann - konfrontiert mit Erfahrungen des Modellversuchs - mit praktischen Hinweisen, Nachfragen und vorbildhaften Beispielen zumindestens einer begrifflichen Lösung zugeführt werden konnten.

• Externe Fortibldungsseminare für Lehrer, Ausbilder, Erzieher und Sozialpädagogen: Diese Seminare wandten sich an verschiedene Gruppen, nicht nur an Erziehende im Rahmen der Heimerziehung, sondern auch an Ausbilder, Lehrer und Sozialpädagogen in verschiedenen alternativen Projekten und Werkstätten. Es ging dabei zumeist um die "Kennzeichen einer individuell gestalteten Berufsausbildung" oder um "Modelle der Kooperation von Ausbildern und Sozialpädagogen". Aber es wurden auch andere Themen, die wiederum aus Problemen und Erfahrungen des Modellversuchs herausgewachsen waren, vermittelt. Diese externen Fortbildungen trugen dazu bei, Elemente einer veränderten Berufsausbildung nicht nur im Kernbereich der Jugendhilfe zu verankern, sondern auch in den Randbereichen (alternative Projekte, Werkstattprojekte) Diskussionen über die Bedeutung der Berufsausbildung und ihre qualitative Ausgestaltung zu entfachen.

• Regionalarbeit: Hier ist besonders die Zusammenarbeit mit einer Regionalgruppe der Internationalen Gesellschaft für Heimerziehung, mit einem Arbeitskreis für selbstverwaltete Betriebe im Schwalm-Eder-Kreis in Nordhessen und die enge Kooperation von Modellversuchsmitarbeitern mit einer alternativen Ausbildungseinrichtung ("BuntStift" e.V. in Kassel) zu erwähnen. Durch regionale Aktivitäten konnten die Mitglieder des Modellversuchs unmittelbar dazu beitragen, Teilelemente einer besonders gestalteten Berufsausbildung quasi durch "permanente Weiterbildung" in diesen Arbeitskreisen und Projekten zu implementieren; umgekehrt gingen allemal auch Anregungen und Kritikpunkte aus diesen Zusammenhängen in die Modellversuchsarbeit mit ein.

• Informationsveranstaltungen für interessierte Institutionen und Verbände: Im Zuge der Verbreiterung der Modellver suchserfahrungen besuchten Mitglieder des Modellversuchs Organisationen und Verbände, um sie über die Arbeit zu informieren, so die Handwerkskammer Kassel und das Bildungswerk der Hessischen Wirtschaft. Hier ging es darum, den für die Ausbildung der Ausbilder (AdA) zuständigen Personen über den Ansatz der Langzeitfortbildung des Modellversuchs zu berichten und mit ihnen zu beraten, wie die Erfahrungen für die AdA-Kurse fruchtbar gemacht werden könnten. Beidemal stießen die Angebote des Modellversuchs auf recht große Resonanz; zwar ist absehbar im Bereich der AdA-Kurse keine tiefgreifende Veränderung zu erwarten, weil der rechtliche Rahmen nicht geändert werden wird, gleichzeitig aber wurde Interesse geäußert und der Anstoß des Modellversuchs aufgenommen (vgl. Kühnel 1987).

• Informierung von politischen Gremien und Ämtern: Zur Absicherung von Erfahrungen dienten Informationsveranstaltungen für politische Gremien. So wurde der Erziehungshilfeausschuß des Landeswohlfahrtsverbandes (vergleichbar einem Ausschuß eines Landesparlaments; in Hessen wird die Vertreterversammlung des LWV allgemein als "Sozialparlament des Landes Hessen" bezeichnet) über die Aktivitäten zum Thema "Vorbereitung auf eine eigenständige Lebensführung und Nachbetreuung" ausführlich informiert. Ebenso folgten eine Reihe Vertreter hessischer Jugendämter der Einladung zu einer Tagung über dasselbe Thema. Darüber hinaus wurde versucht, im kommunalpolitischen Bereich Politiker und Verantwortliche auf das Konzept einer qualitativ verbesserten Berufsausbildung hin anzusprechen und ihnen zu verdeutlichen, welche Rolle gerade die inhaltliche Ausgestaltung des Berufsausbildungsalltags hat. Hier galt es, in erster Linie Multiplikatoren anzusprechen, die die Erkenntnisse und die Erfahrungen des Modellversuchs in den "fachlichen und politischen Raum" weitertragen sollten.

• Teilnahme an überregionalen Tagungen: Diese bekannte Form der Verbreiterung des Wissens wurde vom Modellversuch extensiv genutzt; die Liste der Teilnahme an überregionalen Tagungen reicht von den Hochschultagen Berufliche Bildung über Tagungen der Internationalen Gesellschaft für Heimerziehung bis zum vom Modellversuch organisierten Erfahrungsaustausch (vgl. Zielke/Furth 1987).

• Überregionale Lehrgangsreihe: Mit dem Institut für soziale Arbeit wurde für 1987 eine Reihe von vier Intensivtagungen ins Leben gerufen, die eine berufsfeldbezogene Fortbildung für Ausbilder, Sozialpädagogen und Lehrern aus dem Kern- und Randbereich der Jugendhilfe enthält. Diese Fortbildungsreihe orientiert sich in einigen Punkten ("Sozialpädagogik in der Berufsausbildung"; "praktische Ausbildung") eng an dem Vorbild der zehn in diesem Bericht vorgestellten Fortbildungswochen (vgl. Teil C), freilich notwendigerweise auf zentrale Themengebiete konzentriert.

Was bei den meisten Veranstaltungen überraschte, war die allgemeine positive Resonanz bei vielen Teilnehmern, auch oft das Urteil, daß hier für Berufsausbildung eine Entwicklungsschneise geschlagen wurde, die vorbildhaft für andere sein könne. Unter diesem Aspekt kann die Bedeutung des Modellversuchs und seine Signalwirkung für die Heimerziehung in der Bundesrepublik gar nicht hoch genug eingeschätzt werden. Offenbar war man bislang der Überzeugung, es reiche, für arbeitslose oder benachteiligte Jugendliche Werkstätten einzurichten und zur Verfügung zu stellen; daß gerade auch dabei qualitative Aspekte der Berufsausbildung (vgl. auch Dedering 1983, S. 63-66) eine wichtige Rolle spielen, wurde fast sträflich vernachlässigt. Dabei waren die Gestaltungsvorschläge des Modellversuchs nicht umwälzend, sie waren eher "plausible Systematisierungen" des pädagogischen Alltags - und dennoch wirkten sie oft, zumindest auf der verbalen Ebene, durchschlagend. Diffusionstheoretisch ist an dem geschilderten Vorgehen interessant, daß eigentlich die Infrastruktur für die Verbreiterung von neuem Wissen durchaus vorhanden war (Fortbildungsträger, politische

Verbände, interessierte Heimleiter, Politiker, u.a.m.), jedoch scheint das entscheidende Manko für eine Fortentwicklung der Berufsausbildung in der Heimerziehung darin zu liegen, daß die verschiedenen Elemente dieser vorhandenen Infrastruktur nicht miteinander vernetzt sind, also beziehungslos nebeneinanderher existieren, daß sie zu wenig und ineffektiv genutzt werden, daß keine "zündenden" neuen Inhalte da waren, die zu verbreiten sich lohnt und daß keine Personen da waren, die ein Interesse daran hatten, die bestehende Kommunikationsstruktur für das neugewonnene Wissen einzusetzen und zu nutzen. Weil es dem Modellversuch gelang, gerade den Bereich der Diffusion, also den der Verbreiterung ihres Wissens, nach außen hin überzeugend zu vertreten, glückte es in überraschend hohem Maße, über die reale Wirkung vor Ort hinaus, auf die Gestaltung von Berufsausbildung im Jugendhilfebereich Einfluß zu nehmen.

Literaturverzeichnis

Abel, R. u.a.: Berufsvorbereitende Maßnahmen für benachteiligte Jugendliche. Praxisberichte aus Modellversuchen. Berlin 1983

Abschlußdiskussion. In: Westermanns Pädagogische Beiträge, 1980, Heft 6, S. 242 ff.

Ahlheim, R. u.a.: Gefesselte Jugend. Fürsorgeerziehung im Kapitalismus. Frankfurt 1971

Almstedt, M./Munkwitz, B.: Ortsbestimmung der Heimerziehung. Weinheim 1982

Alex, L.: Ausbildung und Fachkräftebedarf. In: Berufsbildung in Wissenschaft und Praxis, 1983, Heft 6

Alt, Ch. u.a.: Werkstattberichte aus den Modellver suchen zur Erschließung gewerblich-technischer Ausbil dungsberufe für Mädchen. Berlin 1982

Aregger, K.: Innovation in sozialen Systemen (2 Bände). Bern 1976

Arnold, R.: Beruf, Betrieb, Betriebliche Bildungsarbeit: Einführung in die Betriebspädagogik. Frankfurt/Aarau 1982

Augustin, G./Brocke, H.: Arbeit im Erziehungsheim. Weinheim 1979

Baethge, M.: Qualifikation - Qualifikationsstruktur. In: Wulf, Ch. (Hg.): Wörterbuch der Erziehung. München/Zürich 1974, S. 478 ff.

Baethge, M./Müller, J./Pätzold, G.: Betriebliche Situation und Berufsprobleme von Ausbildern - Zum Verhältnis von Professionalisierungsprozeß, Tätigkeitsstrukturen und Berufsbewußtsein von Ausbildern. Vorüberlegungen zu einem Forschungsprojekt. In: Berufsausbildung in Wissenschaft und Praxis, 1980, Heft 8, S. 10 ff.

Bäuerle, W./Markmann, J. (Hg.): Reform der Heimerziehung, Weinheim 1974

Bauer, H. G.: Ist Arbeit ein Bildungs- bzw. Erziehungsmittel? In: Westermanns Pädagogische Beiträge, 1979, Heft 8, S. 310 ff.

Bauer, H. G./Berg, R./Kuhlen, V.: Forschung zu Problemen der Jugendhilfe. Bestandsaufnahme und Analyse. München 1975

Bauer, K.-O./Rolff, H.-G. (Hg.): Innovation und Schulentwicklung. Bildungssoziologische Analysen und Fallstudien. Weinheim 1978

Biamo, H./Denzin v. Broich-Oppert, U./Voß, A.: Planung der Jugendhilfe: Fortbildung. Berlin 1978

Binneberg, K.: Grundlagen der pädagogischen Kasuistik. Überlegungen zur Logik der kasuistischen Forschung. In: Zeitschrift für Pädagogik, 1985, Heft 6, S. 773 ff.

Birke, P. u.a.: Jugendhilfeforschung. Ansätze, Prozesse, Erfahrungen. München 1975

Blandow, J.: Quantitative Entwicklungen der Heimerziehung seit 1976. Daten und Einschätzungen. In: Materialien zur Heimerziehung (Internationale Gesellschaft für Heimerziehung), Heft 2, 1987, S. 5 ff.

Blanke, I.: Erziehung zur Sittlichkeit. Ursprünge der Heil- und Sonderpädagogik in der Aufklärung. Köln 1985 (Habilitationsschrift)

Blankertz, H.: Theorien und Modelle der Didaktik. München 1972 (6. Aufl.)

Blankertz, H.: Begründung einer Bildungsgangsforschung. In: Landesinstitut für Curriculumentwicklung, Lehrerfortbildung und Weiterbildung (Hg.): Wissenschaftliche Begleitung von Modellversuchen integrierter Sekundarstufen II. Neuß 1981, S. 21 ff.

Blankertz, H.: Die Geschichte der Pädagogik. Von der Aufklärung bis zur Gegenwart. Wetzlar 1982

Blankertz, H.: Geschichte der Pädagogik und Narrativität. In: Zeitschrift für Pädagogik, 1983, Heft 1, S. 1 ff.

Blankertz, H. (Hg.): Lernen und Kompetenzentwicklung in der Sekundarstufe II. Abschlußbericht der Wissenschaftlichen Begleitung Kollegstufe NW. (2 Bände). Soest 1986

Bojanowski, A.: Teilzeitberufsschule in der Reform der Sekundarstufe II. In: Wissenschaftliche Begleitung "Modellversuche Sekundarstufe II in Hessen": Forschungen und Perspektiven zur Verbindung von beruflichem und allgemeinem Lernen. Frankfurt 1984, S. 132 ff.

Bojanowski, A.: Inhalte der Fortbildung. In: Zielke, D./Furth, P. (Hg.): Pädagogische Fortbildung. Ergebnisse des Erfahrungsaustauschs der Modellversuche für die Berufsausbildung benachteiligter Jugendlicher im Jugendheim Staffelberg 1985. Berlin 1987, S. 43 ff.

Bojanowski, A./Carstensen-Bretheuer, E./Lehning, K./Picker, K.: Eine Ausbilderfortbildung für die Jugendhilfe - Begründung, Konzept, Erfahrungen. In: Zeitschrift für Berufs- und Wirtschaftspädagogik, 1987, Heft 5, S. 472 ff.

Bojanowski, A./Dedering, H./Heidegger, G.: Innovationen im Spannungsfeld beruflichen und allgemeinen Lernens. Vorstudien. Frankfurt 1982

Bojanowski, A./Dedering, H./Heidegger, G.: Entwicklungslinien einer neugestalteten Jugendbildung. In: Dedering, H. (Hg.): Ansätze und Perspektiven einer neuen Qualität von Bildung. Abschlußstudien. Frankfurt 1983, S. 10 ff.

Bojanowski, A./Glapka, J.: Verzahnung von Erziehung, Beruflicher Bildung und Berufsschule. Qualifikation der Beteiligten - inhaltliche und strukturelle Konflikte. In: Neue Schriftenreihe der Arbeitsgemeinschaft für Erziehungshilfe (AFET) E.V. - Bundesvereinigung - Heft 40/1987 (Berufsausbildung: Erziehung zur Selbständigkeit, Existenzsicherung. Hilft die Jugendhilfe?) S. 35 ff.

Bojanowski, A./Hullen, G./Wagner, K.: Berufsschüler. Zur Situation der Teilzeit-Berufsschüler in den hessischen Modellversuchen zur Verbindung von beruflichem und allgemeinem Lernen. Frankfurt 1983

Bojanowski, A./Lehning, K.: Zur Ausbilder-Fortbildung des Modellversuchs "Berufsausbildung im Jugendhilfebereich". In: Zielke, D./Furth, P. (Hg.): Pädagogische Fortbildung. Ergebnisse des Erfahrungsaustausches der Modellversuche für die Berufsausbildung benachteiligter Jugendlicher im Jugendheim Staffelberg 1985. Berlin 1987, S. 28 ff.

Bojanowski, A./Werner, P.: Bildungsgänge für benachteiligte Jugendliche in der Kollegschule. In: Festschrift zum 60. Geburtstag von Herwig Blankertz. 1987 (im Erscheinen)

Brater, M. u.a.: Kunst in der beruflichen Bildung. Theoretische Überlegungen zu den pädagogischen Chancen künstlerischen Übens. München 1987 (2. Aufl.)

Brater, M. u.a.: Das Projekt JUBA. Ausbildungsvorbereitung schwer vermittelbarer Jugendlicher. Berlin 1983

Brater, M./Büchele, U./Herzer, H.: Personalentwicklung durch Eurythmie. Ein Praxisbericht zur situativen Unternehmensorganisation. München 1985

Brater, M. u.a.: Rehabilitation und Arbeit. Handreichungen für Mitarbeiter im Arbeitsbereich von Einrichtungen für Menschen mit psychischen Behinderungen. Wuppertal u. München 1986 (Eigendruck)

Brater, M./Herz, G.: Persönlichkeitsbildung und Technologiebewältigung. Zu den Aufgaben der Berufsvorbereitung im Computerzeitalter. In: Erziehungskunst, 1986, Heft 6, S. 364 ff.

Brosch, P.: Fürsorgeerziehung. Heimterror, Gegenwehr, Alternativen. Frankfurt 1975

Buchkremer, H.: Hilfe. In: Kreft, D./Mielenz, I. (Hg.): Wörterbuch Soziale Arbeit. Weinheim 1980, S. 221 ff.

Bundesinstitut für Berufsbildung: Konzeptionen sozialpädagogischer Arbeit in der Berufsausbildung benachteiligter Jugendlicher. Handreichungen für die Berufsausbildung. Berlin 1985

Bundesinstitut für Berufsbildung (Hg.): Modellversuche in der außerschulischen Berufsausbildung. Inhaltliche Förderbereiche und regionale Verteilung. Berlin 1986

Bundesminister für Bildung und Wissenschaft (Hg.): Sozialpädagogisch orientierte Berufsausbildung. Handreichungen für die Aubildungspraxis im Benachteiligtenprogramm des BMBW. Bonn 1985 (3. Aufl.)

Carstensen-Bretheuer, E./Picker, K./Lehning, K.: Ansätze zur individuellen Planung und Gestaltung der Berufsausbildung im Jugendheim. In: AFET-Mitglieder-Rundbrief, 1985, Heft 4, S. 46 ff. Auch in: Zielke, D./Hensge, K./Lemke, I. G. (Hg.): Planung und Durchführung der Berufsausbildung benachteiligter Jugendlicher. Praxisberichte aus Modellversuchen. Berlin 1986, S. 98 ff.

Charlton, M. u.a.: Innovation im Schulalltag, Reinbek 1975

Collingro, P. u.a.: Die Berufsorientierungsphase des Modellversuchs "Ausbildung Jugendlicher im Jugendhilfebereich in anerkannten Ausbildungsberufen". In: Abel, R. u.a.: Berufsvorbereitende Maßnahmen für benachteiligte Jugendliche. Praxisberichte aus Modellversuchen. Berlin 1983, S. 81 ff.

Cramer, D. u.a.: Modellvorhaben: Fachbezogene sonderpädagogische Qualifizierung von Berufsausbildern für lernbeeinträchtigte Jugendliche. Abschlußbericht. Berlin und Göppingen 1984

v. Cube, F.: Die kybernetisch-informationstheoretische Didaktik. In: Westermanns Pädagogische Beiträge, 1980, Heft 3, S. 120 ff.

Dedering, H. (Hg.): Lernen für die Arbeitswelt. Praxisnahe Arbeitslehre in der Sekundarstufe II. Reinbek 1979

Dedering, H.: Zur Notwendigkeit und Ausgestaltung einer qualitativ ausgerichteten Bildungspolitik im Bereich der Facharbeiterausbildung. In: Gewerkschaftliche Bildungspolitik, 1983, Heft 3, S. 63 ff.

Dedering, H.: Projekt Neue Bildungsoffensive. Offener Brief an die Kultusminister der Länder zur Einleitung und Fortführung von Reformen im Bildungswesen. Weinheim/München 1986

Deutscher Paritätischer Wohlfahrtsverband: Alternative Ausbildungs- und Arbeitsprojekte. Eine Arbeitshilfe für entstehende Projekte und Initiativen sowie für Berater in der Jugendhilfe. Frankfurt 1985

Didszuweit, G. H. u.a.: Bericht über den Modellversuch: Psychologisch- pädagogische Ausbildung für Berufsausbilder von körperbehinderten Jugendlichen (PAB). Heidelberg 1981

Doerfert, H.: Koordination und Kooperation in der pädagogischen Praxis - Probleme und Lösungsansätze. In: Doerfert, H./Orlowski, E. (Hg.): Leben und Lernen außerhalb der Familie. Berufspädagogische, sozialpädagogische und seelsorgerische Überlegungen zum Auftrag eines Jugendwohnheims. Frankfurt etc. 1985, S. 105 ff.

Dröge, R./Neumann, G./Scheel, A.: Berufspädagogische Weiterbildung von betrieblichen Ausbildern durch das Training von Lehrfertigkeiten (Microteaching). In: Passe-Tietjen, H./Stiehl, H. (Hg.): Betriebliches Handlungslernen und die Rolle des Ausbilders. Wetzlar 1985, S. 44 ff. (Teil B)

Eyferth, H.: Sozialpädagogik. In: Groothoff, H.-H. (Hg.): Die Handlungs- und Forschungsfelder der Pädagogik. Differentielle Pädagogik Teil 2. Königstein 1979, S. 160 ff.

Fend, H.: Schulklima. Soziale Einflußprozesse in der Schule. Weinheim 1977

Filthut, K.-H./Gürtler, W.: Berufsvorbereitende Maßnahmen im Stephansstift. In: Abel, R. u.a.: Berufsvorbereitende Maßnahmen für benachteiligte Jugendliche. Praxisberichte aus Modellversuchen. Berlin 1983, S.61 ff.

Fintelmann, K.: Studie über die Integrierbarkeit von beruflicher und allgemeiner Bildung (IBA). Schriftenreihe Bildungsforschung, 26. Bundesminister für Bildung und Wissenschaft. Bonn 1979

Fischer, A./Fuchs, W./Zinnecker, J.: Jugendliche und Erwachsene '85: Generationen im Vergleich. (Hg. v. Jugendwerk der Deutschen Shell) Leverkusen 1985

Foucault, F.: Wahnsinn und Gesellschaft. Eine Geschichte des Wahns im Zeitalter der Vernunft. Frankfurt 1969

Foucault, M.: Überwachen und Strafen. Die Geburt des Gefängnisses. Frankfurt 1979 (3. Aufl.)

Freigang, W.: Abschieben und Verlegen. München/Weinheim 1986

Fucke, E.: Lernziel: Handeln können. Erfahrungen und Überlegungen zu einem erweiterten Bildungskonzept. Frankfurt 1981

Furth, P./Lehning, K.: Sachbericht des Modellversuchs "Berufsausbildung im Jugendhilfebereich - Curriculumentwicklung und Fortbildung der Ausbilder". Kassel/Biedenkopf 1984 (polycop. Script)

Galler, H./Picker, K.: Themen und Fragestellungen zur Fortbildung im Rahmen des Modellversuchs. Biedenkopf 1983 (polycop. Script)

Gehler, A.: Urmensch und Spätkultur, Bonn 1956

Georg, W./Kunze, A.: Sozialgeschichte der Be rufserziehung. Eine Einführung. München 1981

Girmes-Stein, R.: Ansätze zu einer entwicklungstheoretischen Fundierung von Bildungsgangskonzepten für die Sekundarstufe II. In: Heidegger, G. (Hg.): Wissenschaftsbezug und Lernerorientierung. Beiträge zur Weiterentwicklung der Sekundarstufe II. Frankfurt 1983, S. 263 ff.

Glandorf, W./Lehning, K./Sechtling, L.: Berufsausbildung für verhaltensauffällige und lernschwache Jugendliche in der Heimerziehung - Ausbildung begreifbar machen. In: Furth, P./Glandorf, M./Mielenz, I./Schneider, M. (Hg.): Jugendhilfe und Berufsausbildung. Dokumentation einer Tagung. Frankfurt 1983, S. 140 ff.

Glandorf, W./Schneider, M.: Berufsausbildung und Beschäftigung in der Heimerziehung. In: Materialien zur Heimerziehung (Internationale Gesellschaft für Heimerziehung), Heft 2, 1987, S. 12 f.

Goffman, E.: Asyle. Über die soziale Situation psychiatrischer Patienten und anderer Insassen. Frankfurt 1972

Grießinger, A.: Das symbolische Kapital der Ehre. Streikbewegungen und kollektives Bewußtsein deutscher Handwerksgesellen im 18. Jahrhundert. Frankfurt 1981

Gründer, R.: Heimerziehung. Beiträge zur Standortbestimmung und künftigen Entwicklung. Arbeitshilfen des Deutschen Vereins für öffentliche und private Fürsorge, 1985, Heft 27

Gruschka, A. (Hg.): Ein Schulversuch wird überprüft. Das Evaluationsdesign für Kollegschule NW als Konzept handlungsorientierter Begleitforschung. Kronberg 1976

Haag, F./Krüger, H./Schwärzel, W./Wildt, J. (Hg.): Aktionsforschung. Forschungsstrategien, Forschungsfelder und Forschungspläne. München 1972

Habermas, J./Luhmann, N.: Systemtheorie der Gesellschaft oder Sozialtechnologie? Frankfurt 1972

Heidegger, G.: Der Verständigungsprozeß in der Arbeitsgruppe Assistentenausbildung. In: Heidegger, G./Hug, H. u.a.: Abitur und technischer Assistent. Bedingungen und Erfahrungen in hessischen Modellversuchen zur Doppelqualifikation. Frankfurt 1983, S. 110 ff.

Heidegger, G.: Zur Dialektik im Bildungswesen. Widersprüchliche Strukturierungen für Reformen zur Integration beruflicher und allgemeiner Bildung. Kassel 1985 (Dissertationsschrift; nunmehr: Dialektik und Bildung) Weinheim 1987

Heipcke, K./Messner, R.: Curriculumentwicklung unter dem Anspruch praktischer Theorie. In: Haft, H./Hameyer, U. (Hg.): Curriculumplanung - Theorie und Praxis. München 1975, S. 37 ff.

Helbig, S.: Handlungsorientierter Fachunterricht in KFZ- Mechanikerklassen (Zusammenfassende Übersicht). In: Passe-Tietjen, H./Stiehl, H. (Hg.): Betriebliches Handlungslernen und die Rolle des Ausbilders. Wetzlar 1985, S. 45 ff.

Hensge, K. u.a.: Berufliche Ausbildung benachteiligter Jugendlicher in einer außerbetrieblichen Bildungsstät te. Erfahrungen aus einem Modellversuch mit dem Berufsamt Berlin. Bericht der Wissenschaftlichen Begleitung über Verlauf und Ergebnis des Modellversuchs. Berlin 1982

Hoff, E.-H.: Arbeit, Freizeit und Persönlichkeit. Wissenschaftliche und alltägliche Vorstellungen. Bern 1986

Hoff, E.-H./Lappe, L./Lempert, W.: Probleme der Untersuchung von Arbeitsstrukturen als Sozialisationsmilieus. In: Zeitschrift für Sozialisationsforschung und Erziehungssoziologie, 1983, Heft Wt2, S. 295 ff.

Hoge, E.: Pädagogisch-psychologisch orientierte Weiterbildungsmaßnahmen für Ausbilder am Berufsamt Berlin. - Ergebnisse einer Ausbilderbefragung zur Lehrgangsdurchführung. In: Hensge, K. u.a.: Berufliche Ausbildung benachteiligter Jugendlicher in einer außerbetrieblichen Bildungsstätte. Erfahrungen aus einem Modellversuch mit dem Berufsamt Berlin. Berlin 1982a, S. 139 ff.

Hoge, E.: Zur Übertragbarkeit der Ergebnisse und Erfahrungen aus dem Modellversuch mit dem Berufsamt. In: Hensge, K. u.a.: Berufliche Ausbildung benachteiligter Jugendlicher in einer außerbetrieblichen Bildungsstätte. Erfahrungen aus einem Modellversuch mit dem Berufsamt Berlin. Berlin 1982b, S. 209 ff.

Holzkamp, K.: Sinnliche Erkenntnis - Historischer Ursprung und gesellschaftliche Funktion der Wahrnehmung. Frankfurt 1973

Homes, A. M.: Prügel vom lieben Gott. Bensheim 1981

Homes, A. M.: Die Heimkampagne. In: Homes, A. M. (Hg.): Heimerziehung - Lebenshilfe oder Beugehaft? Frankfurt 1984, S. 35 ff.

Horkheimer, M./Adorno, Th. W.: Dialektik der Aufklärung. Philosophische Fragmente. Frankfurt 1971 (3. Aufl.)

Hoschka, A./Hössl, A./Raab, E.: Die Wissenschaftliche Begleitung eines überregionalen Modellversuchs. In: Müller, C. W. (Hg.): Begleitforschung in der Sozialpädagogik. Analysen und Berichte zur Evaluationsforschung in der Bundesrepublik. Weinheim 1978, S. 85 ff.

Hottelet, H.: Zum Handeln befähigen. Bedarf und Aufgaben zukunftsorientierter Heimerziehung. In: Arbeiterwohlfahrt Bundesverband e.V. (Hg.): Heimerziehung und aktuelle gesellschaftliche Entwicklung. Eine Dokumentation aus Anlaß des Internationalen Jahres der Jugend 1985. Bonn 1986, S. 17 ff. Hundert Jahre Jugendheim Karlshof. 1886-1986. Eine Chronik. Kassel 1986

Joos, J.: Das "Betreute Wohnen" in Kleingartach. In: EREV- Fortbildungsbrief (hrsg.

v. Evangelischen Erziehungs-Verband e.V.): Betreutes Wohnen - eine notwendige Weiterentwicklung der stationären Jugendhilfe 1986, Heft 2, S. 25 ff.

Jordan, E./Sengling, D.: Einführung in die Jugendhilfe. München 1975

Jugendheim Johannesburg/Bundesinstitut für Berufsbildung: Erfahrungen und Empfehlungen zur sozialpädagogischen Arbeit in der Ausbildungsvorbereitung benachteiligter Jugendlicher. Ergebnisse des Erfahrungsaustausches der Modellversuche im Jugendheim Johannesburg 1983. Berlin 1984

Kerschensteiner, G.: Der Begriff der Arbeitsschule (1911). München/Stuttgart 1957 (12. Aufl.)

Klafki, W.: Das pädagogische Problem des Elementaren und die Theorie der kategorialen Bildung. Weinheim/Berlin 1959

Klafki, W.: Die bildungstheoretische Didaktik. In: Westermanns Pädagogische Beiträge, 1980, Heft 1, S. 32 ff.

Kleinschmitt, M.: Ausbilden am Arbeitsplatz. In: Berufsbildung in Wissenschaft und Praxis, 1984, S. 13 ff.

Klink, J. G.: Klasse H 7 E. Aufzeichnungen aus dem Schulalltag. Bad Heilbrunn 1974

Koch, J./Schneider, P. J.: Das Lernziel "Handlungsfähigkeit" in der Facharbeiterausbildung. Ein betrieblicher Modellversuch. In: Passe-Tietjen, H./Stiehl, H. (Hg.): Betriebliches Handlungslernen und die Rolle des Ausbilders. Wetzlar 1985, S. 13 ff.

Köhler, K.: Lerngeschichten und Kompensation. Untersuchungen zur Jahrgangsstufe 11 im Rahmen der Modellversuche zur Verbindung von beruflichem und allgemeinem Lernen in Hessen. Frankfurt 1983

Kordes, H.: Pragmatische Curriculumentwicklung und obligatorischer Bereich - Strategien und Orientierungspunkte. In: Lenzen, D. (Hg.): Curriculumentwicklung für die Kollegschule: Der obligatorische Lernbereich. Frankfurt 1975, S. 117 ff.

Kordes, H.: Evaluation in Curriculumprozessen. In: Hameyer, U. u.a.: Handbuch der Curriculumforschung. Weinheim 1982, S. 267 ff.

Kröll, W. u.a.: Mehr Selbständigkeit und Teamarbeit in der Berufsausbildung - Selbststeuerung von Lernprozessen in der Ausbildungspraxis der Ford-Werke AG. Berlin 1984

Krogoll, T./Pohl, W./Wanner, C.: CNC ist auch Angelernten vermittelbar. In: Zeitschrift für Arbeitswissenschaften, 1986, Heft 2, S. 108 ff.

Kühnel, H.: Lehrgänge zur Ausbildung der Ausbilder - ein Praxisbericht. In: Zielke, D./Furth, P. (Hg.): Pädagogische Fortbildung. Ergebnisse des Erfahrungsaustausches der Modellversuche für die Berufsausbildung benachteiligter Jugendlicher im Jugendheim Staffelberg 1985. Berlin 1987, S. 6 ff.

Kutt, K. u.a.: Ausbilder im Betrieb. Empirische Befunde zur Situation und Qualifikation des Ausbildungspersonals. Berlin 1980

Kutt, K.: Die Juniorenfirma als Ergänzungsmethode zur betrieblichen kaufmännischen Ausbildung. In: Passe-Tietjen, H./Stiehl, H. (Hg.): Betriebliches Handlungslernen und die Rolle des Ausbilders. Wetzlar 1985, S. 60 ff.

Kutt, K./Tilch, H.: Weiterbildung der Ausbilder. In: Kutt, K. u.a.: Ausbilder im Betrieb. Empirische Befunde zur Situation und Qualifikation des Ausbildungspersonals. Berlin 1980, S. 119 ff.

Landes, D. S.: Der entfesselte Prometheus. Technologischer Wandel und industrielle Entwicklung in Westeuropa von 1750 bis zur Gegenwart. Köln 1973

Laur-Ernst, U.: Zur Vermittlung berufsübergreifender Qualifikationen. Oder: Warum und wie lernt man abstraktes Denken? In: Berufsausbildung in Wissenschaft und Praxis, 1983, Heft 6

Lehning, K./Picker, K./Guderjahn, H.: Handreichungen für die Erziehung zur Selbständigkeit. Materialien für den Ausbildungs- und Erziehungsalltag in der Jugendhilfe. Kassel 1986

Lemke, J. G./Lissel, Ch./Zielke, D.: Auf der Suche nach einer eigenen Identität: Zur Praxis außerbetrieblicher Ausbildung im Programm des Bundesministers für Bildung und Wissenschaft für die Förderung der Berufsausbildung von benachteiligten Jugendlichen. Vortrag auf dem Workshop "Berufsausbildung benachteiligter Jugendlicher" der Hochschultage Berufliche Bildung in Essen 1986 (im Erscheinen)

Lemke, I. G./Furth, P./Lehning, K.: Organisatorische Lösungsansätze unter Berücksichtigung rechtlicher und finanzieller Rahmenbedingungen. In: Zielke, D./Furth, P. (Hg.): Pädagogische Fortbildung. Ergebnisse des Erfahrungsaustausches der Modellversuche für die Berufsausbildung benachteiligter Jugendlicher im Jugendheim Staffelberg 1985. Berlin 1987, S. 57 ff.

Lemp, Ch. u.a.: Arbeitszeit in Kinder- und Jugendheimen. Frankfurt 1978

Lempert, W.: Berufliche Bildung als Beitrag zur gesellschaftlichen Demokratisierung. Vorstudien für eine politisch reflektierte Berufspädagogik. Frankfurt 1974

Lempert, W./Franzke, R.: Die Berufserziehung. München 1976

Linke, H.: Zur Diskriminierung lernbeeinträchtigter Jugendlicher durch Berufsschullehrer. In: Zeitschrift für Heilpädagogik, 1979, Heft 12, S. 793 ff.

Lipsmeier, A.: AdA: Ausrichtung der Ausbilder? Eine kritische Analyse einiger Schriften zur Ausbilderqualifizierung. In: Gewerkschaftliche Bildungspolitik, 1974, Heft 1, S. 10 ff.

Lissel, Ch./Lemke, I. G./Zielke, D. (Hg.): Sozialpädagogische Arbeit in der beruflichen Erstausbildung benachteiligter Jugendlicher. Konzeptionen und Erfahrungen aus Modellversuchen. Berlin 1984

Luhmann, N.: Politische Planung. Aufsätze zur Soziologie von Politik und Verwaltung. Opladen 1971

Lumma, K.: Zusammenarbeit im Heim. In: Jugendwohl, 1982, Heft 4, S. 157 ff.

Maiwald, R.: Die betriebliche Phase im Ausbildungsverbund Metall - Konzept und erste Erfahrungen. In: Zielke, D./Hensge, K./Lemke, I. G. (Hg.): Planung und Durchführung der Berufsausbildung benachteiligter Jugendlicher. Praxisberichte aus Modellversuchen. Berlin 1986, S. 151 ff.

Mangold, W.: Gruppendiskussionen. In: Handbuch der empirischen Sozialforschung (hrsg. v. René König). Band 2: Grundlegende Methoden und Forschungstechniken der empirischen Sozialforschung, 1. Teil. Stuttgart 1973 (3. Aufl.) S. 228 ff.

Mehringer, A.: Heimkinder. München 1977 (2. Aufl.)

Meinhof, U. M.: Bambule. Fürsorge - Sorge, für wen? Berlin 1971

Meyer, H. L.: Einführung in die Curriculum-Methodologie, München 1972

Meyer, M.A./Schenk, B.: Skizze zur Integration beruflicher und allgemeiner Bildung in vollzeitschulischen doppeltqualifizierenden Bildungsgängen der Kollegschule. In: Festschrift zum 60. Geburtstag von Herwig Blankertz. 1987 (im Erscheinen)

Michelsen, U. A.: Der Ausbilder in der Industrielehrwerkstatt. Tätigkeit, Berufseinstellung, Ausbildung. Trier 1979

Möller, Ch.: Die curriculare Didaktik. Oder: Der lernzielorientierte Ansatz. In: Westermanns Pädagogische Beiträge, 1980, Heft 4, S. 164 ff.

Moore, W.E.: Strukturwandel der Gesellschaft. München 1968 (2. Aufl.)

Müller, C. W.: Sozialpädagogische Evaluationsforschung. Ansätze, Erfahrung und Kritik. In: Müller, C. W. (Hg.): Begleitforschung in der Sozialpädagogik. Analysen und Berichte zur Evaluationsforschung in der Bundesrepublik. Weinheim 1978, S. 15 ff.

Münsteraner Erklärung zur Heimerziehung: (Verabschiedet auf der Jahrestagung der Internationalen Gesellschaft für Heimerziehung - JGfH - Sektion Bundesrepublik Deutschland am 4. Oktober in Münster) Münster 1985 (polycop. Script)

Neumann, G./Dröge, R. (Hg.): Wirtschaftsdidaktik und praxisnahe Curriculumentwicklung. Modellversuch zur Verbindung der allgemeinen Hochschulreife mit der beruflichen Teilqualifikation 'Bankkaufmann'. Frankfurt 1983

Niemitz, H.-G.: Heimerziehung, und was dann? Zur Problematik heimentlassener junger Erwachsener. In: Unsere Jugend, 1983, Heft 9, S. 381 ff.

Odenbach, K.: Die deutsche Arbeitsschule. Braunschweig 1963

Offe, C.: Berufsbildungsreform. Eine Fallstudie über Reformpolitik. Frankfurt 1975

Orlowski, E.: Das Jugendwohnheim - eine Wohn-, Freizeit- und Bildungsstätte. Frankfurt etc. 1985

Ortmann, G.: Über die Spielregeln beim Einsatz neuer Technologien und wer sie macht. In: SOTECH-Rundbrief, 1987, Heft 2, S. 18 ff.

Passe-Tietjen, H./Stiehl, H. (Hg.): Betriebliches Handlungslernen und die Rolle des Ausbilders. Wetzlar 1985

Petzold, H.-J.: Berufsausbildung für alle - Arbeit für niemand? Über die Notwendigkeit einer staatlichen Ausbildungs- und Beschäftigungsstrategie. In: Institut für Soziale Arbeit e.V. (Hg.): Sozialpädagogisch orientierte Berufsausbildung. Münster 1984, S. 16 ff.

Piaget, J.: Psychologie der Intelligenz. Olten/Freiburg 1976

Picker, K./Carstensen-Bretheuer, E.: Die Projektmethode. Wabern 1984 (polycop. Script)

Picker, K./Carstensen-Bretheuer, E./Bojanowski, A.: Notwendige Erziehungsziele in einem Jugendheim mit Berufsausbildung angesichts derzeitiger Bedingungen. Wabern/Biedenkopf 1985 (polycop. Script)

Planungsgruppe Petra (Hg.): Studien zur Heimerziehung. Erfahrungen und Konzepte bei der Realisierung einer pädagogisch-therapeutischen Modelleinrichtung, Frankfurt 1980

Popp, J./Carstensen-Bretheuer, E.: Didaktisch-methodische Umsetzung und Übertragung der Fortbildungsinhalte. In: Zielke, D./Furth, P. (Hg.): Pädagogische Fortbildung. Ergebnisse des Erfahrungsaustausches der Modellversuche für die Berufsausbildung benachteiligter Jugendlicher im Jugendheim Staffelberg 1985. Berlin 1987, S. 50 ff.

Raapke, H.-D.: Das Problem des freien Raums im Jugendleben. Weinheim 1962

Reck, S.: Identität, Rationalität und Verantwortung. Grundbegriffe und Grundzüge einer soziologischen Identitätstheorie. Frankfurt 1981

Redl, F./Winemann, D.: Kinder, die hassen. Auflösung und Zusammenbruch der

Selbstkontrolle. München/Zürich 1984 (2. Aufl.)

Rehbein, K.: Die Jugendhilfe muß offensiv werden - zum Teil ist sie es schon. In: Lehning, K./Picker, K./Guderjahn, H.: Handreichungen für die Erziehung zur Selbständigkeit. Materialien für den Ausbildungs- und Erziehungsalltag in der Jugendhilfe. Kassel 1986, S. A2 ff.

Rössler, J.: Die Weiterentwicklung der öffentlichen Erziehung. Konsequenzen allgemein und für die Weiterentwicklung einer Einrichtung. In: Sozialpädagogik, 1982, Heft 2, S. 78 ff.

Rottluff, J.: Mit dem Leittext selbständig und kooperativ lernen. Eine Lernkonzeption der Ford-Werke AG. In: Lernfeld Betrieb, 1986, Heft 1, S. 50 ff.

Rüdell, G.: Auslegung von Implementations- und Innovationstheorien für die Planung und Weiterentwicklung der integrierten Sekundarstufe II. In: Bojanowski, A. (Hg.): Probleme des Berufs und der Berufsausbildung. Analysen und Ansätze zur Verbindung von beruflichem und allgemeinem Lernen in der Sekundarstufe II. Frankfurt 1982, S. 226 ff.

Rüdell, G.: Berufliche Rehabilitation und Doppelqualifikation. Eine Untersuchung des Modellversuchs zur Doppelqualifikation Körperbehinderter in Hessisch-Lichtenau und Witzenhausen. Frankfurt 1983

Rumpf, H.: Scheinklarheiten - Sondierungen von Schule und Unterrichtsforschung. Braunschweig 1971

Rutter, M. u.a.: Fünfzehntausend Stunden - Schulen und ihre Wirkung auf die Kinder. Weinheim 1980

Scherpner, H.: Geschichte der Jugendfürsorge. Göttingen 1979 (2. Aufl.)

Schlegel, W.: Alternative zum "Maßnahmedschungel" - ein kombiniertes Ausbildungs- und Beschäftigungsprogramm für arbeitslose Jugendliche. In: Collingro, P./Kaufmann-Sauerland, L. (Hg.): Maßnahmekarrieren in der beruf lichen Bildung. Ergebnisse der Hochschultage Beruf liche Bildung '84. Wetzlar 1985, S. 62 ff.

Schlömerkemper, J.: Gesamtschule - dabei bleiben oder bleiben lassen? In: Neue Sammlung, 1984, Heft 1, S. 55 ff.

Schmidle, P./Junge, H.: Zukunft der Heimerziehung. Freiburg 1985

Schmidt, J.: Erziehung im Heim, Erziehung zur Selbständigkeit, Nachbetreuung. In: Jugendwohl, 1983, Heft 7, S. 273 ff.

Schmitz, E.: Leistung und Loyalität. Berufliche Weiterbildung und Personalpolitik in Industrieunternehmen. Stuttgart 1978

Schmitz, E.: Erwachsenenbildung als lebensweltbezogener Erkenntnisprozeß. In: Schmitz, E./Tietgens, H. (Hg.): Erwachsenenbildung. Enzyklopädie Erziehungswissenschaft Band 11. Stuttgart 1984, S. 95 ff.

Schon, D. A.: Die lernende Gesellschaft. Neuwied 1973

Schrapper, Ch./Sengling, D. (Hg.): Waisenhäuser und Erziehungsanstalten in Westfalen. Münster 1985

Schroer, C. u.a.: Berufsausbildungspraktika im Bremer Modellversuch "Schulverweigerer". In: Zielke, D./Hensge, K./Lemke, I. G. (Hg.): Planung und Durchführung der Berufsausbildung benachteiligter Jugendlicher. Praxisberichte aus Modellversuchen. Berlin 1986, S. 129 ff.

Schütze, F.: Die Technik des narrativen Interviews in Interaktionsstudien - dargestellt an einem Projekt zur Erforschung von kommunalen Machtstrukturen. Bielefeld 1978 (Mskr.)

Schulz, W.: Die lerntheoretische Didaktik. In: Westermanns Pädagogische Beiträge, 1980, Heft 2, S. 80 ff.

Schulz, W./Tilch, H.: Qualifizierung von Ausbildern zu Pädagogen? Ein Beitrag zur Intensivierung und Systematisierung der pädagogischen Qualifizierung von Ausbildern. Erfahrungen mit Versuchslehrgängen in Berlin. Hannover 1975

Schurer, B./Tümmers, J.: Verhaltensauffällige Jugendliche in der Berufsausbildung. In: Bader, J./Dembski, M./Schurer, B. (Hg.): Problemgruppen in Berufserziehung und Beruf. Trier 1978, S. 35 ff.

Schwäbisch, L./Siems, M.: Anleitung zum sozialen Lernen für Paare, Gruppen und Erzieher. Kommunikations- und Verhaltenstraining. Reinbek 1974 (8. Aufl.)

Schweitzer, H./Mühlenbrink, H./Späth, K. H.: Über die Schwierigkeit, soziale Institutionen zu verändern. Entwicklungsarbeit im pädagogischen Feld, Band 1. Frankfurt/New York 1976

Siebert, H. u.a.: Lernen und Lernprobleme bei Erwachsenen. Paderborn 1982

Siebert, H.: Erwachsenenpädagogische Didaktik. In: Schmitz, E./Tietgens, H. (Hg.): Erwachsenenbildung. Enzyklopädie Erziehungswissenschaft Band 11. Stuttgart 1984, S. 171 ff.

Sprenger, Ch./Voigt, B.: Wie entstehen Lern/Ausbildungsbeeinträchtigungen, und wie können sie überwunden werden? In: Collingro, P./Kaufmann-Sauerland, L. (Hg.): Maßnahmekarrieren in der beruflichen Bildung. Ergebnisse der Hochschultage Berufliche Bildung '84. Wetzlar 1985, S. 124 ff.

Stiehl, H.: "Handlungslernen" - Begriffe, Konstrukte, Konzepte, Defizite. Der Versuch einer Systematisierung. In: Passe-Tietjen, H./Stiehl, H. (Hg.): Betriebliches Handlungslernen und die Rolle des Ausbilders. Wetzlar 1985, S. 86 ff.

Stössel, U.: Soziales Lernen in der Gesamtschule. Probleme seiner Evaluation. In: Frey, K. u.a. (Hg.): Curriculum-Handbuch. Band II. München/Zürich 1975, S. 738 ff.

Sturzebecher, K./Klein, W.: Berufsausbildung im Erziehungsheim. Ein Integrationsmodell wird erprobt. Weinheim 1983

Sturzebecher, K./Klein, W.: Zur besonderen Gestaltung einer Berufsausbildung bei verhaltensauffälligen und lernschwachen Jugendlichen. In: Zielke, D./Hensge, K./Lemke, I. G. (Hg.): Planung und Durchführung der Berufsausbildung benachteiligter Jugendlicher. Praxisberichte aus Modellversuchen. Berlin 1986, S. 17 ff.

Terhart, E.: Intuition - Interpretation - Argumentation. Zum Problem der Geltungsbegründung von Interpretationen. In: Zeitschrift für Pädagogik, 1981, Heft 6, S. 769 ff.

Trüper, J./Trüper, H.: Johannes Trüper. Leben und Werk. Ursprünge der Heilpädagogik in Deutschland. Stuttgart 1978

Ullrich, O.: Technik und Herrschaft. Frankfurt 1977

Vester, M.: Die Entstehung des Proletariats als Lernprozeß. Die Entstehung antikapitalistischer Theorie und Praxis in England 1792 - 1848. Frankfurt 1975 (3. Aufl.)

Volpert, W.: Der Zusammenhang zwischen Arbeit und Persönlichkeit aus handlungstheoretischer Sicht. In: Groskurth, P. (Hg.): Arbeit und Persönlichkeit. Berufliche Sozialisation in der arbeitsteiligen Gesellschaft. Reinbek 1979, S. 21 ff.

Volpert, W.: Pädagogische Aspekte der Handlungsregulationstheorie. In: Passe-Tietjen, H./Stiehl, H. (Hg.): Betriebliches Handlungslernen und die Rolle des Ausbilders. Wetzlar 1985, S. 109 ff.

Weissker, P.: Die Leittext-Methode. In: Passe-Tietjen, H./Stiehl, H. (Hg.): Betriebliches Handlungslernen und die Rolle des Ausbilders. Wetzlar 1985, S. 40 ff.

Widemann, P.: Heimerziehung. In: Kreft, D./Mielenz, I. (Hg.): Wörterbuch sozialer Arbeit. Weinheim 1980, S. 218 ff.

Wiemann, G.: Produktionsschule. Einheit von Theorie und Praxis im Berufsgrundbildungsjahr. In: Dedering, H. (Hg.): Lernen für die Arbeitswelt. Praxisnahe Arbeitslehre in der Sekundarstufe II. Reinbek 1979, S. 155 ff.

Winkel, R.: Die kritisch-kommunikative Didaktik. In: Westermanns Pädagogische Beiträge, 1980, Heft 5, S. 200 ff.

Wir über uns, 1985, Heft 1, Wabern

Wissenschaftliche Begleitung des Modellversuchs "Berufsausbildung im Jugendhil-febereich - Curriculumentwicklung und Fortbildung der Ausbilder": Präzisierung, Begründung und Planung der Forschungsarbeiten 1984-1987. Kassel 1984 (polycop. Script)

Wissenschaftliche Begleitung des Modellversuchs "Berufsausbildung im Jugendhil-febereich - Curriculumentwicklung und Fortbildung der Ausbilder": Ein Ausbilder-Fortbildungskonzept für den Jugendhilfebereich im Urteil der Teilnehmer: "... man sieht die Probleme in einem anderen Licht". Kassel 1985 (polycop. Script)

Wissenschaftliche Begleitung des Modellversuchs "Berufsausbildung im Jugendhilfebe-reich - Curriculumentwicklung und Fortbildung der Ausbilder": Individualität und Berufsausbildung. Untersuchungen zu einem neuen Curriculumkonzept für die Aus-bildung im Jugendhilfebereich. Kassel 1986 (polycop. Script)

Wünsche, K.: Die Wirklichkeit des Hauptschülers. Berichte von Schülern der schwei-genden Mehrheit. Köln 1982

Zielke, D.: Betreuung von Modellversuchen durch das BIBB und der Stellenwert der Herausgabe von Veröffentlichungen. Berlin 1983 (polycop. Script)

Zielke, D.: Ansätze zu einer Didaktik der Berufsausbildung benachteiligter Jugendli-cher. In: Zielke, D./Hensge, K./Lemke, I. G. (Hg.): Planung und Durchführung der Berufsausbildung benachteiligter Jugendlicher. Praxisberichte aus Modellversuchen. Berlin 1986, S. 201 ff.

Zielke, D./Furth, P. (Hg.): Pädagogische Fortbildung. Ergebnisse des Erfahrungsaus-tausches der Modellversuche für die Berufsausbildung benachteiligter Jugendlicher im Jugendheim Staffelberg 1985. Berlin 1987

Zielke, D./Hensge, K./Lemke, I. G. (Hg.): Planung und Durchführung der Berufs-ausbildung benachteiligter Jugendlicher. Praxisberichte aus Modellversuchen. Berlin 1986

Zielke, D./Lissel, Ch./Lemke, I. G.: Sozialpädagogische Arbeit und ihr Beitrag zur Berufsausbildung benachteiligter Jugendlicher. In: Lissel, Ch./Lemke, I. G./Zielke, D. (Hg.): Sozialpädagogische Arbeit in der beruflichen Erstausbildung benachteiligter Jugendlicher. Konzeptionen und Erfahrungen aus Modellversuchen. Berlin 1984

Alleinerziehende im Recht

Heft 4 der Reihe Soziale Praxis beschäftigt sich umfassend mit der Rechtssituation und den Rechtsansprüchen Alleinerziehender in der Bundesrepublik Deutschland.

Der Band gibt Auskunft zu den Komplexen
● Sorgerechtliche Fragen
● Unterhalt
● Öffentliche Hilfen
● Veränderungen durch neue Partnerschaften

Redaktion/Konzeption:
Johannes Münder

112 Seiten, DM 15,–
ISBN 3-926549-04-1

Heft 4

Institut für soziale Arbeit e.V.

SOZIALE PRAXIS

ALLEINERZIEHENDE IM RECHT

INSTITUT FÜR SOZIALE ARBEIT E.V. /
LANDESWOHLFAHRTSVERBAND HESSEN

Mädchen in öffentlicher Erziehung

Die Lebenswelten von Mädchen und die Frage nach mädchenspezifischen Angeboten in der Jugendhilfe wurden lange Zeit vernachlässigt. Überwun-

Institut für soziale Arbeit e V./Landeswohlfahrtsverband Hessen

MÄDCHEN
IN ÖFFENTLICHER ERZIEHUNG

den geglaubte typisch weibliche Rollenerwartungen lassen sich in der Mädchenerziehung noch heute antreffen – Probleme und

Belange von Mädchen werden nicht thematisiert.
Der Band stellt die Ergebnisse einer Studie vor, die der Landeswohlfahrtsverband Hessen mit dem Ziel in Auftrag gab, die Situation von Mädchen in öffentlicher Erziehung im Zuständigkeitsbereich des Landeswohlfahrtsverbandes zu untersuchen.
Während eine quantitativ orientierte Aktenanalyse Auskunft über den Familienhintergrund der Mädchen, deren Problemlagen, über bisherige Angebote der Jugendhilfe sowie Einleitung und Durchführung von Fürsorgeerziehung und Freiwilliger Erziehungshilfe gibt, enthält eine qualitativ orientierte Aktenanalyse Einzelstudien und themenorientierte Analysen.

168 Seiten, DM 19,80
ISBN 3-926549-03-3